D1666561

Paul Hacker

Das Ich im Glauben
bei Martin Luther

- Der Ursprung der
anthropozentrischen Religion -

Paul Hacker

Das Ich im Glauben bei Martin Luther

– Der Ursprung der anthropozentrischen Religion –

Mit einem Vorwort von
Papst Benedikt XVI.

nova & vetera

Durchgesehener und neu umgebrochener Neudruck
der Ausgabe Bonn 2002.

Paul Hacker:
Das Ich im Glauben bei Martin Luther
– Der Ursprung der anthropozentrischen Religion

Bonn, verlag nova & vetera 2009

ISBN: 978-3-936741-62-9

© verlag nova & vetera, Bonn

Alle Rechte vorbehalten
www.novaetvetera.de

Vorwort zur Neuausgabe 2002

Mit großer Freude hatte ich von dem Vorhaben des jungen katholischen Verlages nova & vetera, das theologische Hauptwerk meines verehrten Lehrers Paul Hacker neu herauszugeben, erfahren. Die 36 Jahre seit seinem ersten Erscheinen haben das Buch nicht nur nicht veralten lassen, sondern, so will mir scheinen, ihm sogar zu neuer Aktualität verholfen.

Denn im Zeitalter eines banalen, sich im Vordergründigen erschöpfenden Ökumenismus-Rummels einerseits und eines Katholizismus, der jeglichen Anschein einer „Rückkehr-Ökumene" ängstlich zu vermeiden trachtet, andererseits tut eine gewissenhafte, philologische und historische Aufarbeitung des Phänomens „Luther" mehr denn je not.

Wer sollte zu einem solchen Unterfangen geeigneter sein als Paul Hakker? In seinen Lutherstudien traf sich seine in jahrzehntelangem Umgang mit schwierigsten philosophischen Sanskrittexten geschulte philologische Akribie mit seinem aus langem inneren Ringen erwachsenen religiösen Engagement, welches ihn mit unerbittlichem, an seinen Kräften zehrenden Ernst umtrieb.

Professor Paul Hackers Schüler betonen immer wieder mit höchster Bewunderung, wie sehr in die Tiefe gehend seine Textanalysen waren, wie sehr es ihm um die Findung der Wahrheit ging. Seine Sanskrit-Seminare waren weit entfernt von bloßer „Übersetzung", von der bloßen Wiedergabe der Sanskritwörter durch deutsche (oder englische) Begriffe. Was will der Text im Tiefsten, welche Strömungen sind in ihn eingeflossen oder aus ihm hervorgegangen – das waren seine Fragestellungen, und er ruhte nicht, bis sie der Lösung nahegebracht wurden. In manchen Sitzungen wurden nur wenige Sätze übersetzt – aber es folgte ein ungemein tief auslotender – die Aufmerksamkeit der Hörer nicht selten sehr strapazierender – Monolog, der ihn fast immer das Ende der Stunde vergessen ließ.

Paul Hacker, 1913 im Rheinland geboren, war ein überaus vielseitiger Geisteswissenschaftler. Anglistik, Romanistik, Indologie, Vergleichende Sprachwissenschaft und Philosophie sowie Slawistik waren seine Fächer; seine Dissertation schrieb er (1940) über den russischen Dichter Turgenew. Nach dem Krieg wurde die Indologie zu seinem

Hauptarbeitsgebiet. 1954 wirkte er für 14 Monate als Gastprofessor in Darbhanga (Indien). Am 1. Mai 1955 wurde er auf den Lehrstuhl für Indische Philologie an der Universität Bonn berufen, an der ab dem Sommersemester 1959 auch Joseph Ratzinger lehrte, mit dem ihn schließlich auch eine echte, aber keineswegs unkritische Freundschaft (die Ratzinger selbst „spannungsreich" nennt: Aus meinem Leben, Seite 96) verband. In diese Zeit fällt auch Hackers religiöses Ringen und Suchen nach Wahrheit, als dessen Frucht es am 28. 9. 1962, ohne daß wir Studenten etwas davon bemerkten, zu seinem Übertritt vom Protestantismus zur katholischen Kirche kam. Erst danach wurde theologische Problematik mehr und mehr zum Thema sich meist lang hinziehender Gespräche, die sich an die offiziellen Unterrichtsstunden anschlossen und in denen sich sein unbestechlicher Wahrheitssinn, aber auch sein kämpferischer Geist deutlich artikulierte.

1963 wechselten sowohl Ratzinger als auch – wenig später – Hacker an die Universität Münster. 1971 nahm Paul Hacker eine Gastprofessur für Indische Philosophie an der University of Pennsylvania (Philadelphia, USA) an. Seine wissenschaftliche Leistung fand im Jahre 1975 ihre Würdigung durch die Aufnahme in die Rheinisch-Westfälische Akademie der Wissenschaften. In diesen Jahren machte ihm bereits seine fortschreitende Krankheit, wohl Folge eines 1971 erlittenen Herzinfarktes, sehr zu schaffen; 1978 mußte er sich vorzeitig emeritieren lassen. Am 18. März 1979 verstarb Paul Hacker in Münster.

Wir gehen wohl nicht fehl in der Annahme, daß das vorliegende Buch in engstem Zusammenhang mit seiner Konversion zu sehen ist. Insofern ist es, freilich unausgesprochen und kaum merklich, eine Art Rechenschaftsbericht, der die Gründe seiner Abkehr vom Protestantismus offenlegt. Was Hacker mit dem „Ich im Glauben bei Martin Luther" meint, wird im Untertitel der englischen Kurzfassung des Buches (1970 erschienen) deutlich: Martin Luther and the Origin of Anthropocentric Religion. Daher ist es zu begrüßen, daß dies nun auch im Untertitel der vorliegenden Neuausgabe ausgedrückt ist.

Diesen „anthropozentrischen" Aspekt weist Hacker mit hieb- und stichfesten Beweisen, der philologischen Analyse von Luthers Schriften nämlich, als Grundzug auf, der sich durch Luthers Werdegang hindurchzieht. Dabei werden auch Luthers innere Widersprüche erkennbar: Mit einer Fülle von Textzitaten zeigt Hacker, daß Luther sich in seiner „protestantischen" Periode gerade jenes Autoritätsanspruches, jener Selbstherrlichkeit rühmt, die er früher als Kennzeichen des Antichristen gebrandmarkt hatte: siehe Seite 232f.; besonders eindrücklich auch die Gegenüberstellung von früheren und späteren Äußerungen Luthers (Seite 218-223), um nur einige der behandelten Beispiele zu nennen.

Folgerichtig ist somit auch, daß Luther, wie Paul Hacker überzeugend darlegt, in der Messe nur mehr „eine Veranstaltung" sieht, „die allein der Erzeugung und Stärkung des reflexiven Glaubens dient" (S. 208f.). Dieser (recht unbescheidene) Autoritätsanspruch einerseits und das Pochen auf dem eigenen reflexiven Glauben andererseits führen dazu, daß Luther „sich für einen Propheten" hält, „vom Heiligen Geiste gesandt, um das Evangelium von neuem der Welt zu offenbaren", und daß er somit „die Heilige Schrift immer wieder, und seit seinem Bruch mit der katholischen Kirche ausschließlich, nach seiner eigenen Erfahrung interpretiert hat" (S. 67).

Tragisch für Paul Hacker war, daß ziemlich genau mit dem Zeitpunkt seiner Konversion zur Kirche jener innerkirchliche Auflösungsprozeß erkennbar wurde, der mit dem Zweiten Vatikanum in (wohl nicht nur zeitlichem) Zusammenhang stand. Dies war seinem wachen Geist natürlich klar bewußt. Als er erfuhr, daß ich Anfang 1963 – neben meinen asienkundlichen Studien – ein theologisches Examen ablegte, sagte er: „Da haben Sie aber gerade noch den letztmöglichen Zeitpunkt erwischt!" Ich bekenne gern und dankbar, daß die Gespräche in Bonn und die langen sich oft bis in die Nacht hinziehenden Telefonate mit dem in Münster wirkenden Hacker sowie besonders auch seine (an die zwanzig) Aufsätze in der Una Voce Korrespondenz, in denen er immer wieder die „Protestantisierung" der Kirche aufs Korn nahm, mich Mitte der Siebziger Jahre zur Una Voce-Bewegung geführt haben. Unvergeßlich – und bis heute bedrückend – ist mir sein Anruf an einem Sonntagabend aus Münster, als er bekannte, daß er sich auf dem Heimweg von der Abendmesse auf einen Mauerstein setzen mußte, da der Ärger über den ins Banale abgeglittenen Gottesdienst und die deutlich protestantische Positionen propagierende Predigt ihm das Herz zugeschnürt hatte.

Hackers Buch hat nicht das Geringste mit einer aus katholischer Überheblichkeit erwachsenen Abwertung Martin Luthers zu tun. Im Gegenteil: Es wird dem, was Luther im Innersten gedacht und gewollt hat, mit einer Akribie gerecht, die ihresgleichen sucht. Möge dieses Buch einen wirklichen ernstgemeinten Dialog der Konfessionen entfachen – fern aller vordergründigen „Vergebungsbitten" und Lobhudeleien.

Rudolf Kaschewsky

Vorwort zur ersten Auflage

Wenn die Kirchengeschichte ihre großen Abschnitte in den Spaltungen findet, die im Lauf von bald zwei Jahrtausenden die Christenheit zerteilten, dann darf man wohl behaupten, in unserem für die Sache des Glaubens so dunkel scheinenden Jahrhundert sei diese Geschichte auf eine sehr viel positivere Weise in ein neues Stadium getreten: Gegenüber den tief eingewurzelten Trennungen hat sich allenthalben die Bewegung der Vereinigung erhoben. Die Sehnsucht nach der vollen Einheit derer, die durch den Glauben an Jesus Christus miteinander verbunden sind, hat das Handeln und Denken der einzelnen christlichen Gemeinschaften wohl noch nie so unmittelbar und so kraftvoll bestimmt wie heute. Man bemüht sich, das Wort vom Balken im eigenen Auge, den wir allzu gern vergessen, wo wir uns groß über den Splitter im Auge des Bruders entrüsten (Mt 7, 3-5), endlich auch im Gespräch zwischen den christlichen Brüdern anzunehmen und nicht mehr bloß nach der Schuld des andern zu fahnden, sondern zuallererst das eigene Gewissen zu erforschen. So ist auch das theologische Gespräch miteinander sachlicher und ebendarin christlicher geworden: Es geht nicht mehr einfach um die Apologie des je Eigenen, sondern um das Hören auf die Wahrheit, die mir gerade auch im andern entgegentreten kann. Die liturgische Bewegung, der Umgang mit der Heiligen Schrift und die Erforschung der Kirchengeschichte sind wohl die augenfälligsten Beispiele, an denen die Fruchtbarkeit dieses Weges deutlich wird, der nicht gegenseitige Überredung meint, nicht freundliche Kompromisse, die auf die Wahrheit verzichten würden, sondern eben das Aufdecken von „Splitter" und „Balken": von geschichtlichen Verhärtungen, die auf entgegengesetzte Weise den Blick auf den Ursprung, auf den Herrn hin, trüben, deren Abbau folglich „Bekehrung zum Herrn" hin bedeutet, der allein in der Tat „unser Friede" ist (vgl. Eph 2, 14).

In dieser Situation mag das vorliegende Buch demjenigen, der es nur oberflächlich liest, zuerst wie ein Anachronismus erscheinen. Fällt es nicht in eine Polemik zurück, die wir längst überwunden glaubten? Übersieht es nicht den großen christlichen Reichtum von Luthers Werk, um einseitig seine Grenzen und Irrwege herauszustellen? Das sind wohl die Fragen, die sich aufdrängen können und die dann, wenn sie einmal stehen, leicht zu Hindernissen werden, genauer zuzusehen und bis zum Ende zuzuhören. Tut man aber dies, dann lösen sich solche Fragen auf, und man wird erkennen, wie sehr auch und gerade dieses Buch Ausdruck eines zutiefst ökumenischen Wollens ist. Natürlich hat es seine Grenzen, die es selber bekennt: Es kann nicht den ganzen Luther darstellen wollen, und wenn es im Herzpunkt von Luthers Werk eine gefährliche Abwendung von der Mitte des Evangeliums glaubt aufdecken zu müssen, so bestreitet es doch keinen Augenblick den positiven christlichen Anruf, der von diesem Werk, besonders vom Predigtwerk Luthers, ausgeht und die Kirche wie den einzelnen Christen auch heute – über alle Grenzen hinweg – betrifft. Vor allem aber scheint es mir wichtig, den Ausgangspunkt des Buches und die Richtung seiner Leidenschaft recht zu sehen: Dies ist kein Buch, das von einem fertigen Standpunkt her ein Tribunal aufzurichten sich unterfängt, also selbstbewußt an den „Splitter" herantritt, ohne des eigenen Balkens zu gedenken. Es stellt vielmehr ein leidenschaftliches Ringen mit Luther um die Wahrheit des Evangeliums dar. Sie allein zählt. Deshalb gibt es hier keine Selbstgerechtigkeit, keine „Sieger" und „Besiegten", wohl aber die heilsame Beschämung beider Seiten ob ihres Versagens vor dem Anspruch des Gotteswortes der Schrift, an dem sie unerbittlich gemessen werden. Mit „Polemik" oder „Konfessionalismus" hat das sicher nichts zu tun.

In *einem* freilich ist dieses Buch in der Tat „unmodern": in der Entschiedenheit, in der es die Frage nach der Wahrheit, nach der wirklichen Treue zum Evangelium stellt und von dieser Frage aus in ein Gespräch mit der Geschichte eintritt. Vor einigen Jahren wurde ich von einem Journalisten, der zugleich Historiker ist, gefragt, ob nicht die ökumenische Bewegung ein Zeichen der Schwäche, des Endes der Christenheit sei, die nicht mehr aus einem kraftvollen Glauben lebe, sondern des Streitens müde, resigniert über die Möglichkeit, zur Wahrheit zu kommen, sich endlich nach Frieden sehne. Ich war ein wenig erstaunt und antwortete, daß ich im Gegenteil im ökumenischen Aufbruch ein Zeichen der Kraft sehe, die allein das Wagnis ermöglichen kann, sich neu über die Distanz der Jahrhunderte hinweg auf den Weg zum Herrn zu machen. Daran halte ich auch heute fest, aber man muß einräumen, daß es da und dort so etwas wie einen Ökumenismus der Resignation zu geben scheint, der es für altmodisch hält, sich noch um die Wahrheit zu streiten. Von einem solchen Ökumenismus aber hätte die Christenheit nichts zu erhoffen – er würde ihr Ende ankündigen, weil ein Friede, der auf dem Verzicht auf Wahrheit beruhte, zugleich den Friedhof des Glaubens darstellen würde. Deshalb liegt in der Leidenschaft zur Wahrheit, die in diesem Buche lebt, ein Ferment, das dem ökumenischen Gespräch nur dienen kann.

Ein Buch, das so sehr vom *sanctus amor veritatis* bewegt ist wie dieses, kann nicht um das berühmte „*sine ira et studio*" einer neutral bleibenden Leserschaft bitten wollen. Es will sie ja gerade aus der Neutralität herausholen und zu Mitfragenden seiner Frage machen. Aber es darf darum bitten, daß es allein von jener Leidenschaft her beurteilt werde, die sein eigener Antrieb ist: die Wahrheit des Evangeliums zu suchen, gleich ob sie uns angenehm ist oder nicht, ob sie uns bestätigt oder in Frage stellt. In diesem Sinne möchte ich mich gern zum Fürsprecher dieses Buches machen.

Münster, 9. Mai 1966   Joseph Ratzinger

S. Em. Joseph Kardinal Ratzinger hat freundlicherweise einem Wieder-abdruck seines Vorworts zur Erstausgabe zugestimmt.

Einleitung

Lange habe ich gezögert, dieses Buch an die Öffentlichkeit zu bringen, und nur auf Zureden sachkundiger Freunde habe ich mich dazu entschlossen. Das Buch redet ganz anders von Luther, als heute in der Publizistik üblich ist, und es analysiert etwas, das von vielen Christen – sei es bewußt, sei es unreflektiert – *gelebt* wird. Es könnte bei manchem Leser an eine empfindliche Stelle rühren und Affekte erregen, die der Besinnung, zu der es doch anregen möchte, gerade hinderlich wären. Vielleicht ist es am erträglichsten, wenn ich mit einem andeutenden Hinweis auf die philosophische Seite des Gegenstandes beginne, zumal da diese geistesgeschichtlich nicht unbedeutend ist, in den nachfolgenden Untersuchungen jedoch nicht weiter berührt werden wird.

Es ist in der evangelischen Theologie seit Jahrzehnten gute Sitte, gegen den Cartesianismus zu streiten, d. h. gegen gewisse von Descartes ausgehende erkenntnistheoretische Grundpositionen, und Martin Heidegger, auf dessen Denken eine starke Richtung der modernsten protestantischen Theologie fußt, tut dasselbe. Beim Studium Luthers, das ich vor vielen Jahren aufnahm, zunächst mit uneingeschränkter Zustimmung, bis mir eigenartig auffiel, was in Kapitel I, 1 des vorliegenden Buches dargestellt ist – und dann bei der Lektüre Bultmanns, Gogartens, Heideggers („Sein und Zeit", „Holzwege") und, als Kontrast zu diesen, Max Schelers („Der Formalismus in der Ethik und die materiale Wertethik", „Vom Ewigen im Menschen") –, kam ich jedoch zu der Überzeugung, daß der Protestantismus in jenem Streit seinen eigenen Ursprung desavouiert, dabei aber, wenigstens in vielen Fällen, die vom Ursprung gewiesene Richtung energisch fortsetzt. Denn im Denken über den Menschen in seinem Verhältnis zu Gott – das sah ich immer klarer, nachdem ich die einschlägigen Gedanken Luthers schon entdeckt, gesammelt und dargestellt hatte – im Bereich der Religion und Theologie ist ein „Cartesianismus" doch schon 123 Jahre vor dem Erscheinen der Meditationes des Descartes aufgetreten, nämlich in der geistigen Wende, von deren Inhalt, Ursprung und Folgen das vorliegende Buch handelt.

Die Sache, die hier behandelt werden soll, ist eigentlich so bekannt, daß sie gerade wegen dieses Allbekanntseins kaum je ins Licht beobachtender Erkenntnis gerückt wird. Aber gerade deshalb schien mir, ist es notwendig, daß sie einmal zum Gegenstand besonderer Untersuchung gemacht werde. Während Descartes der Sündenbock und Prügelknabe auch der Theologen geworden ist, erfreut sich Luther einer Immunität, die selbst der Kanon der Heiligen Schrift in der evangelischen Theologie längst nicht mehr genießt. Indessen ist das Problem des vorcartesianischen, religiösen „Cartesianismus" doch zumindest von Philosophen schon gesehen worden. Scheler schrieb um 1920 die Bemerkung nieder: „Luther tat hier für die Religion nur dasselbe, was Descartes für die Philosophie getan" („Vom Ewigen im Menschen", Bern ⁴1954, Seite 241) – „hier", d. h.: Wie der „Reformator der Philosophie" Descartes die Wahrheit des Seienden auf der Selbstgewißheit des denkenden Ich zu begründen unternahm, so hatte schon ein Jahrhundert früher der „Reformator" der christlichen Religion das Heil (das man das wahrhafte Sein des Menschen nennen könnte) derart an die Gewißheit des glaubenden Ich von diesem Heil geknüpft, daß in seiner Lehre die Gewißheit des Ich das Heil setzt. Den inneren Zusammenhang zwischen dem Cartesianismus und der zentralen Idee des protestantischen Luther – die man gewöhnlich, ihm folgend, als „Rechtfertigungslehre" bezeichnet – hat auch Martin Heidegger klar gesehen und, wenn auch ohne Nennung von Luthers Namen, in seinen „Holzwegen" auf seine Weise dargestellt (besonders Seite 225f der 4. Auflage Frankfurt 1963). Man beachte besonders die folgenden Sätze: „Die Wahrheit des Seienden im Sinne der Selbst-Gewißheit der Subjektität ist als die Sicherheit (certitudo) im Grunde das Rechtfertigen des Vorstellens und seines Vorgestellten vor der ihm eigenen Helle. Die Rechtfertigung (iustificatio) ist der Vollzug der iustitia und so die Gerechtigkeit selbst. Indem das Subjekt je und je Subjekt ist, vergewissert es sich seiner Sicherung. Es rechtfertigt sich vor dem von ihm selbst gesetzten Anspruch auf Gerechtigkeit. Im Beginn der Neuzeit ist die Frage neu erwacht, wie der Mensch im Ganzen des Seienden und d. h. vor dem seiendsten Grund alles Seienden (Gott) der Beständigkeit seiner selbst, d. h. seines Heiles gewiß werden kann. Diese Frage der Heilsgewißheit ist die Frage der Rechtfertigung, daß heißt der Gerechtigkeit (iustitia)." Heidegger scheint hier die Begriffe der Gerechtigkeit (vor Gott) und der Rechtfertigung wie selbstverständlich in der

Gestalt zu sehen, die der protestantische Luther ihnen gegeben hat. Aber gerade so wird die Verwandtschaft dieser Gestalt der Rechtfertigungslehre, des zentralen Gedankens des protestantischen Luther, mit dem über hundert Jahre später auftretenden Zentralgedanken Descartes' handgreiflich deutlich: Der letztere erscheint als eine philosophische Ausweitung und Säkularisierung der Lehre Luthers.

Scheler und Heidegger verhalten sich zu Descartes kritisch. Hegel dagegen war selber der Meinung, „daß das Selbstbewusstseyn wesentliches Moment des Wahren ist", und schon er hat „das protestantische Princip" im „Christenthum" gleichgesetzt mit dem „Princip", von dem er im Hinblick auf die Philosophie sagte: „Es fängt mit Descartes an" (Sämtliche Werke, Stuttgart ³1959, Bd. 19, Seite 328, vgl. 258ff).

Einen Hinweis auf dieses „protestantische Princip", also auf Luthers vorphilosophischen, religiösen „Cartesianismus" enthält der Titel dieses Buches: „Das Ich im Glauben." Diese Formulierung hat sich mir aus der Analyse der Auslegung des Glaubensbekenntnisses, wie sie Luther in seinem Kleinen Katechismus gibt, ergeben. Erst spät, kurz vor der letzten Überarbeitung, bemerkte ich, daß der Ausdruck „Das Ich im Glauben" schon von anderen gebraucht worden ist. Nach dem Bericht in Karl Barths „Kirchlicher Dogmatik" (I, 1; 7. Auflage, Seite 218) hat der protestantische Theologe E. Schaeder („Das Wort Gottes", 1930, Seite 37f) gemeint, Barth beschuldigen zu müssen, „den Protest gegen die Stellung und Geltung des Ich im Glauben in der Theologie des Glaubens in unhaltbarer Weise zu übersteigern". Ich brauche hier jedoch weder auf Schaeder noch auf Barths Polemik gegen ihn einzugehen; es geht mir um eine andere Fragestellung.

Die gegenwärtige Situation um das „Ich im Glauben" ist ziemlich verworren. Barth, dessen Glaubensbegriff sicherlich das Ich im Glauben nicht einschließt, meint, der Streit gehe nicht darum, „ob gegen die Stellung und Geltung des Ich im Glauben ein „übersteigerter", d. h. doch wohl ein absoluter „Protest" zu erheben sei" (a. a. O. 219), und in gläubigem Mißverständnis bzw. ohne das Problem, das hier liegt, zu sehen, führt er reihenweise Sätze aus Luthers Schriften an (a. a. O. 230). Existenztheologen streiten wider den Cartesianismus, ohne zu bemerken, daß sie den vorphilosophischen, religiösen „Cartesianismus", dessen Begründer Martin Luther war, nur verstärken und radikalisieren. Hinzu kommen einige jüngere Katholiken, deren Vorliebe für Ideen Luthers ebenso wie für die moderne protestantische Existenztheologie heute manchmal kaum noch Grenzen zu kennen scheint.

Diese Situation beweist zunächst, daß das, wovon dieses Buch handelt, keine antiquarische Angelegenheit ist. Die historische Klärung, um die es sich bemüht, dient einem Anliegen von erregender Aktualität, dem sich der Verfasser verpflichtet weiß. Darum ist auch an mehreren Stellen auf Nachwirkungen von Luthers Ideen hingewiesen. Freilich ist der Versuch solcher Klärung in einer solchen Situation eine undankbare Aufgabe. Er wird, wenn er überhaupt beachtet wird, mehr Mißverständnis und Feindschaft als Sympathie und Verständnis wecken. Aber er muß doch wohl unternommen werden. Vom christlichen Ursprung aus gesehen, ist das „Ich im Glauben" ein Verfall. Ein Übel zu beseitigen ist aber nur möglich, wenn erkannt ist, wo es sitzt und wie es aussieht. Das ist eine negative, aber notwendige Arbeit. Sie ist um so aufregender, peinlicher, schmerzlicher, je näher man dem Übel kommt und je größer es ist.

Ich unterscheide zwischen dem vorprotestantischen und dem protestantischen Luther. Im wesentlichen sehe ich die Unterschiede, wie ich nachträglich bemerkte, ebenso wie Ernst Bizer in seiner Schrift „Fides ex auditu", obwohl seine Wertung der meinigen genau entgegengesetzt ist (Meissingers Buch „Der katholische Luther" dagegen trägt nichts Wesentliches zur Klärung bei). Die Unterscheidung ist zunächst natürlich eine historische, biographische. Aber manches Vorprotestantische ragt auch in Luthers protestantische Zeit noch hinein. Als christliche Religion lebt der Protestantismus bis heute von der Christozentrik und Verbozentrik des vorprotestantischen Luther. Durch sein Insistieren auf dem Wort Gottes ist auch der protestantische Luther, obwohl er sein Schriftprinzip auch zur Rechtfertigung seiner – auf den nachfolgenden Seiten darzulegenden – Reflexivitätsdoktrin gebrauchte, noch eine Kraft christlicher Erneuerung geblieben. Die Theologie des vorprotestantischen Luther, mag sie auch nie zur Reife gediehen sein und manche Gefahren in sich bergen, ist groß, original, geistvoll, und ihre Werte müssen um der Katholizität und um des Zieles einer Wiedervereinigung willen für die Kirche fruchtbar gemacht werden. Aber damit das in Reinheit und Ruhe und Zuversicht geschehen könne, müssen auch die Grenzen gesehen werden zwischen dem, was hier dem christlichen Ursprung entspricht und was nicht. In diesem Sinne möchte das vorliegende Buch auch durch seine Kritik dem Anliegen dienen, in dem sich der Verfasser mit vielen Evangelischen und Katholiken verbunden weiß.

Der Maßstab meiner Kritik ist derselbe, den Luther selber von denen, die seine Lehre beurteilen würden, angewandt wissen wollte: „Ich bitt aber, daß, wer an mich will, sich mit der Schrift rüste." Dabei muß natürlich auf Luther selber bezogen werden, was er im Hinblick auf den römischen Papst sagte: „Er soll mir unter Christo bleiben und sich lassen richten durch die Heilige Schrift" (Cl. 1, 361, 15; 359, 26. WA 6, 324, 12; 322, 18).

Eine heute weitverbreitete, gutmütige Beurteilung Luthers meint, er habe mit bestem Willen die Kirche erneuern wollen, zur Kirchenspaltung (nebst ihren dogmatischen Implikationen) sei er nur durch die Ereignisse der Zeit gedrängt worden. Ich bedaure, diese vereinfachte Ansicht nicht teilen zu können. Wenn es in den letzten 500 Jahren überhaupt einen Menschen gegeben hat, den nicht Ereignisse seiner Zeit zu dem gemacht haben, der er wesentlich wurde und als der er wirkte, sondern der, umgekehrt, seinerseits den geistigen (und damit auch vielen äußeren) Ereignissen von Jahrhunderten seinen Stempel aufgeprägt hat – derart, daß wechselnde Zeitalter bald diesen, bald jenen Aspekt seines Geistes entfalteten – so ist es Martin Luther gewesen. Die Kirche der Zeit Luthers war durch schwere Mißstände entstellt (sie sind bis heute nicht ganz überwunden). Ihm war es gegeben, den Gang der Geschichte zu bestimmen. Wie er es tat, das war in seine Entscheidung gestellt. Die Entscheidung fiel (wie solche Entscheidungen überhaupt) nicht im Drang äußerer Ereignisse, sondern im geistlichen Innern einer Person: Martin Luthers. Es gab für ihn zwei Möglichkeiten, zwei Wege: Einen, den er jahrelang gepredigt hatte, und einen, den er dann wirklich ging. Wie ich diese Möglichkeiten und die dann tatsächlich getroffene Entscheidung sehe, lege ich im III. Kapitel dar. Die beiden vorhergehenden Kapitel beschreiben den Hauptinhalt des Ergebnisses jener Entscheidung und beurteilen es nach dem Maßstab, den Luther selber sich gewünscht hatte; die restlichen vier Kapitel handeln von den Folgen.

Ein paar Worte zur Methode. Ich habe mich bemüht, Luther zu Wort kommen zu lassen, ihn beim Wort zu nehmen und seine Worte zu interpretieren. Es ist insofern das gleiche Verfahren, das ich auch bei Untersuchungen auf einem ganz anderen Gebiet der Religionsgeschichte angewandt habe. Der Unterschied besteht darin, daß ich bei der vorliegenden Studie in der dargestellten Sache wesentlicher engagiert bin als bei Arbeiten über außerchristliche Religion und daher als ein Beteiligter Stellung nehme.

Ich interpretiere Luthers originale Ideen aus Erfahrungen, die er gemacht hat. Eine solche Methode ist heute nicht in Mode. Es mag auch sein, daß sie bei anderen Gegenständen weniger angemessen ist. Bei Luther aber ist sie m. E. die vom Gegenstand her gebotene. Man verzerrt das ganze Bild, wenn man seine Gedanken so darstellt, als seien sie aus systematischen Überlegungen hervorgegangen. Luthers Schriften selber betonen immer wieder die Wichtigkeit, die die Erfahrung für seine Theologie hatte.

Schließt die methodische Aufmerksamkeit auf die Erfahrung eine psychologische Sicht ein? Ich habe nicht, wie manche Gelehrte einer vergangenen Zeit, das Suchen nach psychologischen Motiven und Charakterzügen zum Prinzip der Deutung machen wollen. Wenn ich z. B. von Demut, Trotz oder „heiligem Stolz" (sancta superbia) bei Luther rede, so meine ich damit nichts Psychologisches oder Charakterkundliches, sondern Wege und Abwege des geistlichen Lebens, der *Spiritualität*. Ob Luther charakterlich demütig, stolz, trotzig oder etwas anderes war, ist für meine Untersuchung ziemlich gleichgültig. Die Erfahrung, auf die ich achte, ist geistliche Erfahrung, gelebte Spiritualität. Diese hat ihre eigenen Strukturen, die nicht aus psychologischen Gegebenheiten im eigentlichen Sinne dieses Wortes abzuleiten sind. Es geht dabei nicht nur um individuelle, sondern auch um typische Erfahrungen und um Erfahrungen, die unter Umständen dem Psychologischen sogar zuwiderlaufen können. Es scheint mir, daß das Wesentliche in der Entwicklung Luthers zum ersten Protestanten der Neuzeit weder vom äußeren Geschehen noch von der Psychologie noch von der Dogmatik oder Dogmengeschichte, sondern von der Spiritualität her gesehen und als Ergebnis personaler Entscheidung interpretiert werden muß. Was ich bei Luther als Fehlentwicklung sehe, sind m. E. im Ursprung weder unglückliche Charakteranlagen noch psychologische Abläufe noch Ergebnisse äußerer Zwangslagen, sondern Verwirrungen und Abwege der Spiritualität gewesen. In ihrer typischen Gestalt kommen sie auch bei anderen Menschen vor. In der Gestalt, die sie bei Luther haben, sind sie von einmaligem geschichtlichem Maß. Fehlentwicklungen der Spiritualität enden aber immer im Psychologischen. Aus diesem Grunde und in diesem Zusammenhang scheint mir dann allerdings bei Luther auch die psychologische Fragestellung von der Sache her erfordert.

Für meine Erkenntnisse sind mir Vorlesungen Luthers am wichtigsten gewesen. Für seine vorprotestantische Zeit war mein Haupttext die Römerbriefvorlesung von 1515/1516, für den Höhepunkt seiner protestantischen Entwicklung der sog. Große Galaterkommentar, hervorgegangen aus 1531 gehaltenen Vorlesungen und in der Druckbearbeitung seines Schülers Rörer, erschienen 1535. Daneben habe ich benutzt: Aus der vorprotestantischen Zeit die erste Psalmenvorlesung und die erste Galaterbriefvorlesung, aus der Übergangszeit die Hebräerbriefvorlesung, den Kleinen Galaterkommentar und die zweite Psalmenvorlesung, aus der protestantischen Zeit die Jesajascholien, hervorgegangen aus 1527-1530 gehaltenen Vorlesungen und in einer kürzeren Druckbearbeitung 1532, in einer längeren 1534 erschienen, ferner einige Stellen aus der Titusbriefvorlesung (1527) und aus der großen Genesisvorlesung.

Gleich wichtig wie die Vorlesungen waren mir einige lateinische Lehrschriften: Aus der Übergangszeit die „Resolutionen" zu den Ablaßthesen und die sog. Acta Augustana; aus der protestantischen Zeit die Schriften „Von der babylonischen Gefangenschaft der Kirche", „Über die Mönchsgelübde" und „Vom geknechteten Willen".

Außerdem habe ich eine große Zahl weiterer deutscher und lateinischer Schriften Luthers herangezogen: Lehr- und Erbauungsschriften, Schriften zur Umgestaltung des Gottesdienstes, die Katechismen, einige Kampfschriften, einige Briefe. Auch die Thesen von Disputationen lieferten einiges wichtige Material. Nur wenig benutzt habe ich dagegen die Fülle der Predigten Luthers. Wegen ihres vorwiegend praktischen Zwekkes der Ermahnung können sie für eine Untersuchung wie die vorliegende ablenkend wirken. Für unzuverlässig halte ich die Aussagen des älteren Luther über seine vorprotestantische Zeit, in den Tischreden und anderswo. Die Lutherlegende, von Otto Scheel wiederaufgebaut, beruht ganz wesentlich auf diesen trügerischen Zeugnissen. Das Bild vom geistlichen Leben des jüngeren Luther ist aus den reichlich genug vorhandenen Dokumenten seiner vorprotestantischen Zeit zu zeichnen, und dann ergibt sich etwas anderes als das, was heute in den Schulbüchern steht.

Von den Ausgaben habe ich in erster Linie überall die viel Wesentliches enthaltende, von Otto Clemen, E. Vogelsang und H. Rückert besorgte achtbändige Auswahl benutzt (2. Aufl., Berlin 1950-1955, abgekürzt bezeichnet: Cl.), sodann die 3. Auflage der Münchner Ausgabe

(MA). Die Weimarer Ausgabe (WA) stand mir lange Zeit nicht vollständig zur Verfügung. Eine Reihe von Schriften habe ich daher zunächst in der Erlanger Ausgabe (EA) benutzt, u. a. den Großen Galaterkommentar und die Jesajascholien. Die Stellenangaben sind nachträglich auf WA umgestellt worden. Dabei, wie auch bei der Nachprüfung vieler Zitate, hat mir ein Kandidat der Theologie geholfen, dem ich meinen herzlichen Dank sage. Spuren der vorherigen EA-Benutzung sind jedoch geblieben. Manche Zitate aus dem Großen Galaterkommentar sind nach den Lesarten des EA-Textes gegeben; sie stehen in der WA im Apparat (CDE). Die Kollegnachschriften der Galaterbriefvorlesung von 1531 (WA 40 I-II) und der Jesajavorlesung von 1527-1530 (WA 31 II), die die EA noch nicht kannte, habe ich nur in solchen Teilen des Buches, die später umgearbeitet worden sind, durchgängig herangezogen. An den meisten Stellen habe ich den (zunächst der EA entnommenen) Text der Druckbearbeitungen stehen gelassen. Denn da ich Luther nicht als eine Erscheinung der Vergangenheit, sondern als den Urheber einer starken, noch lebenden Bewegung betrachten wollte, schien es mir dem Zweck dieser Untersuchung gerade angemessen, die Vorlesungen nicht primär in der Form zu studieren, wie sie bis vor einigen Jahrzehnten in Archiven verborgen lagen, sondern so, wie sie, von Luthers ergebenen Gehilfen aufgenommen, an die Öffentlichkeit gekommen und geschichtlich wirksam geworden sind. Übrigens habe ich den Eindruck, daß die Schüler des Reformators, die die Druckausgaben besorgt haben, die Lehre ihres Meisters sehr genau wiedergegeben haben. Denn sehr viele Gedanken, die in den Drucken, nicht aber in den Kollegnachschriften der Vorlesungen stehen, lassen sich durch von Luther selbst herausgegebene Schriften bestätigen. – Bei Zitaten aus Cl. und MA habe ich, den Randbemerkungen dieser Ausgaben folgend, auch Band und Seite der WA angegeben. – Die Römerbriefvorlesung habe ich, soweit sie nicht in Band 5 der Cl.-Ausgabe enthalten ist, in der Ausgabe der Wissenschaftlichen Buchgesellschaft benutzt (Darmstadt 1960; abgekürzt BG), die Hebräerbriefvorlesung in der Ausgabe von E. Hirsch und H. Rückert (Arbeiten zur Kirchengeschichte 13, Berlin und Leipzig 1929), die erste Galaterbriefvorlesung in der Ausgabe von H. v. Schubert (Abh. der Akademie der Wissenschaften Heidelberg, Phil.-hist. Kl. 5, Heidelberg 1918).

Luthers Schreibung des Deutschen, z. T. auch seine Grammatik, habe ich der leichteren Lesbarkeit wegen modernisiert. Dabei bin ich öfters der MA gefolgt. Auch für das Lateinische habe ich mich nicht an Luthers Orthographie gehalten; ich folge in etwa der Schreibweise der EA. Im Text habe ich alle Zitate aus lateinischen Schriften übersetzt. Lateinische Worte und Wendungen, die aus irgendeinem Grunde dem Leser vielleicht von Interesse sein könnten, sind in Klammern hinzugefügt. Längere lateinische Zitate sind meist in die Anmerkungen verwiesen.

Die Abkürzung „Althaus" weist hin auf das Werk von Paul Althaus: Die Theologie Martin Luthers, Gütersloh 1962; die Abkürzung „Scheel Dok." oder einfach „Dok." auf die Zusammenstellung von Otto Scheel: Dokumente zu Luthers Entwicklung, Tübingen [2]1929. Die übrigen verwendeten Abkürzungen (MPG, MPL, Denz., Bezeichnungen biblischer Bücher usw.) sind die üblichen.

Allen, die mich durch Anregungen, Hinweise und Kritik unterstützt haben, sage ich meinen herzlichen Dank.

Dem Verlag der „Mutigen Bücher" gebührt mein Dank für den Mut, das vorliegende Buch zur Veröffentlichung angenommen zu haben.

Münster, am 1. Advent 1965

Erstes Kapitel

DER NEUE GLAUBENSBEGRIFF

1. Das Glaubensbekenntnis

Den Inhalt des christlichen Glaubens hat die westliche Christenheit im Apostolischen Glaubensbekenntnis formelhaft zusammengefaßt. Martin Luther hat dieses Bekenntnis in seinem Kleinen Katechismus, der das verbreitetste Religionslehrbuch der evangelischen Christenheit geworden ist, 1529 wie folgt ausgelegt.

„Ich glaube, *daß* MICH *Gott geschaffen hat* s a m t a l l e n K r e a t u - r e n , MIR *Leib und Seele, Augen, Ohren und alle Glieder, Vernunft und alle Sinne gegeben hat und noch erhält; dazu Kleider und Schuh, Essen und Trinken, Haus und Hof, Weib und Kind, Acker, Vieh und alle Güter; mit aller Notdurft und Nahrung des Leibes und Lebens reichlich und täglich versorget; wider alle Fährlichkeit beschirmet und vor allem Übel behütet und bewahret;* u n d d a s a l l e s a u s l a u t e r v ä t e r l i c h e r , g ö t t l i c h e r G ü t e u n d B a r m h e r z i g k e i t , o h n a l l m e i n Ve r - d i e n s t u n d W ü r d i g k e i t ; *des alles ich ihm zu danken und zu loben und dafür zu dienen und gehorsam zu sein schuldig bin. Das ist gewiß-* lich wahr.

Ich glaube, daß Jesus Christus, wahrhaftiger Gott vom Vater in Ewigkeit geboren und auch wahrhaftiger Mensch von der Jungfrau Maria geboren, sei MEIN *Herr; der* MICH *verlornen und verdammten Menschen erlöset hat, erworben, gewonnen von allen Sünden, vom Tode und von der Gewalt des Teufels, nicht mit Gold oder Silber, sondern mit seinem heiligen, teuren Blut und mit seinem unschuldigen Leiden und Sterben; auf daß* ICH *sein eigen sei und in seinem Reiche unter ihm, lebe und ihm diene in ewiger Gerechtigkeit, Unschuld und Seligkeit;* g l e i c h w i e e r i s t a u f e r s t a n d e n v o m To d e , l e b e t u n d r e g i e r e t i n E w i g k e i t . *Das ist gewißlich wahr.*

Ich glaube, daß ICH *nicht aus eigener Vernunft noch Kraft an Jesum Christ,* MEINEN *Herrn, glauben oder zu ihm kommen kann; sondern der heilige Geist hat* MICH *durchs Evangelium berufen, mit seinen Gaben erleuchtet, im rechten Glauben geheiliget und erhalten;* gleichwie er die ganze Christenheit auf Erden berufet, sammelt, erleuchtet, heiliget und bei Jesu Christo erhält im rechten einigen Glauben; *in welcher Christenheit er* MIR und allen Gläubigen *täglich alle Sünden reichlich vergibt und am Jüngsten Tage* MICH und alle Toten *auferwecken wird und* MIR samt allen Gläubigen *in Christo ein ewiges Leben geben wird.* Das ist gewißlich wahr."

Entziehen wir uns einmal der unwiderstehlichen Sprachkunst, der Kraft und Wärme dieses Bekenntnisses und beobachten wir die sprachliche Formulierung, so fällt die beherrschende Rolle auf, die das Ich in ihm spielt. Das Glaubensbekenntnis, ursprünglich bei der Erwachsenentaufe vom Täufling gesprochen, muß natürlich das Wort „ich" enthalten. (1) Seine sachgemäße Stelle hat aber dieses Wort bzw. die Zeitwortform der ersten Person der Einzahl in der formalen Bekenntnisaussage: „Ich glaube"; ferner auch in der Anwendung, die sich für den einzelnen Bekennenden aus der Anerkennung des Glaubensinhalts ergibt: „Darum muß ich mich dementsprechend verhalten", falls eine solche praktische Folgerung als Gelübde hinzugefügt wird. Bei Luther dagegen steht das Ich nicht nur am Anfang jedes Artikels („Ich glaube") und in der Verpflichtungsanerkennung am Schluß des ersten Artikels („des alles ich ihm zu danken … schuldig bin"), sondern auch mitten im Bekenntnis. Rechnet man das dreimalige „ich glaube" und die Verpflichtungsanerkennung sowie den Ausdruck „ohn mein Verdienst …" ab, so bleiben *elf* Vorkommen des persönlichen oder besitzanzeigenden Fürworts der ersten Person der Einzahl übrig, die *innerhalb des Bekenntnisinhalts* stehen: *ich, mir, mich, mein, meinen.* Fast alle Verbalaussagen haben das Ich des Bekennenden als Subjekt oder Objekt, oder es wird das Prädikatsnomen als dem Ich zugehörig erklärt, („mein Herr"). Ausnahmen sind nur die drei-

---

(1) Die Urform des Symbolum Nicaenum und des Nicaeno-Constantinopolitanum hat jedoch den Plural „Wir glauben". Denz. 54 und 86.

malige Umschreibung des Amen („Das ist gewißlich wahr") und zwei Sätze, die mit „gleichwie" eingeleitet sind („gleichwie er ist auferstanden …", „gleichwie er die ganze Christenheit … berufet …"). Aber durch das Bindewort „gleichwie" sind auch diese beiden Sätze noch auf das Ich bezogen, und da nun alle Aussagen vom Ich herkommen oder zum Ich hinführen, fällt auch das dreimalige „Das ist gewißlich wahr" nicht aus der Ichbezogenheit heraus. Sofern von anderen Kreaturen und Erlösten die Rede ist, geschieht dies nur in Wendungen, welche ausdrücken, daß von den andern dasselbe gelte wie von dem Ich des Bekennenden: „Mich … samt allen Kreaturen", „gleichwie er die ganze Christenheit … berufet …", „Mir und allen Gläubigen", „mich und alle Toten", „mir samt allen Gläubigen". Alle Inhalte des Glaubens sind also primär oder gar ausschließlich auf das Ich des Glaubenden bezogen. (2)

Durch diese Ichbezogenheit unterscheidet sich die Auslegung total von dem überlieferten Text des Glaubensbekenntnisses, das eine Beziehung des Glaubensinhalts auf das Ich des Glaubenden mit keinem Wort ausdrückt. Das Bekenntnis spricht ausschließlich von Gottes Verhältnis zur Welt als einem Ganzen, von seinem Handeln in der Schöpfung und Erlösung und von der Kirche als der allumfassenden Ganzheit der Erlösten: sanctam ecclesiam catholicam, „die heilige allumfassende Kirche". Dieser Ordnung, diesem universalen Handeln Gottes in Schöpfung, Erlösung und Heiligung ordnet sich der Einzelne ein mit seinem Bekenntnis: „Ich glaube …" Es ist daher nicht zufällig, sondern notwendig so, daß innerhalb des Bekenntnisinhalts kein Ich steht.

---

(2) Im Abdruck von Luthers Credoauslegung oben Seite 19f. sind durch verschiedenen Druck die Beziehungen der Aussagen wie folgt unterschieden:
Normaler Druck: Formale Bekenntnisaussage und Verpflichtungsanerkennung.
G e s p e r r t : Nicht auf das Ich bezogene Glaubensinhalte, jedoch als Anhang an die ichbezogene Aussage angeschlossen.
Kursiv: Ichbezogene Aussagen.
KAPITÄLCHEN: Personal- und Possessivpronomina der 1. Person Singular innerhalb der Glaubensaussage.

Bei Luther ist die Ordnung umgekehrt. Das Verhältnis Gott zum Ganzen, zur Welt und zur Kirche, wird zweitrangig. Zuerst kommt, den Inhalt des ganzen Bekenntnisses beherrschend, das Verhältnis zum Ich des Bekennenden. Es ist darum auch eine innere Notwendigkeit, daß Luther in seiner Übersetzung des Apostolischen Bekenntnisses das die Kirche qualifizierende Wort „allumfassend", catholica, durch „christlich" ersetzt hat. Das Beiwort „christlich" ist überflüssig; denn die „Kirche" kann es eigentlich nur als „christliche" geben. Was aber Luther unter Kirche verstand, kann schon wegen des Vorherrschens des Ich in seinem Glaubensbewußtsein niemals „katholisch" oder „allumfassend" sein.

Der Glaube an den Schöpfer bedeutet für Luther zunächst und vor allem, „daß Gott *mich* geschaffen hat". Was Gottes Schöpfung für den je Einzelnen bedeutet, wird in volkstümlich-umständlicher Beredsamkeit breit entfaltet; die Beziehung Gottes zur Welt dagegen kommt nur in drei Worten und als eine Art Anhang zum Ich zur Sprache: „samt allen Kreaturen". Als Inhalte der Schöpfung werden nur solche Dinge und Personen genannt, die in enger Beziehung zum Ich des Bekennenden stehen. Leib, Seele, Augen, Ohren, Glieder, Vernunft, Sinne, Kleider Schuhe, Essen, Trinken, Haus, Hof, Weib, Kind, Acker, Vieh und alle Güter: Das alles ist von Gott geschaffen – für das Ich.

Im zweiten Artikel ist die kirchliche Überlieferung korrekt zu Wort gekommen: Die Lehren von den zwei Naturen Christi, von Christi Präexistenz und Menschwerdung, von der Erlösung durch seinen Tod am Kreuz sowie von seiner Auferstehung und Erhöhung sind ausgesprochen. Aber der Schwerpunkt ist verschoben. Die Wahrheiten über Jesus Christus sind nicht wie im Apostolischen Bekenntnis Ziel der Aussage; sie erscheinen vielmehr zunächst nur als Subjekt des Satzes, also als Voraussetzung oder Ausgangspunkt dessen, was in drei markig betonten Silben – „sei mein Herr" – die Satzaussage darstellt, die dann in langen Nebensätzen entfaltet wird. Mit großem Sprachgeschick wird der das Bekenntnis Nachsprechende angeleitet, seine Aufmerksamkeit auf Christi Beziehung *zu ihm*, auf *seine* Erlösung durch Christus zu konzentrieren. Um dieser Erlösung willen ist Christus „*mein* Herr". Wortreich und eindringlich ist das Leiden Christi beschrieben, aber in strenger Ausschließlichkeit auf das Ich des Bekennenden bezogen, das sich mit drei Fürwörtern (mein, mich, ich) und in drei Zeitwortformen der ersten Person der Einzahl (eigen sei, lebe, diene) vordrängt und die Mitte des Artikels beherrscht. Besonders merkwürdig ist, daß die Auferstehung und Verherrlichung Christi, die zum Mittelpunkt des urchristlichen Bekenntnisses gehört, mit einem „gleichwie" bloß angehängt erscheint an die zuerst zur Sprache kommende Gewißheit des Bekennenden von *seiner ewigen Erlösung*, also ausschließlich als Grund und Motiv dieser Gewißheit dargestellt ist.

Im dritten Artikel, zu dessen ausdrücklichem Inhalt die Kirche gehört, ist von dieser, wie von der Weltschöpfung und Welterhaltung im ersten Artikel, wiederum nur wie von einer Art Anhang zum Ich die Rede: „*gleichwie* er die ganze Christenheit … berufet …"; „*mir* und allen Gläubigen"; „*mich* und alle Toten"; „*mir samt* allen Gläubigen". Auch da, wo die Kirche als Glaubensinhalt genannt werden muß, steht also das Ich voran. Bei denen, die nach Luthers Katechismus belehrt wurden, mußte sich daher die Ansicht bilden, daß die Kirche zuerst und im Wesen eine Sammlung von Einzelnen sei, zu einem Zweck; fast wie ein solcher Zweck erscheint in der Bekenntnisauslegung die Ermöglichung der Sündenvergebung.

Die ewige Vollendung sieht Luther immerhin in der Gemeinschaft der Kirche. Aber es ist bemerkenswert, daß seine Auslegung den Bekennenden mit absoluter Gewißheit aussprechen läßt, er (nebst allen, die ebenso glauben wie er) werde diese Vollendung sicher erreichen. Dementsprechend ist in der Auslegung des zweiten Artikels das Gericht völlig ausgelassen. Das ist konsequent. Denn wenn der Satz des Apostolischen Bekenntnisses, daß Christus wiederkommen wird, „zu richten die Lebendigen und die Toten", ausgelegt worden wäre, so könnte ja der Bekennende nicht mit uneingeschränkter Bestimmtheit sagen, *ihm* werde die „ewige Gerechtigkeit, Unschuld und Seligkeit" zuteil werden. Wie die Auslassung des Glaubensartikels vom Gericht gemeint ist, wird noch deutlicher, wenn wir andere von Luther verfaßte Auslegungen des Glaubensbekenntnisses vergleichen, die „Kurze Form" von 1520 (3), die ei-

---

(3) „Ich glaube, daß er wieder von dannen von dem Himmel kommen wird am Jüngsten Tag, zu richten [die] Lebendigen, die dann erfunden werden, und [die] Toten, die indes verstorben sind, und alle Menschen, alle Engel und Teufel vor seinen Gerichtsstuhl kommen müssen und ihn leiblich sehen, *mich und alle Gläubigen zu erlösen* … und *zu strafen ewiglich unsere Fein-*

ne Vorstufe des Kleinen Katechismus darstellt, und den Großen Katechismus (4) von 1529. Da ist vom Gericht nur in solcher Weise die Rede, daß es die andern, die Bösen, die Nichtglaubenden treffen werde. Dadurch wird der Glaubende angeleitet, den Artikel vom Gericht so aufzufassen, daß er von demselben jedenfalls nicht betroffen werde, insofern und indem er glaubt, *daß* er nicht betroffen sei; daß ihn dagegen das Gericht treffen könnte, wenn er glaubt, auch er werde sich verantworten müssen. Wir werden auf Luthers Stellungnahme zum Artikel vom Gericht noch zurückkommen.

---

de und Widersacher ..." (Cl. 2, 50, 26; WA 7, 218). Im gleichen Geiste sagt der Heidelberger Katechismus, Frage 52: „daß er alle seine *und meine Feinde in die ewige Verdammnis werfe, mich aber* samt allen Auserwählten zu sich *in die himmlische Freude und Herrlichkeit* nehme". Ähnlich der rheinische Unionskatechismus (Evangelischer Katechismus, hrsg. von der Rheinischen Provinzial-Synode, Wuppertal-Elberfeld: Sam. Lucas 1946), Frage 68, wo jedoch die Feinde des Bekenntnissprechers nicht mehr verdammt werden: „... daß er alle seine Feinde der ewigen Verdammnis überantworten, mich aber samt allen den Seinen [nicht mehr: „allen Auserwählten"] zu sich in die himmlische Freude und Herrlichkeit nehmen wird."

(4) „bis er *uns* endlich am Jüngsten Tage gar scheide und *sondere von der bösen Welt, Teufel, Tod, Sünde* usw." (MA 3, 244). Der Plural „uns" ist hier natürlich so gemeint, daß der Bekennende denken soll: Ich bin einer von denen. – Hervorzuheben ist jedoch, daß Luther auch in seiner protestantischen Zeit den Glauben gelegentlich noch ohne jede Bezugnahme auf das Ich des Bekennenden bekennen konnte und daß dabei auch der Artikel vom Gericht voll zur Geltung kam. Ein solches Bekenntnis steht am Schluß der 1528 erschienenen, weitschweifigen polemischen Abhandlung „Vom Abendmahl Christi" (Cl. 3, 508-515; WA 26, 500-509; MA 4, 285-293). Da heißt es über die Letzten Dinge: „Am letzten glaube ich die Auferstehung aller Toten am Jüngsten Tage, beide der Frommen und Bösen, daß ein jeglicher daselbst empfange an seinem Leibe, wie er's verdienet hat, und also die Frommen ewiglich leben mit Christo und die Bösen ewiglich sterben mit dem Teufel und seinen Engeln" (Cl. 3, 514, 38; WA 26, 509; MA 4, 292). Aber hierzu ist zu beachten, daß Luther dieses Bekenntnis schrieb, weil, wie er ausdrücklich sagt, „ich sehe, daß des Rottens und Irrens je länger je mehr wird" (Cl. 3, 507, 30; WA 26, 499; MA 4, 285). Das heißt: Er schrieb hier in Frontstellung gegen solche protestantischen Gruppen, die von ihm gera-

2. Die Rückbeugung des Glaubens

Wenn Luther im Kleinen Katechismus alles Geglaubte mit ständigem Rückblick auf das Ich des Glaubenden aussagt, so ist das nicht eine zweckbedingte Einseitigkeit, die durch andere Lehraussagen aufgewogen würde; vielmehr bietet er hier eine praktische Einübung in diejenige Art von Glauben, die er für *rechtfertigend* hielt. Die Ichbezogenheit ist hier nicht eine Betrachtung neben dem eigentlichen Glaubensakt, sondern sie ist ein Teil, und zwar der wesentlichste Teil, des Glaubensaktes selbst. Das Ich beugt sich *im Glaubensakt* auf sich selbst zurück. Dieser Glaube ist *reflexiv*.

Reiner christlicher Glaube unterwirft sich in gehorsamer Anerkennung und Anbetung der Unbegreiflichkeit Gottes, versteht von Gott her Schöpfung und Kirche als Gottesordnungen und weiß sich, ohne Rückblick auf sein eigenes Subjekt, in diese Ordnungen eingeschlossen, geborgen im persönlichen Vertrauen auf den Gott der Schöpfung, Erlösung und Heiligung. Reflexiver Glaube dagegen ist einem Geschoß vergleichbar, das auf sein erstes Ziel mit der Absicht und mit solchen Vorkehrungen losgeschleudert wird, damit es, zurückgeworfen und zu seinem Ausgangspunkt zurückkehrend, diesen als zweites und letztes und eigentliches Ziel treffe. Die Rückbeugung des Glaubensaktes von der göttlichen Person zum glaubenden Ich soll in diesem ein Bewußtsein der Gott-Ich-Beziehung, ein Heilsbewußtsein, eine Tröstung erzeugen. Dadurch wird das Ich aus seiner Geborgenheit in den allgemeinen Gottesordnungen durch einen

---

de den reflexiven Glauben gelernt hatten, daraus aber andere Folgerungen zogen als er. Es ist sehr verständlich, daß er es in solcher Situation unterließ, das Gemeinsame zu betonen. Da übrigens Luthers Glaubensreflexivität, wie wir noch eingehender sehen werden, keineswegs schlicht gleichbedeutend ist mit Subjektivismus, vielmehr gerade einen dogmatischen Objektivismus beansprucht, bedeutet das Bekenntnis von 1528 nicht den geringsten Bruch mit der Position, die Luther von 1518 bis zu seinem Tode unzählige Male ausgesprochen hat. Die Glaubensreflexivität kann zu diesem Bekenntnis hinzugedacht werden (und ist sicher von Luther verschwiegen hinzugedacht worden), ohne daß sich ein Wort darin zu ändern brauchte. Welche Bedeutung die Front- oder Trotzstellung für Luthers Formulierungen hatte, werden wir noch in anderen Zusammenhängen sehen.

intensiven Bewußtseinsakt herausvereinzelt; denn das, was der nichtreflexive Glaube in erster Linie als umgreifende Gottesordnung sieht, soll nun *zuerst dem Einzelnen* gesichert werden.

Dieses Verständnis des christlichen Glaubens in seinen Erscheinungsformen und Auswirkungen zu beschreiben ist der Zweck dieses Buches. Einstweilen mögen einige wenige Sätze aus Luthers Schriften seit 1519 das Gesagte belegen. Im Kleinen Galaterkommentar schreibt er 1519: „Es dürfte dir nichts nützen, zu glauben, daß Christus für die Sünden anderer Heiliger hingegeben worden ist, wegen deiner (Sünden) aber zu zweifeln. Denn das glauben auch die Gottlosen und die Teufel. (5) Vielmehr mußt du mit beständigem Vertrauen annehmen, daß (er) auch für deine (Sünden hingegeben sei) und daß du einer von denen seiest, für deren Sünden er hingegeben ist. *Dieser Glaube rechtfertigt dich* (haec fides te justificat) und wird machen, daß Christus in dir wohnt, lebt und herrscht." (6) Ferner: „Glaube, daß er *dir* Heil und Barmherzigkeit sein wird, und es wird so sein ohne jeden Zweifel." (7) In einer Predigt, gehalten am 29. Juni 1519, sagte Luther: „So jemand daran zweifelt und nicht fest dafür hält, er habe einen gnädigen Gott, der hat ihn auch nicht. *Wie er glaubt, so hat er.* Darum so mag niemand wissen, daß er in Gnaden sei und Gott ihm günstig sei, denn durch den Glauben. *Glaubt er es, so ist er selig; glaubt er es nicht, so ist er verdammt.* Denn eine solche Zuversicht und gut Gewissen ist der rechte ... Glaube, der Gottes Gnade in uns wirkt." (8) In einer Disputation „Über den Glauben" stellte Luther 1535 die These auf: „Es ist also jenes „Für mich" oder „Für uns", das, wenn es geglaubt wird, diesen *wahren* Glauben macht und ihn unterscheidet von jedem andern Glauben, der nur auf geschehene Ereignisse hört" (9), und in der nächsten These sagt er: „*Dies ist der Glaube, der allein uns rechtfertigt ...*" (10)

---

(5) Anspielung auf Jak. 2, 19: „Du glaubst an den einen Gott? Schon recht; aber die Dämonen glauben auch und zittern." Vgl. unten Kap. II Seite 86f.
(6) WA 2, 458, 20.
(7) WA 2, 491, 30.
(8) WA 2, 249, 5; Cl. 7, 361, 19; MA 6, 252.
(9) WA 39 I 46 These 24.
(10) Ebendort These 25.

Wollte man aus Luthers seit Ende 1517 oder Anfang 1518 verfaßten Schriften alle Stellen zusammenreihen, in denen er den Hauptgedanken der soeben gegebenen Auszüge ausspricht, so könnte man viele Bogen damit füllen. Aber schon die angeführten Sätze zeigen, daß er für das eigentlich Rechtfertigende am Glauben nicht dessen Beziehung auf Gott oder Christus allein, sondern die Rückbeugung des Glaubensaktes auf das Ich des Glaubenden gehalten hat. Daß Gottes Heil mir wirklich zukomme, wird nach Luthers Meinung durch das von Gewißheit erfüllte Bewußtsein, das Heilshandeln Gottes sei „für mich", bewirkt – nur durch dieses Bewußtsein, durch dieses aber unfehlbar. Das Für-mich-Bewußtsein ist ihm der Glaube, welcher rechtfertigt. In den angeführten Zitaten nennt er diesen Glauben auch „Zuversicht" und „Vertrauen". Ob es wirklich Vertrauen ist, wird noch zu untersuchen sein.

Luthers eigener Terminus für den Glauben, wie er ihn will, ist „ergreifender Glaube", fides apprehensiva. (11) Damit ist gemeint, daß der Glaube nicht bloß die Heilsbotschaft, sondern das Heil oder Christus selbst „ergreife". Ich werde auf diesen wichtigen Begriff in anderen Zusammenhängen noch ausführlicher eingehen, besonders im IV. Kapitel, § 7. Einstweilen nur eine Bemerkung. Der Gedanke des „ergreifenden Glaubens" bei Luther ist als solcher keineswegs völlig neu. Er findet sich schon bei Gregor von Nyssa in dessen Auslegung des alttestamentlichen Hohenliedes, in welchem der Vers vorkommt (3, 4): „Da fand ich den, den meine Seele liebt; ich faßte ihn und lasse ihn nie mehr los." Hierzu bemerkt Gregor: „Durch den Glauben fand ich den Geliebten und werde ihn nicht mehr loslassen, mich festhaltend an dem Gefundenen mit dem Ergreifen des Glaubens, bis er hineingekommen ist in meine Kammer." (12) Aber der Zusammenhang, in dem dieser Gedanke bei dem Kirchenvater steht, ist total verschieden von den Ideen des protestantischen Luther. Das Ergreifen und Festhalten durch den Glauben steht in Gregors Mystik innerhalb der umfassenden Bewegung der *Liebe*, durch die die Seele den Bräutigam Christus sucht: Nachdem sie schon gemeint

---

(11) W I 45 These 12.
(12) gorii Nysseni Opera, ed. W. Jaeger, vol. 6, Leiden 1960, Seite 183, 8 (PG 44, 893). „Ergreifen": labê.

hatte, den Gipfel des Erhofften erreicht und zur Vereinigung mit dem Ersehnten gelangt zu sein, erfährt sie, daß dies Anteilhaben (metousía) an dem Geliebten eine Nacht ist, ein Dunkel, in dem das Geliebte allem Ergreifen durch denkendes Begreifen sich entzieht, so daß sie sich noch ebensoweit von der Vollendung (teleiótes) entfernt sieht wie jemand, der nicht einmal den Anfang gemacht hat – und in dieser Nacht hält die Liebe allein durch den Glauben an dem Geliebten fest. In Luthers Lehre vom „ergreifenden Glauben" dagegen wird jede Verbindung des Glaubens mit der Liebe radikal ausgeschlossen, wie wir in der Folge, insbesondere im IV. Kapitel, sehen werden. Daher, wenn auch Luther selber den Ausdruck fides apprehensiva zur Bezeichnung des rechtfertigenden Glaubens gebraucht hat, so ist derselbe doch, wenn er zur Beschreibung seiner Glaubensdoktrin allein gebraucht wird, mißverständlich, weil er im Sinne der Mystik, in der der Glaube innerhalb der Bewegung der Liebe steht, verstanden werden könnte.

Am schärfsten scheint mir die Eigentümlichkeit des von Luther seit 1518 gelehrten Glaubens durch die Bezeichnung „reflexiver Glaube" getroffen zu sein. Denn es ist ja die Reflexion, die Rückbeugung des Bewußtseins auf das glaubende Ich, die nach Luthers Meinung den Glauben erst zum eigentlichen und heilswirkenden macht.

Nur in diesem Sinne gebrauche ich das Wort „reflexiver Glaube". Kein reflexiver Glaube liegt demnach vor, wenn eine Für-mich-Reflexion den Glaubensakt bloß begleitet, ihm vorhergeht oder folgt, ohne sich für den Glaubensakt selbst oder für das Wesentliche, Rechtfertigende an ihm zu halten. Akte der Anwendung des Glaubens auf das Leben des einzelnen Glaubenden hat es in der christlichen Frömmigkeit immer gegeben: Akte der Reue, des Dankes, der Liebe, der Hoffnung, der Freude, des Tatentschlusses. Beispiele dafür gibt es auch in den Schriften Luthers, besonders rein in seiner vorprotestantischen Zeit, vor 1520.

1513 sagt er z. B. in seinen Glossen zu Psalm 6: „Stelle dir deinen Herrn, deinen Erlöser vor, wie er mit mildester Liebe und Güte vor dem Vater kniet, beladen mit deinen Sünden und denen der ganzen Welt, und wie er für sie bitterlich weint und wie er sie unwillig verabscheut. Du bist es, für den ein so großer Mittler so glühend betet. Was also willst du antworten? Willst du nicht beten und weinen mit ihm, der mit dir und deinem Elend betet und weint?" (13) Am Laurentiusfest 1516 predigt er: „Wenn wir nämlich glauben, daß er uns geschaffen hat, uns schützt und erzieht und alles Erschaffene uns dienen läßt; wenn wir, sage ich, glauben, daß das wirklich wahr ist – wie kann es dann geschehen, daß wir nicht von Herzen ihn lieben?" (14) Am 1. Januar 1517 predigt er: „Da friert der Herr für mich in der Krippe, ja er quält sich sein ganzes Leben lang, und schließlich betet er für die, denen er mit vollem Recht hätte zürnen dürfen – und ich Staub sollte meinen Zorn gegen meinen Bruder nicht aufgeben und nicht vielmehr für ihn beten und Böses mit Gutem vergelten?" (15)

Das ist kein reflexiver Glaube. Der Glaubensinhalt wird hier deswegen auf den Einzelnen bezogen, damit dieser erkenne, daß er mit dem, was er glaubt, persönlich von Gott angesprochen ist, und sein Verhalten entsprechend einrichte. Die Beziehung auf den Einzelnen ist nicht als das verstanden, was den Glauben eigentlich zum Glauben macht. Sie ist ein Zeichen der Lebendigkeit des Glaubens, aber sie ist nicht der Glaube selbst.

Auch ohne eine solche praktische Anwendung würde die Beziehung auf den Glaubenden, die Für-mich-Reflexion – etwa: „Christus hat für mich gelitten" – als solche noch keinen reflexiven Glauben ausmachen. Auch dann kann sie noch ein Zeichen der Lebendigkeit des Glaubens sein (vgl. unten Seite 106). Auch Luthers Auslegung des Glaubensbekenntnisses kann noch den Dienst solcher Verlebendigung tun – wenn sie als eine Betrachtung von Menschen nicht-reflexiven Glaubens vollzogen wird und gerade das außer Betracht bleibt, worauf es Luther ankam.

Schon im christlichen Altertum hat es Für-mich-Reflexion gegeben in der Weise, daß sich ein Gläubiger vergegenwärtigte, wie er, der Einzelne, durch Christi Schmach Heil erworben habe. Um 380 hat der hl. Ambrosius, die Geschichte von der Geburt Christi nach dem Lukasevangelium auslegend, die Betrachtung niedergeschrieben: „Mein Erbbesitz also ist jene Armut, und die Schwäche des Herrn ist meine Stärke … Ich bin es, den jedes Weinen der wimmernden Kindheit reinigt; meine Ver-

---

(13) Cl. 5, 48, 24; WA 3, 68.
(14) WA 1, 75, 8.
(15) WA 1, 121, 10.

gehen sind durch jene Tränen abgewaschen. Mehr also, Herr Jesu, verdanke ich der dir angetanen Schmach, durch die ich erlöst bin, als deinen Taten, durch die ich geschaffen bin." (16) Solche Gedanken scheinen nicht nur „um mehrere Jahrhunderte das vorwegzunehmen, was man in einer gewissen Epoche des Mittelalters die devotio moderna genannt hat" (17); sie erinnern auch an manche Betrachtungen Luthers über die Menschwerdung Christi. Aber sie sind weit entfernt von einer Äußerung reflexiven Glaubens. Erst wenn das geschieht, was Luther wollte, daß nämlich die Beziehung auf den Glaubenden sich als das Wesentliche und Eigentliche des Glaubens, als das Mittel zur Heilserlangung versteht; erst wenn solche Betrachtung von der Forderung motiviert ist, die Luther in einer Weihnachtspredigt 1530 in die Worte faßte: „... der Glaube *muß hinzukommen, der Heiland sei dir geboren*" (18) – erst dann wird die Reflexion zum reflexiven Glauben.

Daß dabei die Reflexivität als das Wesentliche verstanden wird, äußert sich besonders deutlich darin, daß ein Glaube, der keine Reflexion auf sein Subjekt enthält, abgewertet wird mit der Erklärung, das sei kein eigentlicher Glaube. Diese Abwertung hat der protestantische Luther in drastischen Worten ausgesprochen. So sagt er in seinem älteren Katechismus, der „Kurzen Form" von 1520 (19): „Hier ist zu merken, daß (auf) zweierlei Weise geglaubt wird. Zum ersten *von* Gott, das ist, wenn ich glaube, daß (es) wahr sei, was man von Gott sagt, *gleich als wenn ich glaube, daß (es) wahr sei, was man vom Türken, Teufel (oder von der Hölle) sagt.* Dieser Glaube ist mehr *eine Wissenschaft* (= ein Wissen) *oder Merkung* (= Betrachtung, Erwägung) (20) denn ein Glaube. Zum andern wird *in* Gott geglaubt, das ist, wenn ich nicht allein glaube,

---

(16) Ambrosius, Tractatus in Ev. sec. Lucam II 41 (Sources chrétiennes 45, Paris 1956, Seite 91).

(17) Gabriel Tissot in: Sources chrétiennes 45, Seite 27.

(18) MA 6, 314; WA 32, 266.

(19) WA 7, 215, 1; Cl. 2, 47, 28.

(20) Hier und an anderen Stellen ist zur Feststellung der Bedeutung heute veralteter Wörter benutzt worden: M. Lexer, Mittelhochdeutsches Taschenwörterbuch, Leipzig [24]1944.

daß (es) wahr sei, was von Gott gesagt wird, sondern setze meine Trau (= mein Vertrauen) in ihn, begebe und erwege mich (= entschließe, entscheide mich), mit ihm zu handeln und glaube ohne allen Zweifel, er werde *mir* also sein und tun, wie man von ihm sagt."

Hier scheint zwar ein echtes und lebendiges Vertrauensverhältnis beschrieben zu sein. Wenn jemand sich „begibt und erwegt", d. h. sich hingibt und sich entschließt, „mit Gott zu handeln", so ist das sicher echter, vertrauender Glaube. Aber dann ist doch, wenn auch verhalten, die Reflexivitätsforderung ausgesprochen: „er werde *mir* also sein ..." Und ein wirklich vertrauender Glaube kann nicht die Gott gegenüber angemessene personale Beziehung außer acht lassen, welche Anbetung ist und wesentlich, nicht als bloße Voraussetzung, auch „Merkung" einschließt. Weil aber Luther den rein auf Gott bezogenen Glauben nur als Ausgangspunkt oder Motiv für die Rückbeugung auf das Ich einschätzt, meint er, die „Merkung" sei noch gar kein Glaube, sondern ein Wissen, nicht wertvoller als das Fürwahrhalten von ausgesprochen verächtlichen, ja verabscheuten Inhalten dessen, „was man sagt".

Luther meinte, daß der Glaube, wie er ihn lehrte, allein auf Christus blicke: „Du mußt dir Christus so vor Augen stellen (praeponendus), daß du außer ihm gar nichts siehst", heißt es im Großen Galaterkommentar 1535. (21) Aber er täuschte sich. Jedesmal wenn er den Inhalt dieses Glaubens beschreibt, tritt doch gleich wieder das Ich innerhalb des Glaubensinhalts auf, so an der gleichen Stelle: „Ich glaube an Jesus Christus, den Sohn Gottes, der *für mich* gelitten hat, gekreuzigt und gestorben ist usw., in dessen Wunden *ich meine* Sünde sehe ..." Die Ichbeziehung ist hier um so bemerkenswerter, weil Luther sie ausgerechnet an das Pauluswort „Ihr seid *alle einer* in Christus Jesus" (Gal. 3, 28) anknüpft. Nachdem er hierzu erst erklärt hat, das Wort „alle" bedeute, daß Personenunterschiede vor Gott nichts gelten, spricht er von der Einheit des *Einzelnen* mit Christus. Pauli Wort „Ihr seid *alle einer* in Christus" meint die Einheit aller im Leibe Christi, in der Kirche; Luther erklärt es so, als ob es bedeute: Jeder einzelne von euch, ohne Unterschied der Person, ist eins mit Christus.

---

(21) WA 40 I 545, 26 (Hs.: Z. 7).

Luthers Glaube ist also „nicht Glaube an ein objektives Heil oder an Den, der es schenkt, sondern ein unmittelbarer Glaube an das eigene Heil des Glaubenden". (22) Luther kann daher gelegentlich den Glauben auch ohne Bezugnahme auf Gott oder Christus ausschließlich vom Subjekt aus definieren, nämlich als „feste Annahme und beständiges Bewußtsein der Gerechtigkeit und des Heils" (1521). (23)

Nach den Notizen eines seiner Schüler scheint Luther als Sechzigjähriger im mündlichen Gespräch einen „zurückgebeugten Glauben", fidem reflexam, selber ausdrücklich als etwas bezeichnet zu haben, was der Mensch sich macht, um sich selber zu sichern: „So sind wir von Natur geschickt (= beschaffen), daß wir gern wollen fidem reflexam haben. Wir wollten es gern greifen und in den Busen stecken, aber das geschieht im leiblichen Leben (in vita corporali) nicht." (24) Luther meint hier zwar, wie der Zusammenhang der Tischredenaufzeichnung zeigt, mehr das Sichereinwollen durch intellektuelles *Verstehen*. Aber es gibt doch auch innerhalb des bloßen *Glaubens* die Möglichkeit einer Rückbeugung auf das eigene Ich mit der Absicht, sich das eigene Heil durch eben diesen Bewußtseinsakt zu sichern, und das ist gerade das Glaubensverständnis, das Luther damals schon seit fünfundzwanzig Jahren gepredigt hatte. Auch das „Greifen"wollen, das er hier tadelt, hatte er doch immer energisch gefordert, wenn er den „ergreifenden Glauben" lehrte. Hat er also gegen Ende seines Lebens das Bedenkliche seines Glaubensbegriffes selbst eingesehen? Oder hat er es nur dunkel gespürt und, um sich abzulenken von dem, was an seiner eigenen Lehre fragwürdig war, etwas Ähnliches, aber doch Verschiedenes getadelt?

---

(22) Louis Bouyer, Reformatorisches Christentum und die eine Kirche (Du protestantisme à l'église, deutsch von L. Deubzer und H. Waltmann), Würzburg 1959, Seite 149. – Bouyer scheint allerdings die zentrale Bedeutung, die dieser Gedanke für Luthers Religion und Theologie hatte, nicht ganz zu beachten. Auch unterscheidet er zu wenig zwischen den verschiedenen Entwicklungsstufen Luthers.
(23) WA 8, 323, 13 (Thema de Votis VI).
(24) WA TR 5, 242, 20; Cl. 8, 324 Nr. 5562.

Man hat oft von Luthers Individualismus und Subjektivismus gesprochen und ebensooft geleugnet, daß er Individualist oder Subjektivist gewesen sei. Die Möglichkeit, die Begründbarkeit der beiden Charakterisierungen zeigt, daß in Luthers Lehre tatsächlich etwas ist, was Anlaß zu beiden geben kann. Die Tatsache aber, daß jeweils auch für die gegenteilige Behauptung Gründe beigebracht werden können, weist darauf hin, daß sie zumindest ungenau sind und nicht das Eigentliche treffen. In der Tat gibt es Arten von religiösem Subjektivismus und Individualismus, die nicht das „Ich im Glauben" enthalten; andererseits kann Reflexivität des Glaubens auch mit einer im Praktischen durchaus gemeinschaftsbejahenden Haltung und im Dogmatischen mit einem gewissen Objektivismus verbunden auftreten, und beides ist bei Luther der Fall. Er war kein Individualist in dem Sinne, daß er kein Verständnis für Gemeinschaft gehabt hätte. Wenn Karl Holl immer wieder auf Luthers Gemeinschaftsidee hinweist, so hat er im großen und ganzen durchaus recht. (25) Luther war ferner kein Subjektivist in dem Sinne, daß er die Anerkennung aller überlieferten Dogmen dem Befinden des Einzelnen anheimgestellt hätte. Er unterschied sich von den sog. Schwärmern dadurch, daß für ihn Bibel und Sakramente noch objektivere Geltung hatten als für jene, während er in der Glaubensreflexivität, die sie von ihm gelernt hatten, mit ihnen übereinstimmte. Wir werden auf das Problem des Subjektivismus und Objektivismus noch in anderem Zusammenhang zurückkommen.

3. Das Statuieren

Die Gewißheit, die durch die Rückwendung des Bewußtseins von Gott auf das glaubende Subjekt entstehen soll, umfaßt die ganze Person des Glaubenden. Dieser soll glauben, seine Sünden seien gewiß verge-

---

(25) K. Holl, Gesammelte Aufsätze zur Kirchengeschichte Bd. I, Tübingen 61932; siehe den Index zu „Gemeinschaft" und „Individualismus". Holl macht allerdings den methodischen Fehler, daß er zwischen Äußerungen des vorprotestantischen und des protestantischen Luther nicht unterscheidet und dessen heilsindividualistische Auslegungen von gemeinschaftsbezogenen Schriftstellen nicht recht beachtet.

ben und seine übrigen Werke gewiß gottwohlgefällig. So schreibt Luther schon 1518: „Es hüte sich jeder Christ davor, daß er jemals ungewiß sei, ob seine Werke Gott gefallen; wer nämlich daran zweifelt, sündigt und verliert alle seine Werke, und all sein Mühen ist umsonst; vielmehr ist es notwendig, daß er glaube, daß er Gott gefalle." (26) Dann schreibt er 1519 oder 1520 in der zweiten Psalmenvorlesung: „Glaube kann es auf keine Weise geben, er sei denn eine lebhafte und unbezweifelte Meinung (vivax quaedam et indubitata opinio), durch die der Mensch über alle Gewißheit gewiß ist, daß er Gott gefalle, daß er in allem, was er getan oder gehandelt hat, einen günstiggesinnten und verzeihenden (propitium et ignoscentem) Gott habe: günstiggesinnt in den guten (Werken), verzeihend in den bösen." (27) Luther „zieht", wie er 1520 sagt, „die Werke in den Glauben hinein". Die Werke sind nach seiner Lehre gottwohlgefällig, wenn und indem und sofern der Mensch glaubt, daß sie es seien: „Findet man sein Herz in der Zuversicht, daß es Gott gefalle, so ist das Werk gut, wenn es auch so gering wäre als einen Strohhalm aufheben." (28) 1525 behauptet Luther, der alle Werke einschließende reflexive Glaube sei das, was die Schrift „sich rühmen in Gott" nennt: „Es rühmt sich in Gott, wer mit Gewißheit weiß, daß Gott ihm gewogen ist und ihn seines wohlwollenden Anblicks würdigt, so daß vor ihm wohlgefällig ist, was er tut, bzw. verziehen und ertragen wird, was nicht wohlgefällig ist ... Wenn aber dieser Ruhm fehlt, so daß das Gewissen nicht wagt, mit Gewißheit zu wissen oder zu vertrauen, ein bestimmtes (Werk) gefalle Gott, so ist gewiß, daß es Gott nicht wohlgefällig ist. *Denn wie der Mensch glaubt, so hat er.*" (29)

Von diesen Gedanken ausgehend wird noch verständlicher, daß der Glaube, wie Luther ihn will, den Artikel vom Gericht unterdrücken muß, weshalb ihn der Kleine Katechismus ja auch unerklärt läßt. Denn dieser Artikel leitet ja dazu an, mit der Möglichkeit des Ungenügens der eigenen Werke wie auch mit der Möglichkeit sündhaften Irrens zu rechnen, und

---

(26) WA 2, 46, 16 De triplici justitia.
(27) WA 5, 395, 12.
(28) Cl 1, 231, 3; WA 6, 206; MA 2, 6.
(29) Cl. 3, 270, 38 und 271, 10; WA 18, 768.

dann ist es nicht mehr möglich, die eigene Gottwohlgefälligkeit mit Gewißheit zu behaupten. Luthers populäre Kritik am katholischen Glauben hebt demgemäß besonders hervor, daß die Katholiken Christus als Richter fürchten, „aber unser keiner tröstet sich sein". (30) In solchen Zusammenhängen wird besonders klar, daß rechter Glaube für den protestantischen Luther Tröstung bewirken soll.

Der Große Galaterkommentar lehrt: „Ob du ein Diener des Wortes bist oder einen Staat regierst, du mußt *als gewiß statuieren* (certo statuere), daß dein Amt Gott gefalle. . . (Aber) wir müssen nicht nur als gewiß statuieren, daß unser Amt (als von Gott gestiftet) Gott gefalle, sondern auch, (daß) unsere Person (gottwohlgefällig sei). Was auch immer diese privatim gesagt, getan, gedacht haben mag, ist gottwohlgefällig, freilich nicht um unseretwillen, sondern um Christi willen, von dem wir glauben, daß er für uns unter das Gesetz getan ist." (31)

Hier sind die beiden Zielpunkte des reflexiven Glaubens genannt. Der Glaube bezieht sich zwar auf Christus, aber zu dem Zweck, dadurch die Fähigkeit und das Recht zu erlangen, die Gottwohlgefälligkeit der eigenen Person „mit Gewißheit zu statuieren". Diese letzteren Worte beinhalten ein weiteres, wichtiges Merkmal von Luthers Glauben: Der apprehensive, reflexive Glaube ist *statuierend*. Dasselbe ist, ohne daß dieses Wort gebraucht wäre, aus den vorher angeführten Stellen ersichtlich. Dieser Glaube will eine geistliche Wirklichkeit „ergreifen" (apprehendere), indem er sie „feststellt" (statuit). Darum sagt Luther: „Wie der Mensch glaubt, so hat er."

Der Große Galaterkommentar versucht auch eine theologische Begründung für die Forderung des „Mit-Gewißheit-Statuierens" der eigenen Gottwohlgefälligkeit zu geben. Da argumentiert Luther: Christus ist Gott wohlgefällig, wir aber hangen Christo an: also müssen auch wir Gott wohlgefällig sein. Zudem hat Gott den Geist seines Sohnes in unsere Herzen gesandt. Nun ist Christus gewiß, daß er Gott wohlgefällig ist. Al-

---

(30) Cl. 4, 242, 21; WA 38, 198.
(31) WA 40 I 576, 16. 27. Vgl. 576, 1 (Hs.): Sed oportet dicere: Scio, quod placeo, ergo oportet spiritum sanctum habere. Sine eo non places. Ro. 8.

so müssen auch wir, die wir seinen Geist haben, gewiß sein, daß wir Gott wohlgefällig sind. (32)

Die Voraussetzungen dieser Beweisführung entsprechen durchaus der Heiligen Schrift. Aber sie sagen nicht alles, was beachtet werden müßte, wenn die Frage, ob der Mensch seine eigene Gottwohlgefälligkeit statuieren dürfe oder solle, nach der Schrift beantwortet werden soll. Das personale Verhalten des Menschen zu Christus, das Ehrfurcht, Liebe und tätigen Gehorsam gegen sein Gebot einschließt, ist nicht in Betracht gezogen. Wird es mitberücksichtigt, so kann die Forderung des Gewißseins nicht so mechanisch gefolgert werden, daß das Statuieren gerechtfertigt wäre.

Die Doktrin des reflexiven Glaubens verlangt nicht nur, einen geistigen Akt zu vollziehen, sondern auch, die Voraussetzung desselben festzuhalten. Diese Voraussetzung, das „Vorverständnis" könnte man sagen, besteht in dem Glaubensinhalt; jedoch nicht so, wie ihn die Kirche vorlegt, und nicht deswegen, weil sie ihn so vorlegt. Vielmehr wird in dem Akt des apprehendierenden Statuierens auch eine *bestimmte Sicht* des Glaubensinhalts vollzogen, nämlich diejenige Sicht, in der dieser dem Subjekt des Aktes *einleuchtend* erscheint. Nur in dieser Sicht ist der Glaubensinhalt für das Heilsstatuieren die Voraussetzung; nur in dieser Form ist er die geistige Fläche, von der aus der Strahl des Glaubensaktes so reflektiert werden kann, daß er gewißheitbildend zum Subjekt zurückkehrt. Ändert sich die Lage oder Gestalt der Fläche, so wird die gewißheitbildende Rückkehr des Strahls gefährdet.

Darum muß der reflexive Glaube sich seine eigene, ihm einleuchtende Sicht vom Glaubensinhalt bilden. Darum hat Luther, besonders in den Jahren unmittelbar nach seiner Trennung von der katholischen Kirche, immer wieder eingeschärft, der Glaubende müsse selber über den Glaubensinhalt urteilen oder entscheiden: „daß er gewiß sei, indem er, jeder für sich, sich Rechenschaft gibt über unser eigenes Heil (nostrae propriae quisque pro se salutis rationem habens) ... Denn du wirst nicht durch eines andern Lehre, mag sie wahr oder falsch sein, verdammt oder selig werden, sondern allein durch deinen Glauben. Es lehre also jeder,

---

(32) WA 40 I 576f.

was er wolle; du mußt sehen, was du glaubst, zu deiner eigenen höchsten Gefahr oder deinem eigenen höchsten Vorteil." (33) So 1523. Durch das „innere Urteil" (judicium interius), schrieb Luther 1525, „urteilt jeder, durch den Heiligen Geist oder die besondere Gabe Gottes erleuchtet, mit absoluter Gewißheit (certissime) und entscheidet über (discernit) die Dogmen und Meinungen aller ... *Dies gehört zum Glauben und ist jedem Christen, auch einem Laien (privatus), notwendig.*" (34)

Einleuchtend soll der Glaubensinhalt allein durch Wirkung eines *Wortes* sein. „Nicht einmal die irdische Person Jesu und etwa seine Wunder sind der letzte Grund des Glaubens an das Wort, sondern (wie Luther sagt:) „Das Wort für sich selbst ... muß dem Herzen genugtun, den Menschen beschließen und begreifen, daß er gleich drin gefangen fühlet, wie wahr und recht es sei, wenngleich alle Welt ..., ja wenn Gott gleich selbst anders sagte." (35) „Es muß ein jeglicher allein darum glauben, daß es Gottes Wort ist und daß er inwendig befinde, daß es Wahrheit sei." (36)

Aussprüche wie diese zeigen, wie Luthers Worttheologie ihren ursprünglich eminent personalen Charakter durch die Glaubensreflexivität weitgehend verloren hat. Gehorsames Annehmen und einer Autorität antwortender Glaube – nach dem bekannten Augustinuswort: „Ich würde dem Evangelium nicht glauben, wenn mich nicht die Autorität der katholischen Kirche bewöge" – das sind personale Akte; die gemeinte Autorität ist keine andere als die der göttlichen Person des Heiligen Geistes. Ein Glaube dagegen, der sich so an ein Wort hängt, daß er fast *absehen* will von der Person, die es spricht, ist keine personale Beziehung, sondern Introversion. Daß Luther dabei das Wort als „Gott selbst" bezeichnet (37), ändert nichts an der Tatsache, daß er zum eigentlichen *Wahrheitskriterium* etwas macht, das man doch wohl als ein zufriedenes

---

(33) WA 12, 188, 12. 16.

(34) Cl. 3, 141, 33; WA 18, 653.(35) Althaus 53. Das Lutherzitat steht WA 10 I/1 130, 14.

(36) WA 10 II 90 zitiert bei Althaus 53, Anm. 26. Nur in modifiziertem Sinne läßt Luther das Augustinuswort gelten: „Ego vero evangelio non crederem, nisi me catholicae ecclesiae commoveret auctoritas."

(37) WA 10 I/1 129, 9; 130, 1.

Gefühl (38) bezeichnen muß. Der vorprotestantische Luther wußte noch sehr gut, daß die Wahrheit des Wortes Gottes sich keineswegs gerade darin erweist, daß das Wort „dem Herzen genugtut" (vgl. unten Kapitel VI, Seite 223f) Die Ausdrücke „dem Herzen genugtun", „den Menschen beschließen und begreifen", „daß er inwendig befinde" zeigen mit farbiger Kraft an, daß das Annehmen des Glaubensinhalts, wie Luther es will, schon eine *Tröstung* sein soll. Daran wird erkennbar, daß ein unbedingtes Hören auf Gott hier nicht eigentlich gemeint sein kann.

Daß seine Lehre vom „inwendigen Befinden" die Lehreinheit und Lehrsicherheit der Kirche faktisch aufhebt, hat Luther nicht beachtet. Er meinte, gerade das Dogma der ersten Konzilien sichere sein Glaubensverständnis, und es gibt bei ihm auch noch bedeutende Reste katholischen Glaubensverständnisses. Aber manche überlieferten Lehren, kirchlich definierte und nicht definierte, ja sogar Aussagen des Neuen Testaments und ganze Schriften des Kanons hat er doch nach seinem „inwendigen Befinden" ganz frei „beurteilt". Seit der Aufklärung und dem Pietismus ist dann die Konsequenz seiner Auffassung ganz offenbar geworden und heute weithin anerkannt. Viele Protestanten lehnen nun dogmatische Verbindlichkeit, kirchliche Lehreinheit und Lehrsicherheit ausdrücklich ab. (39) Luther hat noch gemeint, es könne innerhalb seines Systems eine gewisse Sicherung gegen die Willkür geben, nämlich

---

(38) „a nice warm glow of satisfaction" (Thomas Merton, New Seeds of Contemplation, London 1961, Seite 72).

(39) Paul Althaus interpretiert Luthers eigenwillige Ansichten über das „inwendige Befinden" als „innere geisthafte Überführung durch das in dem Wort den Menschen erreichende lebendige Sprechen Gottes" (S.54), und er sagt weiter: „Der Glaube, der sich überführen läßt, ist wahrhaft evangelischer Glaube" (S. 55). Zu den Resten katholischen Glaubens dagegen, die es bei Luther auch noch gibt – eines Glaubens, der ein Überführtwerden durch den in der Kirche den Menschen ansprechenden Heiligen Geist ist –, bemerkt Althaus kritisch: „Es wird nicht unterschieden zwischen dem Evangelium selbst, das uns zum Glauben ruft und ihn durch Überführung des Herzens und Geistes wirkt, und der Lehrgestalt, welche die theologische Reflexion aus dem Glauben an das Evangelium entwickelt" (S. 56). Diese Kritik ist, wie manche anderen Urteile bei Althaus, ein interessantes Zeugnis für

das „äußere Urteil" (judicium externum) der Prediger; wir werden darauf im sechsten Kapitel zurückkommen.

Wenn der Glaubensinhalt „dem Herzen genugtut", hat er diejenige Gestalt, die er haben muß, damit der reflektierende Gewißheitsakt gelingt. Erst dann wird das Statuieren möglich. Darum meint der reflexiv Glaubende, an der Gestalt des Glaubensinhalts, die er sich durch sein Urteilen und Befinden erarbeitet hat, um seines Heiles willen mit letzter Entschiedenheit festhalten zu müssen. Und dieses Interesse, die je eigene Sicht zu behaupten, ist allen reflexiv Glaubenden gemeinsam; darauf beruht die Stabilität der protestantischen Idee, die sich gerade nach Preisgabe der dogmatischen Bestimmtheit und Einheit um so fester behauptet.

Die Tröstung der Heilsgewißheit, die der reflexive Glaube anstrebt, ist nicht ohne weiteres und dauernd gegeben. Immer wieder entsteht Ungewißheit über die Frage, ob begangene Sünden vergeben seien oder nicht und ob das Getane wirklich Gott wohlgefällig sei. Luther schwankt dauernd zwischen der Forderung nach der Gewißheit und dem Bekenntnis der Ungewißheit. Er lehrt, der Mensch, der in Ungewißheit ist, müsse energisch danach trachten, Gewißheit zu erwerben, und er empfiehlt dazu gewisse Übungen im Statuieren und Apprehendieren.

Ziemlich leicht erscheint die Erreichung der Gewißheit 1520 in der Schrift „Von den guten Werken": „Sprichst du aber: Wie kann ich mich gewiß versehen (= die gewisse Zuversicht haben), daß alle meine Werke Gott gefällig sind, so ich doch zuweilen falle, zu viel rede, esse, trinke, schlafe oder je sonst über die Schnur fahre, was mir nicht möglich ist zu meiden? Antwort: Diese Frage zeigt an, daß du noch den Glauben achtest wie ein ander Werk und nicht über alle Werke setzest. Denn eben

---

das Weiterwirken von Luthers Ansätzen. Die Kirche hat das Evangelium nie anders als in einer (verbindlichen) Lehrgestalt, und der Einzelne kann vom Evangelium nie anders als in einer Lehrgestalt überführt werden. Die Unterscheidung zwischen Evangelium und Lehrgestalt in der Weise, wie sie Althaus durchführt, läuft in der Praxis immer darauf hinaus, daß der Einzelne an die Stelle derjenigen Lehrgestalt, die das anvertraute Gut der Kirche ist, seine eigene setzt.

darum ist er das höchste Werk, daß er auch bleibet und tilget diese täglichen Sünden, damit daß er nicht zweifelt, Gott sei dir so günstig, daß er solchem täglichen Fall und der Gebrechlichkeit durch die Finger sieht. Ja, ob auch schon ein tödlicher Fall geschehe (was doch denen, so im Glauben und Gottvertrauen leben, nimmer oder selten widerfähret), steht doch der Glaube wieder auf und zweifelt nicht, seine Sünde sei schon dahin." (40)

In anderen Schriften aber legt Luther eindrucksvoll dar, wie der Glaube, der sich aus der Angst des vom Gesetz erschreckten Gewissens erhoben hat, gegen die „Versuchung" der Ungewißheit und gegen das Sündenbewußtsein fortgesetzt von neuem in schwerem Ringen sich die Gewißheit erkämpfen muß. Ja er lehrt, man müsse sich davor hüten, das Sündenbewußtsein zu früh zu verlieren. Sonst fällt der Mensch in Sicherheit, securitas, die zu verabscheuen ist. So heißt es in den Jesajascholien 1532: „Christen sind diejenigen, die den Tod und die Gewalt der Sünde mächtig empfinden; aber was tun sie? Mitten im Gefühl (in ipso sensu) der Sünde und des Todes hängen sie dennoch irgendwie an Christus, verleugnen sein Wort nicht, leiden und bleiben in Christus." (41) Sie müssen die Gewißheit dauernd *üben*: „Das Christentum ist nichts anderes als die beständige Übung dieses Lehrpunktes (perpetuum hujus loci exercitium), nämlich zu empfinden, daß du keine Sünden habest, obwohl du gesündigt hast, sondern daß deine Sünden an Christus hängen." (42) „Es ist eine sehr große *Mühe* (maximus labor), dies mit dem Glauben so zu erfassen und zu glauben, daß du sagen kannst: Ich habe gesündigt und (doch) nicht gesündigt, damit so das Gewissen besiegt werde." (43) Und der Große Galaterkommentar lehrt: „Ein jeder muß *sich gewöhnen*, mit Gewißheit zu statuieren, daß er in Gnaden sei und

---

(40) Cl. 1, 240, 9; WA 6, 215; MA 2, 16.
(41) WA 25, 332, 5. Vgl. WA 31 II 434, 34: Christianus homo maxime debet vexari in conscientia et corde a satana, et tamen debet manere in verbo, non quaerit aliunde pacem quam in Christo.
(42) WA 25, 331, 7. Vgl. WA 31 II 433; dort ist der Gedanke nicht so ausdrücklich enthalten.
(43) WA 25, 330, 38. Vgl. WA 31 II 434, 7: summa pugna.

daß seine Person samt ihren Werken (Gott) gefalle. Wenn er aber fühlt, daß er zweifelt, muß er den Glauben *üben* und gegen den Zweifel *kämpfen* (luctetur) und zur Gewißheit *streben* (nitatur), damit er sagen kann: Ich weiß, daß ich angenommen bin, daß ich den Heiligen Geist habe, nicht wegen meiner Würdigkeit oder meines Verdienstes, sondern um Christi willen … Wir müssen täglich mehr und mehr uns von der Ungewißheit zur Gewißheit durchkämpfen (magis magisque luctari ab incertitudine ad certitudinem)." (44)

Stellen wie die angeführten zeigen, daß das Statuieren einen wesentlichen Teil der religiösen Praxis eines konsequent reflexiven Glaubens ausmacht. Die Reflexivität des Glaubens strebt beständig zur Gewißheit hin, hat diese aber nie als Besitz. Sie setzt das Heil mit dem Heilsbewußtsein, mit der Getröstetheit gleich und fürchtet darum den Verlust der Heilsgewißheit als das Unheil selbst – sieht sich dann aber doch gezwungen, die Not der Nichtbeständigkeit des Trostgefühls zu einer Tugend zu erklären: Die Ungewißheit soll vor Sorglosigkeit bewahren, und der Mensch soll sich in mühsamen Denkübungen freikämpfen. Dabei muß er aber nicht nur gegen die Ungewißheit kämpfen, sondern sein eigenes Gewissen zum Schweigen bringen. Denn das Gewissen sagt ihm, wie Luther ausdrücklich eingesteht (45), was das Heilsstatuieren eigentlich ist: Anmaßung, praesumptio. Die modernste Entwicklung des Protestantismus hat erwiesen, daß Glaubensreflexivität und Heilsgewißheit durchaus nicht notwendig zusammengehören, daß vielmehr die Reflexivität auch bei fast völlig geschwundener Heilsgewißheit bestehen bleiben kann.

Der Forderung des Statuierens steht gegenüber, daß Luther sehr oft ausgesprochen hat, der Glaube sei „ein göttlich Werk in uns" (Römerbrief-Vorrede) (46), eine „Gabe des Heiligen Geistes" (Disputation „Über den Glauben" 1535) (47) und der Mensch könne „nicht aus eigener Kraft an Jesus Christus glauben" (Kleiner Katechismus). Zweifellos hat er auch

---

(44) WA 40 I 578, 25; 579, 17.
(45) Vgl. das Zitat unten Seite 280.
(46) MA 6, 89; WA DtB 7, 10.
(47) WA 39 I 44, 4.

in solchen Äußerungen den Glauben als reflexiven verstanden. Wie diese Aussagen mit den ebenfalls sehr zahlreichen Aussagen, welche zur Erzielung der Glaubensreflexivität eine starke psychische Anstrengung fordern, zusammenpassen, das ist ein theologisches Problem nur für den, der wie Luther meint, der Glaube müsse, um rechtfertigend zu wirken, reflexiv sein. Wer diese Ansicht nicht teilt, wird hier eher eine Psychologisierung der kirchlichen Lehre von der Notwendigkeit der Mitwirkung des Menschen zu seinem Heile finden. Indem Luther diese Lehre leidenschaftlich ablehnte, verlegte er sie bloß, unvermerkt, ganz ins Psychologische. Das Neue Testament und die Kirche lehren, daß das Heil, das reines Gnadengeschenk ist, in der Kraft dieser Gnade durch das Tun des Menschen aktualisiert wird; Luther läßt den „Glauben", auf dem allein das Heil beruht, sowohl ein „göttliches Werk" sein als auch ein Ergebnis mühsamer psychischer Übungen. Allerdings stehen bei Luther die beiden Aussagen – Glaube als Geschenk Gottes und Notwendigkeit des psychischen Glaubenskampfes – ziemlich unbedacht und unvermittelt nebeneinander.

In unserer Untersuchung lassen wir Luthers Gedanken über den Glauben als ein „göttliches Werk" beiseite. Diese Gedanken sagen über die *Entstehung* des Glaubens etwas Theologisches aus. Wir fragen hier aber nicht nach der theologischen Entstehung des Glaubens, auch nicht nach Luthers Ansicht darüber. Wir setzen vielmehr voraus, daß der Glaube entstanden ist und daß Luther bestimmte Ansichten über seine Entstehung hat (48). Unsere Aufmerksamkeit richten wir allein auf das *Verhalten* des von Luther gelehrten Glaubens, als ein menschliches Verhalten zu Gott. Dabei ist vorausgesetzt, daß der Mensch die schwerwiegende Freiheit hat, eine Gottesgabe recht zu gebrauchen oder auch zu mißbrauchen. Der Glaube als Gabe Gottes ist jedenfalls als solcher nicht schon reflexiv, sonst wären Luthers Übungen überflüssig; er wird reflexiv, apprehensiv und statuierend erst durch ein bestimmtes psychisches, wollendes Verhalten des Glaubenden. Die Untersuchung dieses Verhaltens ist um so mehr gerechtfertigt und geboten, weil Luther ja, wie wir sahen,

---

(48) Vgl. etwa Althaus 48-52.

energische Anweisungen dafür gibt, wie der Glaubende seinen Glauben einrichten und üben solle, und weil diese Anweisungen gerade auf die Entwicklung der Reflexivität gehen. Da setzt Luther unbekümmert voraus, daß die Gewißheit oder Getröstetheit, die er mit dem Glauben einerseits und mit dem Heil andererseits oft gleichsetzt, durch die Bewußtseinsanstrengung des auf sich selbst reflektierenden Ich verwirklicht bzw. in die rechte, rechtfertigende Form gebracht werde.

Das Statuieren ist auch – wenigstens in einer Predigt der Kirchenpostille von 1522 – Luthers Lösung für das alte christliche Problem des Ausharrens bis ans Ende. Ich führe die Predigtstelle nachstehend an, weil sie in Karl Barths „Kirchliche Dogmatik" in einem Gedankenzusammenhang zitiert wird, welcher gestattet, auch im Kontrast zu Barth, die Eigentümlichkeit von Luthers Glaubensbegriff aufzuzeigen. (49)

Luther predigt: Der Mensch „muß nicht daran zweifeln noch wanken, er sei einer von denen, denen solche Gnade und Barmherzigkeit gegeben sei, und (er) habe sie gewißlich durch die Taufe oder (das) Sakrament erlangt. Wo er das nun glaubt, so muß er frei von ihm selbst sagen, er sei heilig, fromm, gerecht und Gottes Kind, der Seligkeit gewiß, und (er) muß hieran gar nicht zweifeln, nicht aus ihm oder um seiner Verdienste und Werke willen, sondern aus lauter Barmherzigkeit Gottes, in Christo über ihn ausgegossen. Dieselbe achtet er so groß, wie sie denn auch ist, daß er nicht zweifelt, sie mache ihn heilig und Gottes Kind. Und wo er daran zweifelt, täte er seiner Taufe und (dem) Sakrament die höchste Unehre und lügenstrafte Gottes Wort und (seine) Gnade in den Sakramenten. Denn es soll hier nicht Furcht oder Wanken sein, daß er fromm und Gottes Kind sei aus Gnaden, sondern allein Fürchten und Sorgen, wie er also bleibe bis ans Ende beständig, in welchem allein alle Fahr und Sorge steht; denn es ist alle Seligkeit da gewißlich. Aber ungewiß

(49) Karl Barth, Kirchliche Dogmatik I 1, Zollikon-Zürich [7]1955, S.238f. Die Ausführungen, die durch das Zitat aus der Kirchenpostille von 1522 (WA 10 I/1, 331, 17) abgeschlossen werden, stehen vorher, Seite 235ff. Ähnlich wie Iwand mit seiner Interpretation von Luthers Begriff sequela (Seite 181f dieses Buches) benutzt Barth eine Lutherstelle zur Stützung eines Gedankens, der zu der Stelle geradezu im Gegensatz steht.

und sorglich ist's, ob er bestehe und sie behalte; da muß man in Furcht wandeln; denn solcher Glaube pocht nicht auf Werke oder sich selbst, sondern allein auf Gott und seine Gnade. Dieselbe mag und kann ihn auch nicht lassen, dieweil das Pochen währet. Aber wie lange es währen wird, weiß er nicht; ob (= wenn) ihn eine Anfechtung davon treiben möchte, daß solches Pochen aufhöret, so höret die Gnade auch auf …"

Insoweit sich Luther hier auf die Sakramente und auf das Wort Gottes beruft, gehört die Stelle auch zu den Gedanken, die wir anschließend (Kap. I § 4: „Verheißungswort …") und in Kapitel V betrachten wollen. Im Zusammenhang mit der Untersuchung des „Statuierens" ist hervorzuheben, daß Luther das energische *Sichberufen* auf Gottes Gnade als *Voraussetzung* für die Gnade hinstellt. Das Problem des Ausharrens bis ans Ende reduziert sich dann darauf, ob das Statuieren bis ans Ende durchhält, und nur in dieser Hinsicht sieht Luther hier eine Ungewißheit. Gewißheit des Heils und, damit identisch, die Seligkeit selbst besteht jedesmal, wenn und solange als sie mit Berufung auf Gottes Gnade in Christus statuiert wird.

Karl Barth aber spricht in dem Gedankengang, in welchem er abschließend die oben angeführten Lutherworte zitiert, charakteristischerweise nicht von Gewißheit, sondern von Sicherheit, und zwar – ebenso wie es ein Katholik auch tun könnte – von „*zitternder* Sicherheit", von „Sicherheit … der *Erwartung*", welche „*bittet*", und er sagt von ihr: „Sie hat ihre Kraft in einer Ergebung auf Gnade und Ungnade. Sie ist … ohne Griff auf Gott hin …" Aber alles das ist doch Luthers „Nichtzweifeln", sein Der-Seligkeit-Gewißsein gerade *nicht*. Nicht in der Erwartung, sondern je im Augenblick des „Pochens" hat Luthers „Glaube" seine Gewißheit, die jeweils identisch mit der Gnade oder dem Heil ist. Unsicher ist nur, ob das „Pochen", das die Voraussetzung der Gnade ist, „aufhören" oder andauern wird. Das „Pochen" ist auch kein „Bitten", und „Ergebung auf Gnade und Ungnade" ist geradezu sein Gegenteil. Es ist, wie die soeben angeführte und viele andere Stellen aus Luthers Schriften zeigen, das, was nach Barth nicht sein soll: Ein „Griff auf Gott hin". Freilich gilt alles das, was Barth hier vom Glauben sagt, vom Glauben des *vor*protestantischen Luther (von dem im III. Kapitel kurz zu handeln sein wird). Wie Barth aber als Zeugnis für seinen Glaubensbegriff die Stelle aus der Kirchenpostille von 1522 anführen konnte, ist unverständlich.

4. „Verheißungswort" und Dritter Artikel

Sehr oft sagt Luther, daß der Glaube sich an das Wort, an die Verheißung Christi halte oder halten solle. (50) Aber das bedeutet nur eine
Qualifizierung, keine Aufhebung der Reflexivität. Luthers reflexiver Glaube stützt sich nicht, wie der mancher „Schwärmer", nur auf eigene Ide-
en, sondern immer auf Bibelworte. Damit ist von vornherein dem Einwand oder den Gewissensbedenken begegnet, das Statuieren der eigenen Gottwohlgefälligkeit könne doch auf Täuschung beruhen. Die ste-
te Bezugnahme auf das „Verheißungswort" macht es möglich, hierauf
zu antworten: Ich täusche mich nicht, denn das Evangelium, das die
Wahrheit Gottes ist, sagt mir, daß ich an mein Heil glauben darf und
soll. Dabei sind aber erstens die Gebote des Evangeliums und die Verheißung des Gerichtes, die nach Röm. 2, 16 auch zum Evangelium gehört, als zum Bereich des „Gesetzes" gehörig, aus dem Evangelium aus-
geschieden; zweitens sind die übrigbleibenden, ausschließlich trösten-
den Verheißungsworte von vornherein schon so verstanden, daß der
wesentliche und eigentlich interessierende Teil ihres Inhaltes das Heil
des eigenen Ich sei. (51) Die Worte, an die der Glaubende sich halten
soll, werden immer hinüberinterpretiert in die Form: „*Mir* ist Heil verheißen." Das eigene Heil des Glaubenden wird zum eigentlich relevan-
ten Teil des Evangeliums gemacht.

Sofern der Glaubende der Bibel glaubt, soll er durch das Schriftwort
dazu geführt werden, an sich selber in ähnlicher Weise zu glauben wie
der Christ sonst an (52) die heilige Kirche glaubt. Das ergibt sich nicht nur

---

(50) Ein paar Beispiele: Aus den Thesen De votis, aufgestellt im Jahre 1521:
Non enim factis rebus, sed promissionibus Dei res facturi creditur (WA 8,
323, 18). Aus dem Großen Galaterkommentar 1535: Fides est promissio-
nis fides (WA 40 I 426, 2 und 17 Hs. und Druck). 1544, in einer Disputation: (Fides) est assentiri promissioni gratiae et fiducia accipiens remissionem
peccatorum propter Christum et in Christo acquiescens (WA 39 II 264, 13).

(51) Vgl. etwa die Auslegung von Matth. 16, 19 unten Seite 70f.

(52) Dieses „an" entspricht sowohl dem „eis" des griechischen Wortlauts des Ni-
caeno-Constantinopolitanums als auch deutschem Sprachgebrauch. „Ich

aus Luthers Auslegung des dritten Artikels des Glaubensbekenntnisses im Kleinen Katechismus, wo das von der Kirche Geltende auf den Einzelnen bezogen wird; an mehreren Stellen seiner Schriften hat Luther die Forderung auch ausdrücklich ausgesprochen. Z. B. schreibt er schon 1519: „Es sind also gar sehr zu verabscheuen und zu verdammen einige Doktoren der sog. Theologie, die lehren, wir müßten zweifeln und ungewiß sein, ob wir in Gottes Gnade seien, … und die uns die Erfindung ihrer Unterscheidungen beschert haben, nach welchen die Sakramente mit Gewißheit Gnade wirken, soweit dies von der Autorität und Kraft Gottes, der in ihnen wirkt, abhängt; daß ihre Wirkung aber ungewiß sei, soweit sie von dem Empfangenden abhängt. Und sie behaupten, das sei ein frommer Zweifel … (Aber) wenn das wahr ist und jeder Christ diesen frommen Zweifel haben muß, dann ist jener ganz gewisse Glaubensartikel: „Ich glaube die heilige Kirche, die Gemeinschaft der Heiligen" schon zugrunde gegangen; denn ich darf ja von mir nicht behaupten, daß ich heilig sei, noch du von dir, noch irgendeiner von sich; folglich sind wir alle ungewiß. Und so sind wir alle ungewiß, ob wir einen Gott haben, und die ganze Kirche ist zugrunde gegangen. Aber weg mit diesen ganz törichten und gottlosen Irrlehren!" (53) Die Gereiztheit des Tones dieser Sätze erklärt sich auch daraus, daß Luther wenige Monate vorher von Kardinal Cajetan hatte hören müssen, seine Lehre vom Glauben sei „eine neue und irrige Theologie"; wir werden darauf noch zurückkommen.

1530 schreibt Luther: „Ich hoffe aber, es wisse nun fast jedermann, daß, wer sich einen Christen will rühmen, daß derselbe auch soll sich für einen Heiligen und Gerechten rühmen. Denn ein Christ muß gerecht und heilig sein oder er ist nicht ein Christ, sintemal die Christenheit (Luthers Wort für „Kirche") heilig ist." (54) 1532: „Es ist kein Hochmut,

---

glaube die Kirche", ohne „an", ist sprachwidrig. Es bedarf keines besonderen sprachlichen Ausdrucks, daß der Glaube an die Kirche theologisch verschieden ist vom Glauben an Gott.

(53) WA 5, 124, 20.
(54) MA 6, 171; WA 31 I 166.

sich heilig und gerecht zu nennen." (55) 1538: „Sollen wir aber den Glauben recht bekennen: Eine heilige Kirche usw., so müssen wir nicht zweifeln, daß wir (die Einzelnen!) heilig seien, wie du nicht zweifeln darfst, daß du getauft seiest und Christi Blut für dich vergossen sei. Glaubst du das, so mußt du auch dich für heilig bekennen." (56)

Worte wie die drei zuletzt angeführten Zitate fallen, für sich allein genommen – wie auch viele andere Aussprüche Luthers, wenn man sie aus dem Zusammenhang mit der Reflexivitätsdoktrin löst –, gar nicht aus der christlichen Tradition heraus. Auch Augustinus hat Ähnliches gesagt: „Es wage auch der Leib Christi, es wage auch jeder einzelne Mensch … mit seinem Haupte und unter seinem Haupte zu sagen: „Denn ich bin heilig". Denn er hat die Gnade der Heiligkeit, die Gnade der Taufe und der Vergebung der Sünden empfangen … Das ist nicht Hochmut eines Stolzen, sondern das Bekenntnis eines nicht Undankbaren." (57) Allein im Zusammenhang von Luthers System (von einem solchem kann man in gewissem Sinne durchaus sprechen, wenn er es auch nicht in einem Werke exakt ausgeführt hat) erhalten Aussprüche wie die soeben angeführten einen besonderen Klang. Sie sind hier Äußerungen der Reflexivitätsdoktrin, die den Glaubensartikel von der heiligen Kirche dazu benutzt, um das *Statuieren* als berechtigt und notwendig aufzuweisen: da liegt der entscheidende Unterschied zu dem Gedanken des hl. Augustinus. Luthers Auffassung des Artikels von der Kirche hängt eben eng zusammen mit seiner Forderung des Glaubens an das „Verheißungswort", wie er es versteht: Er versucht die Ichbezogenheit des Glaubens wie durch die Bibel so auch durch das überlieferte Glaubensbekenntnis zu sanktionieren. Augustins „Ich bin heilig" ist als ein wagendes Bekenntnis der Dankbarkeit gemeint, als eine volle Anerkennung von Gottes Heilsgabe (ähnlich wie die in Kap. III, Seite 95ff zu betrachtenden Gedanken des hl. Bernhard). Luthers Forderung, daß der Christ sich

---

(55) WA 25, 368, 37 Vgl. 31 II 513, 14.

(56) WA 45, 618, 4.

(57) Enarratio in Ps. 85 n. 4. Corpus Christianorum, Ser. lat. vol. 39 Seite 1179. MPL 37, 1084.

„für einen Heiligen und Gerechten rühmen" soll, ist gewiß nicht ohne ein Empfinden der Dankbarkeit bzw. Anerkennung ausgesprochen, aber primär und wesentlich ist sie als *Bedingung der Rechtfertigung* gemeint. Darin unterscheidet er sich von der christlichen Tradition.

5. Personalität?

Luther nennt den Glauben, wie er ihn lehrt, oft eine Zuversicht, ein Vertrauen. Aber reflexiver Glaube und Vertrauen auf Gott sind doch nicht dasselbe. Vertrauen ist ein sehr personales Verhalten, das immer Achtung oder Ehrfurcht vor der Freiheit der Person dessen, dem man vertraut, einschließt. Wenn der Vertrauende es für sicher hält, daß der, dem er traut, dieses tun wird, und für unmöglich, daß er jenes tun könnte, so ist der Grund solcher Gewißheit einzig und allein seine verstehende Nähe zu der Person dessen, dem er traut. Würde er aber von dieser Person etwas zu erreichen suchen dadurch, daß er ihr vertraut, so wäre das Personale der Beziehung gestört. Denn wenn es auch tatsächlich so ist, daß die Person, der er traut, sich zu ihm nicht auf diese oder jene Weise verhalten würde, wenn er ihr nicht vertraute, so wird doch das Vertrauen zerstört, wenn jemand mit ihm kalkuliert, dergestalt daß er durch sein Vertrauen ein Verhalten der Person, der er traut, für sichergestellt hält und sich so im Vertrauensakt und durch diesen des eigenen Ich vergewissern will. Das wäre ein Versuch, über die Person, der man traut, irgendwie zu verfügen. Die Freiheit der Person des andern wäre nicht mehr voll geachtet.

Genau dies geschieht aber im reflexiven Glauben. Dieser ist daher kein echt personales Verhalten. Reiner Glaube nimmt einen Glaubensinhalt an auf die Autorität der Person hin, der er vertraut, ohne sich dabei auf sein Subjekt zurückzubeugen. Auch das reine Vertrauen reflektiert nicht auf das Ich des Vertrauenden. In beiden Fällen ist natürlich das Selbst des Glaubenden bzw. Vertrauenden intensiv betroffen und engagiert. Aber dies Betroffensein und Engagement gehört nicht zu dem, was mit dem Akt des Glaubens bzw. Vertrauens eigentlich angestrebt ist. Es ist nicht sein Ziel, weder primär noch sekundär. Im reflexiven Glauben aber ist das glaubende Subjekt zweites Ziel des Aktes. In ihm will sich das Ich seiner selbst vergewissern, und die göttliche Person, der vertraut wird, ist ein Mittel dieser Selbstversicherung.

Das kommt etwa in Luthers Auswertung der Stellen 2 Kor. 5, 21 und Gal. 3, 13 zum Ausdruck. Da sagt Paulus – beide Male mit dem neutestamentlichen „wir"! – daß Gott Christus für uns „zur Sünde" bzw. „zum Fluch" gemacht habe, damit wir in ihm „die Gerechtigkeit" bzw. „vom Fluch Losgekaufte" würden. Hieraus macht Luther mit peinlicher Vergröberung eine individualisierte Gewißheitsübung, die er in seinen Schriften mehrmals vorlegt. Nur ein Beispiel: „Du mußt auf Christus schauen", sagt er, blickt dann aber doch, wie gewöhnlich, gleich auf das Ich zurück: „Wenn du an ihm deine Sünden hängen siehst, wirst du vor Sünden, Tod und Hölle sicher sein. Du wirst nämlich sagen: Meine Sünden sind nicht mein, da sie nicht in mir sind, sondern eines andern, nämlich Christi; also können sie mir keinen Schaden tun." (58)

Von irgendeiner personalen Beziehung zu Christus ist in dieser Betrachtung keine Rede. Von dem Herrn wird so gesprochen, wie man von einer Sache redet, denn das, woran etwas „hängen" kann, ist nicht eine Person, sondern eine Sache. Die Person des Herrn wird also in Anspruch genommen wie eine Sache, die einem zu Diensten steht. Das ist weder reines Vertrauen noch eigentlicher Glaube.

In seinen „Gewissenskämpfen", in denen ihn das Gefühl der Sündhaftigkeit und die Angst vor Gott dem Richter bedrängt, will Luther von Christus als „Vorbild" (exemplum) nichts wissen, sondern nur von Christus als „Gabe" (donum). (59) Diese schroffe Unterscheidung ist aufschlußreich für die Frage nach der Personalität. Das Verhältnis zu einem Vorbild ist, wenigstens wenn es ganz realisiert wird, ein personales; aber gerade das will Luther in seinen Nöten nicht. Wir werden in anderen Zusammenhängen darauf zurückkommen, daß das Heilsstatuieren kein personaler Akt ist, besonders Kapitel IV, Seite 147f; V, Seite 215f; VII, Seite 268. Die der Personbeziehung innewohnende Gewißheit ruht nicht allein im Ich, sondern auch im Du, genauer gesagt: in der interpersonalen Relation zwischen Ich und Du. Eine solche Gewißheit genügte aber Luther nicht. Darum will er im eigentlichen Heilsvollzug Chri-

---

(58) WA 25, 330, 34.
(59) WA 40 II 42, 10.

stus als Gabe, nicht als Vorbild haben. Von einer Gabe spricht man, wenn es sich um eine Sache handelt. In analogischem Gebrauch könnte das Wort allerdings auch eine Personbeziehung bezeichnen. Aber dadurch, daß Luther das Sachwort „Gabe" in auszeichnenden Gegensatz stellt zu dem eine Personbeziehung andeutenden Wort „Vorbild", betont er den Sachgehalt. Wiederum beschreibt er also gerade das Verhältnis, das er in den, sein Selbst am stärksten beanspruchenden, Situationen zu Christus haben will, nach Art eines Verhältnisses, das man zu einer Sache, nicht eigentlich zu einer Person hat. Man könnte hier seine eigenen, oben Seite 31 zitierten Worte gebrauchen und sagen: Er will die „Gabe" Christus „greifen und in den Busen stecken".

Von Christus als Vorbild, also von seiner gottmenschlichen Person, will Luther nur „am Tage der Freude" etwas hören, wenn er frei von Gewissensnöten ist. Aber die Begründung dafür lautet: „Damit ich einen Spiegel habe, in dem ich, um nicht sorglos (securus) zu werden, sehen kann, wie viel mir noch fehlt." (60) Der Blick auf das Vorbild Christus könnte zur Verwirklichung eines personalen Verhältnisses führen, vor allem zur Liebe. Daran denkt Luther jedoch nicht! Wiederum schaut er auf den Herrn wie auf eine Sache oder auf ein Ding, und es ist überaus bezeichnend, was für ein Ding es ist, mit dem er ihn hier vergleicht. Der Spiegel ist nämlich ein reflektierendes Ding, das ihm ermöglicht, am Ende wieder – sich selber zu sehen!

Alle diese und andere Sachausdrücke könnten natürlich auch analogisch zum Ausdruck personaler Verhältnisse gebraucht werden, aber das müßte dann durch den Gedankenzusammenhang deutlich werden. Im System der Reflexivitätsdoktrin jedoch ist aller Glaubensinhalt letztlich ein Ermöglichungsgrund für reflexive Akte des Subjekts. Das ist eine der personalen Relation entgegengesetzte Bewegung. Darum weicht der reflexiv Glaubende der personalen Beziehung aus. Er will z. B. nicht glauben durch personale Aufgeschlossenheit gegenüber der Autorität der Kirche, in der die göttliche Person des Heiligen Geistes den Einzelnen anspricht, sondern durch das eigene „inwendige Befinden", in welchem

---

(60) WA 40 II 42, 25.

das Wort „dem Herzen genugtut" (vgl. oben Seite 37f). Das heißt: Die Sicherheit des Glaubens soll im Subjekt verankert sein (eben deswegen spricht man in diesem Denksystem lieber von Gewißheit als von Sicherheit). Eine solche Sicherheit läßt sich nun ohne Zweifel besser durch Sachbezüge stützen als durch eine personale Relation. Denn eine Sache ist verfügbar, eine Person dagegen ist durch Freiheit charakterisiert, die dem subjektzentrierten Sicherungsstreben als Unsicherheitsgrund erscheinen muß. Eben deswegen erhalten die Sachausdrücke im spirituellen System Luthers ein besonderes Gewicht.

Darum sind auch die Bilder, in denen Luther eine enge Glaubensvereinigung mit Christus ausdrücken will, durch ihren Sachgehalt bedeutsam. Er sagt z. B.: Der Glaube „hat Christus im Herzen gegenwärtig und eingeschlossen wie ein Ring den Edelstein" (61); „Wir sind (mit Christus) durch den Glauben zu einem Fleisch und Bein verbunden." (62) Weil Luther ausdrücklich betont, daß aus dieser Glaubensvereinigung die Liebe ausgeschlossen bleiben soll, wie wir im IV. Kapitel betrachten werden, und weil die Liebe aber die eigentlichste Form personaler Beziehung ist, können die Sachausdrücke hier nicht eine innige Personbeziehung bezeichnen. Es bleibt nichts anderes übrig, als sie von einem Verfügbarkeitsverhältnis zu verstehen. Wir werden in anderen Zusammenhängen wiederum finden, daß Luther die Beziehung des reflexiv Glaubenden zu Christus in der Tat nach Analogie einer Sachverfügbarkeit auffaßte. Von einer personalen Gottbeziehung kann da nicht eigentlich geredet werden. Im IV. Kapitel werden wir sehen, daß auch die Ablehnung des Verdienstgedankens zusammenhängt mit einer existentiellen Tendenz, in der im Interesse der Sicherung des Subjekts die Gott-Mensch-Beziehung entpersonalisiert wird, indem das personale Verhältnis zerrissen wird in zwei Vorgänge, die nur nach Art von Sachgeschehen zusammenhängen (Seite 179ff).

Sachausdrücke kommen nicht selten in der christlichen Mystik vor. Sie gehören dort zu der stammelnden Sprache der Liebe zu Gott. Daß sie

---

(61) WA 40 I 233, 17.
(62) WA 40 I 286, 15.

auch bei Luther auftreten, weißt auf seine Nähe zur Mystik hin, die wir oben Seite 27 in der Ähnlichkeit eines zentralen Begriffes seines Systems mit einem Gedanken Gregors von Nyssa schon gefunden hatten und die wir in anderen Zusammenhängen wieder finden werden. Der Sinnzusammenhang dieser Ausdrücke ist aber bei ihm ein ganz anderer, nämlich die Reflexivitätsdoktrin. Die mystische Anlage ist entstellt oder mißbraucht worden. Die Reflexivitätsdoktrin kann interpretiert werden als der Versuch, das, was der christliche Mystiker in Liebe sucht, aber zugleich als immer unverfügbar weiß, durch eine psychologische Methode des „Glaubens" in den Griff zu bekommen und diese Verfügbarkeit als heilsnotwendig zu fordern.

Ein Verhältnis geminderter Personalität ist das des Herrn zum Diener, denn der Herr kann über den Diener *verfügen*, jedenfalls nach der Auffassung früherer Zeiten. Im Zusammenhang mit Luthers Glaubensbegriff hat es daher einen besonderen Klang, wenn er von Christus, „dieser allerreinsten und unschuldigen Person", sagt, daß er, „vom Vater dir *geschenkt*, dein Hoherpriester und Erlöser, ja dein *Diener sei*". (63)

Luther meinte, seine Praxis der Aneignung des Heils sei etwas spezifisch Christliches. (64) Das war jedoch ein doppelter Irrtum. Erstens bemerkte er nicht, aber er hätte es merken können, daß diese Praxis sich aus dem Neuen Testament nicht ableiten läßt, ohne daß den Texten Gewalt angetan würde. Zweitens – das konnte er natürlich nicht wissen – gibt es gerade in einer nichtchristlichen Religion, nämlich im Hinduismus, etwas formal Ähnliches. Bei einer gewissen Art von Bhakti will nämlich der Fromme durch sein stetes Denken an Gott Vishnu den geistigen Gott geistig in sich bringen, um in Freuden die göttliche Geistsubstanz zu genießen, in Nöten über sie als unwiderstehliches Hilfsmittel zu verfügen und nach dem Tode ewig mit ihr verbunden zu sein. Der Unterschied liegt darin, daß bei Luther der reflexive Glaube nicht bloß eigene Gedanken, sondern das Wort der Bibel als Medium benutzt und daß er dynamistisch, nicht substanzialistisch ist. Im übrigen besteht eine auffällige

---

(63) WA 40 I 448, 21. Vgl. WA 31 II 70, 33: in regno Christi solus Christus servus est et nos liberi.
(64) Vgl. WA 25, 331; WA 31 II 433, 20.

Ähnlichkeit, insbesondere in der in beiden Fällen stark geminderten Personalität der Beziehung. Im Hinduismus aber, der eine rein personale Gottesbeziehung überhaupt nicht kennt, ist die verfügenwollende Gottesliebe immerhin als eine beachtliche Annäherung an das Personale zu werten; in Luthers Christentum dagegen ist der reflexive Glaube eine sekundäre Reduktion der Personalität.

6. Die Neuerung

In der Geschichte der christlichen Frömmigkeit und Theologie war der reflexive Glaube etwas völlig Neues. Das hat Luther sehr wohl gespürt. Aus diesem Grund und weil er diesen Glauben für den wahren und echten hielt, konnte er behaupten: „Den rechten christlichen Glauben hat kein Papist." (65) Angesichts der trotz aller Mißstände doch ungeheuer starken und tiefen Gläubigkeit vieler seiner Zeitgenossen ist die Behauptung einfach grotesk. Sie verliert aber alles Erstaunliche und wird sinnvoll, sobald man beachtet, daß Luther unter Glauben etwas anderes verstand als alle Christen vor ihm und in seiner Zeit.

Daß sein Glaubensbegriff eine Neuerung sei, ist Luther auch von Kardinal Cajetan, der ihn im Oktober 1518 in Augsburg verhörte und vermahnte, erklärt worden. Luther berichtet darüber: „Der zweite Vorwurf [Cajetans] richtet sich dagegen, daß ich bei der Erläuterung der siebenten These [in den Resolutionen über den Ablaß] gesagt habe, kein Mensch könne vor Gott gerechtfertigt werden, es sei denn durch den Glauben, und zwar sei es unerläßliche Bedingung, daß er mit Gewißheit (certa fide) glaube, er werde gerecht, und durchaus nicht zweifle, er werde die Gnade erlangen. Denn wenn er zweifelt und ungewiß ist, kann er eben deshalb nicht gerecht werden und speit die Gnade aus. Darin findet man eine neue und irrige Theologie." (66)

In dem Augsburger Verhör hat der reflexive Glaube zum ersten Male Geschichte gemacht. Nur zwei Sätze sollte Luther widerrufen. Der erste

---

(65) Cl. 4, 256, 15; WA 6, 214.
(66) WA 2, 13, 6; MA 1, 67.

war ihm selber nicht von besonderer Wichtigkeit; wir können ihn übergehen. Der zweite aber – der oben angeführte – betraf den reflexiven Glauben. Ihn meinte Luther unter allen Umständen aufrechterhalten zu müssen. Es war also der neue Glaubensbegriff, der den Bruch mit der katholischen Kirche verursacht hat. Luther legte feierliche Verwahrung ein. In der Sprache der Zeit hieß das: Er „protestierte". Auch im modernen Sinne des Wortes war das, was Luther damals tat, die Erhebung eines Protestes. Zum ersten Male leistete er gegen die römische Kirche (67), die ihn in der Person des Kardinals offiziell ansprach, Widerstand. Daher kann man jene Tage des Oktober 1518 als den Beginn der *protestantischen* Bewegung ansehen – mit größerem Recht als den 31. Oktober 1517, wo der Kampf noch gar nicht *gegen* die Kirche ging, auch mit größerem Recht als den Reichstag zu Speyer 1529, wo der Protest primär im politischen Raum erfolgte.

Worin bestand das radikal Neue des Glaubensbegriffes, dessen Widerruf die römische Kirche von Luther verlangte? Wir wollen, um es zu verdeutlichen, einige Ergebnisse unserer Untersuchung noch einmal überschauen und dabei das neue Glaubensverständnis dem überlieferungsgemäßen gegenüberstellen.

Auf der Höhe seiner protestantischen Entwicklung hat Luther in der Vorlesung über den Galaterbrief, die, von seinem Schüler Rörer für den Druck bearbeitet, 1535 im Druck erschien, auch seine Lehre von der Gewißheit und Ungewißheit ausführlich dargelegt. (68) Hier zeigt sich, daß

---

(67) Ich gebrauche den Ausdruck „römische Kirche" nicht in dem (erst in neuerer Zeit aufgekommenen) Sinne, als sei er gleichbedeutend mit „katholische Kirche" oder „universale Kirche", sondern so, wie er immer verstanden worden und allein sachgemäß ist: Die römische Kirche ist das Bistum Rom unter seinem Bischof. Diese Kirche, dieses Bistum, ist die Mutter aller Kirchen oder Bistümer, und was sie durch die Person ihres Bischofs ordnet und beschließt, ist von der Zeit an, wo Petrus, der Erste der Apostel, sie leitete und in ihr seinem Herrn ans Kreuz nachfolgte, grundsätzlich Muster und Norm und Regel der Einheit für alle Kirchen, die „bestrebt sind, die Einheit des Geistes in dem Band des Friedens zu wahren" (Eph 4, 3).

(68) WA 40 I 571ff, aber auch an anderen Stellen.

die Elemente des reflexiven Glaubens eigentlich dieselben sind, die auch beim überlieferungsgemäßen Glauben vorkommen. In beiden Fällen gibt es Anerkennung und Festhalten des Glaubensinhalts, Glaubensaktes, Vertrauensaktes, der Gewißheit und Ungewißheit; in beiden Fällen gibt es sowohl den Blick auf die Werke des Menschen als auch auf Gott als den Richter derselben. Luther stellt zwar den überlieferten Glaubensbegriff polemisch verzerrt dar – das Gottvertrauen z. B., das in der überlieferten Frömmigkeit und in der kirchlichen Liturgie sich oft und stark aussprach, erwähnt er nicht –, aber der tatsächliche Gegensatz ist auch aus seiner Darstellung noch in den Hauptzügen erkennbar.

Dieser Gegensatz entsteht dadurch, daß die Elemente, die den Glaubensvollzug konstituieren, völlig *neu geordnet* sind. Das Prinzip dieser Neuordnung besteht in der Reflexivität des Glaubens.

Im überlieferungsgemäßen Glauben, schon in 1. Kor. 15, 1-12 und an anderen Stellen des Neuen Testaments nachweisbar, ist das gehorsame Annehmen und treue Festhalten des überlieferten Glaubensinhalts der eigentliche Glaubensakt. Der so Glaubende ist durch den Heiligen Geist dessen gewiß, *was* er glaubt und *daß* er glaubt. (69) Ohne auf sich selber zu reflektieren, weiß der Glaubende sich eingeschlossen in die Erlösungsordnung, zu der sich der Glaube bekennt. Es ist ihm nicht verboten, dieses Mitgemeintsein des einzelnen Bekennenden auch ins Bewußtsein zu erheben. Es ist sogar ein Zeichen der Lebendigkeit des Glaubens, daß das geschehe. Aber eine solche Reflexion gehört weder zum eigentlichen Glaubensakt (der allein auf Gott durch Christus im Heiligen Geiste geht), noch wird dabei das primäre Eingefügtsein in die *allgemeine* Heilsökonomie Gottes vergessen (was etwa geschähe, wenn die Sakramente, das Dogma oder die Ordnung der Kirche verunwesentlicht würden), noch werden dabei Inhalte des Glaubens unterdrückt (etwa die Lehre vom Gericht nach den Werken). Die Gewißheit dieses Glaubens kommt in dem abschließenden Amen zur Sprache: Es ist wirklich so.

---

(69) Ipsam fidem, quando inest in nobis, videmus in nobis. Augustinus, De trinitate XIII c. 2 n. 3. Luther mißverstand diesen Satz bezeichnenderweise so, als bezöge er sich auf die *Heils*gewißheit, wie sie er forderte, WA 40 I 575, 3. 23.

Da aber dieser Glaube weiß, daß Christus, wiederkommend, die Lebendigen und die Toten richten wird (vgl. Matth. 16, 27; Röm. 2, 7; 2. Kor. 2, 7; Offenb. 22, 12 und andere Stellen), ist er bezüglich des ewigen Heils des Einzelnen von einer gewissen Unsicherheit begleitet. Denn der Mensch kann dem letzten Urteil Gottes nicht vorgreifen (vgl. etwa 1. Kor. 4, 4-5) und weiß auch nicht, ob er, ohne zu fallen, bis zum Ende beharren wird (vgl. etwa 1. Kor. 10, 12 und Jak. 5, 7-8). Aber er *vertraut* auf die Barmherzigkeit Gottes (vgl. etwa 1. Kor. 10, 13). Das echte Vertrauen wagt weder eine Vorentscheidung über Gottes letztes Urteil (vgl. 1. Kor. 4, 4), noch *übersieht* es die Pflicht des Menschen im Blick auf dieses Urteil.

Der reflexive Glaube hält ebenfalls am überlieferten Glaubensinhalt fest, wenigstens bei Luther ist das noch weitgehend der Fall. Aber er ist mit der bloßen Es-ist-so-Gewißheit nicht zufrieden, auch nicht damit, eingeschlossen zu sein in die *allgemeine* Heilsökonomie Gottes, die, als ein göttliches Werk, in ihrem Verlauf und Ziel absolut sicher und gewiß ist. In ihm will der Einzelne sich dessen absolut vergewissern, daß *er* des ewigen Heils teilhaftig sei. Darum macht er aus der allgemeinen Heilsökonomie eine private, individuelle. Das Streben, unbedingt des individuellen Heils gewiß zu sein, ist also eine notwendige Folge der Aufbrechung des allgemeinen Heilswirkens Gottes in eine Summe von einzelnen Heilsveranstaltungen, und nur durch eine solche Aufbrechung kann der Einzelne die Gewißheit des Heilsbesitzes bekommen, die eigentlich der Gesamtheit des Gottesvolkes verheißen ist.

Die Gewißheit des Glaubens, daß Gott tut, was er verheißen hat, die Gewißheit der Hoffnung, die auf die Barmherzigkeit Gottes vertraut, und die Gewißheit der Liebe, die sich in Gottes Liebe geborgen weiß, genügt dem reflexiv Glaubenden nicht. Er will eine Gewißheit, die das Heil „ergreift" und „statuiert". Ob Christi Heilstat für mich wirksam und wirklich und wahr ist, hängt hiernach davon ab, ob ich feststelle, *daß* sie für mich gelte. Dieser Glaube aber setzt seinerseits voraus, daß die Heilstat wirksam und wirklich und wahr *ist*. Luthers „Glaube" schließt also einen circulus vitiosus ein, einen Glauben an den eigenen Glauben, eine Reflexion, wie Max Scheler treffend analysiert. (70)

---

(70) Max Scheler, Vom Ewigen im Menschen, Bern ⁴ 1954, Seite 241.

Im traditionsgemäßen Glauben gehört die Kirche zum Glaubensinhalt. An ihre Stelle tritt im neuen Glauben faktisch das Ich – nebst der Annahme, daß für andere Glaubende das gleiche gelte und daß ihre Summe die Christenheit oder Kirche bilde. Infolgedessen wird die Reflexion des Ich auf sein eigenes Heil religiös bedeutsam; sie wird zu einem Teil des Glaubensaktes selber. Sie muß durch Gewißheit qualifiziert sein, weil die Sicherheit der ewigen Vollendung, die zum Glaubensartikel von der Kirche gehört hatte, jetzt dem Einzelnen zukommen soll. Durch die Einbeziehung des Ich in den Glaubensinhalt führt also die ursprüngliche objektive *Glaubens*gewißheit konsequent zur individuellen, subjektiven *Heils*gewißheit (bzw., da es unmöglich ist, diese dauernd festzuhalten, zur *Forderung* des Gewißheit-*Statuierens*) – oder umgekehrt: Individuelle Heilsgewißheit ist theoretisch dadurch zu erreichen, daß das Heil des Ich an die Stelle der Kirche ins Glaubensbekenntnis gestellt wird.

Aber die Rechnung geht nicht auf, weil im Glaubensinhalt auch vom Gericht die Rede ist, das nach zahlreichen Schriftstellen als Gericht nach den Werken zu verstehen ist. Über dieser Frage entsteht auch für den reflexiven Glauben zunächst eine Ungewißheit. Diese ist im Prinzip dieselbe wie die, die auch im traditionsgemäßen Glauben vorkommt: Im Hinblick auf Gottes Anspruch genügen die Werke nicht. Luther macht den Papisten heftige Vorwürfe wegen ihrer Heilsungewißheit, nachdem er unmittelbar vorher seine eigene Heilsungewißheit in ergreifender Sprache bekannt hatte. Der überlieferungsgemäße Glaube kann die Ungewißheit mit Demut tragen, weil er, sofern er wirklich lebendig ist, von Gottvertrauen und Liebe zu Gott begleitet ist. Der reflexive Glaube aber verwechselt Vertrauen mit einer Bewußtseinsverfügbarkeit, und die Liebe will er strikt von sich fernhalten. Das macht ihm aber die Ungewißheit, die er schon deswegen nicht ertragen kann, weil der Griff nach der Gewißheit sein eigentliches Wesen ausmacht, zu einer grauenvollen Daseinsangst. Es kommt zu den Gewissensängsten oder Gewissenskämpfen, zu den Übungen der Gewissensbefreiung, in denen jeder Gedanke an Gesetz und Gericht aus dem Bewußtsein entfernt werden soll und zu den Gewißheitsübungen, in denen der Mensch „mit Gewißheit statuieren" (certo statuere) soll, daß er bei Gott in Gnade sei, Gott wohlgefalle und den Heiligen Geist habe. Luther wird nicht müde, seinen Studenten immer wieder von diesen Ängsten zu erzählen und ihnen Muster von Befreiungs- und Statuierungsübungen vorzuführen. Weil er das Heil mit der Gewißheit oder Getröstetheit gleichsetzt, ist ihm die Ungewißheit oder Trostlosigkeit das Unheil selbst und erfüllt ihn mit höllischen Schrecken.

Damit ist im Glaubensakt und in den begleitenden Akten alles verschoben. Der Gewißheitsakt – dessen Gelingen jedoch immer fragwürdig ist – ist an die Stelle des den traditionsgemäßen Glauben begleitenden Vertrauensaktes getreten und versteht sich als eigentlichen, mit Vertrauen identischen Glauben. Im Glaubensinhalt trat nicht nur dadurch eine Veränderung ein, daß sich das Ich vor die Gesamtheit der Schöpfung und der Kirche schob, sondern ein Artikel – der vom Gericht – widersprach eigentlich dem Eindringen des Ich. Das Anerkennen und Festhalten des überlieferten Glaubensbekenntnisses wurde von Luther noch beibehalten, aber den Wert des Glaubensinhalts maß er schon an dessen Bedeutsamkeit für die Erzeugung der Reflexivität. Darum konnte er sich über das bloße Anerkennen und Festhalten manchmal recht abschätzig äußern.

Bei Luther ist somit der Inhalt des Glaubens sozusagen eine Fläche, auf die der Strahl des Glaubens so auftreffen soll, daß er gewißheitbildend oder existenzerfüllend zum Ich zurückkehren kann. Mit dem Fortschreiten der Neuzeit verschob sich die relative Stellung des Ich – sein Selbstverständnis – dauernd. Der zurückkehrende Glaubensstrahl traf es daher oft nicht mehr. Folglich verschob man den Glaubensinhalt immer wieder so, daß der von ihm reflektierte Glaubensstrahl das Ich gewißheitbildend treffen kann. Denn das Wichtige war ja nicht mehr die Bewahrung des anvertrauten Gutes (1. Tim. 6, 20), sondern die Tröstung oder Gewißheit oder Existenzerfüllung des Ich; dieser zuliebe mußte der Glaubensinhalt zurechtgerückt werden, entsprechend der inneren Logik des reflexiven Glaubens. Schließlich entdeckte man, daß der Glaube, um dem Ich das Bewußtsein eines Heils oder einer Existenzerfüllung zu verschaffen, ja gar nicht erst auf Übernatürliches gerichtet zu werden braucht. So sind mannigfache Arten von Reduzierung, Auflösung und Säkularisierung des christlichen Glaubens entstanden, in Religion, Theologie, Dichtung und Philosophie. Daneben ist jedoch auch ein Glaube, der am Glaubensinhalt noch im gleichen Umfang wie Luther festhält, bestehen geblieben.

Zweites Kapitel

ALLEIN DIE SCHRIFT?

1. Die Probleme des Auslegungsprinzips

Der Begriff der Schriftgemäßheit setzt voraus, daß die Heilige Schrift eine Einheit und ein Ganzes sei. Was macht nun die Schrift zu einem Ganzen und zu einer Einheit?

Luther fand dieses Prinzip in einer einzelnen Lehre, die er den Rechtfertigungsartikel nannte (locus oder articulus de justificatione). Diesen Artikel machte er zum Maßstab aller Auslegung, nach ihm beurteilte er alle Inhalte der Schrift. Der Protestantismus, insbesondere der lutherische, ist ihm darin bis heute gefolgt. Aber ist es zulässig, eine Lehre zum Maßstab für die Beurteilung anderer Lehren zu machen?

Schon bei Luther hat diese Methode dazu geführt, daß der Glaubensinhalt verengt und verzerrt wurde. Die paulinische Lehre von der Kirche paßt in sein System nicht hinein; der Artikel vom Gericht ist verdrängt (der Glaubende soll sich als nicht betroffen erklären und an den Artikel gar nicht denken); Glaube und Liebe sind auseinandergerissen. Es ist also der Anfang einer Auflösung des Glaubens überhaupt, wenn in der Art Luthers von einer einzelnen Lehre als dem Artikel geredet wird, „mit dem die Kirche steht und fällt" (articulus stantis et cadentis ecclesiae). Die Offenbarung Christi ist in jedem Glaubensartikel als Ganzes gemeint, aber das Christentum oder die Kirche „steht und fällt" nicht mit einem aus dem Ganzen herausgenommenen Artikel, der anderen Glaubensinhalten übergeordnet wäre. Erforderlich ist vielmehr die gehorsame Annahme, jeweilige Lebensverwirklichung und Weitergabe der Offenbarung als eines Ganzen. Die Heilige Schrift ist ein Ganzes, weil sie die Ganzheit der Offenbarung mitteilt; sie ist eine Einheit, weil es der eine Heilige Geist ist, der die eine Offenbarung mitteilt.

Luthers Prinzip der Schriftauslegung wird noch bedenklicher dadurch, daß er schon die Rechtfertigungslehre durch die Forderung der Ichbezogenheit verzerrte. Sein Fundamentalartikel und Interpretationsprinzip war gar nicht eigentlich die biblische Rechtfertigungslehre, sondern die Forderung der Ichbezogenheit des Glaubens. Unbiblisch ist Luthers Vereinzelung des „Rechtfertigungsartikels" ferner deswegen, weil das urchristliche Bekenntnis gar nicht an erster Stelle eine Rechtfertigungslehre aussprach, sondern als Hauptaussagen erstens das enthielt, was wir heute das Dogma von der Gottheit Jesu Christi nennen, zweitens das, was wir heute als die geschichtlichen Heilstatsachen bezeichnen würden: Kreuz und Auferstehung. Die Rechtfertigungslehre ist dabei dadurch angedeutet, daß beim Artikel vom Kreuzestod hinzugesetzt wurde, daß dieser „für unsere Sünden" geschehen ist; vgl. vor allem die in Röm. 10, 9 und 1. Kor. 15, 3-7 überlieferten urchristlichen Bekenntnisse.

Nach Luthers Maßstäben beurteilt, müßte also die Kirche schon um die Jahre 35 bis 38 n. Chr. – auf diese Zeit weist die Formel von 1. Kor. 15, 3 zurück! – eine Auffassung vom Glauben gehabt haben, gegen die der Vorwurf zu erheben wäre, daß sie den Artikel, mit dem „die Kirche steht und fällt", nicht gehörig in den Mittelpunkt gerückt hätte, vielmehr denselben ganz in die objektiven dogmatischen und historischen Glaubensinhalte eingeordnet und die Für-mich-Beziehung als das rechtfertigende Moment gar nicht bedacht hätte. Luther konnte dies natürlich noch nicht so sehen. Wer nun aber trotz genauerer Erkenntnis des Schriftsinnes dennoch weiter an Luthers Auslegungsprinzip festhält, sieht sich schließlich gezwungen, „Sachkritik" am Neuen Testament zu üben und große Teile der biblischen Überlieferung preiszugeben bzw. negativ zu bewerten. So wird offenbar, daß eine Auslegungsmethode, die einen einzelnen Glaubensinhalt, der für sich schon verzerrt gesehen war, herausvereinzelt und dem Ganzen überordnet, unvermeidlich zur Auflösung des Schriftprinzips überhaupt führt. Aus dem Neuen Testament selbst läßt sich eine solche Methode nicht rechtfertigen. Das Neue Testament fordert, daß die Verkündigung „dem Glauben gemäß" sein soll (Röm. 12, 6), d. h. sie soll das „anvertraute Gut" bewahren (1. Tim. 6, 20; 2. Tim. 1, 14); der Glaube, der Glaubensinhalt, als Ganzes der Offenbarung ein für allemal der Kirche übergeben, ist festzuhalten (1. Kor. 15, 1-2. 58; 16, 13; Hebr. 4, 14; 12, 9; 2. Petr. 2, 21; 1. Joh. 2, 24; Judas 3) und ist das Vorbild (2. Tim. 1, 13) für inhaltliche Entfaltungen.

Das biblische Kriterium der Schriftgemäßheit einer Auslegung (das auch bei der Zusammenordnung philologischer Einzelerkenntnisse zu einem Ganzen stets anzuwenden ist) besteht demnach in der *Übereinstimmung mit der Ganzheit des Überlieferten.*

Die Feststellung solcher Übereinstimmung ist freilich manchmal ein sehr komplexer Vorgang. Er wird zwar immer von geistbegabten Einzelnen angeregt und weitergeführt, aber wie die einzelne *Lehre* immer mit der Gesamtheit und Einheit der *Offenbarung* harmonieren muß, so muß der einzelne *Ausleger* stets mit der Gesamtheit und Einheit der *Kirche* in Einklang bleiben – „eifrig, zu wahren die Einheit des Geistes in dem Band des Friedens" (Eph. 4, 3). Denn es ist der eine Heilige Geist, der die Einheit und Ganzheit der Offenbarung wie auch die Einheit und Ganzheit der Kirche konstituiert. Darum ist es auch unmöglich, daß der Einzelne, wenn er wirklich vom Heiligen Geist gesandt ist, in trennenden Widerspruch gerate zu den Trägern des Amtes, die von demselben Heiligen Geist zur Regierung der Kirche eingesetzt sind (Apg. 20, 28). Vielmehr muß der Einzelne, wenn er wirklich vom Heiligen Geist gesandt ist, erkennen, daß die Anordnungen des Amtsträgers von demselben Geist ausgehen (1. Kor. 14, 37) und sich ihnen unterordnen (Hebr. 13, 17) – wenn er das nicht erkennt, so kann auch nicht anerkannt werden, daß er vom Heiligen Geiste gesandt sei (1. Kor. 14, 37). Die für alle maßgebliche Auslegung der Schrift vollzieht sich also in der Kirche. Natürlich gibt es dabei Spannungen und auch Versager von seiten des Amtes; aber niemals kann eine Schriftauslegung richtig sein, wenn sie zum Bruch der „Einheit des Geistes in dem Band des Friedens" führt.

Nun war Luther sicherlich ehrlich überzeugt, das anvertraute Gut zu wahren. „Alle Artikel des christlichen Glaubens, die großen und die kleinen – obwohl uns keiner klein ist –, wollen wir mit größter Strenge rein und gewiß halten", sagt der Große Galaterkommentar. (1) Aber Luther täuschte sich. Nicht erst die äußere Tatsache, daß über seiner Lehre die Einheit der Kirche zerbrach, zeugt gegen die Reinheit seiner Lehre. Dieser Bruch konnte ja nur geschehen, weil er durch die Verzerrungen und

---

(1) WA 40 II 51, 15.

Verengungen seiner Lehre, vor allem durch die Doktrin des reflexiven Glaubens, die er als „Rechtfertigungsartikel" ansah, vom Ursprung und Mittelpunkt abgewichen war, also das Anvertraute *nicht* gewahrt hatte.

2. „König" und „Dienerin"

Luther wußte natürlich wohl, daß es in der Heiligen Schrift viele Stellen gibt, die seinen Ansichten wenig entsprechen. Solche Stellen, beispielsweise diejenigen, die von Lohn und Strafe nach den Werken sprechen, sind ihm von seinen Gegnern auch vorgehalten worden. (2) Es ist schwer zu beurteilen, welche Gegner er dabei im Auge hat und ob er ihre Ansichten richtig wiedergibt, denn er zitiert keine Aussprüche und nennt keine Namen. Die Gegner haben nach Luthers Bericht angeblich behauptet, „daß die Werke absolut und schlicht rechtfertigen" (3), d. h. ohne Glauben rechtfertigen. Aber dann widersprach ihre Ansicht der schon lange vor Luthers Zeit festgelegten und dann im Tridentinum von neuem klargestellten Kirchenlehre, und Luther wäre nie mit der Kirche zerfallen, wenn er nur solche Abweichungen bekämpft hätte.

Schließlich schlägt der Große Galaterkommentar auch eine vereinfachte Verteidigung vor und sagt: „Hier ist Christus, dort sind die Schriftzeugnisse vom Gesetz und den Werken. Christus aber ist der Herr der Schrift und aller Werke ... Ich höre also, daß ich auf keine andere Weise von der Sünde, dem Tode und meinem Fluch erlöst werden kann als durch seinen Tod und sein Blut. Daher schließe ich ganz gewiß und sicher, daß Sünde, Tod und mein Fluch durch Christus selbst in seinem Leibe besiegt werden müssen, nicht durch meine oder des Gesetzes Werke. Es muß aber die Vernunft auf natürliche Weise zugeben und sagen, daß Christus nicht mein oder des Gesetzes Werk ist ... Wenn er also der Preis meiner Erlösung ist, ... *so mache ich mir nichts aus Schriftstellen,* wenn du ihrer auch sechshundert vorbringen würdest für die Gerechtigkeit der Werke gegen die Gerechtigkeit des Glaubens ... *Du pochst auf*

---

(2) WA 40 I 409, 25.
(3) WA 40 I 416, 26.

den Diener, d. h. auf die Schrift, und zwar nicht auf die ganze und auch *nicht auf ihren wichtigsten Teil,* sondern bloß auf ein paar Stellen von den Werken. Diesen Diener lasse ich dir. *Ich poche auf den Herrn, der ein König der Schrift ist,* der mir zum Verdienst und Preis der Gerechtigkeit und des Heils geworden ist." (4)

Hier wird die Grenze des Prinzips „Allein die Schrift" grell deutlich. Man muß sich vor Augen halten, daß der gleiche Große Galaterkommentar, der zu Gal. 3, 10 die Heilige Schrift eine „Dienerin" nennt, zwei Kapitel vorher, zu Gal. 1, 9, dieselbe Schrift „Königin" genannt und mit gewaltiger Rhetorik erklärt hatte: „Diese Königin muß herrschen, ihr müssen alle gehorchen und sich unterwerfen. Nicht ihre Meister, Richter oder Schiedsrichter, sondern einfache Zeugen, Schüler und Bekenner müssen sie sein, sei es der Papst, sei es Luther, sei es Augustinus, sei es Paulus, sei es ein Engel aus dem Himmel, und keine andere Lehre darf in der Kirche überliefert und gehört werden als das reine Wort Gottes, d. h. die Heilige Schrift, und Lehrer wie auch Hörer (die anders lehren) sollen samt ihrer Lehre verflucht (anathema) sein." (5) Man muß ferner beachten, daß derselbe Christus, den Luther hier „König der Schrift" und anderswo „MEIN Herr" nennt, für ihn auch „Diener" ist. (6)

Sowohl die Schrift als auch Christus selbst sind also für Luther einmal „Herr", ein andermal „Diener". Soll diese Paradoxie einen Sinn haben, so müssen die widersprechenden Aussagen relativ sein. Es muß einen Bezugspunkt geben, von dem aus verständlich wird, inwiefern in Rücksicht auf verschiedene Verhältnisse die entgegengesetzten Aussagen gelten.

Diesen Bezugspunkt zu finden ist nach unsern bisherigen Untersuchungen nicht schwer. Er ist kein anderer als der apprehensive, statuierende, reflexive „Glaube". Diesem weist Luther die Stellung des „Herrschers" zu. Das geschieht zwar, im Großen Galaterkommentar und anderswo, so, daß der Herrscher „Glaube" der Dienerin „Liebe" gegen-

---

(4) WA 40 I 420 (Apparat).
(5) WA 40 I 120, 20.
(6) Vgl. Kap. I Seite 52 mit Anm. 63.

übergestellt wird (7), aber die gleiche Herrscherstellung hat der Glaube in Luthers Denken doch auch gegenüber der Schrift.

Dieser Glaube will ja seinem Subjekt die Tröstung des Heilsbewußtseins geben. Soweit die Schrift ihm dabei dienlich ist, läßt er sie Königin sein. Die Stellen aber, die vom Lohn und vom Gericht nach den Werken handeln, sind für die Tröstung nicht zu gebrauchen. Da beruft sich Luther auf Christus als den Herrn und König der Schrift und erklärt die Schrift in solchen Stellen als Dienerin. Daran wird erkennbar, daß auch Christus für den apprehensiven Glauben nur insoweit Herr und König ist, als der Glaube meint, sich für seine Tröstung auf ihn berufen zu können. Denn Christus spricht doch in der Schrift sowohl in den tröstlichen Stellen als auch da, wo er Gebote gibt oder vom Gericht redet. Nur durch ein der Schrift fremdes Prinzip können die beiden Gruppen – als „Gesetz" und „Evangelium" in Luthers Verständnis – voneinander getrennt werden. Dieses Prinzip ist die Apprehensivität und Reflexivität des Glaubens.

Wenn dieser Glaube Christus „MEIN Herr" nennt, so ist damit nicht eigentlich derjenige anerkannt, den die Urchristenheit meinte, wenn sie sich zum Herrn, zum Kyrios bekannte. Denn der Kyrios ist ganz wesentlich auch der gebietende Herrscher, der wiederkommen wird, zu richten die Lebendigen und die Toten. Luther bestreitet das natürlich nicht. Er weiß sehr wohl, daß Christus Herrscher, Herr aller Herren ist, aber im Akt des „Glaubens" soll der vom Sündengefühl Bedrängte daran gerade nicht denken. Er soll die Tröstung als die eigentliche Funktion Christi sehen. Aber das ist doch gar nicht die einem Herrn oder Herrscher eigentümliche Tätigkeit. Das kann auch ein Diener, und darum nennt Luther Christus gerade da, wo er ihn als Herrn anzuerkennen meint, Diener. Daran zeigt sich, daß in der Anrede „MEIN Herr" bei Luther das Wichtige eigentlich das besitzanzeigende Fürwort „mein" ist. Daß dieser Herr ihm gehört, ist hierbei fast wichtiger, als daß er Herr ist. Unverkennbar liegt in der Anrede „mein Herr", wie Luther sie gebraucht, nicht nur Anerkennung, sondern auch ein Beanspruchen. Darum trifft er auch,

---

(7) Vgl. Seite 156ff und 162f; WA 40 II 65, 21.

wenn er von dem Herrn als „dein Diener" spricht (8), kaum den Sinn dessen, was Paulus meint, wenn er von Christus Jesus sagt, daß er sich seiner selbst entäußerte und die Gestalt eines Dieners annahm (Phil. 2, 7; vgl. Matth. 20, 28). Denn Paulus spricht von dem göttlichen Herrn, der sich zum Diener machte, als einem Vorbild: „Habt die Gesinnung in euch, die auch in Christus Jesus (war)" (Phil. 2, 5). Luther dagegen will gerade in solchen Situationen, wo er an Christus als Diener denkt, von ihm als *Vorbild* nichts wissen. (9) Daß in solchem Verhalten zu Christus wirklich ein Beanspruchen enthalten ist, werden wir noch deutlicher sehen, wenn wir Luthers Ideen vom „Recht zum Testament" und vom „heiligen Stolz" im fünften bzw. siebenten Kapitel betrachten.

Nur eins will Luther aus der Schrift hören: daß *er* durch Jesu Kreuzestod erlöst sei. Im übrigen, meint er, „interpretiert Christus zwar das Gesetz, aber das ist nicht sein eigentliches und hauptsächliches Amt". (10) Darum kann man von den imperativischen Folgen, die sich aus der Tat des Erlösers für die Erlösten ergeben, von den Geboten desselben Christus und seiner Wiederkunft zum Gericht, notfalls absehen. Denn diese Lehren gehören nicht zum eigentlichen und wichtigsten Inhalt der Schrift, meint Luther. Man soll sich von ihnen schrecken lassen, bis man im Blick, auf andere Schriftworte statuieren kann, von ihnen nicht betroffen zu sein. (11) Wenn also ein Theologiestudent es nicht versteht, gegen die Einwände „nicht nur der Gegner, sondern auch des Teufels" (12) jene weniger wichtigen Lehren mit schwierigen Argumenten an die Theologie Luthers anzupassen – eine Eingebung des Teufels ist es z. B., wenn jemand, dem sein Gewissen Vorwürfe macht, an das Herrenwort von Luk. 13, 3 denkt: „Wenn ihr nicht Buße tut, werdet ihr alle ebenso umkommen!" (13) –, so genügt es im Notfalle, sich auf die eine Lehre zu berufen, die nach Ansicht Luthers das Ganze oder das Wichtigste aus-

---

(8) Vgl. Kap. I Seite 52.
(9) Vgl. Kap. I Seite 50 und 52.
(10) WA 40 I 91, 28.
(11) Vgl. Kap. VII Seite 292.
(12) WA 40 I 419 (Apparat).
(13) WA 40 I 92, 16; 93, 1.

sagt. Alles andere in der Schrift ist also nur dazu da, dieser einen Lehre untergeordnet oder von ihr verdrängt zu werden: Der Lehre vom reflexiven Glauben. Nur im Blick auf diese eine Lehre ist die Schrift „Königin", sonst ist sie „Dienerin".

3. Reflexiver Glaube als Legitimation und Ziel der Auslegung

Woher wußte aber Luther, daß diese seine Lehre nebst dem Heilsstatuieren das allein Wichtige sei? Die genaueste Antwort auf diese Frage ist scheinbar eine Tautologie: Er wußte es, weil er dessen gewiß war. Wir müssen hier noch einmal auf eine Stelle zurückkommen, die wir betrachtet haben, als wir unsere Aufmerksamkeit auf das Einleuchten des Glaubensinhalts richteten. (14) Da sagt Luther, daß „ein jeder, erleuchtet durch den Heiligen Geist oder die dem einzelnen gegebene Gabe Gottes (donum Dei singulare), für sich und sein als eines einzelnen Heil die Lehrsätze und Meinungen aller mit voller Gewißheit beurteilt und unterscheidet (certissime judicat et discernit omnium dogmata et sensus)" und daß auf die gleiche Weise auch das „äußere Urteil" des „öffentlichen Dienstes des Wortes" verfahre, „mit dem wir ... auch für andere und um des Heiles anderer willen mit voller Gewißheit die Geister und die Lehrsätze aller beurteilen". (15) Er hielt sich für einen Propheten, vom Heiligen Geiste gesandt, um das Evangelium von neuem der Welt zu offenbaren (16): „die Gabe der Prophetie und unser Studium zusammen mit den inneren und äußeren Anfechtungen öffnen uns das Verständnis des Paulus und aller Schriften." (17) In seinen geistlichen Betrübnissen meinte er die „Schwachheiten des Fleisches", von denen Paulus Gal. 4, 13 spricht, wiederzuerkennen. Er glaubte sich dadurch dem Apostel verwandt, andern überlegen und besonders qualifiziert, Paulus „und alle Schriften" richtig zu verstehen. In seinen Betrüb-

---

(14) Vgl. Kap. I Seite 37.
(15) Cl. 3, 141, 33; WA 18, 653.
(16) WA 40 I 627, 11.
(17) WA 40 I 634, 29.

nissen hatte er ja die Erfahrungen gesammelt, die seine Ungeduld schließlich zur Reflexivitätsdoktrin (der vermeintlichen Rechtfertigungslehre) verfestigte. Zu diesen inneren Erfahrungen kamen die äußeren Anfeindungen, in denen er sich ebenfalls Paulus verwandt wähnte.

Wenn man Luthers eigene Aussagen beachtet – es könnten ihrer noch sehr viel mehr angeführt werden –, so kann gar kein Zweifel daran bestehen, daß er die Heilige Schrift immer wieder, und seit seinem Bruch mit der katholischen Kirche ausschließlich, nach seiner eigenen Erfahrung interpretiert hat. Dasselbe läßt sich mit Leichtigkeit aus den Texten seiner exegetischen Schriften aufweisen, ohne Berücksichtigung seiner Selbstzeugnisse. Da gibt es z.B. Exkurse, die durch den Inhalt der zu erklärenden Schriftstellen in keiner Weise gefordert und gerechtfertigt erscheinen, in denen Luther die Schriftstellen vielmehr zum Anlaß nimmt, seine eigenen Erfahrungen auszusprechen.

Sehr viele von Luthers Auslegungen von Schriftstellen sind, gemessen am jeweiligen Textzusammenhang wie auch am Ganzen der Heiligen Schrift, außerordentlich willkürlich. Aber diese Willkür ist keine Sinnlosigkeit oder Ziellosigkeit. Objektive Kriterien, wie die Übereinstimmung der einzelnen Verkündigung mit der Gesamtheit des Überlieferten, haben dabei zwar nur eine geringe Bedeutung. Aber die Auslegung hat ein konsequent festgehaltenes Ziel: Im Leser oder Hörer soll der das eigene Heil statuierende Glaube erzeugt oder die Voraussetzung zu einem solchen Akt geschaffen werden. Dieser Glaube ist eine Art Erfahrung. Aus den Erfahrungen des reflexiven Glaubens geht die Schriftauslegung der Predigt hervor, und solche Erfahrungen soll sie beim Hörer auch erzeugen. Das Kriterium der Gültigkeit der Auslegung ist vom Objektiv-Allgemeinen in die subjektive Jeweiligkeit des Hörers oder Lesers verlegt. Zwar steht bei Luther die objektive Gültigkeit des inspirierten Schriftwortes noch fest, aber doch nur als Ermöglichungsgrund der je subjektiven Heilserfahrung. Es ist daher eine im Ursprung des Protestantismus schon angelegte, folgerichtige Entwicklung, wenn die Inspirationslehre heute von den meisten protestantischen Theologen nicht mehr aufrechterhalten wird.

Im vorstehenden habe ich – in sehr summarischer und zugespitzter Form – zu zeigen versucht, daß die Schriftauslegung des protestantischen Luther wesentlich von der Reflexivitätsidee geprägt ist. Luther selber und Darsteller seiner Lehre sehen freilich das Auslegungsprinzip gern vom Hauptinhalt der Schrift her: „Die gesamte Schrift handelt überall allein von Christus." (18) Doch was bedeutet hier „Christus"? Nach den vorstehenden Ausführungen würde die Antwort lauten: Christus so, wie ihn der reflexive Glaube sieht. Aber versuchen wir die Antwort auch abgesehen von unserer eigenen Untersuchung zu finden, indem wir die einschlägigen Stücke der neuesten lutherischen Gesamtdarstellung der Lehre des Reformators, der „Theologie Martin Luthers" von Paul Althaus durchsehen. Solange man das Reflexivitätsprinzip nicht in seiner beherrschenden Stellung kritisch herausarbeitet, kann man sehr wohl mit Althaus sagen: „Für Luther bedeutet „Christus" das Evangelium von der freien Huld Gottes in ihm", nicht „den sittlichen Propheten und Gesetzgeber", und: „Christozentrische Auslegung hat also bei ihm den bestimmten Sinn der evangeliozentrischen Interpretation, von dem Evangelium der Rechtfertigung *sola fide* her." (19) Die Rechtfertigung aber geschieht nach Luther in solcher Weise „allein durch den Glauben", daß sie, wie Althaus treffend bemerkt, „in Gestalt des Glaubens" empfangen wird (20), und „das entscheidende Wesensmoment des rechtfertigenden Glaubens" ist das „Für mich" (21) – das ist aber der Rückbezug auf das Subjekt des Glaubens im Glaubensakt selbst. Die Frage nach dem spezifischen Charakter der Christozentrik der Schriftauslegung des protestantischen Luther führt also auch dann, wenn wir der Darstellung eines lutherischen Dogmatikers unserer Zeit folgen, schließlich auf den Begriff eines Glaubens, der eine Reflexion auf das Ich des Glaubenden einschließt: Von einem verengten Christusbild (Christus nur Spender der „freien Huld", nicht Lehrer, Vorbild und Gesetzgeber) führt der Gang der Interpretation zu einem verengten Begriff des „Evangeliums" und zur „Rechtfertigungslehre" Luthers (das Evangelium ist auf die „Rechtfertigung allein durch den Glauben" eingeschränkt). In dieser „Rechtfertigungslehre" ist ein Glaubensbegriff enthalten, und dieser schließt die Reflexivitätsforderung ein.

---

(18) WA 46, 414, 15; Althaus 73ff.
(19) Althaus 77ff.
(20) Althaus 201.
(21) Althaus 200.

Die christozentrische Schriftauslegung des protestantischen Luther setzt also den reflexiven Glaubensbegriff schon voraus und kehrt folglich immer wieder zu demselben zurück. Ihre Eigentümlichkeit ist daher mit Begriffen wie „Christozentrik", „Evangelium", „freie Huld" und „Rechtfertigung" nicht genau genug gekennzeichnet. Denn alle diese können auch katholische Schriftauslegung charakterisieren. Bei Luther jedoch und bei der ihm folgenden protestantischen Auslegung sind sie alle von der Reflexivitätsidee qualifiziert.

Diese Idee bringt in die Auslegung, wie sogleich noch ausführlicher zu zeigen sein wird, ein der Schrift fremdes Prinzip hinein. Die Folge sind manche Mißdeutungen. Fälle solcher unangemessenen Schriftbenutzung werden in unserer Untersuchung immer wieder herangezogen. Zunächst sollen nun für das System des reflexiven Glaubens grundlegende Auslegungen nachgeprüft werden. Wir müssen uns dabei freilich auf einige wenige Auslegungen beschränken. Eine umfassende Untersuchung der Schrifttreue Luthers auch nur hinsichtlich der den reflexiven Glauben betreffenden Auslegungen würde angesichts des ungeheuren Umfanges seines hinterlassenen Werkes sehr umfangreich werden. Wir wählen als Beispiel die grundlegenden und für Luthers eigene Entwicklung bedeutendsten Auslegungen aus, mit denen Luther im Anfang seines Kampfes gegen die katholische Kirche seinen neuen Glaubensbegriff zu verteidigen versucht hat. Danach ist zu fragen, ob die Grundthesen der Reflexivitätsdoktrin noch auf andere Weise, abgesehen von der Kritik an Luthers Begründungsversuchen, an der Schrift gemessen werden können (§ 5).

4. Luthers Schriftbeweise für die Doktrin des reflexiven Glaubens

Schon in den (etwa im Mai 1518 abgeschlossenen) „Resolutionen" zu seinen 95 Ablaßthesen hatte Luther Schriftbeweise für den reflexiven Glauben aufzustellen versucht. Nachdem Cajetan ihm vorgehalten hatte, das sei eine „neue und irrige Theologie", unternahm er dann, in Augsburg weilend, eilig den Versuch eines ausführlicheren Schriftbeweises, den er dem Kardinal vorlegte. Es handelte sich um Luthers These, der Glaube rechtfertige nur so, daß der Mensch mit Glaubensgewißheit (certa fide) glaube, *daß* er gerechtfertigt werde und auf keine Weise zweifle, daß er Gnade erlange. (22)

Um sich zu verteidigen, verweist Luther zunächst auf die Schriftworte „Der Gerechte lebt aus dem Glauben" (Röm. 1, 17) und „Abraham glaubte Gott, und es wurde ihm als Gerechtigkeit angerechnet" (Röm. 4, 3). Aber diese beiden Stellen beweisen nur, daß der Glaube der Ursprung der Gerechtigkeit ist, und mehr will auch Luther nicht aus ihnen herausholen.

Dann aber geht er zum Beweis seiner eigentlichen neuen These über: „daß der, welcher das Sakrament [der Buße] begehrt, notwendig glauben muß, daß er Gnade erlangen werde", d. h. daß Gnade *dann* und *dadurch* gegeben wird, *daß* der Empfänger des Sakraments glaubt, sie werde ihm gegeben. Zuerst zitiert er Hebr. 11, 6: „Wer (zu Gott) kommt, muß glauben, daß Gott ist und daß er denen, die ihn suchen, ein Vergelter ist." (23) Hieraus folgert Luther: „Wenn man nun aber glauben muß, daß Gott ein Vergelter sei, so muß man jedenfalls auch glauben, daß er uns gerecht macht, indem er uns seine Gnade schenkt schon in diesem Leben ..." Damit ist jedoch erst allgemein der Glaube an Gottes Gnadenspendung gefordert.

Den Kern seiner These – Gnadenspendung *dadurch, daß* geglaubt wird, Gnade werde gespendet – will Luther aus Matth. 16, 19 beweisen, aus dem Satz: „Was immer du auf Erden lösen wirst, das wird auch im Himmel gelöst sein." Er bemerkt dazu: „Wenn du also zum Bußsakrament kommst und nicht fest glaubst, daß du im Himmel losgesprochen werden sollst, so wird dir der Sakramentsempfang zum Gericht und zur Verdammnis, weil du nicht glaubst, daß Christus wahr gesprochen hat, wenn er sagte: „Was immer du lösen wirst" usw., und so machst du durch dein Zweifeln Christus zum Lügner, was eine grauenhafte Sünde ist."

Diese Auslegung ist charakteristisch für eine Auswirkung der Glaubensreflexivität. Die Schriftstelle spricht nur von dem, der „löst" (Luther versteht das „Lösen" als die sakramentale Sündenvergebung) und von der Wirkung dieses Vorgangs im Himmel, nicht aber von der Person, an

---

(22) Diese Stelle und das folgende WA 2, 13ff; MA 1, 67ff.

(23) Übersetzung hier und im folgenden nach dem bei Luther stehenden lateinischen Text, der, offenbar aus dem Gedächtnis zitiert, nicht überall genau der der Vulgata ist.

der diese Handlung vollzogen wird. Luther dagegen spricht *nur* von dieser betroffenen Person. Daß das zitierte Bibelwort Glauben voraussetzt, ist innerhalb der Kirche selbstverständlich, denn alle Schriftworte verlangen, im Glauben aufgenommen zu werden. Aber das Bibelwort macht diesen überall vorausgesetzten Glauben in keiner Weise zum *Instrument der Wirksamkeit* des „Lösens" (mag dieses nun, wie Luther will, in Sündenvergebung bestehen oder, wie wahrscheinlich ist, einen umfassenderen Inhalt haben). Vielmehr wird das Lösen durch den Apostel bewirkt, dem Christus an der zitierten Stelle die Vollmacht zum „Binden und Lösen" gibt. Bei Luther aber verschwindet die Instrumentalität des *Handelns*, das in dem Lossprechen *durch den* (die Stelle des Apostels einnehmenden) *Priester* besteht, fast völlig. Dagegen wird der *Glaube des Beichtenden*, und zwar der auf den gegenwärtigen Moment bezogene Glaube: „Ich empfange jetzt Gnade", zum eigentlichen *Instrument des Heilsempfangs*.

Die Schriftstelle ist also mißdeutet. Die Aussage des Textes, daß nämlich die Lossprechung des Apostels bzw. Priesters als solche im Himmel wirksam ist, d.h. daß Gott sich an das Tun seines Beauftragten bindet, wird beiseitegeschoben. Dagegen wird, ohne jede Grundlage im Text, in die Stelle hineininterpretiert, daß der Glaube das eigentliche Instrument des Gnadenempfangs sei.

Luther führt dann weitere Stellen aus den synoptischen Evangelien an, dazu eine aus dem Johannesevangelium und eine aus dem Jakobusbrief, einige Stellen deutet er an. Die Synoptikerstellen waren ihm für seine These offenbar besonders wichtig. Bei ihrer Erörterung gebraucht er die Ausdrücke *fides specialis* und *fides particularis*, d. h. „besonderer, spezieller, auf einen Einzelfall oder eine einzelne Wirkung gehender Glaube". Diese Ausdrücke geben ein weiteres Merkmal von Luthers neuem Glauben. Wenn dieser Glaube das Heil „ergreift" (fides apprehensiva) indem er, auf sein Subjekt zurückblickend (fides reflexa), dessen Heil „statuiert" (statuierender Glaube), so bezieht er sich immer auf eine bestimmte, einzelne Situation (fides specialis, fides particularis). Das „je und je" der Existenztheologen, die Jeweiligkeit und Jemeinigkeit als Grundeigenschaften aller von diesen Theologen noch gestatteten religiösen Wirklichkeiten, sind der Sache nach schon in Luthers Denken von dem Augenblick an vorhanden, wo er seine Doktrin des reflexiven (apprehensiven, statuierenden, partikularen) Glaubens aufzubauen beginnt.

Einen „speziellen" oder „partikularen" Glauben hatte nach Luther die kanaanäische Frau, zu der Jesus sagte: „Frau, groß ist dein Glaube; dir geschehe, wie du geglaubt hast" (Matth. 15, 28); ferner der Hauptmann von Kapernaum, welcher zu Jesus sagte: „Sprich nur ein Wort, und mein Diener wird geheilt werden" (Matth. 8, 8). Luther erinnert an die Geschichte von den zwei Blinden, welche auf Jesu Frage: „Glaubt ihr, daß ich euch dies tun kann?" antworteten: „Sicherlich", worauf Jesus sagte: „Wie ihr geglaubt habt, so geschehe euch" (Matth. 9, 28f). Er weist auf die Geschichte vom königlichen Beamten hin, der Jesu Worten: „Gehe hin, dein Sohn lebt" glaubte (Joh. 4, 50), worauf sein Sohn gesund wurde. Er zitiert die Herrenworte: „Wahrlich, ich sage euch, was immer ihr im Gebet erbitten werdet, glaubt, daß ihr es empfangen werdet, und es wird euch gegeben werden" (Mark. 11, 24) und: „Wenn ihr Glauben habt wie ein Senfkorn und zu dem Berge hier sagt: Bewege dich weg von hier, und wenn ihr nicht zweifelt in eurem Herzen, wahrlich, ich sage euch: Es wird geschehen" (Matth. 17, 20). Er zitiert das Wort Elisabeths zu Maria: „Selig bist du, die du geglaubt hast, denn es wird an dir erfüllt werden, was dir vom Herrn gesagt ist" (Luk. 1, 45) und das Wort des Jakobusbriefes: „Wenn jemand der Weisheit bedarf, erbitte er sie von Gott. Er bitte aber im Glauben, ohne zu zweifeln; denn wer zweifelt …, der glaube nicht, daß er etwas von Gott empfangen werde" (Jak. 1, 5-7). Er verweist darauf, daß Jesus die Jünger und Petrus oft wegen ihres Kleinglaubens getadelt habe, womit immer eine fides specialis, „ein auf eine gegenwärtige Wirkung gerichteter Glaube", gemeint sei. Er deutet schließlich einige alttestamentliche Beispiele an.

Luther lehrt nun, derselbe Glaube, der in den genannten Schriftstellen gemeint ist, müsse auch beim Empfang des Bußsakraments betätigt werden, nämlich ein Glaube, der auf die gegenwärtige Wirkung gerichtet sei: Diese Wirkung sei hier die Lossprechung von der Sünde. Außer diesem Glauben sei von dem Beichtenden keinerlei Vorbereitung (dispositio) zu fordern. Dieser Glaube allein bewirke die Gnade, wer ihn nicht habe, verwirke sie.

Die Beweisführung erscheint zunächst bestechend. Ein Bedenken jedoch erhebt sich gleich: Beim Bußsakrament handelt es sich um Sündenvergebung, dagegen ist in keiner der angezogenen Schriftstellen von Sündenvergebung die Rede. Ist es zulässig, ist es schriftgemäß, die Sündenvergebung vollkommen analog zu den angeführten Stellen zu behandeln? Um diese Frage beantworten zu können, wäre zuvor zu fragen, wie es denn mit denjenigen Schriftstellen steht, die tatsächlich von Sündenvergebung handeln. Die Antwort ist eindeutig: Nirgends in der Heiligen Schrift, weder bei den Synoptikern noch in den übrigen Büchern des Neuen Testaments noch im Alten Testament kommt es vor, daß jemand Sündenvergebung erlangt, *weil* er fest daran glauben würde, *daß* ihm vergeben werde. (24)

Dem Gelähmten von Matth. 9, 2 werden die Sünden vergeben, obwohl er bzw. seine Begleiter nur eine körperliche Heilung suchten; nur an diese Heilung glaubten sie fest, im Blick auf Jesus. Sündenvergebung hatten sie gar nicht erwartet. Der Sünderin von Luk. 7, 47 wird vergeben, „weil sie viel *geliebt* hat" (25), und ihre allein im stummen Dienen sich äußernde geistige Haltung wird ihr von Jesus als rettender Glaube ausgelegt (7, 50). Kein Wort davon, daß sie das Bewußtsein gehabt habe, daß sie gewiß Vergebung erlangen werde. Ihr Glaube (7, 50) und ihre Liebe (7, 47) sind eins. In der Geschichte vom Hauptmann von Kapernaum ist zwar nicht ausdrücklich von Sündenvergebung die Rede. Aber in unserem Zusammenhang ist doch von Bedeutung, daß gesagt wird, der Hauptmann habe sich nicht für würdig gehalten, daß Jesus zu ihm

---

(24) In die Psalmen hat Luther seine Gewißheitsdoktrin durch seine Übersetzung hineingetragen. In Ps. 5, 10 statt „Es ist keine Wahrheit (= Aufrichtigkeit) in ihrem Munde" (Vulgata: Non est in ore eorum veritas) übersetzt er: „In ihrem Munde ist nichts *Gewisses*"; vgl. unten Kap. VI Seite 234. In Ps. 10, 17 läßt er den Beter sprechen: „Ihr Mund ist *gewiß*, daß dein Ohr darauf merket", in Ps. 51, 12: „Gib mir einen neuen, *gewissen* Geist" statt: „... einen beständigen (= festen, nicht wankelmütigen) Geist".

(25) Die Stelle hat Luther natürlich viel Mühe bereitet. Im Jahre 1535 hat er darüber eine Disputation von 61 Thesen veranstaltet (WA 39 I 127-133). Die neue Revision der Luther-Übersetzung des Neuen Testaments von 1956 schafft die Schwierigkeit und den jahrhundertelangen Streit durch eine Textänderung aus der Welt: Sie sagt, getreu der Doktrin Luthers: „*Darum* hat sie mir so viel Liebe erzeigt." Auch an anderen Stellen enthält diese Revision manche protestantischen Retouchierungen des biblischen Textes.

komme, und nach der Fassung der Geschichte bei Lukas (7, 7) hielt er sich auch nicht für wert, zu Jesus zu kommen. Kein Wort von der fröhlichen Keckheit oder verwegenen Zuversicht, mit der man nach Luthers Anweisung seit 1520 glauben soll – vor allem, *daß* die Sünden vergeben seien, *damit* sie vergeben seien –; aber der Hauptmann wird vom Herrn als Vorbild des *Glaubens* gelobt. Das wichtigste Beispiel jedoch ist der Zöllner im Gleichnis vom Pharisäer und Zöllner. Er wagt kaum vor Gott zu treten. Da ist es völlig ausgeschlossen, er habe geglaubt, *daß* ihm vergeben werde, *damit* ihm vergeben werde, wie Luthers Doktrin will.

Kehren wir nach diesem für Luthers These vernichtenden Befund zu den von ihm vorgebrachten Schriftbeweisen zurück, so müssen wir diese doch wohl anders verstehen, als Luther wollte. Es geht in jenen Stellen allemal darum, daß Jesus als der bejaht und anerkannt wird, der er ist. Die Frage an die Blinden in Matth. 9, 28 macht das am deutlichsten: „Glaubt ihr, daß ich das tun kann?" Es geht um das unbedingte und absolute Vertrauen zu der Person des Gottmenschen, nicht um ein Herbeiglauben von Sündenvergebung. Sündenvergebung ist eine Heilsgabe, ein personales Geschenk aus der Ewigkeit; sie *kann* deswegen *ihrer Natur nach* nur *empfangen*, aber niemals durch einen antizipierenden, apprehensiven, statuierenden Bewußtseinsakt (der sich als Glaube oder Vertrauen mißversteht) herbeigezogen werden. Sie setzt allerdings Glauben und Vertrauen voraus, aber personalen Glauben und personales Vertrauen zu der Person Jesu Christi, wie bei der Sünderin von Lukas 7, nicht ein Statuieren der Sündenvergebung selbst.

Aber wir müssen noch weiter nach der Natur des Glaubens fragen, von dem die angeführten Stellen sprechen. Die Geschichte vom königlichen Beamten, Joh. 4, 46-53, ist besonders aufschlußreich. Hier ist nämlich *zweimal* vom Glauben die Rede, was Luther in seiner Augsburger Aufzeichnung nicht beachtet hat. Erst heißt es, daß Jesus auf die Bitte des Beamten, seinen Sohn zu heilen, erwidert: „Gehe hin, dein Sohn lebt", und daß der Beamte diesem Wort *glaubte* (nur dies hat Luther beachtet). Nachdem aber der Beamte nach Hause gekommen war und sah, daß sein Sohn schon gesund geworden war, berichtet der Evangelist: „Er *glaubte* (kam zum Glauben) samt seiner ganzen Familie." Anscheinend ist also doch der erste Glaube, der Jesus die Wundertat zutraut, noch etwas anderes als der zweite Glaube, der eigentlich das Christsein ausmacht. Diese Beobachtung scheint sich in Apg. 14, 9 zu bestätigen. Dort „glaubt" der Lahme in Lystra „an seine Rettung", d. h. er traut dem Apostel Paulus das Wunder zu, worauf dieser ihn heilt. Das geschieht, während er der Missionspredigt zuhört, also erst auf dem Wege ist, Christ zu werden. Sicher ist dieser stark vertrauende Glaube schon eine Beziehung zum Heil. Das ganze Christsein ist er noch nicht, aber er ist das Herz und das Leben des Christenglaubens. Er ist notwendig und wesenhaft Wunderglaube. Er kann sich sogar in Formen äußern, die der Rationalist als „unterchristlich" zu bespötteln pflegt, z. B. bei der blutflüssigen Frau von Matth. 9, 20-22, die nur die Quaste von Jesu Gewand berühren wollte und überzeugt war, dadurch Heilung zu finden. Jesus aber erkannte ihre „primitive", „dingliche" Zuversicht als „Glaube" an: „Sei guten Mutes, meine Tochter, dein Glaube hat dich geheilt!" Es ist auch der Glaube des Volkes, *als dessen Folge* in Apg. 5, 15-16 berichtet wird, daß das Volk Kranke an die Straßen brachte, „damit, wenn Petrus komme, wenigstens sein Schatten auf den einen oder andern von ihnen falle". (26) In solchem Glauben ist nichts von der Reflexion auf das eigene Ich, die nach Luthers Lehre doch gerade das Heilwirkende sein sollte.

Luther hat also den Glauben, den die von ihm angeführten Stellen meinen, falsch interpretiert. Er überspannt die Instrumentalität des vertrauenden Glaubens. Er *setzt* den Glauben, der der *Weg*, die Voraussetzung zum Heil ist, eins mit dem Heil selbst. Das wird möglich, weil er zunächst das Heil mit dem Heilsbewußtsein, mit der Heilsgewißheit ineinsgesetzt hatte und dann diese Gewißheit mit dem Glauben. 1535 wird er sagen: „Die Vergebung der Sünden, die Gerechtigkeit, das Leben

---

(26) Wie fremd solcher Glaube protestantischem Denken ist, zeigt sich an dem kürzlich erschienenen Kommentar zur Apostelgeschichte von Gustav Stählin (in: Das Neue Testament deutsch, Teilband 5, Göttingen 1962). Stählin rückt in seiner Übersetzung die Verse Apg. 5, 15-16 von Vers 14 ab. Damit die Handlungsweise des Volkes nicht mehr als eine Folge seines Glaubens (von dem Vers 14 spricht) erscheine, stellt er 15-16 zwischen die beiden Sätze von Vers 12, obwohl sie in keiner Handschrift des Textes dort stehen. In seinem Kommentar bezeichnet er den Volksglauben, von dem die Apostelgeschichte berichtet, als Aberglauben.

und die Freiheit, die wir durch ihn (Christus) haben, ist gewiß, gültig (verbürgt, rata) und ewig, *sobald wir dies glauben.*" (27) Das *Bewußtsein* vom Heil setzt nach seiner Ansicht das Sein des Heils. Prüft man Luthers Schriftbeweise für die Reflexivität des Glaubens nach, so wird man also wohl doch Cajetan recht geben müssen, der Luther darauf aufmerksam gemacht hat, daß die von ihm vorgebrachten Stellen „nicht zur Sache gehörig und falsch verstanden" seien. (28)

5. Der reflexive Glaube und das Neue Testament

Mindestens seit Hieronymus (29) und Augustinus (30) herrscht in der katholischen Kirche die Lehre, daß der Einzelne keine absolute Heilsgewißheit beanspruchen dürfe (31), es sei denn, er habe eine be-

---

(27) WA 40 II 6, 20.

(28) ... de fide sacramentorum implet papyrum locis sacrae scripturae omnino impertinentibus et perperam intellectis. Ferner: Ostendi non ita esse intelligendum ... WA Br I Nr. 110 Seite 234, 47.

(29) Et inveni justorum quidem opera in manu Dei esse, et tamen utrum amentur a Deo annon, nunc eos scire non posse et inter ambiguum fluctuare. In Ecclesiasten commentarius (389/90). Rouet de Journel, Enchiridion Patristicum (Freiburg ³1920) Nr. 1374. MPL 23, 1080.

(30) Quantalibet enim justitia sit praeditus homo, cogitare debet, ne aliquid in illo, quod ipse non videt, inveniatur esse culpandum, cum rex justus sederit in throno ... De perfectione justitiae hominis (415). Rouet de journel, op. cit. Nr. 1800. MPL 44, 309.

(31) P. Stephanus Pfürtner O. P. hat in seiner Schrift „Luther und Thomas im Gespräch" (Heidelberg 1961) die Ansicht dargelegt, daß Thomas von Aquin eine Heilsgewißheit gelehrt habe und darin im wesentlichen mit Luther übereinstimme. Nun wird man Pfürtner wohl zustimmen können, wenn er sagt, es sei kein bedeutender Unterschied, daß Thomas die Gewißheit auf die Hoffnung, Luther dagegen auf den Glauben gründe. Aber unüberbrückbare Gegensätze zwischen Thomas und Luther bleiben bestehen, und diese hat Pfürtner nicht gesehen. Die Hoffnungsgewißheit hat eine Bedingung. Der hl. Thomas schreibt: „Non enim aliquis sperat se ha-

sondere Offenbarung empfangen. Luther hat diese Lehre, wie wir schon sahen, seit 1519 (vielleicht schon seit Ende 1517) entschieden abgelehnt. Wie verhält sich Luthers Ablehnung zum Neuen Testament? Gibt die Schrift ihm recht oder der katholischen Ansicht?

Viele Stellen des Neuen Testaments pflegt man seit Luther als Aussagen individueller Heilsgewißheit aufzufassen. Betrachten wir die großartigste dieser Stellen, Röm. 8, 18 und 31-39:

„Ich meine, daß die Leiden dieser Zeit gar nicht zu vergleichen sind mit der Herrlichkeit, die in der Zukunft an *uns* offenbart werden soll …

Wenn Gott für *uns* ist, wer kann dann gegen *uns* sein? Der doch seinen eigenen Sohn nicht verschont hat, sondern ihn für *uns alle* hingegeben hat: Wie sollte er *uns* mit ihm nicht auch alles schenken? Wer sollte die Auserwähl*ten* Gottes anklagen? Gott ist der, der gerecht macht – wer sollte da verdammen? Christus Jesus, der gestorben ist, ja vielmehr,

---

biturum vitam aeternam secundum propriam potestatem (hoc enim esset praesumptionis), sed secundum auxilium gratiae: *in qua si perseveraverit*, omnino et infallibiliter vitam aeternam consequetur", Summa theologica II-II 1, 3 zu I; zitiert bei Pfürtner a. a. O. Seite 100 Anm. 1. Diese Bedingung in qua si perseveraverit – bedeutet, daß die Gewißheit keine absolute ist; für Luther wäre es *U*ngewißheit! Die Bedingung wird bei Luther von einer weiteren Bedingung abhängig gemacht: Von je meinem Glauben, *daß* ich in der Gnade bleibe. Luther fordert nicht nur, daß der Christ an seine ewige Vollendung glauben bzw. (in der Terminologie des Aquinaten) darauf hoffen solle, sondern auch und vor allem, daß eben *dieser* Glaube (nach der Terminologie des Thomas: Diese Hoffnung) die *Bedingung* und der *Grund* des Bleibens in der Gnade sowie der ewigen Vollendung sei und daß der Mensch auch dies glauben müsse, daß nämlich sein Glaube die Bedingung sei. Dieser reflexive circulus vitiosus, in welchem Glaube und Gnade faktisch identifiziert werden, unterscheidet Luthers Glaubensdoktrin radikal von allem katholischen Denken. Die Hoffnungsgewißheit, von der der hl. Thomas spricht, ist nicht, wie Luthers reflexive Glaubensgewißheit, als Instrument des Heils selbst oder gar als identisch mit dem Heil verstanden, und Luthers Heilsgewißheit duldet keine Bedingung außer der Gewißheit selber. Bleiben in der Gnade ist für ihn dasselbe wie Bleiben in der Gewißheit, vgl. oben Seite 43f.

der auferstanden ist, der zur Rechten Gottes ist, der auch für *uns* eintritt? Wer sollte *uns* trennen von der Liebe Christi? Bedrängnis oder Not oder Verfolgung oder Hunger oder Blöße oder Gefahr oder Schwert? Es steht ja geschrieben: „Um deinetwillen sucht man uns zu töten den ganzen Tag lang; wir sind geachtet worden wie Schlachtschafe." Aber das alles überstehen wir siegreich durch den, der *uns* geliebt hat. Denn i ch bin ü b e r z e u g t, daß weder Tod noch Leben, weder Engel noch Herrschaften, weder Gegenwärtiges noch Zukünftiges noch Gewalten, weder Hohes noch Tiefes noch irgend etwas Geschaffenes *uns* trennen kann von der Liebe Gottes, die in Christus Jesus ist, *unserem* Herrn."

Achten wir auf die sprachliche Formulierung dieses Textes, so fällt auf, daß hier ebenso konsequent der Plural „wir" steht wie bei Luther, in der Glaubensbekenntnis-Auslegung des Kleinen Katechismus und anderswo, der Singular „ich". Nur in dem formalen Bekenntniswort zu Anfang steht bei Paulus „ich": „Ich meine" bzw. „Ich bin überzeugt".

Untersuchen wir nun das Neue Testament im ganzen auf pluralische und singularische Aussagen über das Heil bzw. die Zugehörigkeit zu Christus.

Da finden wir beispielsweise, daß Christus etwa sechzigmal „*Unser* Herr" genannt wird, neben sehr vielen Fällen, wo er einfach „der Herr" heißt oder „der Herr *aller*". Dagegen kommt nur viermal das für Luther so wichtige „*Mein* Herr" vor: Joh. 20, 13. 16. 28; Phil. 2, 28. Diese letzteren Fälle sind ein Nachklang einer semitischen Sprachgewohnheit. In der semitischen Sprache der ersten Christen war es üblich, dem Wort „Herr" eine besitzanzeigende Endung anzuhängen, und diese bezeichnete meist die Einzahl: „*Mein* Herr". Damit erkannte der Sprecher denjenigen, den er „Herr" nannte, als wirklichen Herrn an, der über ihn, den Anredenden, gebieten könne. Um so bemerkenswerter ist es, daß von dieser muttersprachlichen Gewohnheit im Neuen Testament nur so wenige Nachklänge übriggeblieben sind. Weil die Mehrzahl im sonstigen Sprachgebrauch nicht das Übliche war, muß ihr Überwiegen im urchristlichen Griechisch einen besonderen Grund haben.

Der Grund ist derselbe, der den hl. Paulus veranlaßte, in seinem oben abgedruckten Hymnus nur den Plural zu gebrauchen, wo er vom Empfänger des Heils sprach. Das Heilsbewußtsein der apostolischen Zeit ist universal und deshalb ganz und gar eingeschlossen in ein sakrales Gemeinschaftsbewußtsein des Gottesvolkes, das allerdings die Verheißung seines Herrn hat, daß es niemand aus seiner Hand reißen wird (Joh. 10, 28). Die persönliche Beziehung des Einzelnen zu Christus ist untrennbar von der primären, umgreifenden Beziehung des Herrn zur Gemeinschaft seines Bundesvolkes.

Das universale Heilsbewußtsein des Neuen Testaments weiß, daß das Ziel der Erlösung das Volk Gottes, die Kirche, ja das erlöste Weltall ist: Gott „hat sich Israels, seines Knechtes (d. h. des *Gottesvolkes*) angenommen" (Luk. 1, 54 nach Jes. 41, 8); „Christus hat *die Kirche* geliebt und sich für sie hingegeben" (Eph. 5, 24); „... Jesus Christus, der sich für *uns* (d. h. für die Gesamtheit des Gottesvolkes) hingegeben hat, damit er uns erlöse" (Tit. 2, 14); „Er wird *sein Volk* von seinen Sünden retten" (Matth. 1, 21); „Gott gab ihn (Christus) zum Haupt über allem *der Kirche*, die sein Leib ist, die Fülle dessen, der alles in allem erfüllt" (Eph. 1, 22-23); „Gott gefiel es, in Christus die ganze Fülle wohnen zu lassen und durch ihn *das All* – alles, sei es auf Erden oder im Himmel, durch ihn zu ihm hin zu versöhnen durch das Blut seines Kreuzes" (Kol. 1, 20); „Indem er ihm (Christus) *das All* unterworfen hat, hat er nichts ausgenommen, das nicht unterworfen wäre" (Hebr. 2, 8).

Luther hat die neutestamentliche Ordnung umgekehrt. Er hat die biblischen Mehrzahlausdrücke – vielleicht ohne darüber besonders nachzudenken, aber durchgängig und konsequent – in Einzahlausdrücke umgesetzt. So verwandelt sich z. B. das Pauluswort von Röm. 8, 31: „Wenn Gott für *uns* ist, wer könnte gegen *uns* sein?" unter seiner Feder sogleich in: „Wenn Gott für *mich* ist, wer kann gegen *mich* sein." (32)

Sehr wichtig war für Luthers Religion und Theologie bekanntlich das „für mich" von Gal. 2, 20: Christus „hat sich *für mich* hingegeben". Im Großen Galaterkommentar heißt es darüber: „Lies also mit großem Nachdruck diese Worte „mich", „für mich", und gewöhne dich, jenes „für mich" auf dich anzuwenden und nicht zu zweifeln, daß du einer von denen seiest, die „mich" genannt werden." (33) Nach moderner Bibelauslegung aber gehört dieses „für mich" von Gal. 2, 20 in eine Reihe

---

(32) Cl. 1, 462, 12; WA 6, 528; MA 2, 195 und Cl. 2, 212, 20; WA 8, 594.
(33) WA 40 I 299, 29.

mit vielen anderen Stellen, wo Paulus das Fürwort der ersten Person der Einzahl nicht mit Bezug auf sich selber oder sich allein, sondern in einem generellen oder typischen Sinne gebraucht.

Wenn Paulus in dem Satz „ Christus hat sich *für mich* hingegeben" Gal. 2, 20 die erste Person der Einzahl „für mich" in diesem allgemeinen Sinne gebraucht, so ist das nicht eine bloße Stileigentümlichkeit, die keine geistige, theologische Grundlage hätte. Die Grundlage wird einleuchtend aufgedeckt in Hans Urs von Balthasars Untersuchung über die „Anima ecclesiastica" bzw. die „Verkirchlichung des Einzelbewußtseins" in seinem Werk „Sponsa Verbi" (Einsiedeln 1961), auch im Herder-Taschenbuch Nr. 239 (von Balthasar, Wer ist die Kirche?, Freiburg i. Br. 1965) Seite 31ff (nach diesem Taschenbuch ist im folgenden zitiert). Luther benutzt das „Für mich" als biblische Legitimierung des individuellen Heilsstatuierens: „Ich bin auch einer von denen ...". Bei Paulus und in katholischem Denken bedeutet der Gebrauch der Einzahl, daß das persönliche Bewußtsein „im Glauben in das Bewußtsein Christi" hineingenommen worden ist. Gal. 2, 20 ist nicht von einem Heilsbewußtsein die Rede, das sich das Ich, von Christi Heilstat her auf sich selber reflektierend, trotz bleibender Sünde verschaffen würde, sondern zunächst von einem Sterben des Ich: „Ich bin mit Christus gekreuzigt", sagt Paulus, der damit die Nachahmung des Vorbildes des Herrn bejaht. Dieses Sichhineinnehmenlassen in das *Sterben* Christi – nicht ein statuierendes und apprehendierendes Inanspruchnehmen der Gabe Christus oder des Testaments Christi – macht es möglich, daß der Apostel fortfahrend sagen kann: „Christus *lebt* in mir." Es geschieht also (in von Balthasars Worten) eine „Expropriation des Menschen (darin er sich selber starb)", und diese „ist positiv Appropriation des Menschen durch Gott". Darum kann Paulus hier unbefangen die erste Person der Einzahl gebrauchen, obwohl die „Appropriation des Menschen durch Gott, als „Heilsacquisition" (1. Thess. 5, 9)" sonst „nie im Singular gebraucht wird, sondern immer eine „Volksacquisition" (1. Petr. 2, 9) durch Gott ist" (von Balthasar). Das Ich des Paulus ist „Paradigma der Sendung, der Gliedschaft am Leibe Christi geworden ...; es weiß sich schlechterdings expropriiert in die Gemeinschaft der Heiligen hinein" (von Balthasar). Weil das Ich des Apostels „die Kirche in sich trägt und sich zur anima ecclesiastica geweitet hat", ist auch sein Heilsbewußtsein das der Kirche: „Die Heilsgewißheit Pauli ist so absolut wie die Heilsgewißheit der Kirche selber" (von Balthasar).

Wahrscheinlich hat also Paulus Gal. 2, 20 gar nicht sich selber, den Einzelnen, gemeint. Aber selbst wenn er sich selber gemeint hätte, dürfte nicht übersehen werden, daß das „für mich" von Gal. 2, 20 vereinzelt ist. Ihm stehen mehr als zwanzig Stellen des Neuen Testaments gegenüber, wo gesagt ist, daß Christus das Heil erworben hat „für uns", „für euch", „für alle", „für viele". Auch in solchen Ausdrücken also nach einem Wort, welches „für" bedeutet – überwiegt bei weitem der Plural, wenn der Empfänger des Heiles bezeichnet wird.

Wo Luther die Mehrzahl entsprechend dem biblischen Wortlaut stehen läßt, versteht er sie ohne weiteres als eine Einzahl, oder er löst sie in eine Mehrheit von einzelnen Individuen auf. In der Auslegung von Gal. 1, 4 z.B. – Christus, „der sich selbst für unsere Sünden hingegeben hat" (34) – mahnt er, das Fürwort „unsere" zu beachten, fügt aber gleich hinzu, der Mensch müsse fest glauben, daß er einer von denen sei, für deren Sünden sich Christus geopfert hat. Er benutzt also in solchen Fällen die Mehrzahl als einen Hinweis für den Einzelnen, daß er bemerke, er sei auch gemeint – um sich dann herauszuindividualisieren und Gewißheitsübungen zu treiben, wie sie etwa an der genannten Stelle im Großen Galaterkommentar ausführlich beschrieben sind.

Luthers Umsetzung des biblischen Plurals in den Singular ist keine wesensgetreue Entfaltung des im Neuen Testament Gemeinten. Die neutestamentlichen Heilsaussagen werden in ihrem Wesen verändert, wenn man sie, wie Luther es fortgesetzt tut, als Grundlage oder Legitimation für Übungen im individuellen Heilsstatuieren benutzt. Das mit ihnen wesenhaft verbundene sakrale Gemeinschaftsbewußtsein wird durch das Statuieren unvermeidlich aufgelöst. Dieses Bewußtsein erfüllte übrigens die katholische Kirche keineswegs nur in der apostolischen Zeit; es hat durch das ganze Altertum und auch im Mittelalter noch fortgelebt. (35)

---

(34) Das folgende nach dem Kleinen Galaterkommentar von 1519, WA 2, 458, 20ff (einer Stelle, die in der Galaterbriefvorlesung von 1516 kein Vorbild hat!) und dem Großen Galaterkommentar von 1535, WA 40 I 91, 16ff.

(35) Vgl. H. De Lubac, Katholizismus als Gemeinschaft (Catholicisme, deutsch von H. Urs von Balthasar), Einsiedeln und Köln 1943, bes. Auszüge aus Kirchenvätern und mittelalterlichen Autoren Seite 333-424.

Daß die Spiritualität des Statuierens dem Neuen Testament ganz fremd ist, wird noch deutlicher, wenn wir auf eine Stelle achten, wo wirklich ein Einzelner von seinem Heil spricht. In Phil 3, 12-14 sagt Paulus: „Ich denke von mir noch *nicht*, daß ich ergriffen hätte oder schon vollendet wäre." Da ist gar kein „ergreifender Glaube", sondern demütige Heils*un*gewißheit ganz entsprechend der katholischen Auffassung.

Nun verweist zwar auch Luther auf die eben zitierten Paulusworte. (36) Aber er will damit nur biblisch beweisen, daß, wie es in den Jesajascholien heißt, „auch Christen die Schwäche des Glaubens empfinden und wegen des Sündengefühls von Verzweiflung angefochten werden". Die „Schwäche des Glaubens" besteht nach seinen Ausführungen darin, daß es oft nicht gelingt, Gewissensvorwürfe durch Gewißheitsübungen zu überwinden: „Es ist aber eine sehr große Mühe, dies derart mit dem Glauben erfassen und glauben zu können, daß man sagen kann: Ich habe gesündigt und doch nicht gesündigt, damit auf diese Weise das Gewissen ... besiegt werde ..." (37)

Aber in diesem Sinne ist die Paulusstelle ganz sicher nicht gemeint. Wenn Paulus nach den zitierten Worten fortfährt: „Aber ich jage ihm nach, ob ich es (nämlich das Heil) auch ergreife", so besteht das „Nachjagen" doch nicht, wie Luther unterstellt, in Übungen der Gewißheit bzw. der Überwindung des Sündenbewußtseins, sondern vielmehr in der Erfüllung der *Aufgabe*, die Paulus gestellt ist, in der Evangeliumsverkündigung, also in einem *Werk*.

Die eben zitierte Lutherstelle läßt einen radikalen Gegensatz, ja den wichtigsten Unterschied zwischen dem neutestamentlichen Heilsbewußtsein und Luthers Statuieren erkennen. Dieser Gegensatz besteht in dem verschiedenen Verhältnis zur *Sünde*. Luthers Heilsgewißheit ist dauernd vom Sündenbewußtsein bedroht, ja sie besteht geradezu darin, sich dauernd gegen dieses Bewußtsein durchzusetzen, in dem Gedanken: „Ich habe gesündigt und doch nicht gesündigt." Diese Paradoxie ist nur *formal* ähnlich den paulinischen Paradoxien etwa von 2. Kor. 4, 8-9: „Al-

---

(36) WA 25, 331, 36. Vgl. 31 II 434, 25 (Andeutung).
(37) WA 25, 330, 38. Vgl. 31 II 434, 7: summa pugna.

lenthalben bedrängt, doch nicht erdrückt, ratlos, doch nicht verzweifelt, verfolgt, doch nicht verlassen, niedergeworfen, doch nicht vernichtet." Daß sich die neutestamentliche Kirche sehr bedroht weiß, spricht auch die Seite 85 zitierte Stelle Röm. 8, 31-39 aus. Viele Kräfte sind dort aufgezählt, und von ihnen allen ist gesagt, daß sie uns nicht von der Liebe Christi trennen können – aber eine fehlt unter ihnen, und zwar diejenige, die für Luther die eigentlich bedrohende Kraft ist: Die Sünde bzw. das Sündenbewußtsein! Hier liegt die absolute Grenze zwischen dem neutestamentlichen Christentum und Luthers neuem Glauben. Ich werde im siebten Kapitel darauf zurückkommen.

Der Einzelne kann im Neuen Testament sein Heil deswegen nicht „mit Gewißheit statuieren", weil sein endgültiges und ewiges Heil mit abhängt von den *guten Werken*, in denen er die empfangene Gnade aktivieren muß. Im Falle des Paulus bestehen die geforderten Werke vornehmlich in der ihm aufgetragenen Missionstätigkeit (vgl. etwa 1. Kor. 9, 16). Den Galatern sagt Paulus eindringlich, sie sollten sich nicht täuschen; es hänge auch von ihren Werken der Barmherzigkeit ab, ob sie das ewige Leben erwerben würden oder nicht (Gal. 6, 7-10). Weil die Werke noch zu tun sind, bleibt eine Unsicherheit bezüglich des ewigen Heils. Gewißheit würde hier Anmaßung sein, der man das Pauluswort entgegenhalten könnte: „Täuscht euch nicht, Gott läßt seiner nicht spotten" (Gal. 6,7). Nicht von Gewißheitsübungen hängt es ab, ob ein Gerechtfertigter das ewige Ziel erreicht, sondern von den guten Werken, die er tut. Denn mit den Werken sollen wir nach 2. Petr. 1, 5-10 „unsere Erwählung sichern".

Luther allerdings meinte, er könne auch diese Stelle aus dem 2. Petrusbrief seinem System anpassen. Dort wird in Vers 9 der Mensch gerügt, „ der die Reinigung von seinen früheren Sünden", d. h. die Taufe, „vergessen hat". Luther behauptet, hiermit sei „ohne Zweifel die Undankbarkeit gegen die empfangene Taufe und die Gottlosigkeit des *Unglaubens*" (impietas infidelitatis) getadelt. (38) Diese Deutung aber nimmt keine Rücksicht auf den Zusammenhang. Denn der Kontext der Stelle läßt gar keinen Zweifel daran, daß mit denjenigen, die ihre Taufe

---

(38) Cl. 1, 463, 13; WA 6, 529 (De capt. Babyl.).

„vergessen haben", solche gemeint sind, die nicht der Taufreinigung, der Taufgnade entsprechende *Werke* tun, Werke, die aus dem Glauben flie-ßen: Selbstbeherrschung, Geduld, Frömmigkeit, Bruderliebe. Verlust des Glaubens oder gar einer individuellen Heilsgewißheit – diesen meint Luther natürlich mit „Unglauben" – ist dagegen gar nicht ins Auge gefaßt; in Vers 1 ist vorausgesetzt, daß die Briefempfänger gläubig sind.

An anderen Stellen seiner Schriften hat Luther die Sicherung der Erwählung durch Werke, von der in der Petrusbriefstelle die Rede ist, im Hinblick auf den reflexiven Glauben gedeutet: Wenn ein Mensch findet, daß er gute Werke tut, so ist ihm das ein Zeugnis für seinen eigenen Glauben und ein Anlaß, zu statuieren, daß Gott ihm gnädig sei, also eine Stärkung des reflexiven Glaubens. (39) Es bedarf keiner Ausführungen, um darzutun, daß diese introvertierte Auslegung völlig willkürlich ist. Die Sicherung der Erwählung ist in der Schriftstelle so gemeint, daß die Erwählung *bei Gott* in der Ewigkeit gesichert wird, nicht so, daß sie im Bewußtsein eines Reflektierenden gesichert sei.

Heilsungewißheit entsteht also nach dem Neuen Testament nicht dadurch, daß das Gewissen dem Menschen seine Sünden vorwirft, sondern aus der Überzeugung, daß das *Handeln*, das durch die Rechtfertigung möglich geworden ist, *gewertet* wird und daß nicht sicher ist, ob der Mensch in guten Werken *bis zum Ende durchhalten* wird. Darum kann die Ungewißheit schriftgemäß auch nicht durch Gewißheitstraining oder Statuieren bekämpft werden, sondern sie ist ein steter Anreiz, das geschenkte Heil „mit ganzem Eifer" (2. Petr. 1, 5), „mit Furcht und Zittern" (Phil. 2, 12) durch Tun guter Werke zu sichern. Eben dieser Gedanke liegt allen sittlich-religiösen Ermahnungen der Apostelbriefe zugrunde. Weil Paulus „von Christus ergriffen" ist, muß er eifrig *streben*, das Ziel zu erreichen. *Weil* Gott selbst es ist, der in den Philippern „beides wirkt, das Wollen und das Vollbringen", müssen diese in heiliger Furcht „das eigene Heil *wirken*" (Phil. 2, 12-13).

Sehr deutlich kommt das Verhältnis zwischen dem Heilsbewußtsein der Gemeinschaft und dem Heiligungsstreben des Einzelnen auch im 1.

---

(39) Vgl. Althaus 375.

Johannesbrief (3, 2-3) zum Ausdruck. Da spricht sich zunächst ein Heilsbewußtsein der Gemeinschaft aus: „Wir wissen, wenn Er erscheinen wird, werden wir Ihm ähnlich sein, und wir werden Ihn sehen, wie Er ist." Darauf aber folgt sogleich die Betonung der Notwendigkeit der Selbstheiligung, und dabei wird bezeichnenderweise in der Einzahl geredet: „Und jeder, der diese Hoffnung auf Ihn hat, heiligt (reinigt) sich selbst, wie Er heilig ist." Es ist, nebenbei bemerkt, nicht ganz ohne Bedeutung, daß hier von einer Gewißheit der *Hoffnung*, nicht des Glaubens, gesprochen wird.

Ein Sonderfall ist 2. Tim. 4, 7-8. Hier kommt wirklich einmal Heilsgewißheit eines Einzelnen zur Sprache: „Bereit liegt für mich der Kranz der Gerechtigkeit, mit dem mich der Herr, der gerechte Richter, an jenem Tage belohnen wird." Aber hier ist zunächst zu beachten, daß der Sprecher der zitierten Worte am Ende seines Lebens steht. Er erwartet den baldigen Märtyrertod und hat keine Möglichkeit mehr, noch weiter zu wirken. Es ist also eine Ausnahmesituation, durch die hier die Heilsgewißheit möglich wird. Weiter ist festzustellen, daß die Gedanken, mit denen diese Gewißheit verbunden ist, in keiner Weise zu Luthers System passen. Vor den zitierten Worten stehen nämlich die Sätze: „Ich habe den guten Kampf gekämpft, den Lauf vollendet, den Glauben bewahrt." In diesen Worten, die die Heilszuversicht *begründen*, liegt die Überzeugung beschlossen, daß für das endgültige Heil keineswegs, wie es nach Luther sein sollte, der Glaube *allein* entscheidend ist, sondern daß neben dem Glauben, den der Sprecher „bewahrt" hat, sein Werk, sein „guter Kampf" *auch* gewertet werden wird. Auch auf die Erfüllung der ihm gestellten Tataufgabe gründet sich die Heilszuversicht des Apostels. Das wäre aber nach Luthers Doktrin ganz verwerflich. Sogar der Gedanke an Christus als Richter, den Luther aus dem eigentlichen Heilsglauben zu verdrängen sich bemühte, ist in diese Zuversicht eingeschlossen: Diese ist eine sichere Hoffnung auf Belohnung durch den Richter.

In einer Predigt des Jahres 1532 hat Luther auch die eben besprochene Schriftstelle seinem System angepaßt: „Die Krone der Gerechtigkeit, die der Apostel erwartet, ist [gemäß dieser Predigt] nach Luther nicht von der Seligkeit zu verstehen, sondern von der Herrlichkeit und Ehre, die dem treuen Arbeiter und Kämpfer nach dem Maße seiner Mühsal im Wirken und im Leiden verliehen wird." (40) Luther predigte: „Vor dir bin ich ein Sünder, aber weil ich der undankbaren Welt gedient habe, wird er mir dafür die Krone geben; dadurch wird (ein Mensch) zwar nicht selig, aber der Ruhm, die Krone, die Herrlichkeit und Ehre wird da sein." Das ist aber, wie auch Althaus hervorhebt, eine falsche Auslegung. Die „Krone", von der die Schriftstelle spricht, *ist* die Gerechtigkeit, und diese wird auf Glauben *und Werke* zurückgeführt.

Luther hat gern auf Jak. 2, 19 angespielt (41): „Du glaubst an den einen Gott? Ganz recht; aber die Dämonen glauben es auch und zittern." Er wollte damit eine biblische Begründung geben für seine Ansicht, daß ein Glaube, der bloß Anerkennung der Heilstatsachen ist, nicht genüge. Aber damit hat er wiederum, seinem System zuliebe, einer Schriftstelle einen ganz anderen Sinn unterlegt, als sie in ihrem Textzusammenhang hat oder in der Ganzheit der Offenbarung haben kann. Denn erstens wertet Jakobus den Tatsachenglauben nicht ab, wie Luther es tut, sondern er bejaht ihn – wie ja nach dem Neuen Testament überhaupt die gehorsame Anerkennung der Heilstatsachen der Glaube ist, nicht aber ein Für-mich-Statuieren. Zweitens zeigt die Stelle, daß die Dämonen durch ihren Tatsachenglauben durchaus nicht unbewegt bleiben: Sie zittern.

---

(40) Althaus 384. Die Predigtstelle im Nachschrifttext: Althaus 380. Althaus meint allerdings, Luther gegen das Neue Testament bzw. gegen den „deuteropaulinischen Mann, der 2. Tim. 4 redet", in Schutz nehmen zu müssen. Er sagt: „Luther deutet die Stelle nach der Analogie des Ganzen der paulinischen Theologie" (a. a. O. Seite 384). Indessen müßten in diesem „Ganzen der paulinischen Theologie" Stellen wie Röm. 2, 6-8 und 2, 16; Gal. 6, 7-8; 2. Kor. Kap. 9-10 fehlen; denn auch dort lehrt Paulus, daß das endgültige Heil oder Unheil des Menschen von seinen guten oder bösen Werken mitabhängt, trägt also dieselbe Ansicht vor, die auch in 2. Tim. 4, 7-8 ausgesprochen ist.

(41) Vgl. oben Kap. I Seite 26. Ferner etwa Cl. 5, 359, 11 = WA 57, 169 (1517); Cl. 4, 242, 19 = WA 38, 198 (1533); WA 40 I 285, 20ff. WA 39 II 264, 10: Haec fides non est notitia, qualis et in diabolis, de qua dicit Jacobus: Daemones credunt et contremiscunt. Haec enim quo magis credit Deum irasci peccato, eo profundius mergit animos in mortem. – Anfang 1517 verstand Luther den Dämonenglauben noch anders: bloß objektive, spekulative Erkenntnis Christi ohne tätige Nachbildung Christi im eigenen Leben, vgl. Cl. 5, 339, 19; WA 57, 94.

Das Wichtigste aber ist, daß, drittens, die Unvollkommenheit des von Jakobus gerügten Glaubens nicht darin besteht, daß diesem die Gewißheit im Sinne der Für-mich-Reflexivität fehlte (diese fehlt allem neutestamentlichen Glauben), sondern darin, daß ihm die Ergänzung durch die *Werke* mangelt, wie der Apostel eindeutig ausspricht: „Willst du wohl erkennen, du törichter Mensch, daß der Glaube *ohne Werke* nutzlos (einige Handschriften schreiben: tot) ist?" (Jak. 2, 20.) Die hier geforderten Werke sind aber solche, die in der Freiheit der *Liebe* getan werden. So ist Jakobus zu verbinden mit Paulus, nach dem nur derjenige Glaube, der in der Liebe tätig ist, gottwohlgefällig macht (Gal. 5, 6).

Wenn man also sowohl die Gedankenführung als auch die sprachliche Formulierung der neutestamentlichen Schriften beachtet, muß man feststellen, daß Luther sein Statuieren und die apprehendierende Reflexivität nicht von dort gelernt haben kann. Denn es gibt dort nichts Ähnliches. Wenn immer er seinen Glaubensbegriff biblisch begründen wollte, mußte er den Texten Gewalt antun. Die Doktrin des reflexiven Glaubens ist nicht nur deswegen unbiblisch, weil die für sie vorgebrachten Schriftbeweise nicht das leisten, was sie leisten sollen, sondern auch und vor allem, weil, wenn sie gelten soll, ein ganz wesentlicher Zug des neutestamentlichen geistlichen Lebens verlorengeht: Das stetige und notwendige Eingeschlossensein des Heilsbewußtseins in ein sakrales Gemeinschaftsbewußtsein. Der Ursprung des neuen Glaubensbegriffs ist eine geistliche Ungeduld gewesen, in der Luther meinte, über die Heilige Schrift zu seiner Tröstung und psychologischen Selbstbehauptung verfügen zu können. Diesen Ursprung wollen wir im nächsten Kapitel untersuchen.

Drittes Kapitel

Von der Kreuzestheologie zum Zusammenbruch

1. Kreuztheologie und Spiritualität der Demut

„Wenn unser Herr und Meister Jesus Christus gesagt hat: „Tut Buße"
usw., so wollte er, daß das ganze Leben seiner Gläubigen Buße sei."
Dieser berühmte erste Satz der 95 Thesen, die Luther am 31. Oktober 1517 an den Erzbischof von Mainz und Magdeburg sowie an den Bischof von Brandenburg sandte (1), war nicht der Ursprung dessen, was
man als geschichtliches Ereignis „Reformation" nennt, d. h. er charakterisiert nicht den Geist jener Bewegung, die zu der abendländischen
Kirchen und Glaubensspaltung des 16. Jahrhunderts geführt hat. Vielmehr steht er am Ende einer großartigen Periode in Luthers religiösem
Leben und Denken. Fünfzehn Jahre später hätte Luther, wenn er dem
Ablaßunwesen mit einer Formulierung des wesentlichen Gehalts seiner
Lehre hätte entgegentreten wollen, nicht mehr so gesprochen.

Die Buße, die der Inhalt von Luthers geistlichem Leben bis 1518 war,
wird ihm später doppelwertig: sie hat nur noch relativen und darum geminderten Wert. Sie hat ihren Zweck als Vorbereitung der Praxis des reflexiven Glaubens, welche Luther nun für das eigentliche geistliche Leben hält. Innerhalb dieser Praxis kann Luther dann aber den Ruf zur
Buße geradezu als eine Versuchung des Teufels erleben. So belehrte er
seine Studenten: „Ich sage dies aus Erfahrung. Ich kenne nämlich die
Schliche des Teufels … Er pflegt uns sogar durch die Person des Mittlers
(Christus) selbst, in die er sich verwandelt, zu schrecken; mit Zitierung ei-

---

(1) Vgl. E. Iserloh, Luthers Thesenanschlag Tatsache oder Legende? Wiesba-
    den 1962.

ner Schriftstelle oder eines Ausspruches Christi plötzlich das Herz nie-
derschmetternd, zeigt er sich uns so, als sei er der echte Christus ... (z. B.)
hält er uns einen Ausspruch Christi vor, in welchem dieser selbst die Sünder schreckt, etwa Luk. 13, 3: „Wenn ihr nicht Buße tut, werdet ihr alle
ebenso zugrunde gehen".“ (2)

Wie ist diese Umkehrung der Spiritualität möglich geworden? Luthers
Denken war mindestens seit 1513 von einer Grundrichtung beherrscht,
die er selber als „Theologie des Kreuzes" (theologia crucis) bezeichnet
hat. Er hat diese Theologie am 26. April 1518 in einer Disputation zu
Heidelberg verteidigt. (3) Aber schon seit dem Herbst 1517 hatte sich
im Innern dieser Theologie ein Parasit gebildet, der sie bis 1520 völlig
überwucherte und fast ganz erstickte, so daß später nur noch Reste von
ihr sichtbar werden. Dieser Parasit war der reflexive, apprehensiv-
statuierende Glaube. Diesen Vorgang aus den überlieferten Texten zu erheben und darzustellen, soll in diesem Kapitel versucht werden. Zunächst
müssen wir uns in Kürze vergegenwärtigen, worin Luthers Kreuztheologie bestand.

Diese Theologie sagt, daß der Vollzug des christlichen Lebens ein
Nachvollzug des Kreuzes, d. h. des Leidens und Sterbens Christi sei, und
zwar nicht primär von uns her, als Nachahmung, sondern von Gott her,
der uns das Gericht des Kreuzes durchleiden läßt. Das wird etwa aus den
folgenden Sätzen Luthers deutlich, die in seinen Vorlesungen der Jahre
1513 bis 1516 vorkommen:

(Zu Psalm 18, 11: „Er stieg empor auf den Cherubim", nach der Vulgata:) „Gott steigt empor nicht in der Natur, sondern in unserer Erkenntnis und Liebe, wenn er erkannt wird als der Höchste und Unbegreifliche und überaus Liebenswerte. Je mehr wir daher in seiner Erkenntnis fortschreiten, desto höher steigt er, weil seine Höhe immer klarer und klarer erkannt wird. Aber dies Aufsteigen gelingt nur da, wo er
vorher herabgestiegen ist, wie Christus erst herabgestiegen und dann
emporgestiegen ist. Denn „niemand steigt in den Himmel außer dem,

---

(2) WA 40 192, 15.
(3) Cl. 5, 377ff; WA 1, 353ff; MA 1, 125ff. Der Ausdruck „theologia crucis"
     kommt in Conclusio 24 vor.

der herabgestiegen ist" (Joh. 3, 13), d. h. niemand gelangt zur Erkenntnis der Gottheit, wenn er nicht vorher gedemütigt worden, zur Erkenntnis seiner selbst herabgestiegen ist; zugleich nämlich findet er dort auch die Erkenntnis Gottes ..." (4)

„Was tut das Evangelium anders, als daß es uns selbst dem Fleische nach zum Opfer macht und tötet (mactat et mortificat) und so Gott darbringt als nach dem Geiste lebendig Gemachte?" (5)

„Alle Heiligen sterben mit ihrem Empfinden-und-Wollen (affectu) zuerst mit dem Herrn und steigen mit ihm herab zur Hölle. Und so stehen sie schließlich mit ihm wieder auf und steigen zum Himmel empor ..." (6)

„Wenn du also drei Tage in der Hölle warst, so ist das dir ein Zeichen, daß Christus mit dir ist und du mit Christus bist." (7)

„Der zweite (Altar) ist das mystische Kreuz Christi, auf dem wir alle dargebracht werden müssen. Denn „wer nicht sein Kreuz auf sich nimmt und mir folgt, der ist meiner nicht wert" (Matth. 10, 38): Wie nämlich er selbst am Kreuz geopfert worden ist, in ähnlicher Weise müssen auch wir am Kreuze geopfert werden ... die Altäre Christi, das ist das Kreuz, das sind die Leiden Christi, die dasjenige sind, was in der Welt wertlos und verächtlich ist: Niedrigkeit (humilitas), Schande, Unreinheit (peripsima), Ratlosigkeit (aporia) usw. Der Apostel zählt in 2. Kor 6, 4f diese Dinge weitläufig auf: „In viel Geduld, in Fasten, Wachen" usw. ... In diesen werden wir Gott dargebracht: Wie Christus am Kreuz, so wir in diesen; sie sind unsere Kreuze, unsere Leiden, unsere Altäre, auf denen „wir unsere Leiber als ein lebendiges Opfer darbringen" (Röm. 12, 1)." (8)

„Es ist Gott eigen, erst alles zu zerstören und zu vernichten, was in uns ist, bevor er das Seine schenkt, wie geschrieben steht: „Der Herr macht arm und reich, führt zur Hölle hinab und aus ihr zurück" (1. Sam. 2, 6f). Durch diesen seinen gütigsten Ratschluß nämlich macht er uns aufnahmefähig für seine Geschenke und seine Werke. Aufnahmefähig aber für

---

(4) Cl. 5, 93, 22; WA 3, 124, 6.
(5) Cl. 5, 116, 17; WA 3, 282.
(6) Cl. 5, 45, 36; WA 3, 431.
(7) Cl. 5, 47, 9; WA 3, 433.
(8) Cl. 5, 164, 21; WA 3, 646.

seine Werke und Ratschlüsse sind wir dann, wenn unsere Pläne aufhören und unsere Werke ruhen und wir gegenüber Gott rein passiv gemacht werden, hinsichtlich der inneren ebenso wie der äußeren Akte. Das ist es, wenn er sagt: „Meine Gedanken sind nicht eure Gedanken und meine Wege nicht eure Wege" (Jes. 55, 8). Hier also, wenn schon alles verzweifelt ist und alles gegen unsere Wünsche und Bitten zu geschehen beginnt, fangen jene „unaussprechlichen Seufzer" an (von denen Paulus Röm. 8, 26 spricht). Hier „hilft der Geist unserer Schwachheit" (Röm. 8, 26). Denn ohne die Hilfe des Geistes wäre es unmöglich, daß wir dieses Wirken Gottes aushielten, durch das er uns erhört und tut, worum wir bitten. Hier wird der Seele gesagt: „Ermanne dich, hoffe; dein Herz tröste sich und harre auf den Herrn" (Ps. 27, 14). Und weiter: „Sei dem Herrn ergeben und bitte ihn", „und er wird es tun" (Ps. 37, 7. 5). Hier geschieht, was in Jes. 28, 21 steht: „Fremd ist sein Werk von ihm, daß er sein Werk tue." Und in Ps. 103, 11: „Gemäß der Höhe des Himmels über der Erde" d. h.: Nicht nach unseren Gedanken „hat er seine Barmherzigkeit über uns bekräftigt" … Die aber (den Geist) haben, denen hilft er. Darum verzweifeln sie nicht, sondern sind zuversichtlich, wenn sie fühlen, daß ihnen das Gegenteil von dem geschieht, worum sie so aufrichtig gebeten haben. Denn das Werk Gottes muß verborgen und zu der Zeit, da es geschieht, unverstanden sein. Es ist aber nicht anders verborgen als unter dem gegenteiligen Schein unseres Vorstellens oder Denkens. Daher sagte Gabriel zu der Jungfrau (Luk. 1, 35): „Der Heilige Geist wird über dich kommen", d. h. über dich, die du denkst, wird er kommen, „und die Kraft des Höchsten wird dich überschatten", d. h. du wirst es nicht verstehen, darum frage nicht, wie es geschieht. So hat er nämlich in seinem eigensten Werk gehandelt, in dem, das das erste und das Muster aller seiner Werke ist, d. h. in Christus. Ihn hat er, als er ihn verherrlichen und in sein Reich einsetzen wollte, wie es die frömmsten Gedanken aller Jünger glühend wünschten und hofften, das äußerste Gegenteil erfahren lassen: Er ließ ihn sterben, zuschanden werden und zur Hölle hinabsteigen." (9)

---

(9) Cl. 5, 262, 725; 263, 819 = WA 56, 375-377.

Aus der Kreuztheologie ergibt sich eine praktische, aszetische Konsequenz: Die Demut, die Selbstverdemütigung. Die Demut (humilitas) ist der gewollte Nachvollzug der Niedrigkeit (humilitas), die das Kreuz Christi ist. In unzähligen Variationen und mit dem Zug zum Extremen, der seiner Natur eigen war, hat Luther dieses Thema in seinen Vorlesungen der Jahre 1513 bis 1517 behandelt. Der Übergang von der theoretischen zur praktischen Theologie wird etwa in Gedankengängen wie dem folgenden deutlich, wobei zugleich die für die frühe Kreuztheologie charakteristische Idee der Einheit von Urteil (judicium) und Gerechtigkeit (justitia) Gottes zur Sprache kommt:

„Das Urteil Gottes, tropologisch verstanden … ist das, womit Gott alles verdammt und verdammen läßt, was wir aus uns haben, den ganzen alten Menschen mit seinen Akten, auch unsere gerechten Taten (justitias; Jes. 64, 6). Es ist eigentlich Niedrigkeit (Demut, humilitas), ja Erniedrigung (Verdemütigung, humiliatio). Denn nicht wer sich für niedrig (humilis) hält, ist gerecht, sondern wer sich in seinen Augen für verabscheuenswert und verdammenswert hält, der ist gerecht. „Denn wer tot ist, der ist gerechtfertigt" (Röm. 6, 7). Und in diesem Sinne gebraucht die Schrift das Wort „Gericht", um das wahre Wesen der Niedrigkeit (oder: Demut, humilitas) auszudrücken, die darin besteht, sich selber geringzuschätzen, zu verachten, ja völlig zu verdammen und Gott auch da recht zu geben (justificare), wo er ungerecht zu sein scheint … Richte mich, Herr – das heißt: Gib mir wahre Demut und Abtötung meines Fleisches, Verdammung meiner selbst, damit ich so durch dich im Geiste gerettet werde … Die Gnade oder das Gesetz der Gnade (was dasselbe ist) ist das Urteil und das Gericht … ohne Zweifel deswegen, weil es den, der ihm glaubt, richtet und rechtfertigt … Das Urteil Gottes… verdammt nämlich, was die Menschen erwählen, und erwählt, was die Menschen verdammen. Und dies Urteil ist uns im Kreuz Christi gezeigt." (10)

Die Selbstverdemütigung besteht auch darin, daß der Mensch seine Sünden vor Gott bekennt und sich als Sünder anerkennt. Die Demüti-

---

(10) Cl. 5, 152, 1-16; 154, 13-15. 29-30; 155, 31-33 = WA 3, 465; 466f; 462; 463.

gung, die Gott wirkt, liegt auch darin, daß er den Menschen zur Erkenntnis seiner Sünde führt, nach dem Wort von Psalm 38, 4: „Es ist kein Friede in meinen Gebeinen vor meinen Sünden, es ist keine Gesundheit in meinem Fleisch vor deinem Zorn." „Aber", so schrieb Luther noch 1518, „in dieser Verstörung (conturbatio) beginnt das Heil … Und hier wird, wie man sagt, die Gnade eingegossen … jedoch weiß dabei der Mensch so wenig von seiner Rechtfertigung, daß er der Verdammnis nahe zu sein meint und glaubt, es sei keine Eingießung der Gnade, sondern eine Ausgießung des Zornes Gottes über ihn. Selig aber ist er, wenn er diese Versuchung aushält (Jak. 1, 12), denn dann, wenn er sich am Ende glaubt, wird er aufgehen wie der Morgenstern (2. Petr. 1, 19)." (11) Dann ist die Seele bloß leidend, „ohne Verstehen und Wollen", und das bedeutet, „daß sie in die Finsternis und gleichsam ins Verderben und in die Vernichtung geht" (12), sagte Luther 1516.

Von der Idee der Niedrigkeit des Kreuzes und der Demut, beides lateinisch humilitas, sind alle religiösen Begriffe Luthers in jenen Jahren durchdrungen. Glaube (13), Liebe (14), Gnade (15), Heiligkeit (16) bzw. Geistbegabung (17), Erkenntnis Gottes (18), Gute Werke (19), das „Lobopfer" von Psalm 50, 14 (20) – alle diese Begriffe und noch andere (20a) werden mehr oder weniger auf die humilitas reduziert, diese verstanden

---

(11) Cl. 1, 34, 30. 37; 35, 9. 14 = WA 1, 540 = MA 1, 157f (Resolutiones).

(12) Cl. 5, 265, 4; WA 56, 379.

(13) Z. B. Cl. 5, 155, 4ff.; 231, 3; 279, 12; 346, 32 = WA 3, 467; 56, 218. 419; 57, 109.

(14) Z. B. Cl. 5, 291 27; 326, 25 WA 56, 485; 1, 228.

(15) Z. B. Cl. 5, 186, 27; WA 4, 111.

(16) Z. B. Cl. 5, 96, 5ff; 132f; 245, 27ff.; 273, 24ff = WA 3, 126. 407; 56, 290. 392.

(17) Z. B. Cl. 5, 133, 9; WA 3, 409.

(18) Z. B. Cl. 5, 93, 22ff; WA 3, 124.

(19) Z. B. Cl. 5, 191, 8ff; 192, 9; 261 = WA 4, 241. 242; 56, 370.

(20) Cl. 5, 117; WA 56, 282f.

(20a) Vgl. etwa noch: Et ecce totam humilitatem implevimus tam erga Deum quam homines i. e. totam perfectamque justitiam. WA 56, 199, 23; BG 1, 104 (nicht bei Cl.). Ferner etwa WA 56, 194, 27ff.

als Niedrigkeit und Erniedrigung, als Demut, Demütigung und Selbstverdemütigung. Auch die Buße ist eine Praxis der Selbstverdemütigung.
Nur weil die humilitas damals Luthers allbeherrschendes Ideal war, konnte er den gewaltigen Satz der ersten These vom 31. Oktober 1517 niederschreiben. Besonders wichtig aber sind in unserem Zusammenhang
einige Äußerungen über das Wesen des *Glaubens* aus den Jahren 1516
bis 1517.

Glaube ist ihm in jenen Jahren dasjenige, „wodurch der Mensch seinen Sinn in das Wort vom Kreuz gefangen gibt und sich verleugnet und
alles von sich ableugnet, sich und allem gestorben" (sensum suum cap-
tivat in verbum crucis et abnegat se et a se omnia mortuus sibi et omnibus). (21) Anfang 1517 findet Luther eine herrliche Beschreibung des
anbetenden Glaubens: „Der Glaube entnimmt uns uns selbst und alles,
was unser ist, zu Gott hin, es ihm mit Lob und Dank zurückbringend" (fides tollit nobis nos ipsos et nostra omnia in Deum cum laude et gratitu-
dine referens). (22) Statt „mit Gewißheit festzustellen", daß man Gott
wohlgefällig sei, lehrt hier der Glaube, „daß der Mensch in seinem Innern
nach der Gnade seufzen (intus gemere pro gratia) soll". (23) Der Glaube „ist durch mehrere Stufen unterschiedlich, bis alles außer Christus
vollkommen verachtet wird" (24). Radikale Selbstverleugnung ist also
höchste Stufe der Praxis des *Glaubens*.

Dieser demütige und anbetende Glaube schafft auch „ein sicheres
und ruhiges Gewissen": Von dem „Gewissen der Sünde und der Schwäche, das die Strafe für die Sünde ist, … befreit die Erkenntnis Christi (in-
telligentia super Christum), d. h. der lebendige und echte Glaube an
Christus, er nimmt nämlich den Vorwurf (reatus) der Sünde, d. h. den
Schmerz, weg und hilft der Schwäche auf zum Guten … Nichts ist stärker und kühner (audacius) als ein sicheres Gewissen. Dieses hofft nämlich alles und erträgt alles". (25)

---

(21) Cl. 5, 279, 13; WA 56, 419, 15.
(22) Predigt, gehalten am 6. 1. 1517. WA 1, 123, 33.
(23) Predigt, gehalten am 1.1. 1517. WA 1, 118, 37.
(24) Cl. 5, 333, 68; WA 57, 70, 28 (Galaterbriefvorlesung 1516/17).
(25) Cl. 5, 111, 25; WA 3, 231.

2. Von der konstatierenden zur apprehensiv-statuierenden Reflexion

In der Römerbriefvorlesung, 1515 bis 1516, scheinen Annäherungen an den reflexiven Glaubensbegriff aufzutreten. Luther sagt: „Wenn das Herz des an Christus Glaubenden ihn tadelt und anklagt und gegen ihn Zeugnis gibt von dem bösen Werk, wendet er sich sogleich ab, wendet sich zu Christus und spricht: Dieser aber hat genug getan, dieser ist gerecht, dieser ist meine Verteidigung, dieser ist für mich gestorben, dieser hat seine Gerechtigkeit zu der meinen gemacht und meine Sünde zu der seinen. Wenn er meine Sünde zu der seinen gemacht hat, dann habe ich sie nicht mehr und bin frei … Gott ist der Verteidiger, das Herz ist der Ankläger." (26)

Diese Sätze unterscheiden sich scheinbar kaum von einer Aussage des reflexiven Glaubens. Und doch bestehen bedeutsame Unterschiede. Erstens ist der Ankläger hier das Herz des Menschen, nach 1. Joh. 3, 20, noch nicht, wie später sehr oft, der Teufel. Wir werden auf diesen Punkt unten Kapitel III § 4 zurückkommen. Das Wichtigste ist, zweitens, daß hier noch nicht behauptet wird, die Reflexion auf das eigene Heil sei notwendig, und vor allem nicht, sie sei das eigentlich Rechtfertigende. Die Reflexion gehört daher hier noch nicht zum eigentlichen Glaubensakt. Insoweit ist sie eine jedem Frommen mögliche Meditation.

In der Auslegung von Röm. 8, 16 – „Der Geist selbst gibt Zeugnis unserem Geist, daß wir Gottes Söhne sind" – führt Luther folgende Sätze aus einer Predigt des hl. Bernhard von Clairvaux über das Zeugnis des Heiligen Geistes an (27):

„Ich meine, dies Zeugnis besteht in drei Stücken. Zu allererst ist es notwendig, zu glauben, daß du Vergebung der Sünden nur haben kannst, wenn Gott dir dieselben nachläßt (per indulgentiam Dei); sodann, daß du kein gutes Werk haben kannst, wenn nicht Er auch dieses gibt; schließlich, daß du das ewige Leben durch keine Werke verdienen kannst, wenn nicht auch dieses dir umsonst gegeben wird …

---

(26) Cl. 5, 227, 27; 228, 1; WA 56, 204.

(27) Cl. 5, 261, 3; WA 56, 369f. Die Predigt des hl. Bernhard: MPL 183, 383 (Sermo in festo annuntiationis BMV 1, 1 und 3).

Aber dies ... genügt nicht ganz, sondern es ist mehr als ein Anfang und ein Fundament des Glaubens anzusehen. Wenn du also glaubst, daß deine Sünden nur von dem, dem du allein gesündigt hast (Ps. 51, 6), vernichtet werden *können* (posse deleri), so tust du gut daran; aber füge noch hinzu, daß du auch dies glaubest (Luther fügt hier die Bemerkung hinzu: „Nicht weil du es könntest, sondern es ist notwendig, daß der Geist dich dies glauben macht"), daß durch ihn dir die Sünden vergeben *werden* (donantur). Das ist das Zeugnis, das in deinem (28) Herzen der Heilige Geist ablegt, indem Er sagt: Deine Sünden sind dir vergeben (vgl. Luk. 5, 20). Daher hält denn der Apostel dafür, daß der Mensch durch den Glauben umsonst (29) gerechtfertigt werde." (Luther merkt hier an: „Auch von dir selbst, nicht nur von den Auserwählten assertiv glauben, daß Christus für deine Sünden gestorben ist und genuggetan hat.")

Dementsprechend führt er bezüglich der Verdienste aus: „Wenn du glaubst, daß man sie allein durch ihn haben *kann*, so genügt das nicht, bis der Geist der Wahrheit dir (30) Zeugnis gibt, daß du sie durch Ihn *hast*. (Luther fügt hier eine längere Anmerkung hinzu, die wir weiter unten betrachten wollen.)

So ist es auch bezüglich des ewigen Lebens (nicht genug, zu glauben, daß Er es dir umsonst schenkt, sondern es ist) (31) notwendig, das Zeugnis des Heiligen Geistes zu haben, daß du zu ihm (dem ewigen Leben) durch göttliches Geschenk gelangen wirst."

Diese Sätze Bernhards lassen erkennen, inwiefern es, abgesehen von dem praktisch anwendenden Für-mich (vgl. oben Seite 28f), eine Fürmich-Reflexion geben kann, die nicht apprehensiv-statuierend, sondern konstatierend ist. Der Unterschied zum reflexiven Glauben ist kaum erkennbar, und doch liegt in dieser Unscheinbarkeit die unüberbrückbare Kluft zwischen Anbetung und Verfügenwollen, zwischen Hingabe und

---

(28) Luther: unserem.
(29) Dieses Wort fehlt bei Luther.
(30) Dieses Wort fehlt bei Luther.
(31) Die eingeklammerten Worte fügt Luther hinzu, um den Sinn des Satzes nach seiner eingefügten Bemerkung zu verdeutlichen.

Selbstbehauptung. Bei Luther ist später das Heilsbewußtsein *Bedingung* für den *Besitz* des Heils, so daß nach seiner These das Heil *nicht ist*, wenn es nicht statuiert wird bzw. statuiert werden kann. Davon findet sich jedoch bei Bernhard keine Spur. Nach seiner Darstellung vollendet sich der Heilsglaube in dem *Zeugnis des Heiligen Geistes*. Der Glaube bleibt dabei rezeptiv, er wird nicht apprehensiv. Er statuiert nicht, sondern er konstatiert den Empfang der Gnade.

Bernhards Lehre ist Mystik. Auch Luthers Doktrin des reflexiven Glaubens knüpft später aller Wahrscheinlichkeit nach an ein mystisches Erleben an, aber Luther hat dann, wie wir noch sehen werden, das Geschenk durch Ungeduld und Selbstbehauptungswillen verdorben, und nur dadurch konnten Bernhards Gedanken zum Ansatzpunkt für jene Doktrin werden. Zur Zeit der Römerbriefvorlesung war das mystische Erleben allem Anschein nach noch nicht da. Aber es war eine Möglichkeit für Luther, nur deswegen konnte er sich von Bernhards Worten so angezogen fühlen, daß er sie in seiner Vorlesung ausführlich zitierte und besprach.

In Bernhards Sätzen geht es nicht um die Reflexion als Bedingung des Anteils am Heil, sondern um die Anerkennung des reinen Gnaden- und Geschenkcharakters von Vergebung, Verdienst und ewigem Leben. Der Geschenkcharakter der Heilsgüter vollendet sich in dem Zeugnis des Heiligen Geistes, das im Menschen zu einer konstatierenden Reflexion führt. In diesem Sinne: Weil ohne dieses Zeugnis Gottes Geschenk noch nicht ganz gegeben ist bzw. weil der Mensch das Geschenk ganz anerkennen soll, ist es „nicht genug", an die Heilsgüter bloß allgemein zu glauben, sondern „notwendig", auf Grund unmittelbaren Zeugnisses des Heiligen Geistes im Herzen zu glauben, daß Gott die Sünden nicht nur vergeben *kann*, sondern auch wirklich vergibt.

Auch Luthers Bemerkung: „Auch bezüglich deiner selbst assertiv glauben" kann noch nicht als apprehensive Aktivität gemeint sein. Vorher hatte er ja noch ausdrücklich angemerkt: „Nicht weil du es könntest, sondern es ist notwendig, daß der Geist dich dies glauben macht." Auch bei Luther ist die Reflexion hier noch konstatierend, nicht apprehensiv-statuierend. Es fehlt noch der für seine spätere Doktrin zentrale Gedanke, die Rückbeugung sei das eigentlich Heilwirkende, der Mensch habe das Heil *dadurch*, *daß* er glaubt, es zu haben.

Der Hymnus von Röm. 8, 31-39, auf den ich schon im zweiten Kapitel zu sprechen kam, pflegt in der protestantischen Spiritualität als eine

Aussage individueller Heilsgewißheit mißverstanden zu werden. Luthers Römerbriefvorlesung aber behandelt ihn bloß in kurzen Glossen, nicht in ausführlichen Scholien. Und in diesen Glossen wird die individuelle Heilsgewißheit ausdrücklich geleugnet: „Wenn es auch gewiß ist, daß die Erwählten Gottes gerettet werden, so ist doch im allgemeinen niemand gewiß, daß er erwählt ist." (32)

In den Glossen zu Röm. 8, 16 bemerkt Luther (33): „Wer mit starkem Glauben und Hoffnung darauf vertraut (confidit forti fide et spe), daß er ein Kind Gottes sei, der ist ein Kind Gottes; denn ohne den Geist kann das niemand." Hier wird von der Existenz des Kindschaftsbewußtseins gesprochen. Es wird behauptet, dieses Bewußtsein könne nicht täuschen, nicht aber, es sei notwendig, das eigene Kindschaftsverhältnis zu glauben, damit es wirklich sei. Die Gültigkeit des Kindschaftsbewußtseins wird daraus erschlossen, daß es ohne Wirkung des Heiligen Geistes nicht sein könne. Auch ist dieses Bewußtsein keine absolute Heilsgewißheit, die Kindschaft kann ja wieder verloren werden. Man kann wohl sagen, daß Luthers Gedanken hier noch im Rahmen derjenigen Heilsgewißheit bleiben, die auch der hl. Thomas von Aquin lehrt. (34) Sie bleiben im Rahmen der Möglichkeiten christlicher Mystik, sie statuieren und ap-

---

(32) WA 56, 86, 22; BG 2, 136. In seinem antithetischen Denken sieht der Luther der Römerbriefvorlesung in der Angst um die Erwählung sogar einen Anlaß zur Freude und ein Zeichen des Erwähltseins: Qui autem timent et pavent ad illa, optimum et felix signum habent ... ubique in Scripturis hujusmodi paventes ad verbum Dei commendantur et confortantur. Desperant enim de seipsis et verbum Dei facit opus suum i. e. pavorem Dei in illis. ... Igitur si quis nimie timet se non esse electum vel tentatur de electione sui, cum tali timore gratias agat et gaudeat se timere, sciens cum fiducia, quoniam Deus mentiri non potest, qui dixit: „Sacrificium Deo spiritus contribulatus", i. e. desperatus, „cor contritum et humiliatum, Deus, non despicies"... Certe non est reproborum hominum, saltem in vita, pavere, ad judicium illud Dei absconditum, sed electorum. Cl. 5, 270, 18. 26. 32; 271, 6; WA 56, 387.

(33) WA 56, 79, 15; BG 2, 94.

(34) Vgl. Stephanus Pfürtner, Luther und Thomas im Gespräch, Heidelberg 1961, Seite 95-108.

prehendieren nicht. Wäre Luther bei dieser Spiritualität geblieben – auch seine Wertschätzung Taulers und der „Theologia deutsch" hängt damit zusammen –, so wäre der Protestantismus nie entstanden.

Die Gottwohlgefälligkeit der Werke macht Luther in der Römerbriefvorlesung noch nicht vom Statuieren, sondern von der Selbstverleugnung abhängig. Zu der Stelle der Predigt Bernhards, die von den Verdiensten handelt, bemerkt er: „Dies (d. h. daß der Heilige Geist dir das Zeugnis gibt, daß du deine Verdienste durch ihn hast) geschieht, wenn du vertraust, daß die Werke, die du tust, von Gott angenommen und ihm wohlgefällig (accepta et grata) seien ... Du vertraust aber, daß sie wohlgefällig seien, wenn du fühlst, daß du [durch] diese Werke vor Gott nichts bist, mögen sie auch gut und im Gehorsam getan sein ... Und diese Demut und Zerknirschung (humilitas et compunctio) in den guten Werken macht sie angenehm." (35)

Seit dem Herbst des Jahres 1517 hat Luther dann aber die oben betrachteten Gedanken zur Doktrin des reflexiven Glaubens weitergebildet. Das wird vor allem durch die vom April 1517 bis März 1518 gehaltene Vorlesung über den Hebräerbrief ausgewiesen. In der Auslegung von Hebr. 5, 2 – in einem Stück, das wahrscheinlich am 12. Oktober 1517 vorgetragen worden ist (36) – bezieht sich Luther wieder auf die Predigt des hl. Bernhard über das Zeugnis des Heiligen Geistes. Er faßt Bernhards Gedanken jetzt so zusammen: „Du mußt glauben, daß Gott dir Sünden vergeben, Gnade verleihen und die Herrlichkeit geben *kann*. Und das ist nicht genug, wenn du nicht ganz sicher (certissime) glaubst, daß dir die Sünden vergeben *sind*, die Gnade verliehen *ist* und die Herrlichkeit geschenkt werden *wird*. Und das ist das Zeugnis unseres Gewissens, welches der Geist Gottes unserem Geiste gibt ..." (37) Soweit scheint Luthers Gedanke noch auf der früheren Linie zu bleiben. Doch sind einige Unterschiede zu beachten. Bernhards Präsens (die Sünden *werden* vergeben) ist durch das Perfekt ersetzt (sie *sind* vergeben, die

(35) Cl. 5, 261, 19; WA 56, 369, 26ff.
(36) Vgl. E. Bizer, Fides ex auditu, ²1961, Seite 75.
(37) Cl. 5, 359, 15; WA 57, 169, 15.

Gnade *ist* verliehen), das Zeugnis des Heiligen Geistes (im Herzen) ist zu einem Zeugnis des *Gewissens* (durch den Heiligen Geist) geworden, und der Mensch soll „ganz sicher" glauben. Hiermit ist der Gedanke radikalisiert und stärker auf den Menschen bezogen.

So leitet Luther denn jetzt aus dem Bernhardschen Gedankengang eine praktische Forderung und eine Kritik an der kirchlichen Lehre ab. Nachdem er betont hat, das Zeugnis des Heiligen Geistes sei nicht aus uns, sondern es werde *empfangen*, fährt er fort: „Daher geschieht es, daß niemand Gnade erlangt, weil er Lossprechung oder Taufe oder Kommunion oder Salbung empfängt, sondern weil er *glaubt, daß* er, indem er so die Lossprechung, Taufe, Kommunion oder Salbung empfängt, Gnade erlangt." (38)

Luther stützt dann diese Ansicht auf den Satz: „Nicht das Sakrament, sondern der Glaube an das Sakrament rechtfertigt." Er bezeichnet diesen Satz als „sehr verbreiteten und bewährten Ausspruch" (vulgatissimum et probatissimum dictum) – man hat ihn aber nirgends nachweisen können. Er stützt sich ferner auf ein vermeintliches Augustinuswort – das er jedoch ungenau zitiert. (39) Gerade diese Unstimmigkeiten – der eine Satz nicht nachweisbar, der andere ungenau zitiert – scheinen darauf hinzuweisen, daß hier ein *neuer* Gedanke Luther ergriffen hatte. Es scheint mir, das Neue hatte ihn mit solcher Vehemenz überwältigt, daß seine impulsive Natur sofort die Erinnerung an theologische Sätze so verschob, daß diese das Neue zu bestätigen schienen. Auch der Umstand, daß Luthers Darlegungen an den erklärten Text nicht direkt anschließ-

---

(38) Cl. 5, 359, 24; WA 57, 169, 23.

(39) Vgl.: Luthers Vorlesung über den Hebräerbrief, hrsg. von E. Hirsch und H. Rückert, Seite 173 Anm. zu Zeile 14 sowie die Fußnoten in Cl. 5 und WA 57 zur Stelle. In den Stellen aus Petrus Lombardus und Gabriel Biel, die nach WA 57 bzw. Cl. 5 „dem Sinne nach" das vulgatissimum dictum enthalten sollen, ebenso wie auch bei Augustinus, ist der Zusammenhang zwischen Glaube und Sakrament anders verstanden als bei Luther, nämlich so, daß im Sakramentsvollzug nur derjenige Gnade empfängt, der den allgemeinen christlichen Glauben hat; auf die je beim Sakramentsvollzug geschehende Wirkung ist dabei nicht reflektiert.

bar sind, weist – hier wie an anderen Stellen von Luthers Vorlesungen – darauf hin, daß ihn etwas Neues erfüllte, das zur Aussage drängte. (40) Schließlich verrät auch eine Unausgeglichenheit des Gedankenganges, daß den Verfasser eine Idee ergriffen hat, die er noch nicht mit den übrigen Inhalten seines Denkens in Einklang bringen kann. Denn zunächst betont er, daß das Gewissen das Zeugnis des Geistes bloß annimmt oder *empfängt* (accipit). Dann aber behauptet er, man erlange die Gnade in den Sakramenten nicht dadurch, daß man die Sakramente *empfängt*, sondern dadurch, daß man glaubt, die Gnade zu erlangen. (In meiner deutschen Übersetzung habe ich diese Unstimmigkeit noch deutlicher gemacht, als sie in der lateinischen Vorlesung ist. Dort ist nämlich das „Empfangen" der Sakramente nicht durch ein besonderes Zeitwort, sondern durch die Passivform ausgedrückt: absolvitur aut baptizatur aut communicatur aut inungitur.)

Der neue Gedanke ist dieser: Wenn der Glaube an den eigenen Empfang der Gnade gefordert werden muß, so ist er zur Rechtfertigung bzw. zum Empfang des Heils notwendig. Der Mensch erlangt also die Gnade im Sakramentsempfang *dadurch, daß* er glaubt, sie zu empfangen. Folglich *muß* er glauben, *daß* er sie erlangt, *um* sie zu erlangen.

Das sind Folgerungen, die Bernhards Mystik nicht zuläßt. Jetzt wird ein Glaube verlangt, der durch seinen eigenen Vollzug das Heil *ergreift*. Das steht im Widerspruch zu dem, was Luther selber, noch im Geiste Bernhards, unmittelbar vorher betont hatte: das Zeugnis des Heiligen Geistes kann man nur *empfangen*.

Aber Luther geht noch weiter mit seinen Folgerungen. Er sagt, dieser Glaube allein sei es, der das Herz reinige. (41) Wenn es aber so ist, dann „ist es ein ganz verderblicher Irrtum, zu sagen, die Sakramente des Neu-

---

(40) Der Text besagt, daß ein Pontifex „pro hominibus constitutus" sei. Da knüpft Luther an die Worte „für Menschen" die Bemerkung an: „Notandum est, quod non satis est Christiano credere Christum esse constitutum pro hominibus, *nisi credat se esse unum illorum.*" Cl. 5, 359, 10; WA 57, 169. Das ist aber ein Gedanke, der vom Text in keiner Weise nahegelegt wird.
(41) Cl. 5, 360, 6; WA 57, 170.

en Gesetzes seien wirksame Zeichen der Gnade in solcher Weise, daß sie in dem Empfangenden keine andere Disposition verlangen, als daß er keinen Riegel (obex) vorschiebe, wobei man unter Riegel eine aktuelle Todsünde versteht". Dann weiter: „So irren auch diejenigen sehr, die zum Sakrament der Eucharistie hinzutreten, gestützt auf das Schilfrohr, daß sie gebeichtet haben, daß sie sich keiner Todsünde bewußt sind oder daß sie ihre Gebete und Vorbereitungen vorher verrichtet haben. Alle diese essen und trinken sich das Gericht; denn durch alles dies sind sie nicht würdig und rein ... Aber wenn sie glauben und vertrauen, daß sie dort Gnade erlangen: Dieser Glaube allein macht sie rein und würdig ..." (42)

Auch in späteren Stücken der Hebräerbriefvorlesung und in anderen Schriften der Zeit (43) hat Luther solche Gedanken ausgesprochen. Sie zeigen, daß nun der neue Glaubensbegriff da ist. Die Reflexion auf das eigene Heil wird das Heilwirkende, der Glaube wird statuierend und apprehensiv. Die sakramentalpersonale Struktur des geistlichen Lebens ist aufs stärkste erschüttert. „Was das Sakrament dann überhaupt noch nützt, ist nicht klar." (44)

3. Frieden

Es dauerte einige Zeit, bis die Forderung der Reflexivität die Theologie des Kreuzes und die Spiritualität der Demut und Buße endgültig überlagert hatte. In den „Resolutionen" versucht Luther Anfang 1518, die Gewißheitslehre mit der Kreuztheologie zu vereinen. Traktate, die schon 1518 den neuen Glauben predigen, sind die lateinischen Sermone über die Buße und über den würdigen Empfang der hl. Eucharistie. (45) In anderen erbaulichen Schriften ruft Luther zur Buße auf und zum Vertrauen auf Gottes Barmherzigkeit, ohne den neuen Glaubensbegriff zu lehren. Erst im nächsten Jahre ändert sich das Bild.

---

(42) Cl. 5, 360, 1. 10; WA 57, 170f.
(43) Vgl. die Fußnoten zu Cl. 5, 359f.
(44) E. Bizer, Fides ex auditu, 2. Aufl. Seite 81.
(45) WA 1, 323, 23ff; 330, 36ff.

Wie der Kleine Galaterkommentar, so sind auch die übrigen exegetischen und erbaulichen Schriften des Jahres 1519 Dokumente für den dramatischen Übergang von Luthers vorprotestantischer Theologie zu einem Denken, das vom apprehensiv-statuierenden Glauben her bestimmt ist. Ganz fehlt der Begriff dieses Glaubens in der Trostschrift „Tessaradecas consolatoria", die Luther für seinen Landesfürsten geschrieben und am 22. September 1519 an seinen Freund, den Hofgeistlichen Spalatin, geschickt hat. (46) In deutschen Sermonen des Jahres 1519 bemüht er sich, die Forderung der Reflexivität des Glaubens insbesondere mit Bezug auf die von ihm noch anerkannten drei Sakramente dem Volke bekannt zu machen. (47) Kreuztheologie und Predigt der Demut sind dabei nicht ganz aufgegeben, aber das Zentrale sind sie nicht mehr; der neue Glaubensbegriff rückt mehr und mehr in die Mitte.

Glaube ist nun nicht mehr wesensverbunden mit Selbstverleugnung und Demut. Eine etwas andere Eigenschaft soll ihn jetzt qualifizieren: man soll „kecklich" glauben. (48) Das Wort bedeutet „frisch, munter, mutig, kräftig"; im Lateinischen entspricht ihm robustus. (49) Die Keckheit des Glaubens braucht nicht die Folge eines Statuierens oder einer Reflexivitätsdoktrin zu sein. Aber die Tatsache, daß sie die Demut ab-

---

(46) Diese Schrift, lateinisch verfaßt (WA 6, 104-134), war ursprünglich nicht zur Veröffentlichung vorgesehen. Man kann mit Gründen vermuten, daß der Grund von Luthers Zurückhaltung sein damals sich radikal verändernder Glaubensbegriff war. Im Februar 1520 erschien die Schrift dann aber doch im Druck, begleitet von Spalatins deutscher Übersetzung.

(47) Bereitung zum Sterben: Cl. 1, 169, 33 = WA 2, 693 = MA I, 364; Sakrament der Buße: Cl. 1, 177, 3 = WA 2, 715; Taufe: Cl. 1, 190, 9. 26 = WA 2, 732 = MA 1, 375; Eucharistie: Cl. 1, 204, 5 = WA 2, 749 = MA 1, 390. Ohne Bezug auf Sakramente: Betrachtung des hl. Leidens Christi Cl. 1, 159, 9 = WA 2, 140 = MA 1, 353.

(48) Schon in den Fastenpredigten von 1518 WA 1, 274f.; MA 1, 121 als Qualifizierung des Vertrauens. Ferner etwa: Cl. 1, 159, 11 = WA 2, 40 = MA 1, 353; Cl. 1, 190, 29 = WA 2, 732 = MA 1, 375; Cl. 2, 56, 30 = WA 7, 225.

(49) WA 2, 108, 5; MA 1, 324 unten.

löst, ist bedeutsam. Sie deutet auf eine Wandlung im Innern Luthers hin, und in Verbindung mit der Reflexivitätsidee weist sie in eine Richtung, in der Luther bald weiter gehen wird.

Die Wandlung ist keine theologische Entdeckung gewesen, sondern ein Vorgang in Luthers Spiritualität. Wir müssen daran denken, daß Luther in den Jahren 1515/1516, als er seine Römerbriefvorlesung hielt, den „Frieden" noch nicht aus Erfahrung kannte. Der Friede, so lehrte er damals, kann nur geglaubt werden, seine Erfahrung ist dem künftigen Leben vorbehalten. In seiner Auslegung von Röm. 10, 15 („Wie lieblich sind die Füße derer, die den Frieden verkünden, Gutes verkünden") sagte er: „Es bringt aber der Geist durch die Worte „derer, die Frieden verkünden" ... auch dies zum Ausdruck, daß „der Friede" und „das Gute" dieser Art nicht nach der Weise der Welt sichtbar sind; denn sie sind so verborgen, daß sie nur durch das Wort verkündet werden und nur durch den Glauben an das Wort ergriffen werden. Das Gute und der Friede sind nämlich nicht den Sinnen dargeboten, sondern durch das Wort verkündet und so allein durch den Glauben aufzunehmen, d. h. ohne Erfahrung, bis das künftige Leben kommt." (50) Noch in einem Stück der Hebräerbriefvorlesung, das Luther wahrscheinlich im Dezember 1517 vorgetragen hat, sagt er von dem Frieden: „Er ist verborgen unter dem Kreuz und dem Tode, nicht anders als die Sonne unter einer Wolke." (51)

Jahrelang, mindestens von 1513 bis 1517, war Luther in geistlicher Dunkelheit und Trostlosigkeit. Er hat sie willig durchgestanden als eine Heimsuchung Gottes, hat sie als Nachvollzug der Traurigkeit der Passion Christi empfohlen, als eine Form der Liebe verstanden und – in Anlehnung an Röm. 9, 2 – bis zum Gedanken einer „Ergebung zur Hölle" (ad infernum resignatio) gesteigert: „Die Liebe ist nicht nur in Annehmlichkeit und Ergötzung, sondern in größter Traurigkeit und Bitterkeit, ja vielmehr, sie freut sich sogar und ist süß in der Traurigkeit und Bitterkeit,

---

(50) WA 56, 27; BG 2, 216.
(51) Cl. 5, 363, 3; WA 57, 188. Zur Datierung vgl. E. Bizer, Fides ex auditu, 2. Aufl. Seite 75.

weil sie das Elend und die Schäden anderer einschätzt, als wären sie ihr eigen. So hat auch Christus in seinem letzten und größten Leiden am meisten in Liebe geglüht ... So nämlich „ist Gott wundersam in seinen Heiligen" (Ps. 68, 36), daß er denen, die den schwersten Schmerz erleiden, zugleich die höchste Freude verleiht ... Diese Liebe von ihrem Gegenteil her ist nämlich die stärkste und äußerste, wo jemand durch das Zeichen des stärksten Hasses gegen sich selbst die höchste Liebe zum andern erweist ... Solche Menschen bieten sich frei jeglichem Willen Gottes dar, auch zur Hölle und zum ewigen Tod, wenn Gott es nur so will, damit sein Wille voll geschehe; so sehr suchen sie nichts von dem, was das Ihrige ist ... Die vollkommenen Heiligen, die von Liebe überfließen, leisten diese Ergebung, doch ohne große Traurigkeit ... Auch Christus ist nämlich mehr als alle Heiligen verdammt und verlassen worden ... Denn er hat sich wirklich und wahrhaft Gott dem Vater für uns zur ewigen Verdammnis dargeboten ... Das müssen alle seine Heiligen nachahmen." (52)

Es ist offenbar, daß Luther hier aus seinem eigenen geistlichen Leben heraus ein Leitbild entwirft – großartig gewiß und voll tiefer Wahrheit, aber auch nicht ohne jene gefährliche Übersteigerung, zu der ihn seine Neigung zu grundsätzlich antithetischem Denken trieb. Und er macht aus dem Weg, den er geführt wurde, eine allgemeine Norm. Für ihn war die Traurigkeit, die er auf sich nahm als „Ergebung zur Hölle", ohne Zweifel eine Erfahrung. Er erlebte darin den Zorn Gottes. Den Gipfel solcher Erlebnisse hat er Anfang 1518 beschrieben. Da sagt er, in den ersten Worten mit unverkennbarem Anklang an 2. Kor. 12, 2 und ohne Zweifel sich selber meinend:

„Aber auch ich kenne einen Menschen, der versichert hat, diese Strafen öfters erlitten zu haben, zwar nur in einem sehr kurzen Zeitraum, aber so schwer und höllisch, daß keine Zunge sie aussprechen, keine Feder sie beschreiben und niemand, der sie nicht erfahren, es glauben kann, derart, daß er, wenn sie sich vollenden und eine halbe Stunde, ja nur den zehnten Teil einer Stunde andauern würden, gänzlich zugrunde gehen und alle Gebeine zu Asche verbrannt würden. Da erscheint Gott schreck-

---

(52) Cl. 5, 272, 2. 8. 14. 33; 273, 24. 30. 36 = WA 56, 389-392.

lich zornig, und mit ihm zugleich die ganze Schöpfung. Da gibt es keine Flucht, keinen Trost, weder innen noch außen, sondern alles klagt an … In diesem Augenblick – es ist wunderlich zu sagen – kann die Seele nicht glauben, daß sie jemals erlöst werden könne, es sei denn, daß sie fühle, die Strafe sei noch nicht zu Ende … Es bleibt ihr nur das bloße Sehnen nach Hilfe und ein schreckliches Seufzen, aber sie weiß nicht, woher sie Hilfe erbitten soll. Da ist die Seele mit Christus ausgespannt, daß alle ihre Gebeine gezählt werden können." (53)

In denselben „Resolutionen" spricht Luther aber auch über „Frieden" und „Trost", und zwar merklich anders als in den frühen Vorlesungen. Diese Ausführungen bilden einen Teil seiner neuen Sakramentslehre; sie werden daher im fünften Kapitel ausführlicher vorzulegen sein (Seite 204ff). Auch hier betont Luther, daß man den Frieden nicht in „innerer Erfahrung" (experientia intus) suchen dürfe, sondern daß er allein im Glauben gegeben sei. Insoweit scheint also seine Meinung noch dieselbe zu sein wie in der Römerbriefvorlesung. Gemeinsam ist den Resolutionen und der Römerbriefvorlesung auch die Auffassung, daß der Friede durch ein verkündetes Wort kommt; nur betont er jetzt stark, daß der friedenspendende Glaube auf ein „Verheißungswort" geht, speziell auf das Wort Matth. 16, 19: „Was du auf Erden lösen wirst, wird auch im Himmel gelöst sein", was interpretiert wird als Verheißung je meiniger Sündenvergebung. Hierin äußert sich der Einfluß der inzwischen entstandenen Doktrin des reflexiven Glaubens.

Was den Charakter des Friedens anbetrifft, so besteht ein unscheinbarer, aber bedeutsamer Unterschied darin, daß der Friede jetzt nicht mehr als „verborgen" bezeichnet wird. Im Gegenteil. Der Friede, identisch mit einem „Trost" (consolatio, solatium), *soll* jetzt, um mit den Worten der Römerbriefvorlesung zu reden, „den Sinnen dargeboten werden", und zwar dadurch, daß im Bußsakrament durch das Vergebungswort des lossprechenden Priesters die „Verstörung" (conturbatio) beseitigt und *Gewißheit* erzeugt wird. In jeder Lossprechung soll das geschehen. Wenn Luther auch jetzt noch betont, daß der Friede nicht in innerer Erfahrung

---

(53) Cl. 1, 57, 5. 15. 17. 19. 21; WA 1, 557.

gesucht werden dürfe, so meint er damit, daß er nur durch Vermittlung des geglaubten Wortes, nicht durch unmittelbare Wahrnehmung der Vergebung Gottes gefunden werde. Aber das heißt nicht, daß dieser Friede nicht als Erfahrung bezeichnet werden dürfe. Wenn auch durch Wort und Glauben vermittelt, so ist er doch das Erlebnis einer Gewißheit, und darum kann man nicht mehr sagen, wie Luther noch im Dezember 1517 gesagt hatte, er sei „wie die Sonne unter einer Wolke verborgen". Dieses Erlebnis kann und muß als eine spirituelle *Erfahrung* angesprochen werden.

Nun ist zu beachten, daß Luther diese Lehre vom Frieden anknüpft an die siebte seiner Ende Oktober 1517 verfaßten Ablaßthesen: „Niemandem vergibt Gott eine Schuld, ohne ihn zugleich, in allem gedemütigt, seinem Stellvertreter, dem Priester, zu unterwerfen" – also an einen Satz, der von Demütigung, aber mit keiner Andeutung von Frieden oder Trost spricht; daß er, wie erwähnt, noch im Dezember 1517 den Frieden „wie unter einer Wolke verborgen" bleiben ließ; daß er dagegen ungefähr zur gleichen Zeit, wo er an den Resolutionen arbeitete, nämlich Anfang 1518, in seiner akademischen Auslegung von Hebr. 9, 14, nachdem er von der Angst des Gewissens gesprochen, fortfuhr: „So wird (der Mensch bzw. das Gewissen) „durch den Glauben gereinigt" und zugleich beruhigt (quietatur), so daß er die Strafen nicht mehr fürchtet vor *Freude* über die Vergebung der Sünden", und daß er dann von dem „guten, reinen, ruhigen, fröhlichen Gewissen" sprach, welches „nichts anderes als der Glaube an die Vergebung der Sünden" sei. (54) Auch Schriften, die etwa gleichzeitig oder wenig später verfaßt sind, zeigen, daß Luther jetzt eine Erfahrung des Friedens der Gewißheit kennt, z. B. eine zwischen 1517 und 1519 entstandene Auslegung des Vaterunsers (vgl. Kapitel III § 4), das früheste, im März 1519 veröffentlichte Stück der zweiten Psalmenvorlesung (vgl. Kapitel III § 5) und der im Spätherbst 1519 veröffentlichte Sermon über die Buße (vgl. Kapitel V § 2.). In dem letz-

---

(54) Luthers Vorlesung über den Hebräerbrief, hrsg. von E. Hirsch und H. Rükkert, Seite 224, 7 und 226, 3 = WA 57, 207f. Die zweite Stelle auch Cl. 5, 363, 33: conscientia bona, munda, quieta, jucunda.

teren ist die Rede von der Verstörung fast verschwunden: „Friede und Trost des Gewissens", ausgelöst durch das Wort, werden mit der Vergebung Gottes direkt gleichgesetzt.

Aus alledem kann mit Sicherheit erkannt werden: Seit Anfang 1518 ist für Luther der „Friede" nicht mehr etwas im gegenwärtigen Leben Unerreichbares. Er soll vielmehr das Ergebnis jeder Lossprechung sein, die der Priester im Bußsakrament spendet. Eine Kontinuität mit den früheren Auffassungen Luthers besteht insofern, als der Friede an den *Glauben* und dieser an das *Wort* gebunden bleibt. Aber der „Friede und Trost" ist *Erfahrung*, Erleben, und zwar Erfahrung einer *Gewißheit* – nicht ohne Vermittlung des Wortes und des Glaubens, aber doch eine Erfahrung.

Friede und Trost sind primär keine Begriffe der dogmatischen Systematik, sondern der Spiritualität. Wenn Luther sie jetzt nicht nur für möglich hält, sondern sogar mit dem Glauben an die Sündenvergebung identifiziert, so setzt das voraus, daß er sie in seinem eigenen spirituellen Leben kennengelernt, daß er den Frieden und Trost der Gewißheit erfahren hat. Wer jahrelang behauptet hat, in diesem Leben gebe es den Frieden als Erfahrung nicht, ihn dann aber als normales Ergebnis jeder sakramentalen Absolution postuliert, kann zu einer solchen Wandlung nicht durch Nachdenken, sondern nur dadurch gekommen sein, daß er die Erfahrung selber gehabt hat. Und wie früher die Erfahrung der dunklen Trostlosigkeit, so dogmatisiert Luther jetzt seine Erfahrung des Friedens. Nicht mehr in der Trostlosigkeit sieht er 1519 die Eingießung der Gnade, sondern gerade in der Getröstetheit der Gewißheit: Das „fröhliche Gewissen" ist die „Vergebung der Schuld" (vgl. Kapitel V § 2).

An sein Friedenserlebnis erinnerte sich Luther, als er im Jahre 1545 eine Vorrede zu seinen lateinischen Schriften niederschrieb und dabei auf seine geistige Entwicklung zurückschaute. Er erinnerte sich, daß er, nachdem er bereits einmal über die Psalmen sowie über die Apostelbriefe an die Römer, Galater und Hebräer Vorlesungen gehalten hatte, eine innere Erleuchtung erlebt hatte. Das heißt, er wußte noch, daß das große Ereignis Anfang 1518 stattgefunden hatte. Was ihm damals widerfahren war, beschreibt er in seiner Rückschau so: „Da fühlte ich mich geradezu wiedergeboren, als wären mir die Pforten des Paradieses aufgetan worden und ich wäre eingetreten." (55) Soweit läßt sich der Inhalt von Luthers Rückschau durch die erhaltenen Dokumente der Jahre um 1518 bestätigen. Denn, wie gesagt, nicht nur die Resolutionen und der letzte Teil der Hebräerbriefvorlesung lassen erkennen, daß er seit Anfang 1518 den „Frieden" als Erfahrung der Gewißheit gekannt hat, auch in anderen Schriften gibt es deutliche Anzeichen dafür.

Was Luther aber in seiner Rückschau 1545 weiter über das Erlebnis sagt, ist ein später Versuch, jenes Ereignis seines früheren spirituellen Lebens als Ergebnis systematischer Überlegung zu interpretieren. Es ist ein Versuch des älteren Luther, verschieden von derjenigen Dogmatisierung jenes Ereignisses, die er schon 1518 entworfen hatte. Aus den erhaltenen Schriften der Zeit um 1518 läßt sich nicht erweisen, daß Luther schon damals die zu jener Zeit geschehene Wende seines geistlichen Lebens so interpretiert hätte, wie er es in der Vorrede zu seinen lateinischen Schriften 1545 (und in anderen Äußerungen seit 1532) getan hat, nämlich als „Entdeckung der Gerechtigkeit Gottes". (56) Wenn man, wie üblich, die Wandlung der Zeit um 1518 als „reformatorische Wende" in der Sprache der Systematik zu beschreiben sucht, so wird das, was tatsächlich in Luther vorging, nicht erfaßt.

Von einer *Entdeckung* der Gerechtigkeit Gottes spricht kein Text der Zeit um 1518. Was damals im Geiste Luthers wirklich geschah, war ein Ereignis, das in seiner Individualität zwar die einmalige Signatur der Persönlichkeit Martin Luthers trug, dessen typische Struktur jedoch im spirituellen Leben auch anderer Christen sich dargestellt hat. Es war, nach einer langen Zeit der Trostlosigkeit, der Dürre, der Dunkelheit, der Angst, die Luther mutig erduldet hatte, das überwältigende Erlebnis des Friedens, des Trostes, der Gewißheit, der Freiheit, der Freude, des Lichtes.

In seinem Streben nach Dogmatisierung oder Normisierung seiner Erfahrungen versucht Luther zunächst, das neue Erlebnis mit der Kreuztheologie, in der er sein früheres spirituelles Erleben normisiert hatte, in

---

(55) Cl. 4, 428, 1; WA 54, 186; MA 1, 27.

(56) Auf einen der neuesten Versuche, die sog. reformatorische Wende bei Luther zeitlich und inhaltlich zu bestimmen, gehe ich kritisch ein in der „Nachschrift zu Kapitel III", Anhang 1. Dort wird auch die Rückschau, wie Luther sie in der Vorrede zu seinen lateinischen Schriften gibt, eingehender erörtert.

eine systematische Einheit zu ordnen. Im V. Kapitel werden wir auf diesen Versuch eingehen.

Eine Auswirkung des Erlebnisses der inneren Befreiung gestaltete sich zu Gedankengängen, die ich Luthers „Theologie der Freiheit" nennen möchte, in Anlehnung an den Titel einer seiner Schriften des Jahres 1520: „Von der Freiheit eines Christenmenschen". Das wichtigste Dokument dieser Theologie ist der Kleine Galaterkommentar von 1519. Sie vollständig darzustellen ist hier nicht der Ort, da wir nur die Entwicklung von Luthers Glaubensverständnis betrachten. Einige ihrer Inhalte werden im nächsten Kapitel zur Sprache kommen. Wir werden dort sehen, wie es Luther in der Atmosphäre des Friedens- und Befreiungserlebnisses gelang, in Anlehnung an Augustinus gute Werke als Werke, die aus dem Glauben in der Freiheit der Liebe getan werden, heilswertig einzuschätzen, also nicht mehr nur unter dem Gesichtspunkt der Demut zu werten.

Aber gleichzeitig mit der Theologie der Freiheit wuchs das System des reflexiven Glaubens. Im Kleinen Galaterkommentar steht beides bloß nebeneinander. In der „Freiheit eines Christenmenschen" kommt das neue Glaubensverständnis fast nur indirekt zum Ausdruck, so daß man beim Lesen dieser Schriften die Theologie der Freiheit auch für sich, ohne Rücksicht auf die Reflexivitätsdoktrin betrachten kann. In der Schrift „Über die Mönchsgelübde", im November und Dezember 1521 verfaßt, ist dann die Theologie der Freiheit durch eine neue, revolutionäre Lehre von der sog. „evangelischen Freiheit" ersetzt, unter dem Einfluß der nun Luthers Denken ganz beherrschenden Reflexivitätsdoktrin und des Kampfes gegen die katholische Kirche. Wir werden im VI. Kapitel auf diesen neuen Freiheitsbegriff eingehen.

Wenn man, wie üblich, Luthers geistliche Entwicklung als eine Reihe von dogmatischen Funden interpretiert, so erscheinen die Theologie der Freiheit und die Doktrin des reflexiven Glaubens als eines und dasselbe, nämlich als Ergebnis der sog. reformatorischen Entdeckung, als Beginn des „evangelischen" Verständnisses des Christentums. Diese Darstellung wird aber der Wirklichkeit nicht gerecht. Zwei Tatsachen vor allem widerstreiten ihr.

Erstens reicht die Doktrin des reflexiven Glaubens in ihren Anfängen allem Anschein nach in die Zeit vor dem Befreiungserlebnis zurück. Sie war, durch Weiterbildung von Gedanken der Römerbriefvorlesung, schon 1517 in den Scholien zu Hebr. 5, 1 in voller Schärfe formuliert worden. Zweitens ist Luthers Freiheitsbegriff, der aus dem Erlebnis hervorgegangen war, gerade durch das reflexive Glaubensverständnis in einigen Jahren völlig verändert worden. Zunächst stellte er den revolutionären, zerstörerischen Begriff seiner „christlichen oder evangelischen Freiheit" auf, der mit der 1519 von ihm gelehrten Freiheit der Liebe und des Heiligen Geistes nichts zu tun hat. 1525 in der Schrift „Vom geknechteten Willen" und noch mehr um 1532 in den Jesajascholien und im Großen Galaterkommentar läßt sich dann erkennen, daß er die Lehre von der Freiheit der Liebe fast ganz aufgegeben hat, wenn auch noch einzelne Anklänge an die Freiheitstheologie von 1519 vorkommen. Im IV. Kapitel werden wir diese Wandlungen betrachten. Das Befreiungserlebnis und die Theologie der Freiheit gehören zweifellos zusammen, aber die Doktrin des reflexiven Glaubens paßt nur für den oberflächlichen Blick zu dem Erlebnis und der ihm entsprechenden Theologie; diese Theologie ist von der Reflexivitätsdoktrin schließlich aufgelöst und zerstört worden.

Im Hinblick auf das Erlebnisgeschehen aber wird man sagen müssen, daß die Reflexivitätsdoktrin ein Ausdruck der Sehnsucht nach Frieden und Trost und insofern eine Ankündigung des Erlebnisses war. Luther klammerte sich an die oben vorgelegte Stelle aus Bernhards Predigt, um sich und seinen Hörern zu sagen: Man müßte eigentlich den Frieden, die Gewißheit haben. Im Herbst 1517, bei der Auslegung von Hebr. 5, 1, ist dieses Drängen stärker geworden: Es formulierte sich schon in dogmatischer Setzung. Nachdem dann das Befreiungserlebnis wirklich geschehen war, dachte Luther über dasselbe natürlich sofort in Begriffen der Reflexivitätsdoktrin nach, mit anderen Worten: Er entfaltete und festigte diese Doktrin. Darum fordert er in den Resolutionen, der Empfänger des Bußsakraments müsse reflexiv glauben, um in der Lossprechung den Frieden, der erst die Vollendung der Vergebung sei, zu empfangen. Auch in den Teilen der Hebräerbriefvorlesung, die ungefähr gleichzeitig vorgetragen worden sind, taucht die Forderung der Reflexivität mehrmals auf. (57)

---

(57) Vgl. v. a. Cl. 5, 364, 4 und 372, 4; WA 57, 208f und 233.

Aber nicht das Glück des Friedens als solches wirkte zur Verfestigung der Doktrin, sondern Luthers Gewohnheit, seine eigenen Erlebnisse als allgemeine Norm zu interpretieren, in Verbindung mit der Tatsache, daß ein solches Erlebnis sich nun einmal nicht halten läßt und daß derjenige, der geistliche Dunkelheit und Angst einmal erlebt hat, sie auch wieder erleben wird, um geistlich weiter zu reifen. Luther ist in der Tat bald wieder in geistliche Betrübnis gefallen. Die Schriften um das Jahr 1519 lassen das erkennen. Wir wollen im nächsten Abschnitt zwei von ihnen vergleichend betrachten.

4. Geduld und Ungeduld

Luther hat mehrmals das Vaterunser erklärt. Eine dieser Auslegungen geht in ihren Anfängen auf das Jahr 1517 zurück und erschien Anfang April 1519 im Druck unter dem Titel „Auslegung deutsch des Vater Un-ser". (58) Eine zweite geht in ihrer ersten Fassung auf das Jahr 1519 zu-rück („Eine kurze Form, das Paternoster zu verstehen und zu beten") und erschien im Mai 1520 als dritter Teil einer Schrift, die betitelt ist: „Eine kurze Form der zehn Gebote, eine kurze Form des Glaubens, eine kurze Form des Vaterunsers". (59) Die Auslegung dieser „Kurzen Form" un-terscheidet sich sehr stark von der „Auslegung deutsch". Zwischen den beiden Traktaten liegt die ganze Entwicklung vom demütigen, anbe-tenden zum apprehensiven und statuierenden Glauben.

Die „Auslegung deutsch" ist noch ganz beherrscht von der Theologie des Kreuzes und der Demut. Auf mindestens 13 von den 53 Seiten, die die Schrift in der Münchener Ausgabe umfaßt, treten Gedanken dieser Theologie hervor. (60) In der Vorrede klingen Gedanken der Römer-briefvorlesung an. Die Auslegung ist durchdrungen von einer ebenso tap-feren wie tief verinnerlichten Frömmigkeit. Mißstände der Zeit werden kräftig angegriffen, aber ohne die seit 1520 Luthers Schriften verunstal-

---

(58) WA 2, 80ff; MA 1, 296ff.
(59) Cl. 2, 38ff; WA 7, 204ff.
(60) MA 1, 297. 307. 309. 310. 311. 314. 316. 318. 320. 321. 322. 339. 347.

tenden Grobheiten, Entstellungen und Verwerfungen guter Gebräuche zusammen mit dem Mißbrauch. Es ist eine im besten Sinne reformatorische Schrift. Jeder Evangelische und jeder Katholik wird gern das Urteil nachsprechen, das der, „von dem man die Erlaubnis zum Drucken haben mußte", in Venedig gesprochen haben soll, als man ihm eine italienische Übersetzung der Auslegung vorlegte, in deren Titel der Name Luthers nicht genannt war: „Selig sind die Hände, die dies geschrieben; selig sind die Augen, die es sehen; selig werden die Herzen, die dem Buch glauben und also zu Gott schreien." (61)

In der „Kurzen Form" von 1519-1520 aber fehlt die Idee der Demut, der Selbstverleugnung völlig! Dagegen heißt es hier: „Hilf, daß wir unsern Tod durch seinen [Christi] Tod im festen Glauben überwinden und also kecklich dem lieben Vorgänger in jenes Leben folgen." (62)

Sehr stark ist in der „Auslegung deutsch" die Idee der sakralen Gemeinschaft betont: Der Christ soll so beten, „daß er sein Herz ausbreite über die ganze Christenheit". (63) In der „Kurzen Form" sind hiervon nur noch Reste übrig, nämlich die Fürbitte für die Kirche. 1521 auf der Wartburg wird Luther dann in seiner Magnificat-Auslegung schreiben: Der Christ „soll ... mit allem Fleiß seiner und Gottes wahrnehmen, nicht anders, denn als wäre *er und Gott allein* im Himmel und auf Erden und Gott *mit niemandem denn mit ihm* zu schaffen hätte". (64) Im Kleinen Katechismus von 1529 ist von Fürbitte überhaupt nicht die Rede. Der Große Katechismus desselben Jahres erklärt das Beten als „Gott anrufen in allen Nöten" (65), und diese Nöte werden ganz überwiegend als je eigene Anliegen gesehen: „Wo aber ein recht Gebete sein soll, da muß ein Ernst sein, daß man seine Not fühle ..." Der Anbetungsgottesdienst der Kirche wird, weil er kein Bitten sei, verspottet: „Darum haben wir bil-

---

(61) Zitiert MA 1, 518 aus einem Bericht von Johann Mathesius.
(62) Cl. 2, 56, 29; WA 7, 225.
(63) WA 2, 114; MA 1, 331.
(64) Cl. 2, 153, 32; WA 7, 565f.; MA 6, 207.
(65) Cl. 4, 62, 18; WA 30, 193; MA 3, 250. Die beiden folgenden Zitate Cl. 4, 64, 29 und 19; WA 30, 196; MA 3, 252.

lig der Mönche und Pfaffen Gebet verworfen, die Tag und Nacht feind-
lich heulen und murren, aber ihrer keiner denket um ein Haar breit zu bitten." Es ist evident, daß es die Reflexivität des Glaubens war, die diese
egozentrische Einengung des Gebetes verursacht hat.

Die wichtigsten Unterschiede zwischen der „Auslegung deutsch" und
der „Kurzen Form" betreffen jedoch die Rolle des Teufels und den Begriff
der Gewißheit bzw. des Trostes. Sie sind ein eindrucksvolles Zeichen der
Wandlung, die sich zwischen 1517 und 1520 in Luthers geistlichem Leben ereignet hat.

In der „Auslegung deutsch" ist der Teufel, gemäß biblischer Anschauung, Verführer zur Sünde und Urheber von Widerwärtigkeiten. In der
„Kurzen Form" dagegen und in anderen Schriften seit 1519 ist er derjenige, der das Gewissen ängstigt, indem er die Größe der Sünde übertreibt, den „Glauben" (d. h. die Gewißheit), bedroht und das Gewissen
anklagt. (66) Zur Zeit der Kreuztheologie, als Luther Gewissensvorwürfe als eine von Gott verfügte Demütigung bejahte, war es nach 1. Joh.
3, 20 das Herz des Menschen selber, das ihn anklagte. (67) Seit seiner
Entscheidung für den reflexiven Glauben aber suchte er sich eine andere biblische Erklärung: Nach Offenb. 12, 10 verklagt der Teufel die Gläubigen. Daß diese Anklage vor dem Thron Gottes und nicht vor dem Gewissen geschieht, übersah Luther. Warum aber wies er dem Teufel diese
unbiblische Rolle zu? Nun, die Gewissensvorwürfe rauben die Gewißheit. Nach der Doktrin des reflexiven Glaubens aber ist diese das eigentlich Heilwirkende am Glauben. Darum muß das, was sie stört, die
heilsfeindliche, widergöttliche Macht selber sein: Der Teufel. Ungewißheit
bedeutet jetzt Gewißheit des Verworfenseins. Früher war es die Erinnerung an die Sünden, welche Gewissensnot verursachte; nun kam hinzu,
daß die Ungewißheit als solche Angst bereitete. Was der dreißigjährige
Luther als Heimsuchung der Gnade Gottes, die uns dem Leiden Christi
gleichgestaltet macht, bejahte, erschien ihm seit etwa 1519/1520 als dä-
monische Anfechtung. Das war die Folge – nicht einer wirklichen Ge-

---

(66) Cl. 2, 58, 6; WA 7, 227. Vgl. WA 5, 248, 30; 385, 26.
(67) Vgl. oben Seite 95.

wißheit des Heils, sondern der verfestigten Ansicht, daß die Gewißheit das Heil sei.

Seit Anfang 1518 wußte Luther, daß es den Trost der Gewißheit wirklich gibt; bald aber wußte er auch, daß solcher Trost nicht von Dauer ist. Beides läßt folgender Satz der „Auslegung deutsch" erkennen: Gott „läßt zuweilen (!) dem Gewissen einen Trost widerfahren und fühlen eine fröhliche Zuversicht zu seiner Gnade, daß der Mensch dadurch gestärkt werde". (68)

Zur inneren Vorbereitung auf ein erneutes Trosterleben empfiehlt Luther hier eine wortmystische Praxis. Er sagt: „... daß dir kein Trost und Heil bleibe, denn daß Christus dir geben ist von Gott, in welchen du glauben und also sein genießen sollst, daß seine Gerechtigkeit allein dich erhalte, darum daß du sie anrufst und dich darauf verläßt, und der Glaube ist nichts anderes als dies Brot essen ... Wenn man Christum also predigt und das liebe Brot also austeilet, so fassen es die Seelen und üben sich damit in ihrem Leiden, die göttlicher Wille ihnen zufügt. Darum so werden sie dadurch stark und voll Glaubens, daß sie hinfort ihre Sünde, ihr Gewissen, weder Teufel noch Tod fürchten ... Aber er (Christus) ist dir nicht nutz, kannst sein auch nicht genießen, Gott mache ihn denn zu Worten, daß du ihn hören und also erkennen kannst ... Denn er ist in dem Wort und das Wort in ihm, und glauben in dasselbe Wort, das heißt essen das Brot ..." (69)

Der Christ soll also im Hören des Gotteswortes das Brot, das Christus ist, essen, genießen, sich in ihn hineinglauben: Das ist die auf Augustinus zurückgehende wortmystische Praxis, von der Luther verheißt, daß sie stark macht gegen Sünde, Gewissen, d.h. Gewissensvorwürfe, Teufel und Tod. In Luthers Formulierung spricht sich zwar deutlich seine Überschätzung der Bewußtheit aus; aber da ist noch nichts von einem direkten Anstreben oder Statuieren der Tröstung oder Gewißheit. Der Glaube geht auf Christus allein, ruft ihn an und vertraut ihm.

---

(68) WA 2, 117; MA 1, 334.
(69) WA 2, 113f.; MA 1, 330f.

Was im Gegensatz dazu reflexiver Glaube ist, wird sehr anschaulich, wenn man sich von der „Auslegung deutsch" zum Großen Galaterkommentar wendet und dort findet, wie Luther seine Studenten immer wieder belehrt, der Christ müsse gegen die Gewissensangst sozusagen im frontalen Zugriff nach der Gewißheit greifen: „Wir müssen mit Gewißheit feststellen", certo statuere debemus. Das ist der Versuch, den Trost systematisch zu erzwingen; die Wortmystik der „Auslegung deutsch" ist ein Sichdisponieren.

Ähnlich der Wortmystik der „Auslegung deutsch" ist die Praxis einer Namenmystik, die Luther in einem aus dem Jahre 1519 stammenden Stück seiner zweiten Psalmenvorlesung (70) sowie auch in seinem ebenfalls 1519 veröffentlichten Kommentar zum Galaterbrief (dem Kleinen Galaterkommentar) empfiehlt. In diesen Kommentar sind große Teile der Vorlesung, die Luther von Oktober 1516 bis März 1517 über den Galaterbrief gehalten hatte, eingearbeitet. Als er in dieser Vorlesung den Vers Gal. 2, 16 behandelte: „… daß der Mensch nicht aus Werken des Gesetzes, sondern durch den Glauben an Jesus Christus gerechtfertigt wird", erklärte er den Glauben als ein Einswerden mit Christus, das zu einer von Gott geschenkten „universalen Gerechtigkeit" führt, so daß der Glaube identisch wird mit den Seligkeiten der Bergpredigt: „geistliche Armut, Sanftmut, Herzensreinheit, Friede, Geduld, Trauer, Hungern nach der Gerechtigkeit"; denn der Glaube „ist der Tod des alten Menschen und das Leben des neuen". (71) Der Gedanke, daß der Glaube ein Einswerden mit Christus sei, ist im Galaterkommentar von 1519 beibehalten, und auch später gibt Luther ihn nicht auf. Aber dies Einswerden erklärt er sich nun durch eine Namenmystik.

Der Mensch, an seiner Gerechtigkeit verzweifelnd, eilt zu Gott „und spricht, demütig seufzend sich als Sünder bekennend, mit dem Zöllner (Luk. 18, 13): „Gott sei mir Sünder gnädig. Dieser – sagt Christus – ging gerechtfertigt in sein Haus." Dies (Haus) ist nämlich nichts anderes als die Anrufung des göttlichen Namens. Der Name Gottes aber ist Barmher-

---

(70) WA 5, 252f.
(71) Cl. 5, 332, 10. 18. 30; WA 57, 69f.

zigkeit, Wahrheit, Gerechtigkeit, Kraft, Weisheit und Anklage des eigenen Namens … Wenn aber die Anrufung des göttlichen Namens im Herzen und wahrhaft von Herzen geschieht, zeigt sie, daß das Herz und der Name des Herrn eines sind und aneinander hangen." „Wenn das Gewissen dich plagt … was wirst du dann tun? … Sieh, daß du den Namen des Herrn hörst oder dich seiner erinnerst, d. h. daß Gott gerecht, gut, heilig ist, und hange diesem sogleich an, fest glaubend, daß er dir so sein werde, und zugleich bist du schon so, ihm ähnlich. Aber den Namen des Herrn wirst du nirgends klarer sehen als in Christus." (72)

Die Namenmystik ist insofern bedeutsam, als sie zeigt, daß Luther nach Aufstellung der Doktrin des reflexiven Glaubens keineswegs gleich alle praktischen und dogmatischen Konsequenzen aus derselben gezogen hat. Die Doktrin ist ja in dem gleichen Kommentar schon dargelegt; dennoch übt Luther das Heilsstatuieren noch nicht mit der Konsequenz, wie er es später tun wird. Frühe Formen des Statuierens kommen zwar auch schon 1519 vor (73), aber die Namenmystik ist noch etwas ganz anderes. Sie ist zwar als ein Mittel verstanden, um zu der mit dem Heil ineinsgesetzten Gewißheit zu gelangen. Aber sie ist kein direkter Griff nach dem Heil, sondern ein indirektes Sichdisponieren, ähnlich wie die Wortmystik der „Auslegung deutsch". Darum ist in ihr auch ein Moment der Anbetung (74), das dem apprehensiv-statuierenden Glauben fremd ist. Ähnlich wie die Wortmystik ist sie eine Hilfe zum geduldigen Ausharren in der geistlichen Dunkelheit.

Die Gewißheit der Vergebung wird von Luther in der „Auslegung deutsch" ausdrücklich auf eine niedrigere Stufe gestellt als diejenige Vergebung, bei der Gott den Menschen „alle Schuld vergibt herzlich und sagt ihnen doch nichts davon, sondern handelt mit ihnen auswendig und

---

(72) WA 2, 490, 10. Vgl. Bizer, Fides ex auditu, 2. Aufl. Seite 156ff.

(73) WA 5, 215, 29: fortiter contendendum, ingeminandum, et omni studio nitendum, quo bonam opinionem de Deo erga nos stabiliamus.

(74) Vgl. etwa auch WA 2, 525, 25ff, besonders 526, 22: cum tremore ac fiducia in humilitate implorare solius Christi dexteram. Der Vers Röm. 10, 13 (Joel 2, 32): „Jeder, der den Namen des Herrn anruft, wird geret-tet werden", wurde Luther wichtig.

inwendig also, daß sie dünkt, sie haben gar einen ungnädigen Gott, der sie zeitlich und ewiglich verdammen wolle; auswendig plagt er sie, inwendig erschreckt er sie". (75) Von dieser ungewissen Vergebung sagt Luther: Sie „ist bloß im Glauben". (76) Das ist der Glaube ohne den „Frieden" der Gewißheit, von dem die Römerbriefvorlesung gesprochen hatte. Die Angst der Ungewißheit wird noch als spirituelle Übung bejaht: „daß Gottes Wille in uns geschehen will und unser Wille mit Ängsten untergehet". (77) Luther weiß hier noch, daß es im geistlichen Leben auf die Gleichförmigkeit mit dem Willen Gottes ankommt (78), daß dagegen der Drang nach dem Trost der Gewißheit eine Versuchung ist. Der zeitweilige Trost hat nichts mit dem Heil zu tun. Er hat den Zweck, sagt Luther hier, „daß der Mensch dadurch gestärkt werde, auch in der Zeit der Angst seines Gewissens auf Gott zu hoffen". (79)

Es ist deutlich, daß Luther damals in der Ungeduld eine Versuchung sah. Das zeigt sich auch daran, daß er bei Erwähnung anderer Nöte, die nicht Gewissensängste, sondern „allerlei Leiden und Widerwärtigkeit" sind, betont, daß diese erduldet werden müssen, „auf daß je unser Wille erwürgt werde … und der Wille Gottes also geschehe und die Gnade das Reich besitze und nur Gottes Lob und Ehre dableibe". (80) Es ist interessant, daß er hervorhebt, es gebe Menschen, die in solchen Ängsten „ihrer selber Helfer und Erlöser sein wollen"; sie „können nicht warten, bis sie Gott erlöset vom Kreuz". (81) „Etliche lassen unserem Herrgott und seinen Heiligen nicht Ruhe, er nehme denn von ihnen die Anfechtung … Nicht begehre ich, aller Anfechtung ledig zu sein … Denn sie üben den Menschen und machen ihn in der Demut und Geduld vollkommen." (82)

---

(75) WA 2, 116f.; MA 1, 334.
(76) WA 2, 117; MA 1, 335.
(77) WA 2, 115; MA 1, 332.
(78) Vgl. unten Seite 121.
(79) WA 2, 117; MA 1, 334.
(80) WA 2, 106; MA 1, 322.
(81) WA 2, 106; MA 1, 323.
(82) WA 2, 124f.; MA 1, 341-343.

Die Doktrin des reflexiven Glaubens fehlt in der „Auslegung deutsch" völlig, obwohl sie zur Zeit der Veröffentlichung dieser Schrift doch schon entworfen war. Luther zögerte noch, sie zu einem Instrument der Gewißheitsbildung anzuwenden – offenbar deswegen, weil er noch wußte, daß Ungeduld in der Trostlosigkeit alles verdirbt. Er widersteht der Sehnsucht nach Tröstung als einer Versuchung. Er will in der Dunkelheit ausharren. In der „Auslegung deutsch" darf man wohl den Höhepunkt der spirituellen Entwicklung Luthers sehen.

Aber auf dieser Höhe ist er nicht geblieben. Aus der schon entworfenen Doktrin des reflexiven Glaubens hat er sich bald eine Methode gebaut, die den Trost der Gewißheit ihm selber und andern sichern, festhalten oder wenigstens zurückholen sollte. Wir haben diese Methode im ersten Kapitel betrachtet.

Die praktische Anwendung der Methode konnte jedoch nur das Gegenteil der erhofften Wirkung hervorbringen, ganz besonders bei einem Menschen, der ein so empfindliches Gewissen und ein so lebendiges Empfinden für Gottes Majestät besaß wie Luther und der durch seine jahrelange Predigttätigkeit und wohl auch Praxis der Selbstverdemütigung diese Empfindlichkeit sicher noch gesteigert hatte. Die Nöte kamen wieder. Aber jetzt mußte sie der Gedanke der Reflexivitätsdoktrin, daß Ungewißheit Unheil bedeute, unvergleichlich quälender machen, als sie gewesen waren, solange sie als spirituelle Übung mit Willen durchlebt worden waren.

Diese weitere Entwicklung ist im Laufe des Jahres 1519 geschehen. So wird die Tatsache verständlich, daß in der „Kurzen Form" neunmal die Bitte um Befreiung von Nöten des Gewissens oder um Bewahrung vor Gewissensangst und Verzweiflung vorkommt, in der „Auslegung deutsch" dagegen kein einziges Mal. In der „Kurzen Form" betet Luther: „Hilf, daß wir in der Angst unseres Gewissens … deinen Namen nicht vergessen"; „Behüte uns vor Unglauben [d. h.: vor Ungewißheit!] und Verzweifeln"; „Hilf, daß nicht unordige Betrübnis und Schwermütigkeit in uns sei"; „O Vater, tröste unser Gewissen …, welches vor unseren Sünden und deinem Gericht greulich erschrickt"; „Nimm von uns die schwere Last aller Sünde und Gewissens" (83) usw. Es ist ganz unvorstellbar, daß Luther

---

(83) Cl. 2, 53, 28; 54, 18, 25; 57, 28; 58, 12; WA 7, 222ff.

solche Nöte bei den Laien, für die das Buch bestimmt war, entdeckt haben sollte. Es waren sicher seine eigenen Nöte. Immerhin gibt es hier noch *Gebete* um Tröstung. Später wird das anders, wie wir im siebenten Kapitel betrachten werden.

Es ist offenbar, daß Luther, als er die „Kurze Form" schrieb, der Ungeduld endgültig erlegen war. Da ist keine Rede mehr von einer Vergebung, in der Gott den Menschen „hold ist… und sagt ihnen doch nichts davon"; keine Rede mehr vom Durchstehen der Angst. Statt dessen immer wieder die klägliche Bitte um Trost und Bewahrung vor Verzagen und Verzweifeln. Das war die Folge der inzwischen verfestigten Gewißheitsdoktrin.

Es ist natürlich nicht anzunehmen, daß die Entwicklung in Luthers geistlichem Leben so geradlinig verlaufen sei, daß man ihre Abschnitte auf den Tag oder Monat datieren könnte. Es hat offenbar auch rückläufige Bewegungen gegeben und verschiedene Versuche, einen Ausweg aus den Nöten zu finden. Aber so viel ist doch unverkennbar, daß zwischen der „Auslegung deutsch" und der „Kurzen Form" nochmals eine Wende in Luthers geistlichem Leben geschehen ist, nach jener Wende, die durch das Friedenserlebnis gekommen war und die die Entwicklung der Reflexivitätsdoktrin noch hätte aufhalten können. Im übrigen hat sich das, was wir hier (§ 3-6) nacheinander betrachten – Friede, Kampf zwischen Geduld und Ungeduld usw. – nicht in dieser Weise nacheinander ereignet; es scheint vielmehr, daß Luther in den unruhigen Jahren 1518/19 mehrmals von einem Extrem ins andere geworfen worden ist.

5. Ausweglosigkeit

Die Doktrin des reflexiven Glaubens, in ihrem Anfang ein Ausdruck der Sehnsucht nach dem Frieden, durch das tatsächliche Erleben des Friedens scheinbar bestätigt und darum mehr und mehr zur Norm gefestigt, wird nach dem unausweichlichen Verlust des Friedens zu einem Instrument, mit dem die Ungeduld sich den Frieden zurückholen und sichern will. Das ist die eigentlich *protestantische* Wende.

Christliche Spiritualität erträgt es nicht, daß der Mensch begierig nach geistlicher Tröstung verlange (dadurch unterscheidet sich der Christ vom heidnischen Bhaktifrommen). Der Wittenberger Augustinermönch wußte das; eben deswegen hat er 1518/19 der Versuchung, ungeduldig nach

Trost zu verlangen, so tapfer widerstanden. Ebenso weiß es, in Übereinstimmung mit der Tradition der christlichen Mystik, auch der moderne Zisterziensermönch Thomas Merton. Dieser kennt eine Kreuztheologie und eine geistliche Betrübnis ganz ähnlich wie Luther (obwohl er diesen offenbar nie gelesen hat). Er weiß auch, genau wie Luther es noch wußte, als er die „Auslegung deutsch" schrieb: „Wenn ich denke, daß das Wichtigste im Leben ein Gefühl des inneren Friedens ist, so werde ich um so verstörter sein, wenn ich bemerke, daß ich es nicht habe. Und da ich das Gefühl in mir nicht jedesmal, wenn ich es wünsche, hervorbringen kann, wird die Verstörung wachsen mit dem Scheitern meiner Bemühungen. Schließlich werde ich meine Geduld verlieren und mich weigern, diese Situation, die ich nicht lenken kann, auf mich zu nehmen, und werde so die allein wichtige Wirklichkeit fahren lassen, ohne die wahrer Friede völlig unmöglich ist: Die Vereinigung mit dem Willen Gottes." (84)

Diese Sätze Mertons beschreiben knapp und treffend die typische Struktur dessen, was sich in Luthers Spiritualität von 1518 bis 1545 ereignet hat. Daß es auf die „Vereinigung mit dem Willen Gottes" ankommt und nicht auf Frieden oder Trost oder Gewißheit, wußte Luther in der „Auslegung deutsch" noch sehr gut. Aber dann hat er doch „die Geduld verloren". Er „weigerte sich", die „Situation, die er nicht lenken konnte, auf sich zu nehmen". Er baute weiter an seiner Reflexivitätsdoktrin. Weil er meinte, sich behaupten zu müssen, unterlag er. Er wollte seine Niederlage nicht eingestehen und klammerte sich verbissen und trotzig an seine Doktrin. Das totale Scheitern seiner Spiritualität ist besonders deutlich an einer Stelle seiner zweiten Psalmenvorlesung zu beobachten.

In dem ersten, spätestens im März 1519 abgeschlossenen Stück dieser Vorlesung (85) kehrt die Mahnung zur Geduld und die Warnung vor der Ungeduld wieder, und zwar noch viel eindringlicher als in der „Aus-

---

(84) Thomas Merton, New Seeds of Contemplation, London 1962, Seite 165.
(85) Operationes in Psalmos. Das erste Stück umfaßt die Psalmen 1-5 und lag am 22. März 1519 einem Leser fertig vor. Vgl. WA 5, 4-5. Die Theologie der humilitas ist in der Vorlesung noch lebendig, besonders zu Anfang.

legung deutsch". Die Erwägungen werden angeschlossen an die Worte von Psalm 5, 12, die nach dem lateinischen Text lauten: „Und es werden sich freuen alle, die auf dich hoffen; sie werden frohlocken in Ewigkeit, und du wirst unter ihnen wohnen. Und es werden in dir sich rühmen alle, die deinen Namen lieben." Hier war gewiß Anlaß zu Betrachtungen über die Hoffnung, wie Luther sie denn auch sehr ausführlich gibt (86); aber dem Text gemäß hätten sie verbunden sein müssen mit den Ideen der Freude, des Liebens und des Lobens. Davon ist jedoch in Luthers Auslegung sehr wenig die Rede. Um so mehr spricht er über einen Gedanken, den der Text nicht einmal andeutet: Ausharren in geistlicher Betrübnis, Geduld, patientia. Die Abweichung vom Text weist darauf hin – hier wie an anderen Stellen exegetischer Schriften –, daß Luther von dem redet, was ihm in seinem eigenen geistlichen Leben, in seiner Erfahrung zu der Zeit gerade wichtig war.

In Übereinstimmung mit seiner Kreuztheologie redet er von einem „Ähnlichwerden (conformari) mit dem Bild und Beispiel Christi" (87), aber es ist bemerkenswert, daß als die Tugend, die dies möglich macht, nun nicht die Demut erscheint, sondern die Hoffnung, die identisch ist mit „geistlicher Geduld" (patientia spiritualis). Wie sehr Luther damals die Ungeduld als Gefahr empfand, wird daran erkennbar, daß er die geistliche Traurigkeit jetzt geradezu gleichsetzt mit der Ungeduld, die das eigene Glück will: „Was tun aber die, die ... nicht wissen wollen, daß man sich in Gott freuen und rühmen soll, anders, als daß sie traurig, verstört, ungeduldig werden, nicht weil Widriges oder Trauriges über sie kommt, sondern weil sie, wenn dergleichen kommt, mit ihrem törichten Affekt nicht auf Gott, sondern nach dem schauen, was ihnen selbst gedeihlich und angenehm ist? So fliehen sie und entkommen doch nicht, weil sie nicht dahin fliehen, wohin man fliehen muß. Die ganze Ursache jeglicher Traurigkeit ist also ein alberner Affekt der Freude und der Herrlichkeit." (88)

---

(86) WA 5, 158-180.
(87) WA 5, 166, 12.
(88) WA 5, 159, 2-8.

Durch die Gleichsetzung mit der Ungeduld bekommt die Traurigkeit, die in der Römerbriefvorlesung und noch in der „Auslegung deutsch des Vater Unser" ganz positiv gewertet worden war, einen negativen Charakter: Man dürfte eigentlich nicht geistlich traurig sein, man müßte sich eigentlich freuen in Gott, die Traurigkeit ist eine Folge verwerflichen Glücksstrebens. Mit diesem letzteren Gedanken dürfte Luther sogar den Kern der Sache treffen.

Dann verdächtigt er die Ungeduld vor sich selbst und seinen Hörern bzw. Lesern noch stärker. Nebst der sie begleitenden Verzweiflung ist sie nur einem Menschen möglich, der mehr auf seine eigenen Werke vertraut als auf Gott: „Gott zeigt, daß die Ursache der Verzweiflung nicht die Menge der Sünden ist, sondern die Albernheit des Affektes, der, wenn das Gewissen verstört ist, nach guten Werken sucht, die er den ihn bedrängenden Sünden entgegenhalten könne." (89)

Nun hatte Luther das Vertrauen auf eigene Werke und Verdienste ja schon seit langem als das eigentlich Unheilvolle angesehen. Jetzt führt er die Ungeduld auf das Werkvertrauen zurück. Das bedeutet: Sie wird ihm identisch mit demjenigen Übel, das im religiösen Leben mehr als alles andere zu meiden ist. Die Hoffnung dagegen, „das Werk der in Trübsalen bewährten *Geduld*", ist die Kraft, durch die der Mensch „verfeinert", „veredelt" und „zu Gottes alleiniger Verfügung zubereitet wird" (velut excolitur, epolitur … ad solius Dei usum paratur). (90)

Aber noch weiter steigert Luther seine Verurteilung der Ungeduld. Er nennt sie rundweg eine Versuchung Gottes. Er glaubte damals an die doppelte Vorherbestimmung – einige sind zum Heil, einige zur Verdammnis vorherbestimmt –, so konnte die Ungeduld eine besondere Form annehmen. Er sagt: „Was ist die Sorge um die Vorherbestimmung anderes als Ungeduld wegen der Ungewißheit des göttlichen Ratschlusses? Was tut aber diese Ungeduld anderes, als daß sie Gott versucht, indem sie wünscht, daß sein Ratschluß ihr gewiß sei?" (91)

---

(89) WA 5, 159, 16.
(90) WA 5, 176, 34-177, 3.
(91) WA 5, 173, 2.

Die Stelle zeigt, nebenbei bemerkt, daß die Lehre von der doppelten Vorherbestimmung schlecht zu den Gewißheitsübungen des reflexiven Glaubens paßt. Obwohl in der zweiten Psalmenvorlesung schon energische Äußerungen der Reflexivitätsdoktrin vorkommen, hielt Luther damals noch an seiner Lehre von der Vorherbestimmung fest. So mußte er sich gelegentlich widersprechen. Einerseits lehrte er, der Christ müsse seines Heiles gewiß sein (92); andererseits verurteilte er das Gewißheitsstreben in sehr scharfen Worten als Ungeduld. Vielleicht suchte er den Widerspruch vor sich selber dadurch zu verbergen, daß er stellenweise seine Terminologie wechselte und nicht von Glaube, sondern von Hoffnung sprach. Aber das Gemeinte ist dasselbe. Der Widerspruch ist ebenso wie die scharfe Verurteilung der Ungeduld ein sicherer Hinweis darauf, daß Luther damals durch sein ungeduldiges Verlangen nach dauernder Getröstetheit oder Heilsgewißheit in heftige innere Kämpfe geraten war: Diese konnte er nicht in glatten Gedankenreihen bewältigen.

Luthers Mahnung zur geistlichen Geduld in der zweiten Psalmenvorlesung ist etwas anderes als die Lehre von der Selbstverleugnung bis zur „Ergebung zur Hölle", die er drei Jahre früher vorgetragen hatte. Der Unterschied beruht auf dem geistlichen Erleben. Inzwischen hatte Luther Frieden und Befreiung erfahren. Das läßt auch die zweite Psalmenvorlesung erkennen. In dem Stück dieser Vorlesung, das im März 1519 veröffentlicht worden ist, wird das Erlebnis als „Hoffnung" und „Gewißheit des Herzens" bezeichnet: „Dann nämlich schmeckt man, wie milde der Herr ist …" in der „Gewißheit des Herzens in der Hoffnung, wenn der Mensch nach (!) der Trübsal und der Eingießung der Hoffnung – dabei meint er noch ohne Hoffnung zu sein – fühlt, daß er hofft und glaubt und liebt". (93) Aber das Gemeinte ist ohne Zweifel das gleiche wie dort, wo Luther vom „Frieden" spricht. Der Wechsel der Terminologie erklärt sich zunächst äußerlich daraus, daß in dem zu erklärenden Psalmvers von der Hoffnung, die zur Freude führt, die Rede ist. Aber vielleicht ergriff Luther den Gedanken der Hoffnung auch als eine willkommene Hil-

---

(92) WA 5, 124, 20.
(93) WA 5, 164, 39ff.

fe bei seinen Versuchen, mit einem neuen Erleben begrifflich fertig zu werden. Das Neue war die Wiederkehr der Betrübnis gewesen. Gegen diese empfahl der Kleine Galaterkommentar die Namenmystik, die „Auslegung deutsch" die Wortmystik; die zweite Psalmenvorlesung rät zum Gebet aus Hoffnung um Hoffnung:

„Du sollst um die Hoffnung [die hier offenbar als eine Erfahrung verstanden ist!] beten … jedoch so, daß du dich nicht weigerst, den Willen Gottes in dieser deiner Schwäche bis zum Tode zu tragen, indem du mit deinem Fürsten und Herrn sprichst: Meine Seele ist betrübt bis zum Tode. Du sollst aber so beten, daß du nicht zweifelst, Gott werde dir die Hoffnung schenken … Daher sollst du es geduldig ertragen, wenn sie verzögert wird, jedoch nicht mißtrauisch werden, ob sie auch gegeben werde. Sie wird zu ihrer Zeit gewiß kommen und nicht zögern; inzwischen mußt du gegen die Hoffnung auf Hoffnung hoffen." (94)

Hier gibt es also eine Hoffnung, welche Erfahrung oder Erlebnis ist, und eine Hoffnung, die auf das Hoffnungserlebnis hofft. Luther kann es nicht lassen, nach einer Erfahrung des seelischen Friedens, den er mit dem Heil bald mehr, bald weniger gleichsetzt, zu suchen, gleich ob er ihn nun „Frieden" nennt oder „Trost" oder „Glauben" oder „Gewißheit" oder sogar, wie in der zweiten Psalmenvorlesung, „Hoffnung". Immer wieder versucht er, Glauben und Erfahrung auseinanderzuhalten, und immer wieder sucht seine Ungeduld nach einem Ausweg, um beide zu identifizieren. Dieses Hin und Her erklärt manche Widersprüche und Verworrenheiten in seinen Schriften. Die Widersprüche sind ein Bild seiner Seele, die nach Erfahrung dürstet, doch immer wieder darauf verzichten muß und dann einen Standpunkt oberhalb des psychologischen Erlebens halten will. Die Forderung der Heilsgewißheit strebt nach Erfahrung, muß sich aber immer wieder damit begnügen, sich über eine gegenteilige seelische Erfahrung geistig zu erheben.

Es ist hier aber auch zu beachten, daß die ständige Spannung zwischen Erfahrung und Nichterfahren seit Gregor von Nyssa zu den Inhalten christlicher mystischer Theologie gehört. Karl Barth hat in seiner

---

(94) WA 5, 171, 4.

„Kirchlichen Dogmatik" zwei Reihen von Stellen aus Luthers Predigten zusammengestellt (95), von denen die eine Äußerungen über die Wirklichkeit und Notwendigkeit der religiösen Erfahrung enthält, die andere Aussagen darüber, daß der Glaube ohne Erfahrung sei. Ich führe nachstehend einige von diesen Stellen an.

Zur Erfahrung:

1522: „Derselbige Friede überschwebt über alle Sinne, Vernunft und Verständnis. Das mußt du nicht also verstehen, daß ihn niemand fühlen noch empfinden möge; denn sollen wir mit Gott Frieden haben, so müssen wir's je fühlen im Herzen und im Gewissen …"

1523: „… nimm vor dich das Wort Gottes, gehe hin und höre zu, da man's predigt, oder lies oder schreib es oder sing es auch, daß du nur damit umgehest und handelst, da wirst du je etwas fühlen, das wird nicht fehlen."

1532: „Denn wenn der Mensch also sicher hingehet in dem Wahn, als habe er den Glauben und doch nimmer erfähret, der muß verfaulen und verdorren, und findet sich nichts überall, wenn es zum Treffen kommt, da sich's finden soll."

Nicht-erfahren:

1526: „Der Glaube ist der Art, daß er nicht empfindet, sondern die Vernunft fallen läßt, die Augen zutut und sich schlicht ins Wort ergibt und demselbigen nachfolgt durch Sterben und Leben. Empfinden aber geht nicht weiter, denn was man mit Vernunft und Sinnen begreifen kann, als (= z. B.) was man höret, siehet und empfindet oder mit den äußerlichen Sinnen erkennet. Derhalben empfinden ist wider den Glauben, Glauben wider das Empfinden."

1532: „Darum muß das Wort geglaubt sein wider alles Sehen und Fühlen der Vernunft."

Der Widerspruch der beiden Reihen (Barth gibt noch mehr Beispiele) wird sinnvoll, wenn man sie als Aussagen einer Mystik nimmt. Denn

---

(95) K. Barth, Kirchl. Dogm. I 1 (⁷1955) Seite 230 und 232.

christliche Mystik ist Erfahrung der Gnade, die zugleich das jenseits aller Erfahrung ist. Barth selber, sonst radikaler Antimystiker, redet in diesem Zusammenhang versöhnlich: „Will man das Denken des dann sichtbar werdenden jenseits aller Erfahrung mystisches Denken nennen, so lohnt es sich nicht, etwa gegen dieses Wort zu streiten." Von Reflexivität des Glaubens (die Barth bei Luther übrigens auch dort übersieht, wo sie sich ausspricht) ist in den angeführten Stellen nicht die Rede. Sie sind in der Tat ein Zeugnis dafür, daß Luthers mystische Anlage, von der oben gesprochen wurde, auch nach Aufstellung der Reflexivitätsdoktrin sich noch äußern konnte. Was aber in reifer Mystik paradox beisammen ist – die Erfahrung des Nichterfahrbaren –, ist beim protestantischen Luther zu einem unruhigen Schwanken zwischen den einander widersprechenden Aussagen der Erfahrbarkeit und der Nichterfahrbarkeit geworden. Eben dies zeigt sich schon in den oben betrachteten Gedanken der zweiten Psalmenvorlesung. Luthers Mystik ist nicht zur Reife gekommen, weil er die Geduld verlor und das Leiden, das dem für die Erfahrung der „leuchtenden Finsternis" bestimmten Menschen nicht erspart bleibt, nicht durchstand.

Die Ungeduld, die sich das Glück der Gewißheit zurückholen will, empfand Luther um die Wende der Jahre 1518/19 als eine Gefahr des geistlichen Lebens. Er will noch in der Ungewißheit ausharren. Er will keine Flucht. Aber zugleich verbaut er sich durch eine neue Doktrin den Rückweg zu dem geduldigen, demütigen Ertragen der Ungewißheit und Traurigkeit, das er in den vorhergehenden Jahren gepredigt hatte. Diese Doktrin lehrte: Traurigkeit ist Ungeduld, noch mehr: Sie ist Werkvertrauen, und noch mehr: Sie ist ein Versuchen Gottes!

So war Luther in ein Dilemma geraten, das alles gesunde geistliche Leben schließlich ersticken mußte. Er sah zwei Möglichkeiten: Geduldige Traurigkeit oder ungeduldiges Suchen nach Gewißheit oder Trost oder Frieden. Aber im Grunde fand er auf beiden Seiten die Ungeduld, welche Gott versuchte! Es gab keinen Ausweg mehr. Luthers spirituelles System, sein Plan des geistlichen Lebens war gescheitert. Die Ursache des Scheiterns war die Doktrin des reflexiven Glaubens, die das Heilsbewußtsein mit dem Heil gleichsetzte und eine wirkliche Ergebung in den Willen Gottes, der auch durch dunkle Nächte führt, unmöglich machte. Luther erlag schließlich der Versuchung, Trost und Frieden und Gewißheit zu erzwingen.

6. Die Entscheidungssituation, innerlich und äußerlich

Wollen wir den Zusammenbruch, die Fehlentscheidung, die hier getroffen wurde, ganz begreifen, so müssen wir beachten, wie inneres und äußeres Geschehen damals bei Luther eigenartig und einzigartig ineinandergriffen.

Das äußere Geschehen war erfüllt vom Ablaßstreit. Es gab leidenschaftliche Auseinandersetzungen mit den Theologen und Denuntiationen, dann die Aufforderung seitens der römischen Kirche, einige Sätze zu widerrufen. Man wird, wenn man Luthers Verhalten in Augsburg menschlich verstehen will, in Betracht ziehen, daß er durch das niedrige Niveau der Streitschrift, die Silvester Prierias gegen seine Ablaßthesen gerichtet hatte, gereizt war und sich mit Recht verletzt fühlen durfte. Man ist versucht, es auf die äußeren Verwirrungen zurückzuführen, daß er nicht zu einer ruhigen Klärung seiner inneren Probleme kam. Aber ein solches Urteil wäre dem geistigen Bild, das sich aus seinen Schriften erheben läßt, nicht angemessen.

Die Chance, die Luther in Augsburg bekam, war wider alles Vorauszusehende günstig. (96) Er war in Rom bereits zum Ketzer erklärt worden. Mißverständnisse, Unverständnis und sehr unsachliche Motive hatten dabei eine erhebliche Rolle gespielt. Seine Verhaftung war schon beschlossen. Da machte eine politische Konstellation noch eine Wendung möglich. Statt des Gewaltaktes der Verhaftung wurde eine rein kirchliche Maßnahme angeordnet, die Vermahnung und die Aufforderung zum Widerruf, und der Mann, der Luther vermahnen sollte, war Kardinal Cajetan, der päpstliche Legat auf dem Reichstag in Augsburg. Dieser, ein Dogmatiker von hohem Rang, verstand Luther weit besser als der Magister sacri palatii Silvester Prierias und der päpstliche Auditor Girolamo Ghinucci. Durch alle Ränke, Eitelkeiten, Ressentiments, Fälschungen, Verleumdungen und durch alles unwesentliche Gerede hindurch erkannte Cajetan den Kern der Häresie in Luthers Ansichten. Auf diesen tatsächlich kirchenzerstörenden Punkt konzentrierte er seine Mahnung.

---

(96) Zum äußeren Geschehen jener Zeit vgl. etwa: Heinrich Boehmer, Der junge Luther, 3. Aufl., hrsg. v. Heinrich Bornkamm, Leipzig 1939, S. 183-191.

Luther war also in Augsburg in einer weit besseren Situation, als unter den wild erregten, verworrenen Verhältnissen der Zeit auch nur entfernt erwartet werden konnte. Was den sachlichen Inhalt des Verhörs anbetrifft, so wurde er nur mit dem wirklich Häretischen seiner Aussagen konfrontiert. Gott gab ihm eine letzte Chance. Durch Widerruf seiner Reflexivitätsdoktrin hätte er einen echten Akt der Demut vollziehen und sich für eine wahrhaft reformatorische Arbeit reinigen können.

Im inneren Geschehen war Luthers Kreuztheologie noch unvollendet. Sie war das Abbild einer Erfahrung, die erst das Dunkel des Karfreitags, noch nicht das Exultet des Ostermorgens kannte. Seine Spiritualität war ein Rigorismus der Verdemütigung, noch nicht die Freiheit der Liebe. Wie konnte er den Weg in das Licht, in die Freiheit und Freude finden? Nicht allein in der Innerlichkeit. Die Erfahrung des Friedens von Anfang 1518 war nichts Endgültiges, zumal da sie der Gefahr ausgesetzt war, durch eigenwillige doktrinäre Grübeleien auf einen geistlichen Irrweg zu leiten. Luther mußte aus der verkrampften Introversion befreit werden, und das war nur durch äußeres Handeln möglich. Er wußte genau, wie er diesen Weg gehen sollte, als Jünger des Gekreuzigten: „Von allem ledig werden, sich seiner selbst entäußern (omnibus evacuari, exinanire nos ipsos)"; „jeder Christ sollte sich am meisten freuen, wenn es ihm genau gegen den eigenen Sinn geht"; „seine Seele hassen und wollen gegen den eigenen Willen, klug sein (sapere) gegen das eigene Klugsein, eine Sünde zulassen gegen die eigene Gerechtigkeit, eine Torheit hören gegen die eigene Weisheit: Das ist „das Kreuz auf sich nehmen" und „Christi Jünger werden" und „in der Erneuerung des Sinnes verwandelt werden" (Röm. 12, 2)." (97) In diesen und ähnlichen Worten hatte er sich selber und seinen Hörern in Vorlesungen und Predigten der Jahre 1516 und 1517 immer wieder vorgehalten, was Gott von dem werdenden Reformator der Kirche verlangte.

Dann kam das Verhör in Augsburg. Daß in den Einwänden der römischen Kirche nicht Ignoranz oder Willkür sprach, sondern das Wächteramt der Kirche (vgl. Apg. 20, 28) und die geistliche Erfahrung von anderthalb Jahrtausenden – dies einzusehen wäre freilich leichter gewesen,

---

(97) Cl. 5, 231, 4; 282, 1; 284, 1; WA 56, 218. 447. 450.

wenn die römische Kirche dem Irrenden nicht mit dem fragwürdigen Glanz eines Eminentissimus Princeps, mit Einschüchterungsversuchen und dem äußeren Druck einer bloßen Widerrufforderung entgegengetreten wäre, sondern ihn in solcher Weise angesprochen hätte, wie sie 1420 Jahre früher die aufsässigen Korinther ermahnt hatte (im 1. Klemensbrief). Aber mußte denn er, der leidenschaftliche Prediger der Demut, nicht erkennen, daß gerade in der ärgerlichen, empörenden Form der Aufforderung zum Gehorsam und Widerruf eine Gnadeneinladung Gottes beschlossen war, die Regel des „Wollens gegen den eigenen Willen" und der „Klugheit gegen das eigene Klugsein" nun einmal wirklich zu befolgen, damit er von dem Krampf seines Rigorismus befreit werden könne zu einer helleren Spiritualität ebenso wie zu einer reineren kirchlichen Arbeit? War nicht jetzt die Stunde der Bewährung, die einmalige Gelegenheit, sein Ich so weit leer zu machen, daß er sich, klug gegen das eigene Klugsein, der Frage hätte öffnen können, ob nicht in den Vorhaltungen des Kardinals, die seiner biblizistischen Weisheit töricht erschienen, doch gerade die biblische Wahrheit ihn ansprach? Wenn die römische Kurie ihm kein gutes Beispiel gab – war es dann nicht an ihm, das Beispiel des echten Reformators zu geben?

Luther tat *nicht*, was er gepredigt hatte. Schon sein äußeres Auftreten gegenüber dem Kardinal war nicht gerade demütig. Er entschuldigte sich, aber er blieb unbeugsam. (98) Er machte *nicht* sein Ich leer, freute sich *nicht*, als es ihm gegen seinen Sinn ging, wollte *nicht* gegen den eigenen Willen, wollte *nicht* eine Torheit anhören gegen die eigene Weisheit.

Dabei war der reflexive Glaube in doppelter Weise im Spiel. Erstens war das, was die römische Kirche beanstandet hatte, gerade die Theorie dieses Glaubens, wie Luther sie im Blick auf das Bußsakrament aufgestellt hatte. Zweitens war es derselbe Glaube, der es Luther unmöglich machte, sich die Frage vorzulegen, ob die Theorie wirklich biblisch haltbar sei. Sein Biblizismus versuchte sie krampfhaft und aufgeregt zu verteidigen; fragen wollte er nicht. Denn wenn die Gewißheit das Heil selbst

---

(98) Entschuldigung: WA Br 1, 221, 1. Unbeugsamkeit: hanc … sententiam moriens confitebor et omnia potius negabo quam illam revocabo. WA Br 1, 238, 76.

ist, muß der Gläubige auch bei derjenigen Gestalt des Glaubens*inhalts*, die ihm einleuchtet, unter allen Umständen beharren; ist diese Gestalt doch die unentbehrliche Stütze für das Gelingen des Glaubens*aktes*.

Der reflexive Glaube ist mit der Theologie des Kreuzes und mit der Spiritualität der Demut und der Geduld unvereinbar. Es ist daher zu erwarten, und aus den erhaltenen Dokumenten läßt es sich auch tatsächlich aufzeigen, daß Luther gerade zu der Zeit in seiner Demutspredigt wankend wurde, als er sich nach Augsburg begab, wo er seine Reflexivitätsdoktrin verteidigte. Auf der Reise nach Augsburg hat er am 29. September 1518 in Weimar eine Predigt gerade über die Demut gehalten; drei Monate später hat er seinem Freund Spalatin einen brieflichen Bericht darüber gegeben. Die Predigt selbst und der Bericht umspannen also die Zeit unmittelbar vor und nach dem Verhör. Luther schreibt in dem Bericht:

„Demut heißt, mit allen seinen Gütern nichts anderes tun, als den Bösen zu dienen, nach dem Beispiel Christi: nichts sich selber zuweisen, sondern alles ausleeren.

Zweitens: Daher ist es entsetzlich, wenn jemand die Knechtsgestalt verachtet, den Sünder und den Törichten verurteilt. Nachdem nämlich Christus selbst alle diese Gestalten auf sich selbst genommen und geehrt hat, ist es notwendig, sie nicht nur nicht zu verachten, sondern auch zu ehren, in wem auch immer sie uns begegnen … Er will nicht, daß einer von den Kleinsten der Seinen verachtet werde, sondern daß ihnen wohlgetan werde und sie geehrt werden, als sei er selber gegenwärtig.

Und diese Knechtsgestalt soll den Bischöfen eigen sein, wie im Evangelium gelehrt wird. Jetzt aber sitzen sie wie der Antichrist im Tempel Gottes, sich dem Blick darbietend, als wären sie Gott, die empfangene Gewalt nur zu ihrem Vorteil an sich reißend und für einen Raub haltend (besonders der Papst), sorglos ruhend, niemandem dienend, sondern von allen sogar mit Gewalt Dienste erpressend …

(Im Text folgt): „Und wer einen von diesen Kleinen, die an mich glauben, ärgert, dem wäre es besser, es würde ihm ein Mühlstein an den Hals gehängt und er würde in die Tiefe des Meeres versenkt." Das Ärgernis dieser Kleinen ist ein zweifaches.

Erstens das grobe und offenbare, wobei sie durch offenbare Sünde ohne allen guten Schein zur Sünde gereizt werden. Aber dieses Ärgernis ist weniger gefährlich; denn das wird eindeutig als böse erkannt. Darum kann man sich davor hüten, und es braucht kein Ärgernis zu sein, sondern kann zur Erbauung dienen, wenn wir durch die fremde Gefahr uns warnen lassen wollen. Ich glaube auch nicht, daß Christus hauptsächlich hiervon gesprochen habe.

Das zweite ist subtil und sieht gut aus, weil man glaubt, es sei gut, und weil es ohne Bedenken angenommen wird. Dieser Art waren die falschen Propheten, die einst im Namen des Herrn das Volk verführten, und die Häretiker, die im Schafskleid reißende Wölfe trugen. Dies ist das eigentliche und gefährliche Ärgernis. Wer darein gefallen ist, kann kaum je zurückgerufen werden … Denn das gute Aussehen veranlaßt sie, es nicht für ein Ärgernis zu halten; und so gehen sie zugrunde, ehe sie es verstehen. Darum bestimmt Christus für sie eine harte und neue Strafe: den Mühlstein usw.

Solche gibt es auch zu unserer Zeit in größter Fülle. Sie geben sich großen Anschein der Heiligkeit, lehren viel Gutes, üben viel Andachtsarten und Gebete, bedenken manchmal mit Tränen das Leiden Christi. Aus ihrem Munde erklingt nichts als die Stimme der Demut, und ihr Auftreten trägt nichts als Heiligkeit zur Schau. Wenn sie mit diesem Anschein andern ein Beispiel gegeben haben, nähren sie inzwischen ihren geheimen Neid, ihren Hochmut und ihre Habsucht und sehen nicht, wie erbärmlich sie selber zugrunde gehen und wie viele sie unwissend mit sich zugrunde richten. Denn, daß sie geneigt sind, andere zu verurteilen, herabzusetzen, zu verachten, dann sich und das Ihrige zu rühmen, im Lebenslauf aller Menschen herumzuforschen und davon zu reden, manchmal auch zu verleumden, und mit vielen Urteilen einen höchst abscheulichen Neid und Hochmut zu zeigen – alles dies … verdunkeln sie durch ihr übriges Auftreten derart, daß sie andern ein nachahmenswertes Beispiel werden, d. h. ein ganz schlimmes Ärgernis. Diese werden von Paulus ausgezeichnet beschrieben, wenn er 2. Tim. 3, 5 voraussagt, daß es Menschen geben werde, die sich den Anschein der Frömmigkeit geben, aber deren Kraft verleugnen. Solche sind notwendig diejenigen, die den Gerechtigkeiten und Traditionen der Menschen folgen, aber die Gerechtigkeit des Glaubens aufgeben.

Und diesen werden heute alle Stellen übertragen. Sie sind höchst schädlich in der heiligen Kirche Gottes.

Daher folgt: „Wenn dein Auge dich ärgert." Das Auge ist der Lehrer und Berater, die Hand der Helfer, der Fuß der Schutz, auf den wir uns stützen. Alles dies bezieht sich vornehmlich auf das Amt (officium) derjenigen, die andern auf dem Wege Gottes vorangehen und ihnen vorstehen sollen. Vor ihnen aber, lehrt (der Text), sollen wir uns vornehmlich hüten, damit sie uns nicht ein Ärgernis geben und uns verführen; denn ihre Verführung kann kaum wieder gutgemacht werden, wie ich gesagt habe." (99)

In mehrfacher Weise ist an dieser Predigt zu erkennen, wie Luther einer Demutsforderung, die auch für ihn in seiner Situation gelten könnte – einer Forderung der Art, wie er sie früher so oft aufgestellt hatte! – ausweicht. Die Demut, die er zuerst fordert, ist sehr aktiv verstanden: Allen Menschen dienen mit dem, was man hat. Dieser Gedanke ist jedoch nicht weiter entfaltet – er hätte zu der Folgerung eines selbstlosen Dienstes auch unter schlechten Dienern der Kirche führen können! Dagegen ist dann die Forderung, die Knechte, Sünder und Törichten nicht zu verachten, breit ausgeführt. Aber wen geht sie an? Die andern, die Bischöfe! Ihnen predigt Luther die Demut.

Mit seinen Vorwürfen gegen die Bischöfe seiner Zeit hatte er ohne Zweifel weitgehend recht, und es wäre sehr verdienstlich gewesen, sie unerschrocken zur Buße zu rufen. Aber er sprach in der Predigt doch nicht zu Bischöfen. Was rät er nun seinen Hörern? Sie sollen sich vor den kirchlichen Vorstehern in acht nehmen. In seltsamer Auslegung eines Wortes der Bergpredigt deutet er an: Man muß bereit sein, diese „Augen" der Kirche notfalls „auszureißen", „damit sie uns nicht verführen"! Er fordert also zum Widerstand gegen die kirchliche Autorität auf, nicht zu Demut oder Gehorsam!

Nicht nur das. Auch vor den Demutspredigern soll das Volk auf der Hut sein. Ihnen werden die hohen Stellen in der Kirche angeboten. Ihre Predigt aber ist nichts als Heuchelei und raffinierteste Verführung. Wozu verführen sie eigentlich? Zu dem Neid, dem Hochmut, der Verachtung und Schmählust, die in ihnen ist? Es ist aus Luthers Worten nicht ganz klar, ob diese bösen Eigenschaften der Demutsprediger überhaupt so in Erscheinung treten, daß man sie nachahmen kann. Deutlich ist aber, daß er die Demutsprediger verdächtigen will. Und Demut predigt er nur denen, die nicht anwesend sind; den Anwesenden das Gegenteil!

---

(99) WA Br 1, 285, 66. 79; 286, 91. 104.

Nun hatte aber er selber doch jahrelang über nichts so viel gepredigt wie über die Demut. Sah er jetzt in sich selber Fehler, die er den Demutspredigern vorwirft: „geheimen Neid und Hochmut" und „daß sie geneigt sind, andere zu verurteilen, herabzusetzen, zu verachten ... und in vielen Urteilen einen höchst abscheulichen Neid und Hochmut zu beweisen"? Wir wissen, daß er tatsächlich dazu neigte, sehr scharf zu urteilen. Zwar wirft er diese Fehler nur den andern vor, und er nennt auch Fehler, die er bei sich selber sicher nicht finden konnte. Offenbar aber will er sich den Demutspredigern nicht (oder nicht mehr) gleichstellen, weil deren Predigt Verführung ist.

Man spürt, daß er von jetzt ab zurückhaltend sein wird in der Predigt der Demut – und so ist es dann auch tatsächlich gekommen.

Aber der eigentliche Grund dafür, daß ihm solche Predigt jetzt bedenklich erscheint, kann kaum die Entdeckung gewesen sein, daß sie in heuchlerischer und verführerischer Form vorkam. Das hätte, wenn das Demutsideal noch bestand, erst recht zum Anlaß werden können, in reiner und echter Weise darüber zu predigen. Daran jedoch, daß Luther hier seinen Hörern geradezu das Gegenteil der Demut nahelegt, verrät sich, daß das Ideal als solches ihm wankend geworden war. Wie war das möglich geworden?

Wir wissen, daß damals in Luther bereits eine Kraft wirkte, die ihrem Wesen nach die Idee der Demut paralysieren muß: Der reflexive Glaube. Verhalten, aber unverkennbar spricht sich diese Kraft auch in der Weimarer Predigt aus, nämlich in der Art, wie Luther auf die Schriftstelle 2. Tim. 3, 5 anspielt. Daß die Verführer „sich den Anschein der Frömmigkeit geben", steht auch in diesem Bibeltext, nicht aber, daß sie „den Gerechtigkeiten und Traditionen der Menschen folgen", auch nicht, dass sie „die Gerechtigkeit des Glaubens aufgeben". Durch diese Zusätze zum Text spricht Luther den Verdacht aus, daß entweder die Demutspredigt oder sogar das kirchliche System, dem diese sich einfügt, bloß menschliches Machwerk sei, bloß menschlicher Selbstrechtfertigung diene, und zwar deswegen, weil die Prediger die *Gerechtigkeit des Glaubens* preisgeben.

In der Tat, das ist es. Unter „Gerechtigkeit des Glaubens" mußte Luther natürlich, nach dem Augsburger Verhör noch mehr als vorher, die Reflexivität verstehen. In Augsburg hat er ja gerade den Gedanken verteidigt, daß das Rechtfertigende am Glauben dessen Reflexivität sei. Von dieser Lehre aus kann, ja muß man allerdings zu dem Verdacht kommen, Demutspredigt und Demutspraxis sei nichts als Selbstgerechtigkeit und Menschenwerk – zu dem die Demutsprediger die Kleinen verführen wollen. Und die „Gerechtigkeit" dieses „Glaubens" kann allerdings kein Verständnis mehr haben für einen kirchlichen Sinn, der auch unter schlechten Vorstehern „mit aller Demut und Sanftmut, mit Langmut einander ertragend in Liebe, eifrig ist, zu wahren die Einheit des Geistes in dem Bande des Friedens" (Eph. 4, 2-3). In der Konsequenz der Idee des reflexiven Glaubens kündigt sich hier schon der revolutionäre Begriff der sog. „evangelischen Freiheit" an, den Luther etwa drei Jahre später entwickeln wird.

Die Idee der Demut ist also, wenn noch nicht aufgegeben, so doch stark in Verwirrung geraten. Im Innern die sich als „Glaubensgerechtigkeit" verstehende Reflexivität des Glaubens; im Äußeren, von dieser angeregt, die Entschlossenheit zum Widerstand gegen die römische Kirche: Beides zusammen ließ der Demutsidee im Geiste des Predigers keinen Raum, zwang ihn vielmehr, das alte Ideal nur andern vorzuhalten, sich selber aber von ihm zu dispensieren und es zu verdächtigen. Manches in dem Bericht über die Weimarer Predigt mag sich erst unter dem Eindruck des Augsburger Verhörs so gestaltet haben, wie Luther es aufzeichnete; aber gerade so erklärt der Predigtbericht, warum Luther in Augsburg nicht daran gedacht hat, seiner eigenen, jahrelang wiederholten Forderung entsprechend zu handeln. Der Bericht macht weiterhin verständlich, weshalb um die Wende der Jahre 1518/19 Luthers spirituelles System überhaupt zusammenbrach. Die oben betrachtete Auslegung von Psalm 5, 12 in der zweiten Psalmenvorlesung ist ein ergreifendes Dokument dafür.

Luther stand vor der Wahl zwischen zwei Möglichkeiten; bei beiden war die Entscheidung im Inneren und im Äußeren in ein und demselben Akt zu fällen. Entweder er hätte, innen und außen zugleich, vollkommenen Gehorsam, vollkommene Geduld, vollkommene Selbstverleugnung leisten müssen: „Wenn das Weizenkorn nicht in die Erde fällt und stirbt …" Oder er mußte, innen und außen zugleich, Trotz bieten: Innen sich Frieden und Trost ertrotzen, außen gegen das Wächteramt der römischen Kirche trotzen. Es war eine Wahl zwischen Kreuz und Trotz, eine Wahl von einzigartiger Totalität des Betroffenseins. Innen und Außen in derselben Entscheidungssituation. Im Inneren sich anders zu entscheiden als im Äußeren war hier unmöglich. Wollte Luther im äußeren Widerstand beharren, so mußte er sich eine innere Troststütze oder Trotzstütze bauen; denn von der Spiritualität einer Demut aus, die das Dunkel zu tragen bereit ist, läßt sich ein äußerer Widerstand als Behauptung der eigenen Ansicht gegen die Kirche niemals leisten. Wollte er in seinen inneren Kämpfen sich selber behaupten, so mußte er auch nach außen trotzen; denn die theologische Selbstbehauptung war um so unausweichlicher, als das zu Verteidigende gerade der reflexive Glaube war. Umgekehrt hätte die vollkommene Selbstaufgabe im Inneren – der Verzicht auf die Rückgewinnung des Friedens – auch die äußere Selbstaufgabe erfordert, ja diese hätte, wenn sie geleistet worden wäre, jene erleichtert. Er war also kein Zufall, daß Luther gerade in einer Zeit schwersten inneren Ringens in die äußeren Konflikte geriet, und es war nicht zufällig, daß er gerade wegen des reflexiven Glaubens mit der römischen Kirche in Konflikt geriet.

Nachdem er in der äußeren Entscheidung versagt hatte, mußte auch das Gefüge seines spirituellen Lebens zusammenbrechen. Er wählte den Trost und den Trotz. Die der Gewißheitsdoktrin innewohnende Selbstsicherheit kämpfte in ihm noch eine Zeitlang gegen die innere Bindung an die kirchliche Autorität. Das zeigt sich u. a. daran, daß er seiner Behauptung, er wolle sich gegebenenfalls aus der Schrift belehren lassen, mehrmals selber widerspricht, indem er feststellt, er werde niemals widerrufen. In den „Acta Augustana", die er sogleich nach seiner Rückkehr von dem Verhör verfaßt hat, behauptet er in wirrem Wechsel, er sei bereit, und: Er sei nicht bereit, Belehrung anzunehmen, sogar in ein und demselben Satz: „Meine … Erklärung habe ich zwar mit aller Ehrfurcht vor dem Papst abgegeben und gewissermaßen seiner Entscheidung anheimgestellt; du darfst aber nicht glauben, ich hätte dies getan, weil ich an der Sache selbst zweifelte oder jemals meine Überzeugung ändern würde – denn die göttliche Wahrheit ist Herrin auch über den Papst, und ich erwarte keines Menschen Richterspruch mehr, wo ich das Urteil Gottes klar erkannt habe …" (100)

Luther war also überzeugt, er habe „das Urteil Gottes klar erkannt", und zwar aus der Heiligen Schrift. Er meinte, sein Gewissen sei an die Schrift gebunden. Er täuschte sich. Es war an seine Reflexivitätsdoktrin gebunden, die ihrerseits nicht aus der Schrift erhoben oder bewährt werden kann. Diese Doktrin zwingt zum Protest, macht ihn zur religiösen Pflicht mit unausweichlicher Logik.

---

(100) WA 2, 17f.; MA 1, 74.

So ist der reflexive Glaube systematisch, psychologisch und geschichtlich der Ursprung der protestantischen Bewegung. Systematisch deswegen, weil die Reflexivitätsforderung mit dem katholischen Glauben unvereinbar ist. Das Konzil von Trient definiert, mit großer Genauigkeit Luthers Idee referierend: „Wenn jemand sagt, der Mensch … werde gerechtfertigt *dadurch, daß* er mit Gewißheit glaubt, er … werde gerechtfertigt, oder niemand sei wahrhaft gerechtfertigt, wenn er nicht glaubt, *daß* er gerechtfertigt sei, und allein durch diesen Glauben werde … die Rechtfertigung vollendet, so sei er ausgeschlossen" (Si quis dixerit hominem … justificari *ex eo quod* se … justificari certo credat, aut neminem vere esse justificatum, nisi qui credat se esse justificatum, *et hac sola fide* … justificationem perfici: anathema sit). (101) Psychologisch deswegen, weil im reflexiven Akt die Selbstbehauptung notwendig mitvollzogen wird. Geschichtlich deswegen, weil der reflexive Glaube der erste Anlaß des offenen Konfliktes Luthers mit der römischen Kirche gewesen ist. Diese Geschichte ist weitergegangen, bis heute.

Es hätte nichts genutzt, wenn man versucht hätte, Luther aus der Heiligen Schrift zu belehren. „Glaube nicht, daß ich meine Überzeugung jemals ändern werde." Von Luthers eigener Entwicklung aus gesehen, bedeutet das Augsburger Verhör das Ende der Reformation, als sie kaum begonnen hatte. Statt ihrer begann der Protestantismus. Luther hat den Parasiten, der sich in seiner Kreuztheologie gebildet hatte und den die römische Kirche mit Härte, aber im Grunde doch barmherzig wegoperieren wollte, für das Herz seiner Theologie gehalten. Nach Augsburg modifizierte er flugs Lehren, die er bis dahin noch anerkannt hatte, die aber mit seiner Verteidigung der Reflexivitätsdoktrin nicht zu vereinbaren waren: in den Acta Augustana billigte er dem Papsttum noch menschliches Recht zu (102), einen Monat später begann er schon zu „ahnen" (divinare), „daß der Antichrist in der römischen Kurie herrsche". (103) Die weitere äußere Geschichte des Kirchenkampfes verfolgen wir hier nicht.

---

(101) Denz. 824.
(102) WA 2, 19ff.; MA 1, 76ff.
(103) WA Br 1, 270, 12. (18. Dezember 1518.)

Viertes Kapitel

LIEBE ALS GESETZESWERK

1. Vorbemerkungen

Alle Inhalte und Akte des christlichen Seins werden durch Luthers neues Glaubensverständnis, wenn es konsequent durchgeführt wird, in ihrem Wesen verändert, am meisten die Liebe. Es kommt zu einer Verschiebung der Relationen, in denen Glaube, Liebe, Werk, Gesetz und Freiheit bisher gelebt und gesehen worden waren. Echter christlicher Glaube lebt in einem Ineinander mit der Liebe; in dem Maße aber, wie der Glaube reflexiv wird, trennt er sich von der Liebe. In der Liebe geht das Ich des Menschen aus sich heraus; im reflexiven Glauben beugt es sich auf sich selbst zurück. Das ist zwar eine die Beziehung zu Gott voraussetzende und daher eminent religiöse Haltung; aber da sie den Glauben wesenhaft als Statuieren und Apprehendieren des je eigenen Heils versteht und vollzieht, muß sie als eine Art Selbstbehauptung bezeichnet werden. Das Statuieren und Apprehendieren ist mit der Hingabe der Liebe unvereinbar. In der ethischen Praxis des Lebens und in der Predigt wirkt sich das nicht in der Schärfe aus, wie es sich in der Analyse erweist. Denn die neutestamentliche Botschaft der Liebe bleibt auch dem protestantischen Luther in einem Sinne gültig. Aber in einem theologischen System, dessen Ausgangspunkt und Mittelpunkt die Reflexivitätsdoktrin bildet, verliert die Liebe unvermeidlich die Stellung, die sie im Evangelium hat.

Liebe zu Gott und Liebe zum Nächsten sind nach dem Neuen Testament unzertrennlich, aber doch unterschieden. Wer den Nächsten nicht liebt, kann Gott nicht lieben (1. Joh. 4, 20); aber die Kinder Gottes kann auch nur der christlich lieben, der Gott liebt (1. Joh. 5, 2). Liebe zu Gott ist Liebe zu Christus; sie besteht u. a. in der Erfüllung seiner Gebote (1. Joh. 5, 3; 2. Joh. 6; Joh. 14, 15. 21). Ihr ist Anteil an der Herrlichkeit, dem Gottesreich, dem Leben, der Offenbarung Christi verheißen (1. Kor. 2, 7-10; Jak. 2, 5; Jak. 1, 12; Joh. 14, 21). Gott gebietet auch anderes als Nächstenliebe; schon deswegen ist die Nächstenliebe nicht die einzige Form der Gottesliebe. Liebe zu Christus ist Voraussetzung der Gottwohlgefälligkeit (Joh. 14, 21; 16, 27); wer den Herrn nicht liebt, ist verflucht (1. Kor. 16, 22). Liebe zu Gott ist nur möglich, weil die Liebe aus Gott ist (1. Joh. 4, 7; Röm. 5, 5), weil Gott uns zuerst geliebt hat (1. Joh. 4, 9-10).

Es ist angezeigt, sich diese biblischen Verhältnisse, ehe die Stellung der Liebe im Urprotestantismus untersucht wird, zu vergegenwärtigen, damit ein Maßstab gewonnen werde für die Veränderungen, die auch das Verhältnis von Gottesliebe und Nächstenliebe im Protestantismus seit seinem Ursprung erlitten hat. Wenn im folgenden von Liebe im Denken des protestantischen Luther gesprochen wird, so ist eigentlich fast nur die Nächstenliebe gemeint. Daß Liebe zu Gott und Nächstenliebe sich *gegenseitig* bedingen und durchdringen, fand in diesem Denken keinen Platz. Den Gedanken an die Liebe zu Gott hat Luther zumindest vermieden. Gelegentlich konnte er sagen: „Liebe Gott in seinen Geschöpfen; er will nicht, daß du ihn in seiner Majestät liebst." (1) Vor allem kennt Luther die Reue aus Liebe zu Gott nicht. Durch Melanchthons Apologie (1a) ist der Satz, daß der Mensch, den sein Gewissen anklagt, Gott nicht lieben könne, lutherische Kirchenlehre geworden. Der Protestantismus lebt seitdem in dieser Tradition. Liebe zu Gott oder zu Christus ist, außerhalb des Pietismus, weithin unbekannt und wird manchmal sogar ausdrücklich abgelehnt. Bultmann z. B., der Ausgezeichnetes über die Nächstenliebe zu sagen weiß, urteilt: „Eine direkt auf Jesus gerichtete Liebe gibt es nicht ... ; eine Liebe, die sich direkt auf Gott richtete, gibt es ... nicht." (2)

---

(1) WA 11, 189, 5. Zu Luthers Angst vor Gottes Majestät vgl. Kap. VII S. 284ff.

(1a) III 7; V 34. Vgl. auch den Anhang 2 dieses Buches.

(2) R. Bultmann, Das Evangelium des Johannes, Göttingen [11]1950, Seite 404. Vgl. ebendort Seite 473-475, 482 und 486f., wo das johanneische Ineinander von Glaube und Liebe in der Weise mißdeutet wird, als sei bei Johannes „Liebe" bloß eine Chiffre für „Glaube"; den Glauben aber versteht

2. Bis 1519

In den Jahren 1515-1516, als Luther seine Vorlesung über den Römerbrief hielt, sah er die Verhältnisse von Glaube, Liebe, Werk, Gesetz und Freiheit noch ganz im Lichte des Neuen Testaments und der katholischen Kirchenlehre. Augustins Schrift „Vom Geist und vom Buchstaben" bestimmte sein Denken über diese Dinge. Er trug seinen Studenten vor: „Der Apostel unterscheidet zwischen Gesetz und Glauben, oder zwischen Buchstaben, und Gnade, und ebenso zwischen den Werken derselben. Werke des Gesetzes nennt er diejenigen, die außerhalb des Glaubens und der Gnade getan werden und die aus dem Gesetz, welches durch Furcht zwingt oder durch Versprechungen von Zeitlichem lockt, getan worden sind. Werke des Glaubens aber nennt er diejenigen, die aus dem Geist der Freiheit allein aus Liebe zu Gott getan werden. Und diese können nur von Gerechtfertigten getan werden ..." (3) „Wenn daher der selige Jakobus und der Apostel (Paulus) sagen, der Mensch werde durch Werke gerechtfertigt, so streiten sie gegen das falsche Verständnis derjenigen, welche meinten, der Glaube genüge ohne seine eigenen Werke; denn der Apostel sagt nicht, der Glaube rechtfertige ohne die *ihm eigenen* Werke ... sondern: Ohne Werke *des Gesetzes.* Daher erfordert die Rechtfertigung nicht Werke des Gesetzes, sondern lebendigen Glauben, *der seine Werke wirkt.*" (4)

In seiner Galaterbriefvorlesung, etwa 1517, unterscheidet Luther die verdienstlichen von nichtverdienstlichen Werken dadurch, daß sie *in der Liebe getan* sind: „Das äußere Werk begründet nämlich keinen Unterschied. Der ganze Unterschied aber besteht im Gewissen, in der Meinung, im Geiste, im Vorhaben, in der Absicht usw. Daher sind die Werke des Gesetzes, wenn sie im Bewußtsein der Notwendigkeit getan werden, Sünden gegen die Gnade; wenn sie aber in der Hingabe der Liebe

---

Bultmann weitgehend wie Luther, vgl. etwa in seinem „Ev. des Johannes" Seite 172: „Ergreifen der Verheißung", ferner im „Theol. Wörterbuch zum NT" VI 219, 2: „je für mich".

(3) WA 56, 248, 10; BG 1, 210.

(4) WA 56, 249, 5; BG 1, 212.

getan werden, sind sie Verdienste gemäß der Gnade. Sie geschehen aber in der Hingabe der Liebe, wenn sie nach dem Bedürfnis oder dem Willen eines andern getan werden. Dann sind sie nämlich nicht mehr Werke des Gesetzes, sondern Werke der Liebe; denn sie werden nicht wegen des Gesetzes, sondern um des Bruders willen getan." (5)

In den Jahren 1515-1517 weiß Luther also noch klar zu unterscheiden zwischen Werken des Gesetzes und Werken der Liebe, und auch der Verdienstgedanke ist noch gemäß der kirchlichen Lehre anerkannt.

Im Kleinen Galaterkommentar ist zwar der reflexive Glaube schon definiert, aber die Lehre über die Werke ist von ihm noch kaum beeinflußt. Das geistige Bild dieses Kommentars unterscheidet sich ebensosehr von dem düsteren Rigorismus der Römerbriefvorlesung wie von der Starrheit und dem Stolz der Systematik des Großen Galaterkommentars. Es herrscht eine heitere Freudigkeit, in der man die Nachwirkung des Befreiungserlebnisses sehen kann. Die *Freiheit* der guten Werke ist stark betont; über ihr Verhältnis zu Glaube, Liebe, Verdienst und Gesetz hat Luther damals so gedacht:

„Es ist nämlich menschliche Freiheit, wenn die Menschen sich nicht ändern, sondern bloß die Gesetze sich ändern. Christliche Freiheit aber ist es, wenn das Gesetz sich nicht ändert, aber die Menschen sich ändern, so daß dasselbe Gesetz, das vorher dem freien Willen verhaßt war, angenehm wird, da in unseren Herzen nun durch den Heiligen Geist die Liebe ausgegossen ist." (6) „Der Glaube ... macht, daß wir, nachdem wir die Liebe empfangen haben, weder gezwungen noch auf zeitliche Weise angelockt, sondern frei und beständig das Gesetz tun." (7) „Das wirkt die Freiheit, daß wir nicht gezwungen, sondern freudig (hilariter) und

---

(5) Externum enim opus est indifferens. Tota autem differentia est in conscientia, opinione, mente, consilio, intentione etc. Igitur opera legis, si fiant conscientia necessitatis, peccata sunt adversus gratiam; si autem fiant pietate caritatis, merita sunt secundum gratiam. Luthers Vorlesung über den Galaterbrief 1516/17, hrsg. von H. v. Schubert, Heidelberg 1918, Seite 61. Scheel Dok. Nr. 761.

(6) WA 2, 560, 21ff. Vgl. WA 2, 574, 34.

(7) WA 2, 574, 23.

umsonst (gratuito) gute Werke tun." (8) Gute Werke sind Werke, welche in der Gnade und in der Liebe, die eine Gabe des Heiligen Geistes ist, getan werden. (9) Solche Werke sind verdienstlich: „Wenn Werke des Gesetzes aus dem Bewußtsein der Notwendigkeit und aus dem Vertrauen auf [durch sie] zu erwerbende Gerechtigkeit getan werden, so „geht man Abwege im Rat der Gottlosen" … Wenn sie dagegen aus der Frömmigkeit der Liebe und aus dem Vertrauen und der Freiheit der schon erworbenen Gerechtigkeit getan werden, so sind sie Verdienste." (10)

Die zuletzt angeführten Sätze sind sehr ähnlich dem Zitat, das oben Seite 155 aus Luthers Galaterbriefvorlesung gegeben worden ist. Der Kleine Galaterkommentar ist ja eine Bearbeitung dieser Vorlesung. Der Unterschied zwischen dem Textstück der Vorlesung und dem soeben vorgelegten Zitat aus dem Kommentar besteht vor allem darin, daß der Kommentar den Begriff der Freiheit einführt. Durch die geschehene Rechtfertigung wird der Mensch in den Stand der Freiheit versetzt, so daß er Werke nicht mehr aus Zwang tut und um sich Gerechtigkeit zu erwerben, sondern aus Liebe; erst dadurch sind sie „Verdienste". Luther folgt hier ganz der Lehre des hl. Augustinus; man vergleiche dessen klassische Aussprüche: Die Werke „folgen nämlich dem Gerechtfertigten, nicht gehen sie dem zu Rechtfertigenden voraus" (sequuntur enim justificatum, non praecedunt justificandum) (11); die Gnade wird gegeben, „nicht weil wir das Gesetz erfüllt haben, sondern damit wir das Gesetz erfüllen können" (non quia legem implevimus, sed ut legem implere possimus). „Wenn das Gebot aus Furcht vor Strafe, nicht aus Liebe zur Gerechtigkeit ausgeführt wird, so wird es knechtisch, nicht frei, und darum gar nicht erfüllt. Denn die Frucht ist nicht gut, die nicht aus der Wurzel der Liebe hervorgeht" (mandatum si fit timore poenae, non amore justitiae, serviliter fit, non liberaliter, et ideo nec fit. Non enim fructus est bonus, qui de caritatis radice non surgit). (12)

---

(8) WA 2, 575, 3.
(9) Vgl. WA 2, 552.
(10) WA 2, 562, 31. Vgl. das Zitat Seite 141 Anm. 5.
(11) De fide et operibus 14, 21.
(12) De spiritu et littera 10, 16 und 14, 26.

Auch der Luther von 1519 lehrte schon ein „Allein durch den Glauben", aber charakteristisch verschieden von seiner späteren Auffassung. Der Kleine Galaterkommentar sagt: „Da siehst du wohl, wie der Glaube allein nicht genügt, und dennoch rechtfertigt allein der Glaube; denn wenn er echt ist, erbittet er den Geist der Liebe." (13) „Es ist ... zu beachten, daß der Apostel bezeugt, daß den Glaubenden bald auch der Geist der Söhne (oder: Kinder) gegeben wird. Er sagt: „Da ihr – natürlich durch den Glauben ... – Kinder seid, hat Gott den Geist seines Sohnes in eure Herzen gesandt [welcher ruft: Abba, Vater!]. Hierdurch löst sich leicht die Frage ... wie die Lehre, daß der Mensch allein durch den Glauben gerechtfertigt und gerettet wird, gemeint sei ... Wenn der Glaube echt ist und [der Mensch] wahrhaft ein Kind ist, wird der Geist nicht fehlen. Wenn aber der Geist da ist, wird er die Liebe ausgießen ... Wenn also (Paulus) vom rechtfertigenden Glauben spricht, dann meint er den Glauben, der durch die Liebe tätig ist, wie er an anderer Stelle sagt." (14)

Luther sah also damals Glaube, Liebe, Werk, Gesetz, Freiheit und Verdienst noch in einem durch den Heiligen Geist gewirkten Zusammenhang. Die Heilswertigkeit, ja Heilsnotwendigkeit der Werke hat er noch nicht bestritten; nur das Heils*vertrauen* auf die Werke bekämpfte er mit Leidenschaft. Seine Lehre ist im wesentlichen noch dieselbe wie die des hl. Augustinus. Auch daß der Glaube den Geist der Liebe „erbittet" (impetrat), ist augustinisch gedacht. (15)

3. Gesetz und Freiheit

Wenden wir uns nun zum Großen Galaterkommentar. Hier sind die Verhältnisse von Glaube, Liebe, Werk, Gesetz und Freiheit total verschoben; Verdienst gibt es überhaupt nicht mehr. Die Freiheit des Erlösten sieht Luther nun allein im Gewissen, im Bewußtsein. Die Anfangs-

---

(13) WA 2, 591, 26.
(14) WA 2, 536, 32.
(15) Vgl. etwa Ep. 186, 3, 7: Hanc enim fidem volumus habeant, qua impetrent caritatem. Rouet de Journel, Enchiridion Patristicum, ³1920, Nr. 1445. MPL 33, 818.

worte des fünften Kapitels des Galaterbriefes – „Bleibet in der Freiheit, zu der Christus uns befreit hat" – hatte er 1519 mit den oben angeführten Worten über die Freiheit, die eine Freiheit des *Handelns* ist, erläutert; 1532 sagt er zu denselben Worten (16): „Christus hat uns … geistlich frei gemacht, d.h. er hat uns so befreit, daß unser *Gewissen* frei und froh sei, ohne Furcht vor dem künftigen Zorn." Diese Freiheit besteht in nichts anderem als in dem Bewußtseinsakt des Heilsstatuierens: „Denn wer kann es ganz aussagen, was es für eine große Sache ist, wenn jemand mit Gewißheit statuieren kann, daß Gott weder zornig sei noch es jemals sein werde, sondern in Ewigkeit um Christi willen ein wohlwollender und gütiger (faventem et clementem) Vater sein werde? Das ist sicher eine große und unbegreifliche Freiheit …" Und dann folgt sogleich eine von den in diesem Kommentar so häufigen Gewißheitsübungen; denn das „Mit-Gewißheit-Statuieren" ist „sehr schwierig". Daß christliche Freiheit etwas mit Liebe und Handeln zu tun hat, kommt mit keinem Wort zur Sprache. Was hier „Freiheit" genannt wird, ist, von den Gewißheits- und Gewissensbefreiungs-Übungen her gesehen, ein Bewußtseinskrampf, ziemlich *unfrei* in seinem Wesen.

Paulus unterscheidet Röm. 8, 2 das „*Gesetz der Sünde und des Todes*", das eine Kraft von Gottes Zorn und Fluch ist, von dem „*Gesetz des Geistes, des Lebens in Christus Jesus*", dem Gesetz, das nach anderen Stellen des Römerbriefes „geistlich", „heilig, gerecht und gut" (17) ist. In den Jahren 1515-1519 hatte Luther diesen Unterschied noch tief im Sinne des Paulus und der ganzen Heiligen Schrift interpretieren können. Wie er in der Römerbriefvorlesung darüber dachte, ergibt sich aus der oben Seite 140f zitierten Stelle über Gesetz und Glauben. In der Galaterbriefvorlesung Ende 1516 erörterte er den Gegenstand nur knapp (18), ausführlich dann 1519 im Kleinen Galaterkommentar (19); diese

---

(16) WA 40 II 3, 22. 26. Vgl. 3, 7 (Hs.): non camaliter, non politice, diabolice, sed theologice, i. e. tantum in conscientia.
(17) Vgl. hierzu Röm. 7, 9-10; 5, 15; Gal. 3, 10. 13; Röm. 7, 14. 11.
(18) Cl. 5, 333, 15-334, 13; WA 57, 72, 27ff.
(19) WA 2, 498-501; 550-552.

Ausführlichkeit mag mit seinem Befreiungserlebnis zusammenhängen. Luther wußte 1519: Dasselbe Gesetz, das als „Buchstabe" das „Gesetz der Werke, der Sünde, des Zornes" ist, das „alle(s) verdammt" – dasselbe Gesetz wird durch die Liebe, die „durch den Heiligen Geist in unseren Herzen ausgegossen" ist (Röm. 5, 5), zum „Gesetz des Glaubens, zum Neuen Gesetz, zum Gesetz Christi, des Geistes, der Gnade, rechtfertigend, alles erfüllend". (20) Nicht das Gesetz wandelt sich, sondern der Mensch, und das Neue Gesetz wird von dem gewandelten Menschen in Freiheit erfüllt. (21)

Sechzehn Jahre später aber, im Großen Galaterkommentar, hängt der Unterschied zwischen dem „heiligen, guten, geistlichen, göttlichen" Gesetz einerseits und dem verdammenden Gesetz des Zornes andererseits vom Erfolg einer Bewußtseinsverdrängungsübung ab. Keine Rede mehr davon, daß der durch den Glauben Gerechtfertigte durch den Empfang des Geistes der Liebe frei wird, gute Werke zu tun und so das Gesetz und die Gerechtigkeit zu erfüllen. Vielmehr hängt alles davon ab, ob es gelingt, zur rechten Zeit das Gesetz aus dem Bewußtsein zu verdrängen: „Du aber reserviere (sepone) nunmehr das Gesetz und die Liebe für einen anderen Ort und eine andere Zeit, und richte die Aufmerksamkeit (animum) auf die gegenwärtige Situation (statum praesentis causae). Diese aber besteht darin, daß Jesus Christus, Gottes Sohn, am Kreuze stirbt und meine Sünde, das Gesetz, Tod, Teufel und Hölle an seinem Leibe trägt. Diese Feinde ... bedrängen mich ... ; daher bin ich besorgt, wie ich von ihnen befreit ... werden könne. Da finde ich kein Gesetz, Werk oder Liebe, die mich von ihnen befreien könnten ... Später, wenn ich Christus im Glauben ergriffen habe (apprehenso) ..., tue ich gute Werke, liebe Gott, danke, übe Liebe gegen den Nächsten. Aber diese Liebe oder die Werke durchformen meinen Glauben nicht und schmükken ihn nicht, sondern mein Glaube durchformt und schmückt die Liebe." (22)

---

(20) WA 2, 499.
(21) WA 2, 560. Vgl. oben Seite 142 und Anm. 6.
(22) WA 40 I 274, 22.

Demnach ist das Gesetz also gerade dann heilig, wenn es für mich existentiell keine Rolle spielt! Die existentielle Funktion, die es je dem Einzelnen vollzieht, ist, daß es ihn schreckt, und dann ist es nicht heilig, sondern Gesetz des Todes, das mit Bibelsprüchen aus dem Bewußtsein verdrängt werden muß. Gerade an den Vers Gal. 2, 19 – „Ich aber bin durch das Gesetz dem Gesetz gestorben, damit ich für Gott lebe" –, zu dem Luther 1519 schöne Ausführungen über das geistliche Gesetz der Liebe und Freiheit gegeben hatte, knüpft der große Galaterkommentar weitschweifige Gewißheits- und Gewissensbefreiungsübungen an. (23) Die Bewußtseinsverdrängung und Bewußtseinsspaltung ist heilswichtig: „… in Sachen der Rechtfertigung sollst du mit größter Verachtung vom Gesetz sprechen … Im übrigen aber, außerhalb des Lehrpunktes von der Rechtfertigung (locus justificationis) sollen wir . . . ehrfürchtig vom Gesetz denken, . . . es heilig, gerecht, gut, geistlich, göttlich usw. nennen. Außerhalb des Gewissens sollen wir aus ihm einen Gott machen, im Gewissen aber ist es wahrhaft ein Teufel …" (24)

4. Der „die Liebe durchformende Glaube"

Was ist das für ein Glaube, der „die Liebe oder die Werke" durchformen soll? Die Scholastik lehrte, daß der Glaube dadurch vollendet wird, daß ihn die Liebe durchformt oder beseelt (fides caritate formata oder informata). Luther setzte dagegen die Behauptung, es müsse umgekehrt sein: Die Liebe müsse vom Glauben durchformt sein.

Das ist zunächst eine Äußerung des polemischen Affekts; Luther hat diesen Gedanken da, wo er ihn ausspricht, nicht entfaltet. Aber es ist doch wohl berechtigt, sich umzusehen nach Gedanken, die er an anderen Stellen darlegt und die eine Vorstellung geben von dem Glauben, der nach seiner Meinung speziell beim Tun guter Werke seinen Platz hat. Der protestantische Luther hat ja, obwohl er die Heilswertigkeit der Werke bestritt, stets kräftig zum Tun guter Werke aufgefordert, und er hat

---

(23) WA 40 I 266-281.
(24) WA 40 I 558, 6. 24.

sich auch speziell zum Thema „Gute Werke" geäußert, beispielsweise 1520 in seiner Schrift „Von den guten Werken".

Aus dieser Schrift ergibt sich, daß gute Werke für Luther mehr Werke des Glaubens als der Liebe sind. Das Gutsein der Werke macht er direkt von einem auf das Subjekt reflektierenden Glaubensakt abhängig. Indem und sofern und weil in einem solchen Akt die Gottwohlgefälligkeit der Werke statuiert wird, *sind* sie gut: „Hier kann nun ein jeglicher selbst merken und fühlen, wenn er Gutes und nicht Gutes tut. Denn findet er sein Herz in der Zuversicht, daß es Gott gefalle, so ist das Werk gut ... Ist die Zuversicht nicht da. .. so ist das Werk nicht gut." (25) Indem er von Werken der Devotion spricht, sagt Luther: „Geschehen diese Dinge mit solchem Glauben, daß wir's dafür halten, es gefalle Gott alles wohl, so sind sie löblich, nicht ihrer Tugend, sondern desselben Glaubens halber ..." (26)

Diese Ansicht hat Luther seit 1520 im wesentlichen festgehalten; auch 1535 fordert er, daß der Mensch die Gottwohlgefälligkeit seiner Werke statuieren müsse. (27) Und es ist ganz konsequent, daß er, wenigstens 1520, den Glauben selbst – deutlicher gesagt: Die psychologische Leistung des Statuierens – das eigentliche gute Werk nennt (28), wenn er auch später Bedenken hatte, den Glauben ein Werk zu nennen. (29) Daß Luther den „Glauben", der die Gottwohlgefälligkeit der eigenen Werke statuiert, die Erfüllung des Ersten Gebotes des Dekalogs nennt, ist, nebenbei gesagt, eine von den bizarren Auslegungen, mit denen er seine Ideen gewaltsam auf die Heilige Schrift stützen wollte. Da dieser „Glaube" es mit den Werken zu tun hat, muß er es ja wohl sein, der nach Luthers Willen „die Liebe oder die Werke" durchformen soll.

Aber es bedarf eigentlich keiner Ausführungen, um zu zeigen, daß von Liebe hier keine Rede sein kann, am wenigsten von Liebe zu Gott.

---

(25) Cl. 1, 231, 3; WA 6, 206; MA 2, 6. Daß der Christ der Gottwohlgefälligkeit seines Tuns gewiß sein müsse, hat Luther schon 1518 in seiner Rede „De triplici justitia" gefordert; vgl. oben Kap. I Seite 34.

(26) Cl. 1, 236, 17; WA 6, 211; MA 2, 12.

(27) WA 40 I 575ff.

(28) Cl. 1, 229, 27 und 233, 36; WA 6, 204 und 209; MA 2, 5 und 2, 9.

(29) Althaus 203.

Wenn jemand im Hinblick auf das, was er im Umgang mit einer Person oder in bezug auf diese Person tut, selber statuiert, daß es derselben wohlgefällig sei, so ist das keine personale Beziehung und schon gar keine Liebe. Paulus lehrt 1. Kor. 13, daß es die Liebe ist, die alle Werke und auch den Glauben erst vor Gott wesentlich und wertvoll macht. Luther dagegen fordert nicht nur: „Ein jeder gewöhne sich, mit Gewißheit zu statuieren, daß er in der Gnade sei und seine Person samt (seinen) Werken Gott gefalle"; (30) er lehrt auch, die Selbstbeobachtung, daß wir gute Werke tun, gebe uns eine nachträgliche Bestätigung, „daß wir in der Gnade sind"; denn „durch diese Zeichen erhalten wir Gewißheit" (certi reddimur). (31) So sind also die Werke dem reflexiven Glauben, der zunächst ihr Gutsein statuieren muß, ihrerseits auch dienstbar. Alles kreist in diesem System um einen Glauben, der den Bezug auf Christi Heilstat und auf Bibelsprüche dazu benutzt, auf das glaubende Ich zu reflektieren. Für die Liebe gibt es hier eigentlich keinen theologischen Platz.

Paul Althaus handelt in seiner „Theologie Martin Luthers" über Luthers Gedanken zur Liebe in zwei Anhängen, und es ist bezeichnend, in welcher Weise das geschieht. Er berichtet nämlich, daß mehrere neutestamentliche Stellen über die Liebe „für Luther auf den ersten Blick in mehrfacher Hinsicht Schwierigkeiten bieten" bzw. „für die Theologie Luthers um ihres Zentralsatzes willen ein Problem bedeuten". (32) Er stellt dann dar, wie Luther zu verschiedenen Zeiten die Stellen verschieden gedeutet und „um den Einklang mit seiner Grunderkenntnis in immer neuem Ansetzen gerungen" habe. (33) Außer Betracht bleibt hier – wie an vielen anderen Stellen – der Große Galaterkommentar mit seiner Abwertung der Liebe und seiner Verzerrung des paulinischen Hohen Liedes. Daß ein theologisches System, für dessen „Zentralsatz" die zentralen Äußerungen des Neuen Testaments über die Liebe „auf den ersten Blick in mehrfacher Hinsicht Schwierigkeiten bieten" und „ein Problem bedeuten", doch wohl schon deswegen den Geist des Neuen Testaments

---

(30) WA 40 I 576, 27
(31) WA 40 I 577, 28. Vgl. Althaus 215 und 375.
(32) Althaus 357 und 372.
(33) Althaus 372.

verfehlt, ist Althaus nicht zu Bewußtsein gekommen. Immerhin erkennt er an, daß Luthers Auslegungen jener Bibelstellen in wesentlichen Punkten – falsch sind. (34)

Zu dem Pauluswort Gal. 4, 6: „Da ihr aber Söhne seid, hat Gott in eure Herzen den Geist seines Sohnes gesandt, welcher ruft: Abba, Vater!" hatte Luther 1519 ausgeführt, daß durch die Sendung des Heiligen Geistes die Liebe geschenkt wird und daß derjenige Glaube rechtfertigend sei, der in dieser Liebe tätig ist (siehe das Zitat oben Seite 142). 1535 streitet er mit äußerster Erbitterung dagegen, daß der rechtfertigende Glaube von Liebe durchformt sei. (35) Die Stelle Gal. 4, 6 legt er sehr weitschweifig aus (36); aber mit keinem Wort erwähnt er jetzt, daß der ins Herz des Glaubenden gesandte Geist Liebe ist! Über „äußere Zeichen" des Besitzes des Heiligen Geistes handelt er kurz: „… gern von Christus hören und lehren, danken, loben, ihn bekennen, auch wenn es Gut und Leben kostet; sodann je nach Beruf tapfer (pro virili) seine Pflicht in Glauben und Freude tun usw., sich nicht an der Sünde freuen, sich nicht in einen fremden Beruf eindrängen, sondern dem eigenen dienen, dem bedürftigen Bruder helfen, Traurige trösten usw." (37); „den Papst und die fanatischen Geister samt ihrer gottlosen Lehre hassen". (38) Ausführlich legt er dann eine Form seiner Gewißheitstheorie dar, schärft immer wieder ein, daß man „mit Gewißheit statuieren" müsse, den Heiligen Geist zu haben – auf acht Kleinoktavseiten elfmal certo (certissime) statuere! –, schildert mit unerhörter Eindringlichkeit die Schrekken der Ungewißheit sowie den schweren Kampf um die Gewißheit. Er hat die Gewißheit nicht; er stürzt in grauenvolle Ungewißheit, meint

---

(34) Ich kann hier nicht auf das Einzelne eingehen, möchte aber bemerken, daß mir auch das, was Althaus an Luthers Auslegungen retten will, äußerst fragwürdig erscheint. Die beiden Anhänge von Althaus' Buch enthalten eine Fülle von Material, das meine Darstellung von der Stellung der Liebe in Luthers System bestätigt.

(35) WA 40 II 34ff. Vgl. unten Seite 165f.

(36) WA 40 I 571-593.

(37) WA 40 I 577, 25.

(38) WA 40 I 576, 25.

aber, er müsse um des Heiles willen in direktem Zugriff sich die Gewißheit erkämpfen, und in dem Stöhnen dieser egozentrischen Daseinsangst
meint er das Abba-Rufen des Heiligen Geistes zu vernehmen. Hier hat
das Heilsstatuieren die Liebe nicht „durchformt", aber erdrückt. Ein psychologischer Krampf ist geblieben – der Krampf des Reflektierens.

Die Werke werden, lehrt Luther, durch den (reflexiven) Glauben leicht:
„Denn wenn die Sünde vergeben und das Gewissen von der Last und
dem Biß der Sünde befreit ist, kann der Christ alles leicht tragen … er tut
und duldet alles willig." (39) Der Glaube „fraget auch nicht, ob gute Werke zu tun sind, sondern ehe man fragt, hat er sie getan und ist immer im
Tun". (40) Mit großer innerer Wärme hat Luther solche Lehren vor allem
in seiner Schrift „Von der Freiheit eines Christenmenschen" (1520) vorgetragen: „Sieh, also fließet aus dem Glauben die Liebe und Lust zu
Gott, und aus der Liebe ein freies, williges, fröhliches Leben dem Nächsten zu dienen umsonst." (41) Diese Schrift ist eins von den Stücken in
Luthers Werk, wo der reflexive Glaube, obwohl unauffällig und untergründig an ihrer Gestaltung mitwirkend (42), sich doch nicht in den Vor-
dergrund drängt, so daß der positive Reichtum von Luthers Denken und
die Innigkeit seiner Religiosität das Bild beherrschen.

---

(39) WA 40 I 234, 25.
(40) WA DtB 7, 11; MA 6, 90 (Vorrede zum Römerbrief).
(41) Cl. 2, 25, 17; WA 7, 36; MA 2, 284.
(42) Nur einmal tritt die Reflexivität in der „Freiheit eines Christenmenschen"
hervor, nämlich in den Worten: „Glaubst du, so hast du, glaubst du nicht, so
hast du nicht" („Zum neunten"). Aber überall wirkt sie untergründig mit. Der
„innerliche Mensch", dem hier („Zum XIX") die Freiheit zugesprochen wird,
ist das Bewußtsein. Da die Liebe zu Gott nicht erwähnt wird, erscheint die
Liebe schon hier als etwas Diesseitiges: „Ein Christenmensch lebt … in Christo durch den Glauben, im Nächsten durch die Liebe" („Zum XXX."). Die
Brautmystik ist schon hier („Zum XII.") auf die Glaubensvereinigung bezogen. Aussagen wie die, daß der „Glaube dadurch erwächst und erhalten
wird, wenn mir gesagt wird, warum Christus gekommen sei, wie man seiner
gebrauchen und genießen soll, was er mir gebracht und gegeben hat"
(„Zum XVIII."), sind verdeck-te Kundgebungen der Reflexivitätsforderung.

Die Versicherung, daß der Glaube zum guten Werk und zur Liebe führt und daß die Vergebungsgewißheit das Tun der Werke leicht macht, kann man sicherlich annehmen, auch wenn man die Forderung der Reflexivität ablehnt. Aber bedenklich stimmt doch, daß in demselben Großen Galaterkommentar, wo jene Versicherung ausgesprochen ist, auch eine ihr direkt widersprechende Behauptung steht. Anscheinend schafft es der Glaube allein doch nicht: „je gewisser wir der Freiheit sind, die uns Christus erworben hat [d. h. je fester unser reflexiver Glaube ist], um so kälter und träger werden wir im Dienst des Wortes, im Beten, im Tun des Guten, im Ertragen von Leiden." (43) Da hilft dann – nicht die Liebe, sondern – der Satan: „Wenn uns nicht der Satan quälte, innen durch geistliche Versuchungen [d. h. Verlust der Vergebungsgewißheit] und außen durch Verfolgungen der Gegner …, so würden wir vollends sorglos (securi), feige und zu jedem guten Werk untüchtig (44) werden und würden so mit der Zeit die Erkenntnis und den Glauben an Christus verlieren …" (45) Die Verdrängung der Liebe aus der Mitte der Theologie und des geistlichen Lebens führt also zu einer antithetischen Korrelation des Bösen und des Guten – ein Bild der Zerrüttung der Spiritualität.

5. Säkularisierung der Liebe

In seiner ersten Galaterbriefvorlesung lehrte Luther Anfang 1517: „Und es konnte keine vollkommenere Art von Tugend überliefert werden als die Liebe: Sie ist das innerlichste aller Werke, das freieste und leichteste (46)"; sie ist „ewig". (47) Im Jahre vorher hatte er in der Römerbriefvorlesung die Worte von Gal, 5, 13: „einander dienen in Liebe" mit dem Satz erläutert: „Diese Knechtschaft ist die höchste Freiheit." (48)

---

(43) WA 40 II 61, 15.
(44) ad omne opus bonum reprobi, nach der Vulgatafassung von Tit. I, 16.
(45) WA 40 II 61, 17.
(46) Nec potuit perfectius tradi genus virtutis quam dilectio, quod est intimum omnium operum, Überrimum atque facillimum. Cl. 5, 342, 5; WA 57, 101.
(47) Cl. 5, 342, 22; WA 57, 101-
(48) WA 56, 482, 24; BG 2, 340.

1519 konnte er noch mit Paulus von der „Knechtschaft der Gerechtigkeit" in solcher Weise sprechen, daß er sie mit einer christlichen Freiheit,
die eine Freiheit des Handelns ist, gleichsetzte. (49)

Nachklänge dieser Gedanken kommen auch in späteren Schriften
noch vor. So heißt es in Schmalzings Nachschrift von Luthers 1527 –
1530 gehaltener Vorlesung über den Propheten Jesaja: „Aber nun sind
(Gesetz, Sünde und Tod) überwunden, das Gesetz wird durch Christus
erfüllt, danach auch durch uns, wenn wir mit dem Heiligen Geist be-
schenkt sind, der den Mut hinzugibt, daß wir uns auch der Trübsal rühmen, und so ist das Gesetz nicht mehr ein boshafter Forderer (exactor im-
probus), sondern ein angenehmer Gefährte (jucundus socius). Es selbst
freilich ändert sich nicht, sondern wir (ändern uns)." (50) Die Druckausgabe der Jesajascholien fügt dazu noch die Gedanken der Liebe zu Gott
und der Freiheit: „… weil wir durch den Geist Gottes verändert sind, welcher macht, daß wir den züchtigenden Vater lieben … Und das ist die
christliche Freiheit, … durch die der Heilige Geist gegeben wird, so daß
wir dem Gesetz teilweise genugtun." (51)

Der Klang aber, der in der Rede des protestantischen Luther über die
Liebe bei weitem vorherrscht, ist ein ganz anderer. Der Ewigkeitscharakter der Liebe, ihr Ausgezeichnetsein durch eschatologische Endgültigkeit,
ragt jetzt nicht mehr ins Diesseits hinein, sondern wird auf das „künftige
Leben" beschränkt, wo Glaube und Hoffnung aufhören werden. (52)
Demgemäß ist die in diesem Leben betätigte Liebe, deren Werke nicht
mehr in der Ewigkeit gewertet werden, säkularisiert: sie bleibt dem Diesseits, dem Menschlichen, dem Irdischen, dem Bereich des Gesetzes zugeordnet. Der Freiheitscharakter der Liebe ist in Luthers Lehrvortrag in
solchem Maße verkümmert, daß die von seinen Schülern aus ihren
Nachschriften hergestellten Druckausgaben das Wesen der Liebe geradezu als äußere Knechtschaft und Gesetzesgerechtigkeit beschreiben
konnten. All das steht in merkwürdigem Gegensatz dazu, daß Luther
nach wie vor anerkennt, daß die Liebe eine Gabe des Heiligen Geistes

---

(49) WA 2, 559, 34.
(50) WA 31 II 69, 24.
(51) WA 25, 122, 19ff.

ist (53) – im Gegensatz, denn „wo der Geist des Herrn ist, da ist Freiheit"; 2. Kor. 3, 17 und an anderen Stellen des Neuen Testaments ist zu erkennen, daß Liebe, Freiheit und Heiliger Geist voneinander untrennbar sind. Der Reformator will einerseits an der Lehre der Schrift festhalten, andererseits aber auch die Konsequenzen seiner Reflexivitätsdoktrin darlegen; das führt unausweichlich zu Widersprüchen, weil diese Doktrin der Schrift fremd ist. Die Freiheit des Geistes sieht der protestantische Luther nur im Gewissen, in dem der Glaube das Freisein von der Sünde statuiert; das Handeln aus Liebe aber stellt er dieser Freiheit als etwas *anderes*, als Dienst oder Knechtschaft *gegenüber*. Daß die „Berufung zur Freiheit" eben das „Einander-Dienen in Liebe" und der „Wandel im Geiste" (Gal. 5, 13. 16) ist, kommt nicht mehr zur Sprache. Dazu stimmt, daß die Liebe für Luther jetzt etwas Äußerliches ist; die Innerlichkeit ist nun allein dem „Glauben" vorbehalten. Mit alledem ist die Liebe, die doch das eigentlich Sakrale des christlichen Lebens ist, von dem Reformator in den Bereich des Profanen, der reinen Weltlichkeit verwiesen – zugunsten der Herrschaft des statuierenden Glaubens.

Zum Beleg dieser Säkularisierung der Liebe mögen einige Auszüge aus drei Werken Luthers genügen: Aus dem Großen Galaterkommentar, den Jesajascholien und einer Predigt, die der Reformator am 24. November 1532 vor den anhaltinischen Herzögen gehalten hat. Diese Werke sind zwar alle nicht im genauen, von Luther gesprochenen Wortlaut erhalten, sondern in Nachschriften bzw. Druckbearbeitungen seiner Schüler; aber in der Druckbearbeitung des Galaterkommentars hat Luther selber seine eigenen Gedanken wiedererkannt (54), und Crucigers Druckbearbeitung der Predigt hat er mit den Worten anerkannt: „Ich halt, er hat's besser gemacht, denn ich's gepredigt habe." (55) Für unsere Untersuchung ist gerade dieser Überlieferungsstand wertvoll, da er das erste Stadium der geschichtlichen Wirkung von Luthers Ideen repräsentiert.

---

(52) WA 40 II 79, 10. 26; 80, 8. 25.
(53) Vgl. etwa WA 40 II 36, 3.
(54) WA 40 I 33, 4: sentio meas cogitationes esse …
(55) MA 6, 466.

Alle drei Texte enthalten den Gedanken, daß die Liebe dem äußeren Leben, im Verkehr mit den Menschen, zugeordnet sei, im Gegensatz zum Glauben, der das innere Leben vor Gott sei. Rörers Nachschrift der Galaterbriefvorlesung von 1531 enthält den Satz: „Der Glaube, welcher Christo glaubt, dient äußerlich (foris) dem Nächsten in Liebe." (56) In der Druckbearbeitung (dem Großen Galaterkommentar) hat der Lutherschüler den Gedanken wie folgt entfaltet: „Das ganze christliche Leben stellt Paulus … dar als Glauben gegen Gott innerlich und als Liebe oder Werke gegen den Nächsten äußerlich, so daß der Mensch in solcher Weise vollkommen christlich ist: Innerlich durch den Glauben vor Gott, der unserer Werke nicht bedarf; äußerlich vor den Menschen, denen der Glaube nichts nützt, dagegen wohl die Werke oder die Liebe." (57) Noch radikaler sprechen dasselbe die Jesajascholien aus: „In diesen beiden erschöpft sich das ganze christliche Leben: (es ist) innerlich und äußerlich. Das innere (Leben) hat es mit Gott zu tun, allein im Glauben, durch den der Verheißung geglaubt wird, daß Gott umsonst verzeihe wegen des Samens Abrahams, welcher Christus ist. Und dieser Glaube ist nackte Gerechtigkeit vor Gott; ihn rechnet Gott als Gerechtigkeit an ohne alle vorausgehenden oder folgenden Werke. Das äußere Leben aber hat es mit den Menschen zu tun; es besteht im Gebrauch der zweiten Tafel (der Zehn Gebote), deren Summe ist, wie Christus auslegt, den Nächsten wie dich selbst zu lieben. Dieses Leben gebiert eine andere Gerechtigkeit; diese ist nicht die Gerechtigkeit vor Gott, sondern vor den Menschen. Das ist die Gerechtigkeit des Gesetzes, die aus den Werken ist; die andere ist die Gerechtigkeit der Gnade, die aus unverdienter Zurechnung ist (ex gratuita imputatione)." (58) Interessant ist, daß dem Lutherschüler, der den Drucktext der Scholien formulierte, die Liebe sogar aus dem Bereich der Gnade ausgeschlossen schien. Die Stelle ist in ihrem strengen Gedankengang ein besonders deutliches Anzeichen dafür, daß in Luthers Auseinanderreißung von Glauben und Liebe ein Same

---

(56) WA 40 II 38, 1.
(57) WA 40 II 37, 26.
(58) WA 25, 95, 15. Nicht in der Nachschrift von WA 31 II.

des später aufkeimenden Säkularismus liegt. Der gleiche Gedanke – daß die Liebe dem Äußerlichen und dem Bereich des Gesetzes zugeordnet sei, geschieden vom Bereich der Gnade – findet sich schließlich auch in der erwähnten Predigt vom 24. November 1532, über deren Druckbearbeitung sich Luther so anerkennend ausgesprochen hatte. Der Text der Predigt (1. Tim. 1, 5-7: „Das Ziel der Weisung ist Liebe aus reinem Herzen und gutem Gewissen und ungeheucheltem Glauben …") stellt die Liebe als das Ziel und den Glauben als Voraussetzung hin, wertet also (ebenso wie Paulus 1. Kor. 13) die Liebe als das Höhere; Luther dagegen sieht es umgekehrt. Zuerst sagt er viel Wertvolles über die Liebe; wir werden in anderem Zusammenhang darauf zurückkommen. Dann aber fordert er, „daß man nicht untereinander werfe und menge Glauben und Liebe oder das Leben gegenüber Gott und gegenüber Menschen". (59) Die Liebe bzw. die Werke der Liebe sind „jene Reinigkeit des Herzens in äußerlichem Leben" (60), „inwendig" dagegen ist der Mensch „ganz fromm durch den Glauben". (61) Der Glaube ist es, der „Christum … ergreifet als den Gnadenstuhl" (62); daß die Liebe etwas mit Gnade zu tun habe, ist nicht erwähnt.

Die Zuordnung der Liebe zum „äußeren" Leben schließt schon den Gedanken ein, daß sie dem Diesseitigen, dem Irdischen zu gehöre. Das gleiche bedeutet auch ihre Zuweisung zum Bereich des Gesetzes; denn das Gesetz hat für Luther einen positiven Sinn nur für die Ordnung der innerweltlichen Dinge. Einige Stellen des Großen Galaterkommentars aber sprechen diese Innerweltlichkeit der Liebe auch noch besonders aus. In Rörers Nachschrift steht der harte Satz: „Die Liebe glaubt der Lüge, der Glaube der Wahrheit." (63) Für den Druck hat der Lutherschüler diesen Gedanken seines Meisters wie folgt ausgeführt: „Der Glaube glaubt Gott, daher kann er sich nicht täuschen; die Liebe den Menschen, daher täuscht sie sich oft. Der Glaube der Liebe ist aber zum gegen-

---

(59) WA 36, 372; MA 6, 378.
(60) WA 36, 363; MA 6, 369-
(61) WA 36, 374; MA 6, 380.
(62) WA 36, 371; MA 6, 378.
(63) WA 40 II 49, 4.

wärtigen Leben so notwendig, daß ohne ihn das Leben in der Welt nicht bestehen könnte." (64) Das klingt schon wie eine Persiflage auf das paulinische Hohe Lied der Liebe. Aus der Liebe, die „alles glaubt" (1. Kor. 13, 7), weil sie in die Ewigkeit hineinragende Vollkommenheit ist (1. Kor 13, 8-13), wird bei Luther ein in der steten Unvollkommenheit weltlicher Situationen unentbehrliches Bewältigungsverfahren, das es in Kauf nimmt, auch „der Lüge zu glauben". Ähnlich spricht er in seiner Polemik gegen diejenigen Protestanten, die in der Sakramentslehre nicht mit ihm übereinstimmten. Liebe und Eintracht mit diesen „Sakramentariern" lehnt er ab. Denn das Wichtigere sei die Lehre: „Die Lehre ist der Himmel, das Leben die Erde. Im Leben ist Sünde, Elend mit Essig; da duldet, glaubt, laßt euch täuschen; nur glaubt die Vergebung der Sünden und behaltet die Lehre" (65) – so Rörers Nachschrift der Vorlesung. Die Anspielung auf 1. Kor. 13, 7, auf die Liebe, die „alles duldet, alles glaubt", ist auch hier unverkennbar. Darum ist der Gedanke im Druck des Kommentars wie folgt ausgeführt: Im Leben ist Sünde, Irrtum, Unreinheit und Elend … Dort mag die Liebe Nachsicht üben, dulden, sich verspotten lassen, glauben, hoffen, alles ertragen …" (66) Der Diesseitigkeit der Liebe entspricht es, daß auch die Verheißung, die ihr gegeben ist, nach Luthers Ansicht – im krassen Widerspruch zu einer Reihe von Stellen des Neuen Testaments (67) – sich im Diesseits erschöpft. So hat sein Schüler Schmalzing, die Jesaja-Vorlesung des Meisters mitschreibend, den Satz notiert: „Für den Glauben … verheißt er die Verzeihung der Sünden, das ist eine geistliche Verheißung, für die Liebe aber und die Reinheit der Hände die Fülle zeitlicher Dinge" (68), und die Druckausgabe der Jesajascholien fügt dem noch eine Gleichsetzung der Liebe mit der „Gerechtigkeit des Gesetzes" hinzu. (69)

---

(64) WA 40 II 49, 25.
(65) WA 40 II 51, 8.
(66) WA 40 II 52, 13.
(67) siehe oben Seite 138f: 1. Kor. 2, 7-10 usw.
(68) WA 31 II 14, 21.
(69) WA 25, 95, 41.

Dieser Säkularisierung der Liebe entspricht es vollkommen, daß das paulinische Einander-Dienen-in-Liebe nun nicht mehr mit der *Freiheit* der Liebe (deren Betätigung im Dienst aus ihrem Wesen als freier *Hingabe* fließt) ineinsgesetzt wird, sondern der *Knechtschafts*charakter dieses Dienens in der Gegenüberstellung zur Freiheit des (statuierenden) Gewissens ein eigenes Gewicht bekommt. Rörers Nachschrift der Galatervorlesung enthält die Notiz: „Gegen jene Freiheit (gemeint ist die Freiheit der Zügellosigkeit) laßt uns die Knechtschaft (servitutem) und die Liebe setzen. Die Christen sind also frei im Geiste, aber sie dienen im Fleisch." (70) Was der Meister mit diesem merkwürdigen „aber", mit dieser Gegenüberstellung gemeint hatte, entfaltet der Schüler im Druck des Kommentars: „Damit (!) die Christen … die Freiheit nicht mißbrauchen, legt der Apostel ihrem Fleisch die Knechtschaft auf durch das Gesetz der gegenseitigen Liebe, damit sich die Frommen erinnern, daß sie im Gewissen vor Gott frei vom Fluch des Gesetzes, von der Sünde und vom Tode um Christi willen, aber mit dem Körper Knechte sind." (71) Die Liebe, im Neuen Testament eine Kraft des Geistes, der Freiheit und der Endgültigkeit, kommt also hier – unversehens – in die Nähe der Unfreiheit, des Fluches, der Sünde und des Todes zu stehen, als Gesetzesknechtschaft zur Zügelung des Fleisches. Das ist die Folge davon, daß Luther meinte, das neutestamentliche Ineinander von Glaube und Liebe zugunsten des apprehensiven, statuierenden Glaubens aufheben zu müssen.

Wesentlichster Lebenszweck und Lebensinhalt des Christen bleibt dann nicht mehr, wie im Neuen Testament, die Liebe, sondern das Heilsstatuieren nebst seiner Voraussetzung. Die Voraussetzung ist das Hören des Wortes. Der Schüler, der Luthers Jesaja-Vorlesung nachschrieb, notierte in seinem Kollegheft: „Das Christentum … ist im eigentlichsten Sinne Hören des Wortes" (72), und der Druck der Jesajascholien sagt: „Das Christentum ist allein in das Hören des Wortes zu setzen."(73) Insofern

---

(70) WA 40 II 62, 4.
(71) WA 40 II 62, 13, Ähnlich 82, 19.
(72) WA 31 II 22, 3: Christianismus … verissime est auditus verbi.
(73) WA 25, 99, 33: Christianismus collocandus est in solo auditu verbi.

dieses Wort das „Verheißungswort" ist, gilt dann, wie die Jesajascholien sagen: „Das Christentum ist nichts anderes als beständige Übung in diesem Lehrpunkt, nämlich zu fühlen, daß du keine Sünde habest, obwohl du gesündigt hast, daß deine Sünden vielmehr an Christus hängen." (74)

Im Blick auf das Neue Testament und das altchristliche Schrifttum muß festgestellt werden, daß Glaube, Liebe und Hoffnung nur *miteinander* und *ineinander* existieren. Wird aus der Dreiheit ein Teil herausvereinzelt, so sind alle drei im Wesen verändert. Der durch die Reflexivität aus der Dreiheit herausgelöste Glaube hat die Hoffnung schon vorweggenommen und in sich absorbiert; der Liebe aber, die ursprünglich und eigentlich ebenso wie der Glaube und die Hoffnung durch Christus im Heiligen Geiste *auf Gott* gerichtet ist, läßt er keinen Raum mehr. Die Liebe zu Gott verkümmert, und was als Nächstenliebe übrigbleibt, wird zu einem rein innerweltlichen Verhalten, ohne Bezug zur Ewigkeit.

Nur einer kurzen Erwähnung bedarf in der Untersuchung über das Ich im Glauben Luthers bekannte Polemik gegen die Lehre von der Liebe als einem eingegossenen Habitus. Diese Polemik hat ihre Ursache in Luthers nominalistisch-aktualistischen Vorentscheidungen, die ihm nicht gestatteten, eine substanzialistische Denkweise zu würdigen. Mit der Verschiebung und Verzerrung jedoch, die die Liebe in seinem theologischen System erfuhr, hat das an sich nichts zu tun. Im Gegenteil. Gerade der Nominalismus, der den Ausblick auf Kategorien des Geschichtlichen und Personalen zu eröffnen vermag, hätte Anlaß geben können, das genuin christliche, neutestamentliche *Ineinander* von Glaube und Liebe, das der Substanzialismus mit mehr dinglich anmutenden Kategorien beschreibt, in fruchtbarem Neuansatz zu durchdenken. Mag auch das Ich im Glauben mit den individualisierenden Tendenzen des Denkens jener Zeit zusammenhängen, so ist es doch keine notwendige, schematische Begriffsentwicklung aus dessen Voraussetzungen. (Vgl. auch Seite 253 Anm. 7.)

---

(74) Neque christianismus aliud quam perpetuum hujus loci exercitium, nempe sentire te non habere peccatum, quamvis peccaris, sed peccata tua in Christo haerere. WA 25 331, 7. In Lauterbachs Nachschrift WA 31 II 433, 20ff ist der Gedanke nicht ausdrücklich, aber implizit enthalten.

6. Das Wertverhältnis von Liebe und Glauben

Wenn man Luthers Ansichten über die Liebe nicht als Ergebnis seiner Entscheidung für die Selbstsicherung durch das Ich im Glauben betrachtet, sondern sie von einem anderen Ausgangspunkt her angeht – und das ist das Übliche –, so wird man bei einer Reihe wohlklingender und wertvoller Gedanken stehenbleiben und Luther vielleicht für einen großen Lehrer der christlichen Liebe halten. Es ist wahr, Luther, auch der protestantische Luther, hat wirklich Großes und Tiefes über die Nächstenliebe gesagt, besonders in Predigten. Leider können wir uns hier nicht dabei aufhalten, da es uns um die Untersuchung von Auswirkungen des Ich im Glauben geht. Ich möchte nur auf die bereits erwähnte Predigt hinweisen, die Luther am 24. November 1532 vor den anhaltinischen Herzögen gehalten hat, und ein paar Sätze aus ihr anführen. Da heißt es (in Crucigers Bearbeitung): „Gott hat mir geboten, ich soll meine Liebe lassen gehen gegen meinen Nächsten und jedermann günstig sein, es sei mein Freund oder Feind, gleich als ... unser himmlischer Vater tuet, seine Sonne läßt aufgehen und scheinen, beide über Böse und Gute, und denen am meisten gut tuet, die ihn Tag und Nacht schänden und seiner Güter mißbrauchen mit Ungehorsam, Lästern, Sünden und Schanden ..." „Ja, sprichst du, er ist mein Feind und tut mir nur Böses. Ja, Lieber, er ist Gottes Feind auch und tut ihm viel mehr zuleid, denn er dir und mir tun kann. Aber darum soll meine Liebe nicht verlöschen noch aufhören, daß er böse und derselben unwert ist ..." „Wohl ist's wahr, daß der Fromme ist lieblicher und sich natürlich jedermann gerne zu ihm hält, und sich wiederum scheuet vor wilden, bösen Leuten. Aber das ist noch Fleisch und Blut und noch nicht die rechte christliche Liebe, denn ein Christ soll seine Liebe nicht schöpfen von der Person (75), wie die Weltliebe tut, als ein junger Gesell von einer schö-

---

(75) Das Wort „Person" bedeutet hier etwas ganz anderes als in unserer „Person"-Philosophie. Der Sinn des Wortes in der Personphilosophie ist letztlich von der Theologie der Trinität her bestimmt; bei Luther ist seine Bedeutung hier und anderswo von der ursprünglichen Bedeutung des lateinischen persona „Maske" her zu verstehen. Die „Person" ist hier also die

nen Metzen, ein Geizwanst von Geld und Gut, ein Herr oder Fürst von Ehre und Gewalt etc. Das heißt alles eine geschöpfte oder geborgte Liebe, die klebt auswendig am Gut … Diese aber soll eine quellende Liebe sein, von inwendig aus dem Herzen geflossen … Die heißet also: Ich liebe dich nicht darum, daß du fromm oder böse bist, denn ich schöpfe meine Liebe nicht aus deiner Frommheit als aus einem fremden Brunnen, sondern aus meinem eigenen Quellbörnlein, nämlich aus dem Wort, welches ist in mein Herz gepfropfet, das heißt: Liebe deinen Nächsten." (76)

Da ist das, was wir heute die Personalität der Liebe nennen – und zwar die volle, nämlich die religiöse Personalität, welche zugleich eine Beziehung zu Gott ist, dessen Liebe die Liebe gebietet – in wunderbarer Klarheit dargestellt (das Wort „Person" bedeutet in Luthers Sprachgebrauch freilich das Gegenteil von dem, was wir heute damit benennen und lieber mit dem Wort „Selbst" bezeichnen sollten: Es meint bei Luther die Maske der Person oder des Selbst).

Wir haben aber bereits im vorhergehenden Abschnitt gesehen, daß dieselbe Predigt die Liebe schließlich als etwas dem äußeren Leben und dem Bereich des Gesetzes, nicht der Gnade Zugehöriges hinstellt. Im schroffen Widerspruch zur Heiligen Schrift des Alten wie des Neuen Testaments, wo die Liebe zu Gott und zum Nächsten als das höchste Gebot hingestellt wird (vgl. 5. Mos. 6, 5; 3. Mos. 19, 18; Matth. 22, 37-40; Joh. 13, 34; 1 Joh. 2, 7 und einige andere Stellen), erklärt die Predigt: „Der Glaube, das ist das rechte Hauptstück und höchste Gebot." (77) Der gemeinte Glaube ist natürlich der statuierende, apprehensive, der „Christum … *ergreifet*", wie wir oben bereits gesehen haben. Diese Über-

---

Verhüllung dessen, was der Mensch eigentlich ist. Daher kann Luther in seinem Latein umgekehrt das Wort impersonalis fast im Sinne dessen, was wir als „personal" bezeichnen, gebrauchen, vgl. Cl. 5, 342, 23 (WA 57, 101): sine delectu omnes in Deo diligit simplici oculo et prorsus *impersonalem* proximum considerans.

(76) WA 36, 358-360; MA 6, 363-365.
(77) WA 36, 365; MA 6, 371.

ordnung des reflexiven Glaubens über die Liebe und die damit verbundene Abwertung der Liebe ist Luthers *dogmatisches Urteil* über die Liebe; die vorhergehenden positiven Gedanken sind praktische Ermahnung. Es liegt an dem scharf antithetischen Charakter seines Denkens, daß ihm beides möglich war: Das tiefe Verständnis der Liebe (allerdings nur der Nächstenliebe) ebenso wie ihre theologische Abwertung.

Seiner Ansicht von der Vorherrschaft eines liebeleeren Glaubens gibt Luther manchmal sehr drastischen Ausdruck. In einer Predigt sagt er: „Hier mußt du voneinander scheiden Liebe und Glauben. Die Liebe soll nicht fluchen, sondern immer segnen; der Glaube hat Macht und soll fluchen. Denn Glaube macht Gottes Kinder und stehet an Gottes Statt; aber Liebe macht Menschendiener und stehet an Knechtes Statt." (78) Der Grund der Abwertung ist hier Luthers Säkularisierung der Liebe. Nur weil er die Liebe als etwas Weltliches betrachtete, konnte er zu dem grotesken Gedanken kommen, sie könne die Reinheit des Glaubens gefährden, ein Gedanke, der in seinem Streit mit den „Schwärmern" und „Sakramentariern" und überhaupt in seinen Äußerungen zur Einheit der Kirche eine bedeutende Rolle spielt. Da konnte er urteilen: „Darum soll in bloßen Zeremonien die Liebe Richterin und Meisterin sein, aber nicht im Glauben oder [in] Verheißungen Gottes. Sondern der Glaube soll Herr sein über die Liebe, und ihm soll die Liebe weichen." (79) Solche Gedanken stehen im Widerspruch zum Neuen Testament, insbesondere zum ersten Johannesbrief, aus dessen ganzem Gedankengang hervorgeht, daß die Bewahrung der Reinheit der Lehre, das Festhalten am überlieferten Glauben, die Liebe zu Gott und die Liebe zu den Brüdern so untrennbar sind, daß sie im gelebten Christentum nur miteinander und ineinander da sind. Darum ist ein Glaube, der sich derart über die Liebe erhebt, wie Luther es da fordert, eigentlich kein christlicher Glaube mehr, und was dabei als Liebe bezeichnet wird, ist nicht die Agape des Neuen Testaments. Der Reformator kehrt die paulinische Rangfolge von

---

(78) WA 17 II 53, 5.
(79) WA 39 I 23, 7.

Liebe und Glauben verwegen um und lehrt in seiner Galaterbrief-vorlesung 1531: „Die Liebe soll dulden, ertragen; der Glaube: nichts sollst du dulden, ertragen, sondern regieren sollst du, gebieten, beherr-schen und alles machen." (80) Die alte Brautmystik, die doch nur als Symbolik einer Beziehung der Liebe sinnvoll ist, wird im Galaterkom-mentar 1535 zum Ausdruck einer durch den reflexiven Glauben zustan-de kommenden Beziehung benutzt, und die Liebe wird ausdrücklich aus dem Brautgemach der Seele verwiesen: „Dieser Bräutigam muß allein mit seiner Braut in seiner Kammer bleiben; alle Diener (darunter ist, wie sich gleich zeigt, auch die Liebe!) und alle Angehörigen müssen fernge-halten werden. Später aber, wenn er die Tür öffnet und herausgeht, mö-gen die Diener und Mägde herbeieilen, dienen und Speise und Trank bringen. Da fangen dann Werke und Liebe an." (81)

Eigenartig verschlungen sind positive Wertung des (reflexiven) Glau-bens und der Liebe in folgender Predigtstelle (82): „Gottes Kinder sind wir durch den Glauben, der uns Erben macht aller göttlichen Güter. Aber Gotte (Plural zu „Gott") sind wir durch die Liebe, die uns gegen unseren Nächsten wohltätig macht; denn göttliche Natur ist nichts anderes denn eitel Wohltätigkeit." Aber das Gottsein durch die Nächstenliebe kann nur analog verstanden werden: Durch die Liebe ahmt der Mensch gleichsam das Wesen Gottes, das in Wohltun besteht, nach. (83) Das geschieht aber im Diesseits. Erben göttlicher Güter, also in gewissem Sinne göttlichen Wesens teilhaftig, werden wir nach Luthers Wort durch den „Glauben". Indem diese Gotteskindschaft dem (analogen) Gottsein gegenüberge-stellt wird, ist verschwiegen angedeutet, daß die Liebe doch nur dem Diesseits angehört. Die Gegenüberstellung verrät, daß auch in dieser pa-ränetischen Hyperbel die Abwertung der Liebe nicht aufgegeben ist.

---

(80) WA 40 I 212, 11.
(81) WA 40 I 241, 12 CDE.
(82) WA 10 I/1 100, 17.
(83) Hier klingt wieder ein patristischer Gedanke an; vgl. Gregor von Nyssa, Ope-ra, ed. Jaeger, Bd. 6 Seite 215, 8. 13 (MPG 44, 917), wo die Nächstenlie-be als eine Nachahmung der Menschenfreundlichkeit Gottes und eine An-näherung an Gottes Güte beschrieben wird.

Alle guten und tiefen Gedanken, die Luther in praktischer Ermahnung über die Nächstenliebe äußert, können sein theologisches Urteil nicht aufheben. Von seinem Glaubensverständnis aus gesehen, sind Liebe und Ethik etwas Zweitrangiges. Erst wenn der Bräutigam mit dem Glauben oder der glaubenden Seele aus der Kammer, in der die Liebe nicht zugelassen ist, herausgetreten ist, darf die Liebe ihren Dienst tun. Ethische Handlungen – christlich gesehen: Werke der Liebe, gute Werke – haben für Luther keine Ewigkeitsbedeutung. Sie sind von der Klammer der Diesseitigkeit und Äußerlichkeit umschlossen. In dieser Klammer ist sicherlich viel Gutes eingeschlossen; Wert hat das alles aber nur in seiner Relation zum Glauben, der das Heil des Glaubenden setzt, indem er es statuiert.

Von diesem Glauben aus, im Dienst dieses Glaubens, erhält nämlich die Liebe in Luthers System einen ganz bestimmten, relativen Wert. Er bestimmt das theologische Wesen der Liebe als Dankbarkeit (84), als Folge des Glaubens (85), als notwendiges Zeichen der Echtheit des Glaubens (86); die Verbindung von Glauben und Liebe ist ihm die Inkarnation des Glaubens. (87) Die Liebe soll dem Glauben erst *folgen* (nicht schon in ihm wirken); darum ist sie in dieser „Inkarnation" der untergeordnete, irdische, menschliche Teil.

Vor allem darin, daß die Liebe nach Luthers Meinung wesentlich Erweis der Echtheit des Glaubens ist, zeigt sich ihre untergeordnete Stellung. Wir haben schon in anderem Zusammenhang gesehen, daß der Wert der Liebe bzw. der aus Liebe getanen Werke für den Reformator in ihrer anzeigenden Funktion liegt: Sie zeigt an, daß der Glaube echt ist. 1533 sagt er in einer Kampfschrift, „was ein ganzes christliches Leben sein solle, nämlich Glaube und Liebe: Glaube gegen Gott, der Christum ergreifet und Vergebung der Sünde kriegt ohne alle Werke; *danach* Liebe gegen den Nächsten, welche, als des Glaubens Frucht, *beweiset, daß*

---

(84) WA 40 I 241, 21.
(85) WA 40 1 234, 18.
(86) Vgl. oben Seite 83 und 148.
(87) WA 40 I 427, 11.

der Glaube recht und nicht faul noch falsch, sondern tätig und lebendig ist". (88) 1543 in einer Disputation: „Die Liebe ist Zeugnis für den Glauben und macht, daß wir Zuversicht haben und bezüglich der Barmherzigkeit Gottes mit Gewißheit statuieren…" (89) Wenn wir an uns beobachten, daß wir den Nächsten lieben bzw. gute Werke tun, können wir daran erkennen, „daß wir in der Gnade sind"; denn „durch diese Zeichen erhalten wir Gewißheit", certi reddimur (90); die Gewißheit des Heils oder der Gnade aber wird vom protestantischen Luther mit dem Heil gleichgesetzt. Althaus bemerkt demnach treffend: „Für die *Rechtfertigung* vor Gott kommen die Werke, also auch die Liebe, nicht in Betracht, wohl aber für den *Glauben* an die Rechtfertigung, nämlich für seine Gewißheit, rechter Glaube zu sein." (91) Die Nächstenliebe hat in diesem System ihren Sinn und Zweck nicht darin, aus dem eigenen Ich herauszuführen, sondern dessen reflexive Selbstsicherung zu stärken: Die erste Reflexion, die das Statuieren des Glaubens ist, soll durch eine zweite, nämlich die Beobachtung der eigenen Nächstenliebe und deren Interpretation als Anzeichen des Begnadetseins, bestätigt und bestärkt werden. Auch die Liebe soll hier also zum eigenen Ich zurückdenken. Daß die Liebe zu Gott in dieser doppelten Reflexion außer Betracht bleibt, ja gar nicht in Betracht kommen kann, ist ohne weiteres verständlich; für sie bleibt hier keine Stelle. Alles kommt darauf an, daß wir „Gewißheit erlangen", certi reddamur, sei es durch die erste Reflexion allein, sei es mit Unterstützung der zweiten, die die eigene Liebe beobachtet. Darum konnte Luther, wie wir bereits im vorhergehenden Abschnitt gesehen haben, sich gelegentlich so aussprechen, daß sein Schüler, der die Jesajascholien herausgab, den Eindruck bekam, das Christentum bestehe in nichts anderem als in dem beständigen Training in der Vorstellung, trotz aller Sünden mit Sicherheit durch Christus das Heil zu haben.

---

(88) Cl. 4, 268, 2; WA 38, 227.
(89) WA 39 II 248, 11. Vgl. Althaus 375f und 214f, dazu oben Seite 83 und 148. Ferner: WA 40 I 577, 20ff.
(90) WA 40 I 577, 29.
(91) Althaus 376.

7. Liebe und „Rechtfertigungsartikel"

Luthers Austreibung der Liebe aus dem Brautgemach der Seele ist eine unmittelbare Folge dessen, was er „Rechtfertigungsartikel" nennt. Immer wieder streitet er in seinen Darlegungen über die Rechtfertigung gegen die scholastische Lehre, daß der „von der Liebe durchformte", d. h. der in seinem Vollzug (nicht in seinem Inhalt!) durch die Liebe bestimmte oder qualifizierte Glaube (92) der eigentlich rechtfertigende sei. Wenn man nun auf 1. Kor. 13, 1-3 und 7 achtet, wonach alle Glaubensverkündigung, aller Glaube und alle guten Werke ohne die Liebe nichtig sind, denn die Liebe ist es, die glaubt und hofft; wenn man, wie wohl unvermeidlich ist, in diesem Sinne auch Gal. 5, 6 versteht, wonach nur der durch die Liebe tätige Glaube „in Christus etwas gilt"; wenn man ferner bedenkt, daß auch in den johanneischen Schriften Glaube und Liebe eine Einheit bilden (vgl. Joh. 16, 27: „weil ihr mich *geliebt und geglaubt* habt, daß ich vom Vater ausgegangen bin"), daß deshalb das Ineinanderbleiben Jesu und der Seinen sowohl vom Festhalten des Glaubens (1. Joh. 2, 24) abhängig gemacht wird als auch von der Liebe zu Christus (Joh. 17, 26), von der gegenseitigen Liebe der Jünger (1. Joh. 4, 12.) und von der Erfüllung seiner Gebote (1. Joh. 3, 24), die aus der Liebe zu Christus folgt (Joh. 14, 15), schließlich auch vom Empfang des Sakramentes des Leibes und Blutes Christi (Joh. 6, 56), des Sakramentes der Liebe; wenn also erkannt ist, daß Johannes Glauben, Liebe zu Christus, Bruderliebe, gutes Werk und sakramentalen Kultus in einer unauflöslichen Einheit sieht – so wird man nicht umhin können, die mit dem scholastischen Ausdruck „liebedurchformter Glaube" gemeinte Lehre als biblisch anzuerkennen, mag die Philosophie, mit der der hl. Thomas sie begründet, noch so zeitgebunden sein.

Der protestantische Luther hat auf diese biblische Lehre nicht gehört. Die johanneische Lehre, daß durch die Liebe die Jünger in Christus bleiben und er in ihnen, war für sein System ein schweres Problem (93). Er

---

(92) fides caritate (in)formata. Vgl. Thomas Aquinas, Summa theologica II-II 4, 3 Caritas dicitur forma fidei, inquantum per caritatem actus fidei perficitur et formatur.
(93) Althaus 372ff.

läßt nur gelten: In ihm sind wir durch den *Glauben* und er in uns." (94)
Die Verzerrung seiner Gleichsetzung von Liebe und Gesetzeswerk hätte
er nach 1. Kor. 13, 3 korrigieren können: Dort ist gesagt, daß Werke ohne Liebe nichtig sind, ist also zwischen Liebe und Werk unterschieden.
Aber der Hinweis auf das paulinische Hohelied der Liebe war ihm är-
gerlich. Im Großen Galaterkommentar heißt es: „Zum Beweis dieser ihrer verderblichen und pestilenzialischen Auslegung [daß nämlich der
Glaube nichtig sei, wenn er nicht liebedurchformt ist] führen die Gegner
die Stelle 1. Kor. 13 an: „Wenn ich mit Zungen der Menschen und der
Engel rede, usw., aber keine Liebe habe, bin ich nichts." Diese Stelle ist,
so meinen sie, ihre eherne Mauer. Aber sie sind Menschen ohne Verstand, daher verstehen und sehen sie nichts bei Paulus, und durch jene
falsche Auslegung haben sie nicht nur den Worten des Paulus Unrecht
getan, sondern auch Christus geleugnet und alle seine Wohltaten ver-
dunkelt. Sie ist daher wie ein höllisches Gift zu meiden, und es ist mit
Paulus zu schließen, daß wir durch den Glauben allein, nicht durch den
liebedurchformten Glauben gerechtfertigt werden." (95) Das sind nichts
als Schimpfworte; eine eigene Auslegung des 13. Kapitels des 1. Korin-
therbriefes gibt Luther hier nicht. (96)

Warum eiferte sich Luther aber gegen die Lehre vom „liebedurchformten Glauben" und damit auch gegen die Fülle des Evangeliums? Er
behauptet (97), jene Lehre laufe darauf hinaus, daß dann letztlich die
Liebe und nicht der Glaube rechtfertige, man könne aber in diesem Leben nicht vollkommen lieben; also gäbe es dann gar keine Rechtfertigung.

Das Argument ist schwach; denn oft genug gesteht Luther, daß auch
der Glaube – der reflexive Glaube – immer wieder unzulänglich sei. (98)

---

(94) WA 40 I 241, 12.
(95) WA 40 I 239, 23.
(96) Über Auslegungen von 1. Kor. 13 in anderen Schriften Luthers vgl. Althaus
357ff. – Vgl. auch oben Seite 156f.
(97) WA 40 I 165ff; 225, 23ff; 239ff; 436ff; 606; 40 II 34-39; 79ff.
(98) Z. B.: sentiunt infirmitatem fidei WA 25, 331, 27. Vgl. WA 31 II 434, 20ff.

Demnach müßte auch durch diesen „Glauben" keine Rechtfertigung möglich sein. Ganz fatal ist, daß er Liebe, Werk und Gesetz nicht trennt und daher meint, wenn die Liebe an der Rechtfertigung teilhabe, so sei die Rechtfertigung letztlich doch auf das Gesetz, nämlich das Gebot der Gottes- und Menschenliebe und auf die eigene Leistung des Menschen, nämlich die Erfüllung dieses Gebotes, zurückgeführt, und damit sei die Heilstat Christi überflüssig oder ungültig gemacht. In diesem Argument ist implizit vorausgesetzt, daß nur der (reflexive!) Glaube „Gabe Gottes" (donum Dei) sei, nicht aber die Liebe! Denn wäre der Glaube nicht als Gabe Gottes verstanden, so wäre auch die Rechtfertigung durch den Glauben Leistung des Menschen. Ist aber – woran Luther hier offenbar nicht denkt! – auch die Liebe Gabe Gottes, so ist doch auch das in der Liebe getane Werk, durch das der Mensch zu seinem ewigen Heil mitwirkt, letztlich Gottes Geschenk.

Es liegt daher auf der Hand, daß jenes gewundene, zudem schlecht durchdachte und obendrein manchen Schriftstellen widerstreitende Argument nicht der eigentliche Antrieb der polemischen Leidenschaft gewesen sein kann. Es sieht doch zu sehr nach einer notdürftigen, nachträglichen Begründung einer bereits getroffenen Entscheidung aus. „Daß der Glaube an sich eine Gabe Gottes und ein göttliches Werk im Herzen ist" (99), kann die Ausschließung der Liebe nicht rechtfertigen – es sei denn, diese sei *keine* Gabe Gottes. Sind aber beide, Glaube und Liebe, Gabe Gottes, so kann man doch gerade im Hinblick auf Luthers Religion nicht sagen, daß nur bei der Liebe – der werktätigen Liebe – zu der Gottesgabe eine Leistung des Menschen hinzukomme, beim Glauben aber nicht. Denn nach Luthers eigenen, sehr häufigen Erklärungen ist gerade der Glaube, wie er ihn will, eine äußerst aktive, oft geradezu mühsame, ja krampfhafte Anstrengung, also in ganz hervorragendem Maße eine Leistung. Wenn man sich aber um des ewigen Heiles willen mit dem Glauben Mühe machen darf und soll, weshalb dann nicht mit der Liebe?

---

(99) WA 40 I 164, 19.

Nein, der wesentliche Grund, weshalb Luther das Untrennbare trennte – den Glauben von der Liebe – und das Unvereinbare verknüpfte – die Liebe mit dem „Gesetzeswerk" im Sinne des Paulus –, kann nicht eine verschlungene, nicht zu Ende gedachte Argumentation und auch nicht die Achtung vor dem göttlichen Ursprung des Glaubens gewesen sein. Es war vielmehr ein ganz einfacher Gedanke: Der Glaube „rechtfertigt deshalb, weil er den Erlöser Christus selbst *ergreift*". (100)

Es ist sehr auffällig, daß dieses Verbum „ergreifen", apprehendere, da, wo Luther vom rechtfertigenden Glauben spricht, immer wiederkehrt (101), oft geradezu geballt, mehrmals in einem Sinnabschnitt, manchmal zusammen mit Wörtern wie „haben", „besitzen". In dieser aufdringlichen Häufigkeit verrät sich das eigentliche Anliegen Luthers: Er will den Urheber der Rechtfertigung in sich haben, will ihn besitzen, um sich dadurch die Rechtfertigung zu *sichern*. Der Ort aber, wo er das Heil durch das „Ergreifen" des Glaubens besitzt, ist das Bewußtsein. Im Religiösen wie im Ethischen neigte er ja dazu, Wert und Wirklichkeit vom Bewußtsein abhängig zu machen. Was er aber im Bewußtsein hat, das hat er sicherer, wenn sein eigenes Ich im Bewußtseinsinhalt in einer Beziehung zu dem Jenseitigen Gegenstand mitvorkommt. Ist also das Bewußtsein ganz erfüllt von dem Gedanken: „Christus hat sich *für mich* hingegeben", dann ist der Erlöser in Gestalt dieses Gedankens im Herzen des Men-

---

(100) … quia *apprehendit* ipsum Christum salvatorem WA 40 I 164, 20.

(101) Einige wenige weitere Beispiele aus unzähligen: fides, quae *apprehendit* Christum filium Dei WA 40 I 165, 13; fünfzehnmal *apprehendere* auf den Seiten WA 40 I 228-236; tribuenda est vis justificandi … fidei, quae *apprehendit et possidet* in corde ipsum Christum salvatorem WA 40 I 240, 14; hoc sola fides *apprehendit* non caritas … ; sola fides hoc *apprehendens* justificat 241, 20; fides ergo … *apprehendit et involvit* Christum filium Dei pro nobis traditum … quo *apprehenso* per fidem *habemus* justitiam et vitam 297, 30; hanc imaginem oportet nos intueri et firma fide apprebendere. Qui hoc *facit, habet* hanc innocentiam et victoriam Christi … Sed ea non potest *apprehendi* voluntate dilectionis, sed ratione illuminata fide. Ergo sola fide justificamur, quia sola fides *apprehendit* hanc victoriam Christi 443, 35. (Textform teilweise nach CDE, s. Apparat).

schen, vergleichbar einem Edelstein im Ring, wie Luther immer wieder sagt. Dann ergreift, hat, besitzt der Mensch den Urheber der Erlösung und damit diese selbst.

Das ist Psychologismus, jedoch kein reiner Subjektivismus. Denn die Reflexion stützt sich auf Bibelworte – das ist bei Luther strenges Gesetz, im Gegensatz zu den sog. Schwärmern. Das heilsrelevante Bewußtsein ist in Wort und Satz gebunden, geformt. Dadurch wird sein Inhalt leichter verfügbar. Luther brauchte diese Verfügbarkeit, weil er in Gewissensnöten das Heil, das er mit der Gewißheit ineinssetzte, in energischer psychischer Anstrengung sich zurückholen wollte. Das heilige Wort vom Heil auf sich beziehend, will er das Heil in seinem Bewußtsein und damit in seinem Sein befestigen.

In Luthers Apprehensionslehre wird seine ursprüngliche mystische Anlage, von der schon gesprochen wurde, erkennbar. Im I. Kapitel (Seite 27) hatte ich auf den Mystiker Gregor von Nyssa hingewiesen, der auch vom „Ergreifen" spricht, aber in ganz anderem Sinne als Luther: Bei Gregor ist „ergreifen" ein Ausdruck für die *Liebe zu Gott.* Im Großen Galaterkommentar dagegen ist das „Ergreifen" des „Glaubens" ausdrücklich in einen Gegensatz zur Liebe gestellt: „Die Unschuld Christi und sein Sieg … kann nicht durch den Willen der Liebe ergriffen werden, wohl aber durch die Vernunft, die durch den Glauben erleuchtet ist." (102) Da wird deutlich, daß Luther die Liebe deswegen ausschloß, weil er eine Methode der Heilssicherung wollte, durch die das Heil bewußtseinsverfügbar werden sollte. Denn die Liebe, die ihre Gewißheit oder Sicherheit nur im Vollzug der interpersonalen Relation, die sie ist, nicht dagegen in einer Reflexion hat, kann nicht einen Gegenstand in der Weise bewußtseinsverfügbar ergreifen und besitzen wie der apprehensive Glaube, der sich in einer Reflexion auf sein Subjekt ein Wort vorhält. So wurde Luther, der ein großer Mystiker des Wortes hätte werden können, zum religiösen Psychologisten.

---

(102) Ea (innocentia et victoria Christi) non potest apprehendi voluntate dilectionis, sed ratione illuminata fide, WA 40 I 444, 12. Vgl. WA 40 II 26, 11: fides est in intellectu.

In dem Willen, das Heil oder die Gnade bewußtseinsverfügbar zu haben, liegt also der wesentliche Grund für die Ausschließung der Liebe aus dem Mittelpunkt der Theologie und Spiritualität, nicht in Schriftworten, an die sich Luther gebunden gefühlt hätte. Wir haben schon Belege dafür gefunden, und es läßt sich vielfach aufweisen, daß er sehr willkürlich mit Schriftstellen verfuhr, wenn es darum ging, seine eigenen Erfahrungen als Norm zu erweisen oder Anliegen des reflexiven Glaubens zu wahren. Nicht durch die Schrift, sondern durch die Reflexivitätsdoktrin wurde die Liebe aus dem Brautgemach der Seele vertrieben.

Das oben aus dem Großen Galaterkommentar herangezogene Argument, die Liebe könne deswegen nicht rechtfertigend wirken, weil sie immer unvollkommen sei, hat Luther auch in einer Disputation des Jahres 1542 ausgesprochen: Sowohl die „erste Liebe", prima caritas, d. h. die Liebe zu Gott, als auch die „zweite Liebe", nämlich die zum Nächsten, sei immer unvollkommen. (103) Das gleiche Argument, auf den Glauben angewandt, wurde jedoch in der Disputation abgewiesen. Der Opponent sagt: „Unser Gehorsam ist nicht gottwohlgefällig. Der Glaube ist unser Gehorsam. Daher ist unser Glaube nicht gottwohlgefällig. Ich beweise den Obersatz daraus, daß unser Glaube nicht so groß ist wie der der Heiligen." Darauf antwortet der Verteidiger der Thesen: „Was den Gehorsamsakt selbst anbetrifft, so gebe ich den Obersatz zu, was aber die Anrechnung (imputatio) anbetrifft, so ist unser Glaube derselbe wie der der Heiligen." (104) Nach diesen Worten des Lutherschülers liegt es an der „Imputation" Gottes, daß der Glaube ohne Liebe rechtfertigt. Luther selber aber greift nach dem angeführten (lateinischen) Geplänkel deutsch ein und hebt hervor, worauf es ihm wesentlich ankommt: „Wir müssen *gewiß* sein, daß wir sein heilig." (105) Weil das Heil an der *Gewißheit* hängt und weil diese das Eigentliche des *Glaubens* ist, darum rechtfertigt der (reflexive) Glaube ohne Liebe.

---

(103) WA 39 II 193, 5.
(104) WA 39 II 191, 18.
(105) WA 39 II 192,3.

Weil es Luther hierauf ankommt, kann er den Beweis für seine Abwertung der Liebe logisch auch ganz anders aufbauen. In einer Disputation, die ein Jahr später gehalten wurde, ist ausdrücklich gesagt (106), daß beide, Glaube und Liebe, Gaben Gottes, dona Dei, sind. Aber dann heißt es ebenso ausdrücklich, wenn die Rechtfertigung dem (undurchformten) Glauben nur zusammen mit der (begonnenen) Liebe zugewiesen werde, so werde sie dem Gesetz und seinen Werken zugeschrieben. (107) „Denn", so begründet Luther, „die Liebe mit ihren Werken wird gegen den Nächsten geübt; daher ist es leicht, durch sie in die Verkehrtheit lohndienerischen Verhaltens (in mercenariam pravitatem), zu fallen. Der Glaube wird gegen Gott geübt; daher nimmt er alles umsonst und tut alles umsonst und kann sich nicht einem andern verkaufen oder hingeben (tradere)." (108)

Hier ist die Liebe wieder in den Bereich des Gesetzes verwiesen. Aber ihre Unzulänglichkeit für die Rechtfertigung wird jetzt nicht aus ihrer Unvollkommenheit hergeleitet, sondern daraus, daß sie sich nur auf Menschen richte, während der Glaube sich an Gott richte. Die Liebe zu Gott, die in der Disputation des vorhergehenden Jahres noch erwähnt war, ist vergessen; das biblische Ineinander der Liebe zu Gott bzw. Christus und der Nächstenliebe bleibt außer Betracht. Weil die Liebe sich nur auf den Nächsten richte, lehrt Luther, verführe sie leicht zu lohndienerischer Gesinnung. Daß solche Gesinnung zur Liebe in ausschließendem Gegensatz steht, ist dem Reformator nicht bewußt. Wenn auch die Reflexivitätsdoktrin hier nicht erwähnt ist, so ist sie doch die Grundlage, auf der die wechselnden Versuche logischer Beweisführung erst möglich werden.

Luthers sog. Rechtfertigungslehre wird meist ohne ausdrückliche Forderung der Reflexivität formuliert, oder diese Forderung wird unter dem mehrdeutigen Terminus „Verheißungswort" versteckt. Man bestimmt dann den rechtfertigenden Glauben als Glauben an das Verheißungs-

---

(106) WA 39 II 238 These 8.
(107) These 12.
(108) Thesen 16-17.

wort Christi, wobei das Verheißungswort als je mich meinendes verstanden und damit implizit postuliert wird, der Glaube müsse, um rechtfertigend zu wirken, wesentlich den Rückbezug auf das Ich des Glaubenden einschließen. Fehlt jedoch die ausdrückliche Erwähnung der Reflexivitätsforderung, so bleibt unverständlich, warum Luther gerade wegen der Rechtfertigungslehre so heftig gegen Rom stritt. Der Große Galaterkommentar sagt: „Wenn der Papst uns kon-zediert, daß Gott allein aus reiner Gnade durch Christus Sünder rechtfertigt, so wollen wir ihn nicht nur auf den Händen tragen, sondern ihm auch die Füße küssen." (109) Aber „der Papst" hat das längst nicht bloß konzediert, sondern als Lehre der Kirche Christi verkündet, und zwar nicht erst auf dem Konzil von Trient (110), sondern schon tausend Jahre vor Luther, nämlich in der Person Bonifatius' des Zweiten, der den Streit um den Semipelagianismus dadurch beendete, daß er 531 die Beschlüsse der im Jahre 529 abgehaltenen zweiten Synode von Orange bestätigte. (111) Wenn

---

(109) WA 40 I 181, 11.

(110) „Wer behauptet, daß der Mensch durch seine Werke, die durch die Kräfte der menschlichen Natur oder in der Lehre des Gesetzes vollbracht werden ohne die göttliche Gnade, welche durch Jesus Christus ist, vor Gott gerechtfertigt werden könne, der sei ausgeschlossen" (Denz. 811, Neuner-Roos 738).

(111) Denz. 174ff, Neuner-Roos 218f und 696ff. Ich gebe daraus einige Auszüge: „Wer sagt, wie die Vermehrung, so sei auch der Anfang des Glaubens, ja selbst die fromme Glaubensbereitschaft, wodurch wir an den glauben, der den Gottlosen rechtfertigt, und wodurch wir zur Wiedergeburt der heiligen Taufe gelangen, nicht in uns kraft eines Gnadengeschenks, d. h. durch Eingebung des Heiligen Geistes, der unsern Willen vom Unglauben zum Glauben, von der Gottlosigkeit zur Gottergebenheit bringt, sondern auf natürliche Weise: der erweist sich als ein Feind der apostolischen Glaubenssätze …" (Denz. 178; Neuner-Roos 698). „Wenn jemand behauptet, er könne durch die Kraft der Natur irgendein Gut, das zum Heil des ewigen Lebens gehört, bedenken, wie es sich gebührt, oder es erwählen, oder der Heilsbotschaft, d. h. der Predigt des Evangeliums, zustimmen ohne Erleuchtung und Eingebung des Heiligen Geistes, … so wird er vom Geiste der Häresie getäuscht …" (Denz. 180).

Luther nichts weiter getan hätte, als jene Lehre wieder bekannt zu machen, so wäre er ein wirklicher Reformator geblieben und nie aus der Kirche ausgeschlossen worden. Erst durch die Reflexivitätsdoktrin kommt Luthers „Rechtfertigungsartikel" in Gegensatz zur Lehre der Schrift und der Kirche; ohne Betonung der Reflexivität ist dieser Artikel nichts anderes als die seit dem Ende des Streites um den Semipelagianismus in der Kirche gültige Lehre.

8. Bestreitung des Heilswertes der Werke

Aus der Reflexivitätsidee erklärt sich auch sofort der Zusatz, der seit Luther die protestantische Rechtfertigungslehre stets begleitet und der bis zum heutigen Tage den Streit zwischen den Konfessionen auch dann noch in Gang hält, wenn über die engere Rechtfertigungslehre Einigung erreicht ist. Dieser Zusatz betrifft die Heilswertigkeit der Werke. Der vorprotestantische Luther hatte die Werkgerechtigkeit bekämpft, d. h. das Heilsvertrauen auf die eigenen Werke und die Ansicht, die Werke rechtfertigten abgesehen von Glaube und Gnade. Erst nachdem das System des reflexiven Glaubens sein Denken durchdrungen und sich verfestigt hatte, begann er, die Heilswertigkeit der guten Werke zu bestreiten und die Unterscheidung zwischen Gesetzeswerk und Werk der Liebe aufzugeben. Gesetzeswerk hat keinen Wert für das Heil; das lehrt auch das Konzil von Trient. Sind jedoch die guten Werke, die im Neuen Testament niemals mit den Werken des Gesetzes gleichgesetzt, sondern als Werke der Freiheit des Heiligen Geistes und der Liebe verstanden werden, dasselbe wie Werke des Gesetzes, wie der protestantische Luther lehrt, so kann natürlich ihnen und auch der Liebe keine Heilswertigkeit zukommen. Dieser Gleichsetzung aber liegt eine Verzerrung des Evangeliums zugrunde, eine Verzerrung, die eine unvermeidliche Folge der Doktrin des apprehensiv-reflexiven Glaubens war.

Die Heilswertigkeit der guten Werke besteht nicht darin, daß dieselben als Werke einen Wert hätten oder von sich aus das Heil ergreifen könnten, sondern darin, daß in ihnen eine Kraft aus der Ewigkeit, nämlich die Liebe als Gabe des Heiligen Geistes, wirksam ist und daß sie deswegen von Gott gewertet werden als Wert für die Ewigkeit. In der westlichen Kirche hat man den Ewigkeitscharakter der guten Werke seit Beginn der lateinischen Theologie damit bezeichnet, daß man sie merita, „Verdienste", nannte. Daß das Verdienst nur deswegen *für* die Ewigkeit sein kann, weil es *aus* der Ewigkeit ist, hat Augustinus in seiner bekannten klassischen Formulierung ausgedrückt: „... all unser gutes Verdienst wird durch die Gnade gewirkt, und wenn Gott unsere Verdienste krönt, krönt er nichts anderes als seine Geschenke." (112) Diese Lehre hatte durch den Brief „Worte des apostolischen Gebotes", den Papst Coelestin I. im Jahre 431 an die gallischen Bischöfe sandte (113), schon im Altertum maßgebliches Ansehen erhalten; sie wurde am 13. Januar 1547 durch das Konzil von Trient als kirchlich verbindlich bestätigt: „Es sei ferne, daß der Christ auf sich selbst vertraue oder sich seiner selbst rühme und nicht des Herrn, dessen Güte gegen alle Menschen so groß ist, daß er will, daß das, was sein Geschenk ist, ihre Verdienste seien." (114)

Mit dieser Konzilsentscheidung ist zugleich der reformatorische Kampf, den der vorprotestantische Luther gegen das Heilsvertrauen auf die Werke geführt hatte, der Sache nach kirchlich anerkannt worden. Auch hat das Konzil ebenso wie Luther die Ansicht verworfen, als könne der Mensch „durch den freien Willen ohne Gnade" „gerecht leben und das ewige Leben verdienen". (115) Ohne Luthers Auftreten wären solche Klarstellungen der echten Kirchenlehre kaum möglich gewesen. Denn Dokumente wie der vielleicht von dem Augustinusjünger Prosper von Aquitanien verfaßte Abriß der Gnadenlehre (116) – der hohes kirchliches Ansehen gewann und zusammen mit dem oben erwähnten Brief des Papstes Coelestin I. überliefert wurde – wie auch die von Papst Bonifatius II. 531 gebilligten Beschlüsse der zweiten Synode von Orange, die ebenfalls die Gnadenlehre darstellten, waren seit dem Hochmittelalter in Vergessenheit geraten.

---

(112) Ep. 194, 5, 19. Rouet de Journel, Enchiridion Patristicum, ³1920, Nr. 1452. MPL 33, 880.
(113) Denz. 141.
(114) Denz. 810.
(115) Denz. 812.
(116) Denz. 129-142.

Nun ist aber Luther bei dem reformatorischen Bemühen, das ihn bis 1517 und in gewissem Sinne bis 1519 beseelte, nicht geblieben. In seiner Schrift „Vom geknechteten Willen" (De servo arbitrio), 1525 verfaßt, will er zwar „hauptsächlich über den freien Willen ohne Gnade disputieren" (117), und soweit er dabei die Lehre verfocht, daß der freie Wille ohne Gottes Gnade nichts zum Heile zu wirken vermag, war sein Kampf sicher notwendig und verdienstlich. Aber die Möglichkeit eines durch die Gnade befreiten Willens engt er doch derart ein, daß seine Lehre auf die Behauptung einer *absoluten* Unfreiheit des menschlichen Willens hinausläuft. Das war eine Folge davon, daß er jetzt die theologische Freiheit nur noch im Bewußtsein fand. Ein durch die Gnade oder den Heiligen Geist zur Liebe befreiter Wille hat in seinem System keinen Platz mehr. Darum mußte er bestreiten, daß es ein echtes Verdienst gebe.

Luther unterscheidet in der genannten Abhandlung in den Schriften des Neuen Testaments zwischen „Evangelium" und „Ermahnungen"; zum Evangelium rechnet er allein die Botschaft von der Sündenvergebung. (118) Dann fragt er: „Was aber ist ein Verdienst oder ein in Aussicht gestellter Lohn anders als eine Verheißung? Aber durch diese wird nicht bewiesen, daß wir etwas können; denn sie bedeutet nichts anderes als: Wenn jemand dies oder jenes tut, hat er Aussicht auf Lohn. Unsere Frage aber ist nicht, *wie* (gelohnt wird) und *welcher* Lohn gegeben wird, sondern, *ob wir so handeln können*, daß wir dafür belohnt werden … Beim Verdienst oder Lohn handelt es sich entweder um eine Würdigkeit (dignitas) oder um Folge (sequela). Wenn man die Würdigkeit ansieht, gibt es kein Verdienst, keinen Lohn. Wenn nämlich der freie Wille aus sich selbst kein Gutes wollen kann, jedoch allein durch die Gnade Gutes will – wir reden nämlich vom freien Willen unter Ausschluß der Gnade und fragen nach der eigenen Kraft beider –, wer sieht dann nicht, daß dieser gute Wille, das Verdienst und die Belohnung allein der Gnade zugehört? … Wenn man die Folge ansieht, so gibt es nichts, es sei gut

---

(117) Cl. 3, 186, 8; WA 18, 693.
(118) Cl. 3, 185, 20ff; WA 18, 692.

oder böse, das nicht seinen Lohn hätte ... Es erwartet nämlich die Unfrommen die Hölle und das Gericht Gottes als notwendige Folge ... Ebenso erwartet die Frommen das Reich, auch wenn sie selbst es nicht suchen oder daran denken; denn es ist ihnen von seinem Vater bereitet ... schon vor Erschaffung der Welt ... Was wollen also die Worte, die das Reich verheißen und die Hölle androhen? Was (will) das Wort vom Lohn, das in der Schrift so oft wiederkehrt? (z. B.) ... „der einem jeden nach seinen Werken vergilt"... Antwort: (Solche Worte) beweisen nichts, als daß der Lohn *folgt*, keineswegs aber eine Würdigkeit des Verdienstes, nämlich, daß die, die Gutes tun, es nicht aus knechtischer oder lohndienerischer Neigung (affectus) um des ewigen Lebens willen tun; sie suchen aber das ewige Leben, d. h. sie sind auf dem Wege, auf dem sie zum ewigen Leben gelangen und es finden; „suchen" ist demnach: Mit Eifer streben und mit angespannter Bemühung nach dem trachten, was auf ein gutes Leben zu folgen pflegt. Es wird aber in der Schrift erklärt, daß dies (d. h. Lohn oder Strafe) kommen und nach einem guten oder bösen Leben folgen werde, *damit die Menschen erzogen, bewogen, angeregt und geschreckt werden*. Denn wie durch das Gesetz Erkenntnis der Sünde und Vermahnung unserer Schwäche bewirkt wird, woraus nicht geschlossen wird, daß wir etwas vermögen; so geschieht durch diese Verheißungen und Drohungen eine Vermahnung, die uns lehrt, was auf die Sünde und auf jene unsere durch das Gesetz aufgezeigte Schwäche folgt – nicht aber wird dadurch unserem Verdienst irgendein Wert (dignitas) zuerteilt. Daher, wie die Worte des Gesetzes für eine Anweisung und Aufklärung stehen, uns zu lehren, was wir sollen, sodann, was wir nicht können; *so stehen die vom Lohn sprechenden Worte*, indem sie das Künftige anzeigen, *für eine Ermahnung und Androhung, wodurch die Frommen angeregt, getröstet und aufgerichtet werden*, im Tun des Guten und Ertragen von Übeln fortzufahren, auszuharren und zu überwinden, damit sie nicht ermüden oder zusammenbrechen – wie Paulus seine Korinther ermahnt, wenn er sagt: „Seid tapfer, denn ihr wißt, daß eure Mühe nicht vergeblich ist in dem Herrn!" (1. Kor. 15, 58); ebenso richtet Gott den Abraham auf, indem er sagt: „Ich bin dein sehr großer Lohn" (1. Mos. 15, 1). *(Das ist) nicht anders, als wenn du jemanden damit tröstest, daß du ihm zu verstehen gibst, seine Werke seien gewiß Gott wohlgefällig* ... Es ist kein kleiner Trost, zu wissen, daß man Gott gefalle, selbst wenn nichts anderes folgt, obschon das unmöglich ist. Hierher gehören alle (Worte), die über die Hoffnung und Erwartung gesagt sind: daß sich gewiß ereignen werde, was wir hoffen, obschon die Frommen nicht um dessentwillen hoffen oder solches um seiner selbst willen suchen." (119)

Hierzu ist zunächst zu bemerken, daß eine große Zahl von Stellen des Neuen Testaments ihren eigentlichen Sinn verlieren, wenn man einen „Lohn der bloßen Folge" vom „Lohn der Würdigkeit" unterscheidet. Nicht wenige Stellen z. B. sagen – nicht nur, daß der Lohn oder die Strafe notwendig „folge", sondern – daß das Gericht „gemäß (katá) den Werken" sein werde (Matth. 16, 27; Röm. 2, 6; 2. Kor. 11, 15; 2. Tim. 4, 14; 1. Petr. 1, 17; Offenb. 2, 23; 18, 6; 20, 12). Was soll aber „gemäß" hier bedeuten, wenn nicht, daß der Lohn dem Wert, der dignitas oder „Würdigkeit" des Getanen entspricht? Ferner, um nur noch einen weiteren biblischen Gedanken anzuführen: An sechs Stellen des Neuen Testaments (Matth. 6, 20; 19, 21; Mark. 10, 21; Luk. 12, 33; 18, 22; 1. Tim. 6, 18-19) mahnt Christus bzw. sein Apostel, durch Werke der Barmherzigkeit sich „Schätze im Himmel" zu sammeln. Wie kann aber von „Schätzen" geredet werden, wenn sie keinen *Wert*, keine dignitas haben? Es ist kein Wert in sich, kein Wert, abgesehen von der Gnade Christi, kein Wert, über den ein Mensch kalkulierend verfügen könnte (vgl. Matth. 20, 12; Mark. 12, 43 / Luk. 21, 3; Luk. 17, 10) – der Wertbegriff *ist* hier analogisch verwendet. Aber es ist doch ein Wert und er kommt nach Gottes Maßstab einem getanen Werk als Qualität zu. Denn was soll es heißen, daß die Schätze „im Himmel" angesammelt werden, wenn nicht, daß sie in der Ewigkeit von Gott *gewertet* werden? Gott ist es, der in den Menschen das Wollen und das Vollbringen wirkt (Phil. 2, 13). Aber dies Vollbringen ist doch so, daß Menschen es auf Grund von Entscheidungen ihres befreiten Willens tun (Röm. 6, 18. 22; 8, 2. 4) und daß es deshalb als *ihr* Tun gewertet werden kann – anders lassen sich die angeführten und zahlreiche andere Stellen des Neuen Testaments gar nicht verstehen. Daher kann das Verhältnis des Lohns zum Werk niemals bloß als „Folge" beschrieben werden, in der Theo-

---

(119) Cl. 3, 186, 12. 36; 187, 6. 11. 14. 37. 40; 188, 2; WA 18, 693 bis 695.

logie ebensowenig wie im natürlichen Leben. Was den Lohn zum Lohn macht, ist die *wertmäßige Entsprechung* zum Getanen.

Luthers Verzerrung der biblischen Lehre erschöpft sich nicht in der Sinnentleerung des Lohnbegriffs. Offenbar in dem Gefühl, daß Lohn eigentlich doch etwas mehr bedeute als bloß „Folge", will er auch den spezifischen Inhalt des Lohnbegriffs noch nutzbar machen, jedoch nicht für die Lehre, sondern nur zum Zweck einer psychologischen Anregung. Das, was der Lohnbegriff im menschlichen Geist eigentlich evoziert, soll Anreiz geben zu Akten des reflexiven Glaubens. Daß Schreckungen diesen Glauben erzeugen sollen, sagt er an vielen Stellen seiner Schriften. Hier sind es nun einmal die Lohnverheißungen, die den reflexiven Glauben ermuntern sollen. Für die Lehre verwendet er sie nur insoweit, als er aus ihnen den Begriff der „notwendigen Folge" abstrahiert. Der in ihnen enthaltene Gedanke der wertmäßigen Entsprechung von Werk und Lohn wird dagegen nur zugelassen, sofern er in bestimmten Situationen evokatorisch-tröstend zur Geltung kommt. Aber der evozierte Gedanke darf dann doch nicht zur vollen Bestimmtheit gedeihen – etwa: Ach darf mich damit trösten, daß meine guten Werke von Gott gewertet werden, indem er sie belohnt" –, vielmehr wird er, ehe diese Deutlichkeit erreicht ist, zu einem reflexiven Glaubensakt abgelenkt: Zur Statuierung der Gottwohlgefälligkeit des eigenen Tuns. Wir wissen aus andern Schriften Luthers, daß nach seiner Meinung das Gutsein der guten Werke mit diesem Statuieren steht und fällt. Hier deutet er diese Ansicht nur ganz kurz an, indem er sagt, es sei unmöglich, daß „nichts anderes folge", wenn jemand „weiß, daß er Gott gefalle". Und er behauptet, daß alle Schriftworte, die von Hoffnung und Erwartung sprechen, eben dieser ichbezogenen Gewißheitsbildung dienen sollen. So werden denn auch die Lohnverheißungen – wie anderswo die Gerichtsdrohungen – der Doktrin des reflexiven Glaubens unterworfen.

Es ist überaus bezeichnend für Luthers Denken, daß er sich die „Würdigkeit des Verdienstes" nicht anders vorstellen kann, als daß dieselbe unmittelbar mit „knechtischen und lohndienerischen Neigungen" verbunden sei. Das bedeutet, daß er alles religiöse Geschehen und jede religiöse Lehre sogleich und vor allem als Anlaß zu subjektbezogener Reflexion auffaßt: Gibt es ein Verdienst, so wird der Mensch auf sein Verdienst reflektieren, meint er, und das ist verwerflich. Immer wieder trifft man in seinen Werken auf dieses seltsame, egozentrische Argument: Die

Lehre vom Verdienst bedeute Heilsvertrauen auf das eigene Verdienst, und das führe zu falscher Sicherheit oder zur Verzweiflung. Daß Werke religiös auch in der Freiheit der Liebe, ohne Reflexion auf das Ich des Handelnden getan werden können und daß ihnen nur dann ein positiver Verdienstcharakter zukommt, sieht er nicht, weil er in den Werken (wie im Glauben!) von vornherein nur einen Anlaß zum Reflektieren zu sehen vermag.

In der theologischen Mitte seines Systems fehlt die Liebe. So verwandelt sich das lebendige, gnadenhafte, personale Gewertetwerden der Werke in eine leere, impersonale, mechanische Folge. Die Entpersonalisierung, die von der Reflexivitätsdoktrin bewirkt wird, ist auch in der Leugnung des Verdienstgedankens erkennbar.

Unfrei ist nach Luthers Ansicht anscheinend auch der Wille, der in der Gnade das Gute tut. In dem oben zitierten Stück ist nur in einem Wenn-Satz, also unverbindlich, ausgesprochen, daß „der freie Wille aus sich selbst kein Gutes wollen kann, jedoch allein durch die Gnade Gutes will", und Luther fragt, ob dann nicht „der gute Wille, das Verdienst und die Belohnung allein der Gnade zugehören". In der Folge nimmt er diesen Gedanken auf und führt ihn weiter: „Gott allein aber wirkt in uns durch seinen Geist sowohl das Verdienst als auch die Belohnung." (120) Er versucht dann zu beweisen, daß „unsere" guten Werke nicht „unsere" seien: „Sie sind nicht unsere, wenn alles durch Notwendigkeit abläuft (cuncta geruntur necessitate). ... Wird nicht ganz richtig „unser" genannt, was wir zwar nicht selber gemacht, aber von andern empfangen haben? Warum sollten also die Werke nicht „unsere" genannt werden, die Gott uns durch den Geist geschenkt hat? Oder nennen wir Christus nicht den „unseren", nicht weil wir ihn gemacht, sondern weil wir ihn bloß empfangen haben? Andererseits, wenn wir das machen (schaffen), was „unser" genannt wird, haben wir dann also die Augen ..., die Hände ..., die Füße uns selbst gemacht, es sei denn, daß die Augen, die Hände, die Füße nicht „unsere" genannt werden? Nein, „was haben wir, was wir nicht empfangen haben", sagt Paulus. Sollen wir also sagen, sie seien

---

(120) Cl. 3, 189, 26; WA 18, 696.

entweder nicht unsere oder sie seien von uns selbst gemacht? Nimm nun einmal an, die Früchte hießen „unsere", weil wir sie gemacht haben – wo bleibt dann die Gnade und der Geist?" (121)

Diese Untersuchung, in der durch alle Verzerrung die augustinische Lehre noch durchklingt, ist sehr oberflächlich. Ganz abgesehen davon, daß die Beweiskraft des Gedankenganges schon deswegen zusammenbricht, weil man etwas Getanes (d.h. einen abgeschlossenen Vorgang) nicht einfach einem Gemachten (d.h. dem konkreten Produkt eines Tuns) gleichstellen kann. Die entscheidende Schwäche liegt darin, daß Luther nicht fragt, was denn „unser" *sowohl* im Falle, daß wir das Unsere getan oder uns gemacht haben, *als auch* dann, wenn wir es empfangen haben, bedeutet. Man wird wohl sagen müssen, es bedeute: *Der Person zugehörig.* Weil Luther über das Wesen dieser Zugehörigkeit nicht tiefer nachdenkt, wird in seiner Darstellung aus dem *Unser-sein* ein mechanisches *Dabei-sein.* Er meint, Gottes Ehre zu wahren, wenn er es so hinstellt, als sei das Gutsein der guten Werke derart Gottes Geschenk, daß der Mensch als Person daran gar keinen Anteil habe. Damit entpersonalisiert er aber die Gott-Mensch-Beziehung, und zwar in doppelter Weise: Gott würde nicht personal mit dem Menschen handeln, wenn er diesen Gutes so tun ließe, daß es ausschließlich Gottes Tun bliebe; der Mensch aber handelt impersonal gegen Gott, wenn er die Lohnverheißungen so auf sich bezieht, daß er auf Grund ihrer die Gottwohlgefälligkeit seiner Werke statuiert und im Akt dieses Statuierens für gesichert hält. In einem solchen Geschehen würden Gott und Mensch eigentlich jeder für sich und nicht in personaler Rücksicht aufeinander handeln. Auf beiden Seiten würden die Freiheit und die Liebe, die Freiheit der Liebe fehlen.

Ist aber das personale Verhältnis einmal derart in zwei fast beziehungslose Vorgänge zerrissen, so kann es freilich kein eigentliches Verdienst mehr geben. Dann ist es ganz folgerichtig gedacht, daß der Lohn oder die Vergeltung bloß „notwendige Folge" sein wird. Denn „wenn alles mit Notwendigkeit abläuft", so gibt es keinen Platz mehr für Wertung. Aus dem personalen Geschehen wird ein Mechanismus.

---

(121) Cl. 3, 190, 5; WA 18, 696.

Welche Qualität hat denn aber der Wille unter der Gnade? So viel ist deutlich, daß Luthers Ansicht es nicht zuläßt, von einem durch die Gnade zur Liebe befreiten Willen zu sprechen. Er kann zwar noch einmal anmerken, daß es „dennoch königliche Freiheit ist", wenn „wir durch seinen (Christi) Geist Knechte und Gefangene sind" (122), aber daß das eine wirkliche Freiheit, eine Freiheit des Seins, der Liebe und des Handelns wäre, wird ausgeschlossen durch den in der Folge ausgeführten häßlichen Vergleich: „So ist der menschliche Wille in die Mitte gestellt wie ein Reittier: Wenn Gott darauf sitzt, will er und geht, wohin Gott will … Wenn der Satan darauf sitzt, will er und geht, wohin der Satan will …" (123) „In den Dingen, die zum Heil oder zur Verdammnis gehören", spricht Luther dem Menschen jede Freiheit ab; da ist der Mensch nach seiner Lehre „gefangen, unterworfen und ein Knecht entweder des Willens Gottes oder des Willens des Satans". (124)

Hans Joachim Iwand, der Luthers Abhandlung „Vom geknechteten Willen" kommentiert hat (125), bricht der Lehre Luthers über Verdienst und Lohn ihre Spitze ab. Er schreibt (126): „Es fällt der Lohngedanke im Sinne einer besonderen Auszeichnung (dignitas) … Es bleibt und tritt nun erst recht ins Licht der Lohngedanke als reale Folge unseres Tuns (sequela) … Denn so wie das Gericht Gottes auf die Gottlosen wartet, so daß diese nicht daran vorbeikommen … – so und nicht anders wartet auch das Himmelreich auf die Frommen gerade dann und weil diese ohne Gedanken an Lohn und Vergeltung … allein Gottes Willen und Ehre gesucht haben. „Lohn" bedeutet also, daß bei allem Tun und Lassen der Menschen auf Erden – unabhängig von deren Wünschen und Gedanken – vor Gott und in der Ewigkeit etwas Endgültiges und Bleibendes herauskommt (sequela!). Es ist nicht – wie man in gewissen protestantischen

(122) Cl. 3, 126, 21; WA 18, 635
(123) Cl. 3, 126, 23. 25; WA 18, 635
(124) Cl. 3, 129, 6; WA 18, 638.
(125) MA Ergänzungsreihe Bd.1, München ³1954.
(126) Dort Seite 295f.

Kreisen gern annimmt – gleichgültig vor dem Gericht der Ewigkeit, was wir tun, im Gegenteil, in unseren Taten gewinnt das Reich Gottes Gesicht und Gestalt, dem wir nach Gottes Vorsehung angehören … So wird der Lohngedanke zum Ausdruck für die unlösbare Bezogenheit zwischen der irdischen, zeitlichen Existenz des Menschen und der ewigen Entscheidung Gottes. Das deutlich zu machen ist der Sinn der Verheißungen und Drohungen Gottes in der Schrift… – aber niemand lebt auf diese Entscheidung hin, der nicht bereits von ihr herkäme, so daß allein die Gnade den Ring zusammenhält, in dem guter Wille, Verdienst, und Belohnung ineinandergreifen …"

Dagegen ist festzustellen, daß dignitas, bezogen auf Verdienste, wertmäßige Angemessenheit bedeutet, und davon gibt es verschiedene Stufen, nicht nur die einer „besonderen Auszeichnung". Nicht um eine „Auszeichnung" handelt es sich, sondern um eine *Entsprechung des Wertes* zwischen Getanem und Lohn; diese aber wird von Luther eindeutig geleugnet. Eben deswegen spricht er von sequela. Dieses Wort bezeichnet nichts als äußerliches, mechanisches, unabänderliches Aufeinanderfolgen („necessitas sequelae", sagt Luther); der Gedanke einer inneren, wesenhaften „unlösbaren Bezogenheit" im Sinne eines Resultates („was dabei herauskommt", sagt Iwand) ist durch die Gegenüberstellung zu dignitas gerade ausgeschlossen. Wenn jemand sagt, daß eins auf das andere *folge*, so ist damit in keiner Weise angedeutet, daß das Vorhergehende in dem Folgenden gewahrt bleibt oder daß zwischen beidem eine Entsprechung besteht, daß, wie Iwand sagt, „in der Ewigkeit etwas Endgültiges und Bleibendes herauskommt". Ganz übersehen hat Iwand, daß Luther mit aller Deutlichkeit den eigentlichen Zweck der biblischen Lohnverheißungen (ebenso wie der Gerichtsdrohungen) als *Anreiz zu reflexiven Glaubensakten* bestimmt.

Iwands Ausführungen sind ein sympathisches Beispiel für den (auch sonst vorkommenden) Versuch, bedenkliche Seiten von Luthers Lehre durch wirklich evangelische Gedanken zu überdecken. Um der Wahrheit willen aber muß solchen Versuchen leider widersprochen werden. Sie tun nur halbe Arbeit, weil sie vor der notwendigen Absage an den protestantischen Luther zurückschrecken. Als Lutherdeutung ist Iwands Darlegung unhaltbar wegen der Gewaltsamkeit seiner philologischen Interpretation. Was er in das Wort sequela hineinlegt, ist gerade das, was dignitas eigentlich meint, und dignitas wird von ihm mißdeutet.

Nicht wenige Prediger der Evangelischen Kirche stehen bis heute unter dem Bann der Gedankengänge Luthers über Verdienst und Lohn. Bibelworte, die vom Lohn oder vom Gericht sprechen, werden in der Predigt meist übergangen oder verunwesentlicht. Der „Schatz im Himmel" ist ein unvollziehbarer Gedanke geworden. Texte, welche Ermahnungen enthalten, werden fast regelmäßig zu bloßen Ermunterungen des „Glaubens" umgedeutet. Theologen meinen die neutestamentlichen Schriften dafür entschuldigen zu müssen, daß sie nicht ganz frei vom Lohngedanken sind – pointiert ausgedrückt: daß nicht einmal Paulus ganz auf der Höhe Luthers stehe. Ein Lutherforscher kritisierte das Apostolische Glaubensbekenntnis, weil es den Artikel vom Gericht enthalte ... (127)

Luther hat das sakrale Wesen der guten Werke – in dem übrigens die Sazerdotalität alles Christseins beruht – aus seinem System entfernt. Er hat die Liebe, die doch eine Erscheinung der Neuen Schöpfung oder der Ewigkeit in dieser Zeit ist, dem Irdischen, dem Diesseits zugewiesen. Auf diese Weise hat er, nachdem sein erst so verdienstvoller Kampf gegen die Werkgerechtigkeit durch die Idee des reflexiven Glaubens verunreinigt worden war, einen der Ausgangspunkte des modernen Säkularismus geschaffen. Wenn die Säkularisierung sich heute theologisch rechtfertigen will, wie bei Friedrich Gogarten, so kann in genauer Interpretation und geradlinigem Weiterdenken von zahlreichen Stellen aus Luthers Werken die Forderung der reinen Weltlichkeit gestellt und der Satz niedergeschrieben werden, „daß es des Glaubens eigentliches und höchstes Geschäft ist, die göttliche Wirklichkeit des Heils, wie sie sich im Kreuz und in der Auferstehung Jesu Christi ereignet hat, zu hüten und zugleich alles menschliche Tun in seiner irdisch-weltlichen Bedeutung zu bewahren und zurückzuhalten". (128) Und weiter: „Nur indem der Glaube sich in hellster Wachsamkeit von den Werken unterscheidet und so in aller Ausschließlichkeit Glaube ist und bleibt, ... hütet er die göttliche Wirklichkeit des Heils ... So haben die Werke, wenn sie denn nichts als Werke sind und bleiben, mit dem zu tun, was sie wirken, und mit nichts sonst. Nur

(127) Vgl. hierzu Anhang I Seite 298f.
(128) F. Gogarten, Verhängnis und Hoffnung der Neuzeit, Stuttgart 1953, S. 202.

indem sie sich so auf sich bescheiden, widerstehen sie nicht dem Glauben ..." (129) Der sakrale, sakrifiziale, sazerdotale Charakter der guten – d. h. der aus dem Glauben fließenden und die Liebe zu Gott und zum Nächsten aktualisierenden – Werke, von dem das Neue Testament spricht (vgl. etwa Röm. 12, 1-2; Hebr. 13, 15-16 und den ganzen 1. Petrusbrief), wird bestritten: Die Werke haben „mit dem zu tun, was sie wirken, und mit nichts sonst", und das Tun ist „in seiner irdisch-weltlichen Bedeutung zurückzuhalten" – genau wie schon für Luther die Werke oder die Liebe nur eine diesseitige Bedeutung hatten. Daß diese Säkularisierung – die nur durch ein Mißverständnis vom Säkularismus unterschieden wird – in der Tat ganz aus Luthers Geist fließt und nicht bloß aus seinen Worten abgeleitet ist, erweist sich am deutlichsten daran, daß ihr Verteidiger eine Broschüre zur Beantwortung der Frage „Was ist Christentum?" schreiben konnte, ohne mehr als in ein paar Zeilen zu handeln über diejenige von den drei Grundkräften des christlichen Daseins, die nach 1. Kor. 13, 13 die größte ist. Diese, die Liebe, wird von Gogarten sogleich auf „Verantwortung" reduziert, und er erklärt, völlig im Geiste Luthers, daß Gott „nicht anders geliebt werden will als in der Liebe zum Nächsten". Die Hoffnung ist ganz aufgelöst. Das Feld beherrscht der „Glaube". Von diesem „Glauben", der „so zwischen sich und den Werken unterscheidet, daß er diese der vernünftigen Entscheidung überantwortet" (130), gilt wirklich, daß in ihm, wie Gogarten sagt, „die Säkularisierung ihren Artsatz" hat. (131)

Säkularisierung oder Säkularismus ist der letzte Schritt vor dem bekenntnismäßigen Unglauben, dem Atheismus. Am Anfang dieser Entwicklung steht, als Folge des reflexiven Glaubensverständnisses, die Trennung des Glaubens von der Liebe. Luther hätte sich hier von Bernhard von Clairvaux warnen lassen können, den er zeitlebens hoch geschätzt hat und aus dessen Mystik er, wie wir sahen, einen Gedanken über-

---

(129) F. Gogarten, Was ist Christentum? Göttingen 1956, Seite 84f. – Die Bemerkungen über die Liebe, auf die im folgenden Bezug genommen wird, stehen Seite 30f. – Existenztheologische Auflösung der Hoffnung: S. 78f.
(130) Ebendort Seite 86.
(131) Gogarten, Verhängnis ..., Seite 98.

nommen und zu seiner Reflexivitätsdoktrin vergröbert hatte. „Die Trennung von der Liebe ist der Tod des Glaubens", mors fidei est separatio caritatis, hat schon Bernhard seinen Mönchen gepredigt. (132)

Will man der Lehre Luthers von der Liebe ganz gerecht werden, so muß man freilich auch in Betracht ziehen, daß es zu seiner Zeit Theologen gab, welche lehrten, der Mensch könne aus seinen eigenen Kräften Gott über alles lieben. Von dort aus konnte sich die Gleichsetzung der Liebe mit einer eigenen Leistung des Menschen in Luthers Denken gebildet haben. Indessen kann seine Auffassung vom Vorrang des (reflexiven) Glaubens aus einer Frontstellung gegen eine solche Abirrung nicht hinreichend erklärt werden. Ihr gegenüber wäre es angemessen gewesen, den Gnaden- und Geschenkcharakter der Liebe wie des Glaubens und das biblische Ineinander von Glauben und Liebe zu betonen. Luthers Abwertung der Liebe findet ihre eigentliche Erklärung in seinem Glaubensbegriff. Dieses neue Verständnis des Glaubens hat aus der Losung „Allein durch den Glauben", die Luther schon in seiner vorprotestantischen Zeit erhoben hatte, etwas anderes gemacht, als sie ursprünglich gewesen war. Aus dem Eifer um das Haus Gottes wurde eine Kraft der Verweltlichung, die sich in einigen Jahrhunderten voll ausgewirkt hat.

Die kirchliche Lehre vom Verdienst der Werke dagegen bedeutet, daß, weil in der Liebe die Neue Schöpfung oder die Ewigkeit in die Zeit hineinragt, das in der Liebe getane Werk seinerseits auch in die Ewigkeit eingegangen ist (133). Sie ist ein Ausdruck dafür, daß das Heil der Welt wirklich da ist, daß „eschatologische Existenz" in der Freiheit des Heiligen Geistes aufweisbare Wirklichkeit ist. (134) Sie zeigt, insbesondere in ihrer von distinguierenden Klügeleien freien Form, daß die Personalität der Gott-Mensch-Gott-Beziehung ganz erkannt ist. Denn Werten ist ein personaler Akt, und was als Verdienst gewertet wird, ist per definitionem ein personales Verhalten zu Gott – nämlich Liebe.

---

(132) Sermo super Canticum Canticorum 24, 8, in: S. Bernardi Opera, Romae 1957, Bd. I Seite 161.

(133) Vgl. Augustinus, Enarratio in Ps. 85 n. 5: stans in terra in caelo es, si diligas Deum (Corpus Christianorum, Ser. lat., vol. 39 Seite 1181).

(134) Vgl. Karl Rahner, Schriften zur Theologie Bd. 3, Einsiedeln usw 1956, S. 171.

Fünftes Kapitel

SAKRAMENT ALS GEWISSHEITSÜBUNG

1. Der Glaube im Bußsakrament 1518

Die Stelle, wo der reflexive Glaube zuerst eine Veränderung im Überlieferten bewirkte, war die Lehre von den Sakramenten und speziell vom Bußsakrament. Eine neue Sakramentslehre entwarf Luther in den „Resolutionen" zu seinen 95 Thesen über den Ablaß Anfang 1518. Hier stellte er nach einigen vorbereitenden Untersuchungen im Anfang der 7. Conclusio die Frage, „wie es geschehen könne, daß vor der Eingießung der Gnade, d. h. vor der Vergebung Gottes", eine „Vergebung auf Erden" möglich sei; in vielen Schriftstellen nämlich „wird angezeigt, daß die Vergebung auf Erden früher eintrete als die, die im Himmel geschieht"; z. B. in dem Satz: Alles was du auf Erden lösen wirst, das wird auch im Himmel gelöst sein. (1)

Damit ist die Frage aufgeworfen, wie sich die sakramentale Lossprechung zur Vergebung Gottes verhalte. Es scheint für Luther von vornherein festzustehen, daß „ohne die Gnade Gottes, die zuerst die Schuld erläßt, der Mensch nicht einmal das Verlangen (votum) haben kann, die Vergebung zu suchen". Die Lösung des Problems beginnt er, indem er zunächst aus seiner Erfahrung und seiner Kreuztheologie schöpft. „Wenn Gott anfängt, einen Menschen zu rechtfertigen, so verdammt er ihn erst." Luther setzt unreflektiert voraus, daß der Mensch diese Verdammung *spüre*, nämlich in einer „Verwirrung des Gewissens" (conscientiae confusio), einer „Verstörung" (conturbatio) und „Erschütterung" (quassatio),

---

(1) Cl. 1, 34, 21. 19; 33, 29 = WA I, 540. 539 = MA 1, 158, 157.

wie sie „David, der sie öfters erfahren hat, in verschiedenen Psalmen mit Seufzen bekennt". „Aber in dieser Verstörung beginnt das Heil ... Dies ist die wahre Zerknirschung (contritio) des Herzens und Demütigung des Geistes, ein Gott sehr angenehmes Opfer ... Und hier wird, wie man sagt, die Gnade eingegossen." Aber im Gegensatz zur Verdammung wird die Begnadigung vom Menschen nicht empfunden: „Der Mensch weiß dann nichts von seiner Rechtfertigung ... und meint, es sei keine Eingießung der Gnade, sondern eine Ausgießung des Zornes Gottes über ihn ... Er hat keinen Frieden (pax) noch Trost (consolatio), wenn er nicht zur Vollmacht der Kirche seine Zuflucht nimmt und, nachdem seine Sünden und sein Elend durch die Beichte aufgedeckt sind, Trost (solatium) und Heilung sucht." (2)

Die Vergebung Gottes ist also schon geschehen in der Demütigung des Menschen; dieser weiß es jedoch nicht und geht zur Beichte, um „Frieden" und „Trost" zu empfangen. *Diesen* zu spenden ist die Aufgabe des lossprechenden Priesters. Luther fährt fort:

„Der Beichtende soll sich mit aller Sorgfalt hüten, daran zu zweifeln, daß ihm seine Sünden vor Gott vergeben seien, und er soll in seinem Herzen ruhig sein. Denn wenn er auch vor Verwirrung seines Gewissens unsicher ist – wie es regelmäßig zu geschehen pflegt, wenn die Zerknirschung echt ist –, so ist er doch verpflichtet, sich an das Urteil des andern zu halten, jedoch auf keine Weise wegen des Prälaten selbst oder wegen seiner Vollmacht, sondern um des Wortes Christi willen, der nicht lügen kann, wenn er sagt: „Alles was du auf Erden lösen wirst [soll auch im Himmel gelöst sein]." Denn der Glaube an dieses Wort wird den Frieden des Gewissens bewirken, insofern der Priester diesem Wort gemäß „gelöst" (= die Lossprechung gegeben) hat. Wer aber den Frieden auf anderem Wege sucht, etwa durch innere Erfahrung, der scheint fürwahr Gott zu versuchen und den Frieden tatsächlich (in re), nicht im Glauben haben zu wollen. Insoweit nämlich wirst du den Frieden haben, als du

---

dem Wort dessen glaubst, der verheißt: „Alles was du lösen wirst, usw." Denn unser Friede ist Christus, aber im Glauben. Wenn einer diesem Wort nicht glaubt, wird er niemals ruhig sein, wenn er auch mehrere tausend Mal vom Papst selbst losgesprochen würde und der ganzen Welt beichtete. Dies ist also die überaus liebliche Vollmacht (potestas), für die wir Gott aus innerstem Herzen höchsten Dank sagen müssen, weil er Menschen eine solche Vollmacht gegeben hat, die ein einzigartiger Trost der Sünder und unglücklichen Gewissen ist, wenn sie nur glauben, daß Christi Verheißung wahr ist. Hieraus ergibt sich nun ..., daß, wenn auch die Vergebung der Schuld durch die Eingießung der Gnade vor der Vergebung des Priesters geschieht, die Eingießung der Gnade doch so beschaffen und derart unter der Form des Zornes verborgen ist ..., daß der Mensch der Gnade weniger gewiß ist, wenn sie anwesend ist, als wenn sie nicht da ist. Daher werden wir für gewöhnlich der Vergebung der Schuld nur durch das Urteil des Priesters gewiß, aber auch durch dieses nur dann, wenn du Christus glaubst, der verheißt: „Alles was du lösen wirst, usw." Solange aber die Vergebung uns ungewiß ist, ist es gar keine Vergebung, insofern es *uns* noch keine Vergebung ist." (3)

Weiter sind folgende Stücke aus den Resolutionen hervorzuheben: „Die Vergebung Gottes wirkt Gnade, aber die Vergebung des Priesters Frieden, der [jedoch], weil Glaube an die Vergebung und an die gegenwärtige Gnade, selbst auch eine Gnade und eine Gabe Gottes ist." (4) „Wer getauft ist, muß auch glauben, daß er recht geglaubt habe und hinzugetreten sei, oder er wird nie den Frieden haben, den man nur aus dem Glauben hat. Petrus löst (= absolviert) also nicht eher als Christus, sondern er verkündet die Lösung und zeigt sie an (declarat et ostendit solutionem). Wer dem mit Vertrauen glaubt, hat wahrhaft Frieden und Vergebung bei Gott erlangt – das heißt, er wird gewiß, daß er losgesprochen ist –, mit einer Gewißheit nicht der Sache, sondern des Glaubens, wegen des unfehlbaren Wortes dessen, der barmherzig verheißt: Was immer du lösen wirst, usw." (5) „Nicht also, weil es der Papst gibt, hast du

---

(3) Cl. 1, 35, 28; WA 1, 540f.; MA 1, 158f.
(4) Cl. 1, 37, 9; WA 1, 542; MA 1, 160.
(5) Cl. 1, 37, 16; WA 1, 542; MA 1, 161.

etwas, sondern du hast es, wenn du glaubst, daß du es empfängst; du hast so viel, wie du glaubst, wegen der Verheißung Christi." (6) „Warum hat also Christus gesagt: „Welchen ihr die Sünden erlaßt, denen werden sie erlassen", wenn nicht deswegen, weil sie niemandem erlassen sind, wenn er nicht, während der Priester sie erläßt, glaubt, daß sie ihm erlassen werden?" (7) „Der Erlaß der Sünde und die Schenkung der Gnade genügt nicht, sondern man muß auch glauben, daß (die Sünde) erlassen ist." (8) „Wer hinzukommt, muß nämlich glauben (Hebr. 2, 6); danach rechtfertigt dann nicht das Sakrament, sondern der Glaube an das Sakrament." (9) „Die Lossprechung ist wirksam, nicht weil sie geschieht – von wem auch immer sie gespendet werden mag, mag er irren oder nicht sondern weil sie geglaubt wird." (10) Schon einige Monate vorher, in seiner Vorlesung über den Hebräerbrief (1517 / 18), hatte Luther gesagt: „Keiner erlangt Gnade, weil er losgesprochen oder getauft wird oder die Kommunion empfängt oder gesalbt wird, sondern weil er glaubt, daß er, indem er so absolviert, getauft, kommuniziert oder gesalbt wird, Gnade erlange." (11)

In dieser Darstellung des Vorganges der Sündenvergebung haben mehrere neue Begriffe eine entscheidende Funktion erhalten, und dadurch sind die Beziehungen, in denen in der überlieferten Auffassung die Konstituenten des Sakraments geordnet erschienen, stark verschoben. Zunächst sind zwei Bewußtseinsvorgänge eingeführt: Die Verstörung des Gewissens und der Friede oder Trost. Das sind spirituelle Erlebnisse, die Luther persönlich erfahren hatte; von ihnen her entwirft er nun eine ganz neue Darstellung des sakramentalen Geschehens. Die Verstörung des Gewissens interpretiert er als Erfahrung des Zornes Gottes, den er in antithetischer Identifikation ineinssetzt mit Gottes Gnade (judicium = justitia, vgl. oben Seite 92f). Demnach muß er annehmen, daß

(6) Cl. 1, 38, 20; WA 1, 543; MA 1, 162.
(7) Cl. 1, 38, 29; WA 1, 543; MA 1, 162.
(8) Cl. 1, 39, 1; WA 1, 543; MA 1, 163.
(9) Cl. 1, 40, 34; WA 1, 544; MA 1, 165.
(10) Cl. 1, 105, 19; WA 1, 595; MA 1, 244.
(11) Cl. 5, 359, 24; WA 57, 169f.

die Vergebung Gottes schon geschehen ist, ehe der Mensch es weiß und ehe er zum Sakrament kommt. Alles wesentliche und jenseitige Geschehen bei der Sündenvergebung wird hier nach den Begriffen der Kreuztheologie interpretiert. Der eigentliche Sakramentsvollzug hat es nur mit der Bewußtseinsrealisierung der theologisch bereits geschehenen Vergebung zu tun; die Lossprechung des Priesters bewirkt den „Frieden des Gewissens", die „Tröstung", die „Gewißheit", jedoch nicht allein und unmittelbar, sondern nur, wenn und insofern der Beichtende glaubt, daß ihm durch des Priesters Lossprechung auf Grund einer Verheißung Christi Sünden erlassen werden. Dieser Glaube, durch Gewißheit charakterisiert, wirkt den Frieden des Gewissens. Der Glaube des Beichtenden soll keine „innere Erfahrung" sein, keine direkte Wahrnehmung der geschehenen Vergebung Christi, sondern er soll echter Glaube bleiben und als solcher sich auch nicht auf irgendwelche Annahmen des glaubenden Subjekts stützen, sondern auf ein in der Heiligen Schrift aufgezeichnetes Wort Christi. Man kann sagen, daß Luther hier an die Stelle des überlieferten Sakramentsrealismus und sakramentalen Objektivismus einen neuen, biblizistischen Objektivismus setzt.

Der Glaube, den Luther hier meint, ist der reflexive, wie er ihn seit 1517 konzipiert hatte. Er ist, nebst der von ihm unabtrennbaren Gewißheit, ein weiteres neues Element, das Luther in die Sakramentstheologie einführt, neben den beiden oben genannten Erlebnissen. Er erscheint hier an die Kreuztheologie und den aus derselben hervorgegangenen Begriff der Verstörung angehängt. Aber er ist eben bloß angehängt. Denn es ist nicht mehr der Glaube, wie ihn die Kreuztheologie verstand. In jener Theologie war der Glaube aufs engste mit der Demut und Demütigung assoziiert; jetzt ist das ihm nächststehende Verhalten der Friede. Mehrmals sagt Luther in dem hier betrachteten Stück, daß der Glaube unmittelbar Frieden wirkt; einmal setzt er beide fast gleich. An diesem Begriff des Glaubens scheiden sich Luthers frühere und spätere Auffassung von der Begnadigung oder Sündenvergebung. Nach der früheren Theologie ist der Mensch begnadigt oder gerechtfertigt, indem er gerichtet und gedemütigt ist; nach der neuen, indem er glaubt, gerechtfertigt zu sein. Beide Auffassungen finden sich in den Resolutiones. Die neuere in voller Klarheit schon in dem oben zitierten Satz aus der Hebräerbriefvorlesung. An diesem neuen Gedanken nahm Rom Anstoß, nicht an der Kreuztheologie.

Die von den Erfahrungsbegriffen der Kreuztheologie ausgehende Neuinterpretation war schon eine Bedrohung für den Bestand des Sakraments, indem hier die Lossprechung des Priesters und die Vergebung Gottes, deren beider Einheit gerade das Sakrament zum Sakrament macht, scharf getrennt wurden, wobei dem Priester nur die Aufgabe der psychologischen Tröstung blieb. Aber diese Bedrohung war doch eigentlich nur möglich, weil in dem Begriff der Tröstung schon der neue Glaubensbegriff mitsprach. Dieser war das eigentlich Destruktive für das Sakrament. Nur dadurch, daß der Friede als Bewußtseinsphänomen verstanden, vom reflexiven Glauben aus interpretiert und in diesem Sinne in Opposition zur Verstörung gestellt wurde, wurde auch ein Begriff der Kreuztheologie – eben die Verstörung – in die neue Sakramentslehre hineingezogen.

Der reflexive Glaube tritt in Luthers Darstellung zunächst in Verbindung mit der Spendung der Vergebungsgewißheit durch die Lossprechung auf: Die Lossprechung wirkt nur dann den Frieden des Gewissens, wenn der Beichtende glaubt, daß der Priester auf Grund von Christi Verheißungswort handelt. Aber er hat dann doch eine unmittelbare Bedeutung für das Bestehen der Vergebung Gottes selbst. Denn „das schon durch die Gnade gerechtfertigte Gewissen würde infolge seiner Furchtsamkeit (trepiditas) die Gnade ausspeien, wenn ihm nicht von dem Dienst des Priesters vermittels des Glaubens an die Anwesenheit der Gnade geholfen würde; ja die Sünde würde bleiben, wenn er nicht glaubte, daß sie vergeben sei." (12) An dieser Stelle wird der Wendepunkt in Luthers Denken erkennbar. Denn hier ist gesagt, daß die Vergebung Gottes letztlich doch allein durch einen Akt reflexiven Glaubens gesichert sei. Bemerkenswert ist die gewundene Formulierung: „Der Dienst des Priesters durch den Glauben an die Anwesenheit der Gnade". Offenbar besteht nach Luthers Vorstellung der Dienst des Priesters wesentlich darin, Gelegenheit zu geben zur Entstehung des „Glaubens an die Anwesenheit der Gnade", der den „Frieden" gibt und die Voraussetzung für das Bleiben der Gnade ist. Damit ist aber die Kreuz- und Demutstheologie (mit ihrer Ineinssetzung von judicium und justitia), zu-

---

(12) Cl. 1, 38, 37; WA 1, 543; MA 1, 162f.

mindest in der alten Form, eigentlich überflüssig geworden, sobald der reflexive Glaube die Herrschaft in der Theologie und Spiritualität erlangt. Zwei Jahre später ist sie denn ja auch aus Luthers Denken so gut wie verschwunden. Schon in den Resolutiones findet Luther Formulierungen, die die wesentliche Instrumentalität beim Empfang der Gnade dem Glauben vorbehalten, der an diesen Gnadenempfang glaubt. Und dabei wird offenbar zwischen der Vergebung Gottes und der Lossprechung durch den Priester nicht mehr unterschieden, sondem der durch die Lossprechung bewirkte Glaube an die Vergebung oder die Gewißheit der Vergebung wird mit der Vergebung fast gleichgesetzt: „Solange die Vergebung uns ungewiß ist, ist es gar keine Vergebung …"; „… er hat Frieden und Vergebung bei Gott erlangt – das heißt [!], er wird gewiß, daß er losgesprochen ist"; „du hast es, wenn du glaubst, daß du es empfängst."

Luther bemüht sich krampfhaft, diese Gedanken auf die Schrift zu stützen: An dem Worte „Welchen ihr die Sünden erlaßt", wird die Vollmacht verliehen, aber in dem Worte: „denen sind sie nachgelassen" (Joh. 20, 23) wird der Sünder zum Glauben an die Vergebung aufgerufen." (13) Aber wenn die Ansicht, daß die Vergebung erst durch den Bewußtseinsakt „Mir ist die Sünde vergeben" gesichert sei, schriftgemäß wäre, so müßte das Schriftwort doch lauten: „Welche *glauben*, daß ihnen durch eure Verkündigung der Vergebung die Sünden vergeben sind, denen sind sie vergeben." Alle Schriftworte verlangen Glauben, und das Bußsakrament kann nach kirchlicher Lehre nur von Gläubigen empfangen werden. Was aber das angeführte Schriftwort zu glauben vorlegt, ist gerade jener Objektivismus, den Luther ablehnt: daß nämlich die Sündenvergebung durch ein bestimmtes *Tun* des von Christus Bevollmächtigten dergestalt wirksam wird, daß dieses Tun (in sakramentaler Einssetzung) die Vergebung Gottes *ist* und diese nicht bloß bewußt oder gewiß macht, wobei dann die Gewißheit dessen, dem die Sünde vergeben wird, erst die Vergebung sichern würde.

Glaube ist in der Kirche für den Empfang des Sakraments vorausgesetzt, aber kein reflexiver Glaube. Darum ist das beim Sakramentsempfang spezifisch Wirksame nicht der Glaube, sondern das vergeben-

---

(13) Cl. 1, 38, 31; WA 1, 543; MA 1, 162. Vgl. oben Seite 70f.

de Tun des Bevollmächtigten. Luther hat die spezifische Instrumentalität von dem außerhalb des Beichtenden geschehenden Handeln des Lossprechenden verlegt in Akte, die sich innerhalb der Subjektivität des Beichtenden vollziehen: Zunächst in die Demütigung, dann in den reflexiven Glauben. Der Versuch, den Psychologismus seiner neuen Sakramentslehre durch Bibelworte zu stützen, mußte scheitern, weil ein solcher Psychologismus in der Schrift nicht vorkommt.

Das Sakrament bleibt als äußere Handlung bestehen, aber die Lehre von seiner sakramentalen Wirkung ist untergraben, am meisten und im wesentlichen durch die Forderung des reflexiven Glaubens. In den Resolutiones tritt diese Forderung erst in der Form auf, daß es der reflexive Glaube ist, der, nachdem Demütigung und Lossprechung vorhergegangen sind, die Vergebung endgültig sichert. Aber damit ist er doch schon das *eigentlich* Wirksame geworden. Bald wird er das *einzig* Wirksame sein.

2. Bußsakrament und Taufe seit 1519

Dieses Stadium ist erreicht in Luthers „Sermon von dem Sakrament der Buße", der Anfang November 1519 im Druck erschien. Von der Kreuz- und Demutstheologie ist hier nur noch ein kleiner Rest übrig, nämlich in dem Gedanken, daß der Sermon sich nur an diejenigen richte, „die betrübte, unruhige, irrige, erschrockene Gewissen haben". (14) Das Sakrament beschreibt Luther jetzt so: „Nun sind drei Dinge in dem heiligen Sakrament der Buße. Das erste ist die Absolution. Das sind die Worte des Priesters, die zeigen an, sagen und verkünden dir, du seiest los und deine Sünden seien vor Gott vergeben, nach Laut und Kraft der obgesagten Worte Christi zu S. Petro (Was du wirst binden auf Erden, soll gebunden sein im Himmel, und was du wirst lösen auf Erden, soll los sein im Himmel, Matth. 16, 19). Das andere ist die Gnade, Vergebung der Sünde, der Friede und Trost des Gewissens ... Darum heißt es ein Sakrament, ein heiliges Zeichen, daß man die Worte höret äußerlich, die da bedeuten die geistlichen Güter inwendig, davon das Herz getrö-

---

(14) Cl. 1, 181, 23; WA 2, 720.

stet wird und befriedet. Das dritte ist der Glaube ... Und an dem Glauben liegt es alles miteinander; der allein macht, daß die Sakramente wirken, was sie bedeuten ..." (15)

Die Möglichkeit, daß Gott einem Menschen die Sünde vergeben kann, ohne daß dieser davon weiß und in die entsprechende seelische Stimmung kommt, ist hier nicht mehr vorgesehen. Der „Glaube" ist das Primäre und allein Wirksame im Sakrament; ihm folgen Trost und Friede, die mit der Vergebung ineinsgesetzt werden, z. B. im folgenden Satz: „Das Sakrament steht in den drei Dingen ... : Im Wort Gottes, das ist die Absolution, im Glauben derselbigen Absolution, und im Frieden, *das ist* in Vergebung der Sünde, *die dem Glauben gewiß folgt.*" (16) Dasselbe negativ ausgedrückt: „Ohne fröhliches Gewissen und leichtes Herz zu Gott, das ist [!] ohne Vergebung der Schuld, mag niemand selig werden." (17) Die Wirklichkeit der Vergebung Gottes ist nun also nicht im Dunkel der Demütigung und Verstörung anwesend, sondern in der Gewißheit und im Frieden der Seele.

Damit ist die Sündenvergebung ganz in den Bereich des Bewußten, des Psychologischen verlegt. Das Sakrament ist Gewißheitsübung geworden: „Im Sakrament wird Gottes Wort gehört und der Glaube je mehr und mehr gestärkt." (18) Der gemeinte Glaube ist „Glaube der Absolution", d. h. die Überzeugung, daß die Sünde vergeben ist. Zwar versteht Luther den Glauben hier, wie stets und an allen Stellen, als eine Gnade Gottes (19), aber er ist doch auch ein sehr aktiver Bewußtseinsvorgang des Menschen; er muß geübt werden, damit die mit Gottes Vergebung ineinsgesetzte Seelenstimmung erzeugt wird. Die Liebe zu Gott ist in Luthers Sermon überhaupt nicht erwähnt. Der *reflexive* Glaube, der sich stärken soll an dem Vorgang, den Luther jetzt noch „Sakrament der Buße" nennt, ist ein aneignender Bewußtseinsakt; Liebe ist Hingabe von Person zu Person.

---

(15) Cl. 1, 176, 33; WA 2, 715.
(16) Cl. 1, 182, 28; WA 2, 721.
(17) Cl. 1, 176, 3; WA 2, 714.
(18) Cl. 1, 183, 21; WA 2, 721f.
(19) Cl. 1, 182, 24; WA 2, 721.

Um die Wende der Jahre 1519 und 1520 hat sich Luthers Sakramentsauffassung noch weiter in Richtung auf einen ichbezogenen Bewußtseinskult radikalisiert. Im Bußsermon von 1519 versicherte er noch – obwohl logisch nicht im Einklang mit den Hauptgedanken des Sermons: „Nichtsdestoweniger ist die Vergebung wahrhaftig, so wahr, als wenn's Gott selber spräche, *es hafte durch den Glauben oder nicht.*" (20) Im „Serrmon von dem heiligen hochwürdigen Sakrament der Taufe", der am 9. November 1519 im Druck erschienen ist, heißt es, „daß das Sakrament *nicht allein bedeute* den Tod und die Auferstehung am jüngsten Tag, ... sondern daß es auch gewißlich dasselbe anhebe und *wirke* und *uns mit Gott verbindet*" (21), und „also ersaufen die Sünden in der Taufe und geht auf die Gerechtigkeit für die Sünde". (22) Das ist nicht ganz zu vereinbaren mit den Worten desselben Sermons, „daß die Taufe durch Sünde wird wohl verhindert an ihrem Werk, das ist Vergebung und Tötung der Sünde, aber allein durch den Unglauben ihres Werkes wird sie zunichte, und der Glaube bringt erwider (= macht rückgängig, hebt auf) dieselben Hindernisse ihres Werkes. Also gar (= so vollständig) *liegt es alles am Glauben.*" (23) Denn wenn *alles* am Glauben liegt, so kann das Sakrament eine objektive Wirkung nicht haben; nur von solcher Wirkung aber können die in den vorstehenden Zitaten hervorgehobenen Worte verstanden werden.

Dieser Widerspruch ist dann 1520 behoben. In der Schrift „Von der babylonischen Gefangenschaft der Kirche" statuiert Luther nun: „*Es kann nicht wahr sein,* daß den Sakramenten eine wirksame Kraft der Rechtfertigung innewohne oder *daß sie wirksame Zeichen der Gnade seien.*" (24) Daher heißt es jetzt bei der Taufe nicht mehr, daß sie etwas „wirkt", sondern nur, daß sie etwas „bedeutet": „Die Taufe rechtfertigt niemanden und nützt niemandem, sondern der Glaube an das Verheißungswort, dem die Taufe hinzugefügt wird; dieser nämlich rechtfertigt

---

(20) Cl. 1, 184, 13; WA 2, 722.
(21) Cl. 1, 190, 11; WA 2, 732; MA 1, 375.
(22) Cl. 1, 186, 17; WA 2, 728; MA 1, 371.
(23) Cl. 1, 192, 3; WA 2, 733; MA 1, 377.
(24) Cl. 1, 467, 13; WA 6, 533; MA 2, 201.

und erfüllt, was die Taufe *bedeutet* (significat)." (25) „Es *bedeutet* also die Taufe zweierlei, Tod und Auferstehung, d. i. vollkommene ... Rechtfertigung." (26)

In den folgenden Jahren hat sich zwar Luthers Auffassung wieder in Richtung auf das Objektive gewandelt, z. B. wenn er 1529 im Kleinen Katechismus von der Taufe sagt: „Sie *wirket* Vergebung der Sünden ... allen, die es glauben" und im Großen Katechismus, daß die Taufe „uns dem Teufel aus dem Hals reißet" (27), ja, der Große Galaterkommentar kann sogar von der Taufe als Wiedergeburt und Erneuerung sprechen (28), ohne auf den reflexiven Glauben Bezug zu nehmen. Aber es darf nicht übersehen werden, daß solche Äußerungen in Trotzstellung gegen die Schwärmer stehen und daß der Trotz, nach Luthers eigenem Geständnis, an seinen Formulierungen manchmal einen gewissen Anteil hat (vgl. Kapitel VII, Seite 282f). Allem Anschein nach hat Luther die objektivistischen Züge, die in seiner Sakramentsauffassung noch übrig waren, im Kampf gegen die Schwärmer aus Trotz besonders betont. Denn wenn man die Gesamtheit seiner Aussagen berücksichtigt, so ergibt sich, daß er die „Wirkung" der Taufe als ein dauerndes Geschehen verstand, das erst durch den Glauben aktualisiert werde. Und darin weicht er vom Neuen Testament ab, wie Paul Althaus feststellt: „Bei Paulus haben wir es (bei der Beschreibung der Wirkung der Taufe) mit einem Praeteritum praesens zu tun (siehe die Aoriste Röm. 6 und Kol. 3), bei Luther mit einem Praesens perpetuum, das durch die einmal vollzogene Taufe wohl „bedeutet" ist und mit ihr beginnt, aber als *totum* noch nicht geschehen ist." (29) Der Grund dieses Dynamismus liegt in Luthers Glaubensverständnis, nach welchem die Verwirklichung des Heils allein im reflexiven Glauben geschieht und die Sakramente nur „zur Nährung des Glaubens eingesetzt sind". (30)

---

(25) Cl. 1, 466, 3 5; WA 6, 532f.; MA 2, 201.
(26) Cl. 1, 468, 5; WA 6, 534; MA 2, 202.
(27) Cl. 4, 88, 34; WA 30 I 222; MA 3, 276.
(28) WA 40 I 540f.
(29) Althaus 306.
(30) Omnia sacramenta ad fidem alendam sunt instituta. Cl. 1, 463, 19; WA 6, 529; MA 2, 196.

3. Gewißheitsbildung als Zweck der Sakramente

Die Buße hat Luther seit 1520 nicht mehr zu den Sakramenten gerechnet. Dennoch behielt er die Einzelbeichte mit der vergebungverkündenden Lossprechung bei; er nannte sie dann potestas clavium, Vollmacht der Schlüssel, Gewalt der Schlüssel. Das ist auffällig, weil er, wie er selber sagt, für die Beichte keinen Schriftbeweis fand; sonst kämpfte er doch mit Erbitterung gegen kultische Handlungen, die ihm nicht direkt in der Schrift geboten zu sein schienen. Der Grund für diese Abweichung von seinem Prinzip der Schriftgemäßheit war ein Prinzip, das für ihn noch über der Schrift stand und sich diese bloß dienstbar machte: Die Doktrin des reflexiven Glaubens nebst der Ineinssetzung von Heil und Gewißheit. So werden die folgenden Sätze aus dem Traktat „Von der babylonischen Gefangenschaft" verständlich: „Die geheime Beichte aber, wie sie jetzt gehalten wird, kann zwar nicht aus der Schrift bewiesen werden; sie gefällt mir aber doch wunderbar, und sie ist nützlich, ja notwendig, und ich möchte nicht, daß es sie nicht gäbe, ja ich bin froh, daß es sie in der Kirche Christi gibt. Denn sie ist ein einzigartiges Heilmittel für bekümmerte (afflictis) Gewissen. Denn wenn wir unserem Bruder unser Gewissen aufgedeckt und das verborgene Böse vertraulich enthüllt haben, empfangen wir aus dem Munde des Bruders ein von Gott gesprochenes Wort des Trostes; wenn wir dasselbe mit Glauben aufnehmen, geben wir uns Frieden (pacatos nos facimus) in der Barmherzigkeit Gottes, der durch den Bruder zu uns spricht." (31)

Hieraus wird deutlich, worin für den protestantischen Luther der Wert des sinnlich wahrnehmbaren Zeichens im Sakrament bestand. Nicht darin, daß unter diesem Zeichen Gnade gegeben wird, sondern darin, daß die sinnliche Wahrnehmbarkeit eine Hilfe für die Gewißheitsbildung ist. Was die Gnade vermittelt, ist nicht das Zeichen, sondern der aneignende, auf das Subjekt reflektierende, wortgebundene Glaube. Dieser stützt sich jedoch auf das wahrnehmbare Zeichen; das ist für Luther offenbar das wesentliche Motiv für die Beibehaltung der Lehre von einem gewissen objektiven Heilsgeschehen in Taufe, Abendmahl und Beichte. Daß jemand beim Abendmahl ein Zeichen *sieht*, bei der Beichte ein Zeichen *hört* und

---

(31) Cl. 1, 482, 3; WA 6, 546; MA 2, 218f.

betreffs der Taufe *weiß*, daß ein Zeichen an ihm vollzogen worden ist, das ist eine starke Hilfe für den reflexiven Glauben. Von *diesem* Gedanken aus verteidigt Luther im Großen Katechismus die Objektivität der Taufe gegen die Schwärmer: „Das wollen aber die Blindenleiter nicht sehen, *daß der Glaube etwas haben muß*, daß er glaube, das ist: *Daran er sich halte* und darauf stehe und fuße. Also hanget nun der Glaube am Wasser und glaubt, daß die Taufe sei, darin eitel Seligkeit und Leben ist, nicht durchs Wasser ..., sondern dadurch, daß [es] mit Gottes Wort und Ordnung verleibet ist und sein Name darin klebet." (32) Die Reflexion vom Glaubensinhalt auf das Ich wird leichter, wenn der Gewißheit und Gnade wirkende Glaubensstrahl von einer wahrnehmbaren Reflexionsfläche aus zum Ich zurückgeworfen wird; das geschieht umso wirkungsvoller, je mehr vom Glauben an die objektive Übernatürlichkeit oder übernatürliche Objektivität des Sakraments erhalten geblieben ist. Daher auch Luthers starkes Interesse an der Realpräsenz im Abendmahl. Es ist oberflächlich, dies Interesse daraus zu erklären, daß er sich hier an den Wortlaut der Schrift gebunden fühlte: „Dies *ist* mein Leib ..." Wo er so heftig um die Geltung eines Schriftwortes kämpft, da geht es eigentlich nicht um die Schrift, sondern um das, wozu er die Schrift *brauchte*: Um den reflexiven Glauben mit der Gewißheitsdoktrin. Hierfür war ihm die Realpräsenzlehre sehr nützlich.

So werden denn die Sakramente zu Gewißheitsübungen, sei es in ihrem Vollzug, sei es – bei der Taufe – in der Erinnerung. „Zuerst ist bei der Taufe die göttliche Verheißung zu beachten, welche sagt: Wer glaubt und getauft ist, der wird selig werden ... [Von dieser Verheißung] hängt unser ganzes Heil ab; sie ist aber so zu beachten, *daß wir an ihr den Glauben üben* so daß wir nicht im geringsten zweifeln, daß wir selig sind, nachdem wir getauft worden sind." (33) So 1520 in der Schrift „Von der babylonischen Gefangenschaft der Kirche". Und 1529 im Großen Katechismus: „Darum hat ein jeglicher Christ sein Leben lang genug *zu lernen und zu üben an der Taufe*; denn er hat immerdar zu schaffen, daß er *festiglich glaube*, was sie zusagt und bringet ..." (34)

---

(32) Cl. 4, 82,17; WA 30 I 215; MA 3, 271.
(33) Cl. 1, 461, 3; WA 6, 527; MA 2, 193.
(34) Cl. 4, 84, 6; WA 30 I 217; MA 3, 271.

Darin, daß die Sakramente der Gewißheitsbildung dienen, unterscheiden sie sich nicht vom Worte Gottes; denn auch beim Sakrament ist ja für den protestantischen Luther jeweils das Hören eines Bibelwortes das Entscheidende. So empfehlen die Jesajascholien 1532 folgende Gewissensbefreiungsübung: „Wenn du also gesündigt hast und dich dein Gewissen beißt, so muß dein Glaube fest sein und ... sprechen: Obwohl ich gesündigt habe, bin ich doch gerecht; ... denn ich habe ... Christus, der keiner Sünde schuldig ist. Dafür aber, daß Christus deine Gerechtigkeit ist, hast du sehr gewichtige Zeugnisse. Zunächst das *Wort Gottes*, welches sagt, daß Christus für dich gestorben ist. Dann hast du die *Taufe*; wir sind nämlich getauft in seinen Tod, den er für uns erlitten hat. Auch hast du das *Sakrament des Altars*, in welchem er mit klaren Worten und mit äußerem Zeichen bestätigt, daß sein Leib für dich hingegeben und sein Blut für dich vergossen ist." (35) Und im Großen Galaterkommentar heißt es 1535: „(Das Wort Gottes) macht uns gewiß ... Ebenso machen uns auch die Sakramente, die Vollmacht der Schlüssel usw. gewiß." (36)

Beachtet man die Reflexivität von Luthers Glaubensbegriff, so löst sich das Rätsel des Ineinanders von Subjektivismus und Objektivismus in seiner Sakramentslehre. Weder das Wort „subjektiv" noch das Wort „objektiv" beschreibt seine Position ausreichend und angemessen. Das Charakteristische dieser Position ist ein Glaube, der vom objektiv verstandenen, jedoch subjektivistisch und als je-mich-meinend interpretierten Schriftwort her mit psychologischer Unterstützung durch das objektive sakramentale Zeichen auf das Heil des Ich in solcher Weise reflektiert, daß diese Reflexion sich psychologistisch als heilsentscheidend versteht.

4. Eucharistieverständnis 1519 und später

Es muß nun noch etwas ausführlicher betrachtet werden, wie der neue Glaubensbegriff den Sinn jenes Kultes verändert hat, den die Ur-

---

(35) WA 25, 368, 14. In WA 31 II 513, 14 nur Andeutung.
(36) WA 40 I 591, 23.

christenheit Brotbrechen, Herrenmahl, Eucharistie und Opfer genannt hat, der in der lateinischen Kirche dann die Bezeichnung Messe erhielt und an dessen Stelle im Protestantismus die Feier trat, die Abendmahl genannt wurde. Denn dieser Kult hat von jeher für das religiöse Leben des Christen eine einzigartige Bedeutung gehabt, und auch Luther hat das in diesem Kult gefeierte Sakrament als ein kostbares Geschenk Christi heilig gehalten. Er hat in mehreren Schriften über dies Sakrament gehandelt. Zwei der frühesten von diesen sind überaus aufschlußreich für die Auswirkungen seines neuen Glaubensbegriffes. Es sind: Der im Dezember 1519 erschienene „Sermon von dem hochwürdigen Sakrament des heiligen wahren Leichnams Christi …" und der „Sermon von dem Neuen Testament, das ist von der heiligen Messe", herausgekommen im April 1520. Daß Luther denselben Gegenstand im Abstand von wenigen Monaten zweimal nacheinander behandelte, hatte hier denselben Grund wie im Falle der beiden Vaterunserauslegungen von 1519 und 1520, die oben Seite 123f verglichen worden sind. Wie im Vergleich dieser beiden Auslegungen sich das Eindringen des neuen Glaubensbegriffes in die Spiritualität des Gebetes beobachten läßt, so zeigt der Vergleich der beiden Sermone über das Altarsakrament, wie Luthers Verständnis desselben sich in wenigen Monaten vom Katholischen zum Protestantischen gewandelt hat.

In dem ersten der beiden Sermone wird zwar der reflexive Glaube schon energisch gefordert: „Es ist nicht genug, daß du wissest, es sei eine Gemeinschaft und gnädiger Wechsel oder Vermischung unserer Sünde und (unserer) Leiden mit Christus' Gerechtigkeit und seiner Heiligen, sondern du mußt sein auch begehren und festiglich glauben, du habest es erlangt." (37) Auch daß das Sakrament wesentlich der Gewißheitsübung diene, ist schon ausgesprochen: „Hier sieh zu, daß du den Glauben übest und stärkest … (Es ist) not und gut, daß man vielmals zum Sakrament gehe oder je in der Messe täglich solchen Glauben übe und stärke, daran es alles liegt und um seinen Willen (= um dessentwillen es) auch eingesetzt ist." (38) Aber wie in einigen anderen Schriften des Jah-

---

(37) Cl. 1, 204, 5; WA 2, 749; MA 1, 390.
(38) Cl. 1, 204, 16. 35; WA 2, 750; MA 1, 390f.

res 1519 das neue Verständnis des Glaubens andere Lehren noch nicht oder erst teilweise durchdrungen und verändert hat, vielmehr bloß neben denselben auftritt, so auch hier. Gedanken ältester eucharistischer Theologie sind hier entfaltet, mit Akzenten, die aus Luthers eigenem Wesen kommen: „Die Bedeutung oder das Werk dieses Sakraments ist Gemeinschaft aller Heiligen …" (39) „Denn zu gleich als aus vielen Körnlein zusammengestoßen das Brot gemacht wird und vieler Körner Leibe eines Brotes Leib werden, darin ein jegliches Körnlein seinen Leib und (seine) Gestalt verlieret und den gemeinen Leib des Brots an sich nimmt, desselbengleichen auch die Weinkörnlein mit Verlust ihrer Gestalt werden eines gemeinen Weins und Tranks Leib: Also sollen (wir sein) und sind wir auch, so wir dies Sakrament recht brauchen. Christus mit allen Heiligen durch seine Liebe nimmt unsere Gestalt an, streitet mit uns wider die Sünde, (den) Tod und alles Übel, davon wir in Liebe entzündet, nehmen seine Gestalt, verlassen uns auf seine Gerechtigkeit, (sein) Leben und (seine) Seligkeit und sind also durch Gemeinschaft seiner Güter und unseres Unglücks ein Kuchen, ein Brot, ein Leib, ein Trank, und ist alles gemein. O das ist ein großes Sakrament, sagt S. Paul (Eph. 5, 32), daß Christus und die Kirche ein Fleisch und ein Gebein sind. Wiederum sollen wir durch dieselbe Liebe uns auch wandeln und unser lassen sein aller anderen Christen Gebrechen und ihre Gestalt und Notdurft an uns nehmen und ihr lassen sein alles, was wir Gutes vermögen, daß sie desselben genießen mögen: Das ist rechte Gemeinschaft und wahre Bedeutung dieses Sakraments. Also werden wir ineinander verwandelt und gemein durch die Liebe, ohne welche kein Wandel nicht geschehen mag." (40) „Denn keine innigere, tiefere, unzuteiligere (= unzertrennlichere) Vereinigung ist über die Vereinigung der Speise mit dem, der gespeist wird, sintemal die Speise geht und wird verwandelt in die Natur und wird ein Wesen mit dem Gespeisten." (41) „Also auch wir mit Christo in dem Sakrament vereinigt werden und mit allen Heiligen eingeleibt, daß er sich unser also annimmt, für uns tut und läßt, als wäre er,

---

(39) Cl. 1, 197, 13; WA 2, 743; MA 1, 383.
(40) Cl. 1, 202, 22; WA 2, 748; MA 1, 388.
(41) Cl. 1, 203, 1; WA 2, 748; MA 1, 389.

was wir sind, (als träfe,) was uns antrifft, auch ihn, und mehr denn uns antrifft; wiederum wir uns seiner also mögen annehmen, als wären wir, was er ist, wie dann auch endlich geschehen wird, daß wir ihm gleichförmig werden, wie S. Johannes sagt (1. Joh. 3, 2): Wir wissen, wenn er wird offenbar werden, so werden wir ihm gleich sein." So tief und ganz ist die Gemeinschaft Christi und aller Heiligen mit Uns." (42)

Luther sieht hier also noch die Vereinigung mit Christus, die im Sakramentsgenuß geschieht, in jener seinshaft-personalen, über das Bewußte hinausreichenden, übernatürlichen Weise, die das kirchliche Verständnis der Eucharistie seit jeher im Glauben erfahren hat. Demgemäß ist der Bezug des sakramentalen Kultes zu dem Leibe Christi, der die Kirche ist, sehr intensiv und sehr lebendig durchdacht. Solche Gedanken, um derentwillen der Sermon heute von Evangelischen, die über Luther das Verständnis des Sakraments wiedergewinnen möchten, ebenso geschätzt wird wie von katholischen Bewunderern Luthers, sind aber in der herkömmlichen nicht-katholisierenden Abendmahlsfrömmigkeit des Protestantismus nicht lebendig geblieben. Da haben sich Ideen des späteren, protestantischen Luther durchgesetzt.

In den Jesajascholien – in der Druckausgabe von 1534 – sind die Sakramente „Zeichen" genannt und in eine Reihe gestellt mit einem alttestamentlichen, einmaligen Zeichen (nämlich der symbolischen Handlung, die Gott nach Jes. 20, 2 dem Propheten befahl und die darin bestand, daß der Prophet sein härenes Gewand ablegen und Sandalen anziehen sollte). Sie werden ferner völlig in die Kategorie „Wort" eingeordnet; es findet sich die Formulierung, sie seien „nichts als sozusagen ein dingliches Wort, worin in einem Ding ausgedrückt wird, was das Wort aussagt". (43) Die

---

(42) Cl. 1, 203, 6; WA 2, 748f; MA 1, 389. In Predigten kommen Gedanken dieses Sermons bis 1524 vor. Vgl. Althaus a. a. O. Seite 277f und 320. Vgl. auch Tessaradecas WA 6, 131, 37ff.

(43) Signa ... „quae nihil sunt quam verbum, ut sic dicam, reale, ubi re exprimitur, quod verbum sonat" WA 25, 157, 28 (nur in der erweiterten Druckausgabe der Jesajascholien von 1534). Vgl. WA 31 II 119, 5: Signum hic additum est quasi reale et oculis subjectum verbum, ut idem doceat signum quod docet verbum.

direkte Beziehung der Sakramente zu Liebe und Gemeinschaft der Kirche wird im Druck der Jesajascholien von 1534 sogar ausdrücklich geleugnet: „So sind die Taufe und das Abendmahl des Herrn Zeichen, *durch die der Glaube aufgerichtet und gekräftigt wird, nicht* (aber solche), *durch die die Menschen zur Liebe eingeladen würden* – obwohl auch das geschehen muß – oder (durch die sie) *wie durch ein Bekenntniszeichen zu unterscheiden wären.*" (44)

Nun ist allerdings zu berücksichtigen, daß dieser Satz in Trotzstellung gegen die „Sakramentierer" steht und daher überspitzt formuliert ist (vgl. zu Trotzäußerungen Seite 24 Anm. 4, 196, 211 Anm, 72 und 282f). Immerhin ist aber zu erkennen, daß im Kampf gegen Schwärmer und Schweizer die Beziehung des Abendmahls zur Gemeinschaft der Heiligen für Luther keine große Bedeutung mehr besaß.

Paul Althaus meint, jener Kampf habe dadurch, daß er Luthers „Interesse an der Realpräsenz und dem Genießen des himmlischen Leibes und Blutes Christi" zu einem „alles beherrschenden" gemacht habe, „die ganze Würdigung des Abendmahls als Sakrament der *communio sanctorum* ... bei Luther später in den Hintergrund" verdrängt; er habe diese Gedanken nicht mehr wiederholt, aber auch gewiß nicht einfach preisgegeben. (45) Die Jesajascholien beweisen aber, daß diese Ansicht nicht richtig ist. Es ist auch nicht einzusehen, weshalb das Interesse an der Realpräsenz den Gedanken der Gemeinschaft der Heiligen verdrängen sollte. Nicht der äußere Kampf und nicht das Interesse an der Realpräsenz ist es gewesen, was Luthers Eucharistieverständnis verändert hat, sondern die Idee des apprehensiven, reflexiven Glaubens.

Die Quellen für die Würdigung des Abendmahls als Sakrament der Gemeinschaft der Heiligen reichen, wie Althaus feststellt (46), nur von 1519 bis 1524. Eins der spätesten Dokumente dieses Gedankens wäre demnach das Schlußgebet aus Luthers „Deutscher Messe", die am 1.

---

(44) WA 25, 157, 31. Lauterbachs Nachschrift WA 31 II 118, 30: Sic solet Deus verbo suo addere signum non caritatis aut cognitionis mutuae, quod potius est ipsa caritas et alii fructus fidei et spiritus.
(45) Althaus 278 und 318.
(46) Althaus 275 Anm. 110.

Januar 1526 im Druck erschien. Es lautet: „Wir danken dir, allmächtiger Herr Gott, daß du uns durch diese heilsame Gabe hast erquicket, und bitten deine Barmherzigkeit, daß du uns solches gedeihen lassest zu starkem Glauben gegen dich und zu brünstiger Liebe unter uns allen, um Jesus Christus unseres Herrn willen. Amen." (47)

---

(47) Cl. 3, 307, 6; WA 19, 102, 8; MA 3, 149. Althaus zitiert dieses Gebet a. a. O. Seite 276 Anm. 116 und bemerkt zum Schluß desselben: „Diese letzte Wendung hat, soviel ich sehe, in der römischen Messe weder ein Vorbild noch eine Entsprechung." Denn er meint, der Reformator Luther sei es gewesen, der „die urchristliche 'Gemeinschaft des Leibes Christi' im Sinne von 1. Kor. 10, 16f. wiederentdeckt" habe; „Luther hält seiner Zeit in ihrer individualistisch entarteten Abendmahlsfeier das Bild des urchristlichen Herrenmahls vor" (a. a. O. Seite 277). Aber damit hat Althaus doch die Bedeutung des Eucharistiesermons von 1519 überschätzt und Behauptungen aufgestellt, die den Tatsachen widersprechen. Denn erstens hat Luther selber die Gedanken dieses Sermons später fallengelassen. Zweitens ist es doch gerade Luther gewesen, der 1520 in seiner neuen Abendmahlsauffassung einen Individualismus entwickelt hat, der über alles in der katholischen Kirche Mögliche weit hinausgeht. Drittens hatten sowohl der hl. Augustinus, von dem Luther in seiner vorprotestantischen Zeit viel gelernt hat, als auch zahlreiche andere theologische Schriftsteller der lateinischen Kirche mindestens bis zum 13. Jahrhundert, aber auch noch im Spätmittelalter den Gedanken, daß die Eucharistie eine übernatürlich-reale Gemeinschaft stifte, so oft und so breit und tief und kraftvoll dargelegt, daß im Vergleich dazu Luthers Eucharistiesermon von 1519, zumal da er auch schon den reflexiven Glauben lehrt, sich gar nicht besonders auszeichnet (vgl. hierzu etwa: Henri De Lubac, Katholizismus als Gemeinschaft – Catholicisme, deutsch von H. Urs v. Balthasar –, Einsiedeln und Köln 1943, Seite 79 bis 99); die Behauptung, daß Luther hier durch Rückgriff auf das Neue Testament etwas „wiederentdeckt" habe, ist jedenfalls unsachgemäß. Viertens ist Althaus' Meinung, der Gedanke der Liebe bzw. Communio fehle in der römischen Meßliturgie, irrig. Die Bitte um Einheit steht am Anfang der Gebete des römischen Canon missae (quam pacificare, custodire, adunare et regere digneris) und noch einmal in dem Friedensgebet vor der Kommunion (eamque secundum voluntatem tuam pacificare et coadunare digneris); ferner wird an mehreren Tagen des Kirchenjahres in der Postcommunio um Eintracht, Liebe und Einheit gebetet: am Freitag nach dem Aschermittwoch, in der Osternacht, am

5. „Bringe dich auch in das EUCH"

Die verbreitetste Abendmahlsauffassung des Protestantismus ist aufgebaut worden durch Ideen, die Luther zuerst in dem zweiten der beiden oben Seite 200 genannten Sermone dargelegt hat, in dem „Sermon von dem Neuen Testament ..." von 1520. (48) Mit diesem Sermon stimmt großenteils inhaltlich überein das Stück „Über das Sakrament des Brotes" in dem lateinischen Traktat „Von der babylonischen Gefangenschaft der Kirche", der wenige Monate nach jenem Sermon verfaßt worden ist und Anfang Oktober 1520 fertig vorlag. (49) Hier hat Luther festgelegt,

---

Ostermorgen und am Ostermontag lautet das Gebet: „Spiritum nobis, Domine, tuae caritatis infunde, ut quos uno pane caelesti satiasti (zu Ostern: ut quos sacramentis paschalibus satiasti), tua facias pietate concordes" – dieses Gebet scheint das Vorbild des Schlußgebetes von Luthers Deutscher Messe gewesen zu sein -; am Samstag der dritten Fastenwoche, am 9. Sonntag nach Pfingsten, schließlich in einigen anderen Gebeten kommen ähnliche Bitten vor.

(48) Einzelne Gedanken des Sermons sind allerdings vorweggenommen in der etwas früher verfaßten, aber erst Ende Mai oder Anfang Juni 1520 erschienenen Schrift „Von den guten Werken"; Cl. 1, 254 bis 256; MA 2, 32-34; WA 6, 229-232.

(49) Luther sagt hier, daß er in der Erkenntnis dieses Sakraments „weitergekommen sei" (dicam ... quid ... meditatus promoverim). Er fährt fort: „Denn als ich den Sermon von der Eucharistie [gemeint ist der von 1519] herausgab, hing ich [noch] an dem allgemeinen Gebrauch (in usu communi haerebam) und kümmerte mich nicht um das Recht und Unrecht des Papstes. Nun aber, da ich herausgefordert und geübt, ja durch Gewalt auf diesen Kampfplatz (harena) gerissen worden bin, will ich frei meine Meinung sagen" (Cl. 1, 432, 1-6; MA 2, 158f.; WA 6, 502). Hier läßt Luther erkennen, daß er sich bewußt ist, seine Ansicht über die Sakramentsfeier seit 1519 geändert zu haben, und daß dies eine Folge seines Nachdenkens wie auch des Streites um die Kirche gewesen sei. Was den Gegenstand des Streites anbetrifft, so kann es sich beim Altarsakrament nur um die Kommunion unter beiden Gestalten handeln. Das Nachdenken aber muß auch den Sinn der Feier betroffen haben, wie sich aus einem Vergleich mit dem Sermon von 1519 sofort ergibt. Wie weit nun aber auch dies Nachdenken über den Sinn

was seitdem im wesentlichen die protestantische Ansicht über den spirituellen Sinn des Abendmahls blieb.

Daß die Eucharistie etwas mit dem Aufbau der Kirche als dem Leib Christi zu tun habe, wird jetzt nur noch in einem Satz eben angedeutet: „Auf daß nun Christus sich bereite ein angenehmes, liebes Volk, das einträchtig ineinander gebunden wäre durch die Liebe, hat er aufgehoben das ganze Gesetz Moses, und daß er nicht Ursache den Sekten und Zerteilungen hinfürder gebe, hat er wiederum nicht mehr denn *eine* Weise oder (ein) Gesetz eingesetzt seinem ganzen Volk: das ist die heilige Messe." (50) Der Zusammenhang zwischen der Einheit des Volkes Christi und der Eucharistie ist hier nicht mehr seinshaft und übernatürlich, sondern ganz äußerlich gesehen und mit einer rationalen Zweckmäßigkeitserwägung begründet: Wenn es viele Gesetze gibt, dann entstehen daraus „viele Sekten und Zerteilung der Gemeinde"; um das zu verhindern, hat Christus nur *ein* Gesetz gegeben, um dadurch die Einigkeit seines Volkes möglich zu machen! Wenn man von dem Sermon des Jahres 1519 herkommt, erschrickt man über diese Dürre.

Der Sinn der Sakramentsfeier wird jetzt ausschließlich aus den Einsetzungsworten hergeleitet, und diese werden strikt vom Begriff des reflexiven Glaubens her interpretiert. Die Einsetzungsworte sind, sagt der Sermon (51), „das Hauptstück der Messe"; „die Messe ist ihrer Substanz nach eigentlich nichts anderes als die genannten Worte Christi", sagt der lateinische Traktat. (52) Darum brauchte, heißt es in dem Traktat, „in

---

der Feier durch den Streit bzw. durch Luthers Opposition gegen die Kirche beeinflußt ist, wäre zu fragen. Im Psychologischen Bereich jedenfalls dürfte ein solcher Einfluß kaum in Abrede zu stellen sein. Man kann jedenfalls Luthers oben übersetzte Worte auch so verstehen, daß der „allgemeine Gebrauch", an dem er 1519 noch hing, auch die Auffassung vom Sinn der Feier betraf (diese ist ja 1519 in der Tat noch stark von ältester Tradition geprägt) und daß er nun, 1520, dem Papst zum Trotz seine ganze Ansicht geändert habe.

(50) Cl. 1, 300, 35; WA 6, 354.
(51) Cl. 1, 302, 6; WA 6, 355.
(52) Cl. 1, 446, 31; WA 6, 515; MA 2, 176.

der Messe nichts anderes mit größerem, ja einzigem Eifer angestrebt zu werden, als daß wir diese Worte, diese Verheißungen Christi, die in Wahrheit die Messe selbst sind, vor Augen halten, betrachten und immer wieder erwägen, wodurch wir in ihr den Glauben üben, nähren, mehren und stärken, durch dieses tägliche Gedenken. Das ist es nämlich, was er gebietet mit den Worten: Tut dies zu meinem Gedenken." (53)

Aber weil die Messe ein „Testament" ist, eine Verheißung (promissio) oder „Zusage" enthaltend, und weil zu einem solchen Testament und einer solchen Zusage ein Zeichen hinzugehört, darum hat auch Christus, wie Gott schon im Alten Testament bei von ihm gegebenen Zusagen getan hatte, „neben dem Wort auch ein Zeichen gegeben zu mehrer Sicherung und Stärke unseres Glaubens", und zwar hat er „ein kräftiges, alleredelstes Siegel und Zeichen an und in die Worte gehängt, das ist sein eigenes wahrhaftiges Fleisch und Blut unter dem Brot und Wein." (54) Nun ist eine solche Erklärung für die Angemessenheit des Zeichens durchaus sachgemäß. Indessen, der Sermon meint: Es „liegt viel mehr an den Worten denn an den Zeichen, denn die Zeichen mögen wohl nicht sein, daß dennoch der Mensch die Worte habe und also ohne Sakrament, doch nicht ohne Testament selig werde". (55) Der lateinische Traktat sagt: „Wie im Worte größere Kraft liegt als im Zeichen, so im Testament größere Kraft als im Sakrament." (56) Zwei Jahre später spricht Luther noch radikaler: „Es liegt tausendmal mehr an denselben Worten denn an den Gestalten des Sakraments." (57)

In dem Testament ist Vergebung der Sünden verheißen. (58) Eine Verheißung Gottes aber muß geglaubt werden. (59) Nun kommen in der Verheißung, die „die Messe" darstellt, die „Erben, denen das Testa-

(53) Cl. 1, 447, 20; WA 6, 516; MA 2, 177.
(54) Cl. 1, 304, 34; 305, 2; 444, 20ff. = WA 6, 358f. und 513ff; MA 2, 173ff.
(55) Cl. 1, 308, 24; 318, 15; WA 6, 363 und 373f.
(56) Cl. 1, 450, 4; WA 6, 518; MA 2, 180.
(57) Cl. 2, 325, 29; WA 10 II 29.
(58) Cl. 1, 304, 11; 444, 30-445, 7 = WA 6, 358 und 513; MA 2, 174.
(59) Cl. 1, 302, 15; 448, 9-11. 26-29 = WA 6, 356 und 516f.; MA 2, 179.

ment beschieden wird" (60), mit vor, nämlich in den Worten: *„für euch gegeben"*, *„für euch* vergossen". Dies muß der Abendmahlsgast, um der Verheißung Christi zu glauben, strikt auf sich beziehen; so sagt der Sermon: „Also mußt du hier vor allen Dingen *deines Herzens wahrnehmen*, daß du den Worten Christi glaubest …, da er *zu dir* und allen sagt: Das ist mein Blut, ein neues Testament, damit ich dir bescheide Vergebung aller Sünde und ewiges Leben." (61) Der Abendmahlsgast soll „auf das Testament Christi *pochen* und *trotzig sein* im festen Glauben" (62); er soll „in der Messe … dieser Worte des Testaments wahrnehmen und darauf trotzen mit einem festen Glauben". (63)

Demgemäß hat die Teilnahme an der „Messe" den Sinn, „den Glauben (zu) weiden und (zu) stärken". (64) Denn „die ganze Kraft der Messe besteht in den Worten Christi, mit denen er bezeugt, daß Vergebung der Sünde allen geschenkt wird, welche glauben, daß für sie sein Leib hingegeben und sein Blut vergossen wird". (65) Der Teilnehmer an der „Messe" hat also das Heil der Sündenvergebung, insofern er darauf pocht und trotzt, es zu haben, und diesen Reflexionsakt führt jeder für sich allein aus. „Ein jeglicher sein so viel nimmt und empfängt für sich allein, so viel er glaubt und traut, ein jeglicher für sich allein." (66)

Danach, wenn dieser Bewußtseinsakt vollzogen ist, schickt es sich dann auch, Gott zu loben und ihm zu danken, „und wiewohl solches Opfer (des Lobes) auch außerhalb der Messe geschieht und geschehen soll, denn es nicht nötlich und wesentlich zur Messe gehört …, so ist's doch köstlicher, füglicher, stärker und auch angenehmer, wo es mit dem Haufen und in der Sammlung geschieht, da eines das andere reizt, bewegt und erhitzt, daß es stark zu Gott dringt". (67) Es ist also rein ratio-

---

(60) Cl. 1, 305, 131; WA 6, 359.
(61) Cl. 1, 306, 15; WA 6, 360.
(62) Cl. 1, 307, 28; WA 6, 362.
(63) Cl. 1, 307, 40; WA 6, 362.
(64) Cl. 1, 310, 9; WA 6, 364.
(65) Cl. 1, 449, 18; WA 6, 518; MA 2, 179.
(66) Cl. 1, 310, 17. 23; WA 6, 365.
(67) Cl. 1, 313, 15; WA 6, 368.

nale und psychologische Zweckmäßigkeit, wenn während der Messe Gott Lob und Dank dargebracht wird; zum Wesen der Messe gehört es nicht! Dafür, daß der feierliche Lobpreis Gottes des Vaters durch Christus im Heiligen Geiste vom Ursprung her einen Wesensbestandteil des eucharistischen Kultus ausmacht, hat der reflexiv glaubende Luther das Verständnis verloren.

Der Reformator hat also 1520 versucht, das Wort „Messe" für eine Veranstaltung einzuführen, die allein der Erzeugung und Stärkung des reflexiven Glaubens dient, zunächst und vor allem durch das Bedenken der Einsetzungsworte, daneben und zusätzlich auch durch die Wahrnehmung des „Zeichens". Aber in diesem Sinne ist das Wort nicht in allgemeinen Gebrauch gekommen; der Unterschied der neuartigen Veranstaltung von dem, was man bisher „Messe" nannte, war doch zu groß.

Der lateinische Traktat gebraucht ein paarmal das Wort consecrare und einmal den Ausdruck „die sogenannten Konsekrationsworte". (68) Aber die Rezitation der Einsetzungsworte ist hier doch eigentlich keine Konsekration mehr (und es entspricht ganz diesem ursprünglichen Ansatz des Protestantismus, wenn heute in der Evangelischen Kirche der Begriff „Konsekration" meist vermieden oder abgelehnt wird). Diese Rezitation ist ja nach Luthers Anweisung ein Anreiz zu einer ichbezogenen Betrachtung: Aus ihnen soll sich der Abendmahlsgast, jeder für sich, die Worte „FÜR EUCH" herauslösen und sie auf sich beziehen. Er soll sie „sich gesagt sein" lassen, wie Luthers Großer Katechismus lehrt: „Wer nun sich solches läßt gesagt sein und glaubt, daß es wahr sei, der hat es", und: „Drum denke und bringe dich auch in das „Euch."" (69) Diese Reflexion, durch die sich der Einzelne „in das Euch denkt und bringt", ist der „Glaube", durch den die Sündenvergebung gesichert sein soll.

Der „Glaube" bezieht sich auf ein „Testament". Auf diesen Begriff legt Luther in seinen Abendmahlstraktaten des Jahres 1520 großen Wert. Er versteht ihn ganz juridisch: In einem Testament wird etwas vermacht; in diesem Testament ist je *mir* etwas vermacht worden, und das kann ich

---

(68) verba consecrationis, ut vocant. Cl. 1, 447, 37; WA 6, 516; MA 2, 177.
(69) Cl. 4, 93, 9 und 4, 96, 31; WA 30 I 226 und 230; MA 3, 280f und 284.

beanspruchen, wie es bei Testamenten üblich ist. Das Beanspruchen des testamentarisch von Christus vermachten Rechtes ist der „Glaube". Von diesem Gedankengang her ist es ganz sinnvoll, daß der Glaube jetzt nicht mehr mit Demut assoziiert ist (Liebe folgt ihm bloß), sondern daß er als ein „Trotzen" auf die „Worte des Testaments" beschrieben wird, als ein „Pochen", ein Beanspruchen eines „Rechtes zum Testament": „Du müßtest lange die Schuhe wischen, Federn ablesen und dich herausputzen, daß du ein Testament erlangest, wo du nicht Brief und Siegel für dich hast, damit du beweisen mögest dein Recht zum Testament; hast du aber Brief und Siegel und glaubst, begehrest und suchst es, so muß dir's werden, ob du schon grindig, gnätzig, stinkend und aufs unreinest wärest. Also, willst du das Sakrament und das Testament würdig empfangen, sieh zu, daß du diese lebendigen Worte Christi vorbringest, darauf dich bauest mit starkem Glauben und begehrest, was dir Christus darinnen zugesagt hat, so wird dir's …" (70)

Ganz unbefangen fordert Luther die Wendung auf das eigene Ich: „Also mußt du vor allen Dingen deines Herzens wahrnehmen …" Auf diesen sich auf sein Subjekt zurückbeugenden Bewußtseinsakt des Einzelnen deutet er in bizarrer Willkür sogar den biblischen Wiederholungsbefehl: „Tut dies zu meinem Gedenken."

Wort und Sakrament sind in einer die Einheit des Kultaktes sprengenden Weise auseinandergerissen. Die „Messe" ist nur noch Wort. Das „Zeichen" oder Sakrament ist zweitrangig, eigentlich unnötig, aber doch sehr wertvoll; denn es ist ja Christi „eigenes Fleisch und Blut unter dem Brot und Wein" und daher „ein kräftiges Siegel" auf das „Recht zum Testament". Ganz deutlich spricht sich hier aus, warum Luther so großes Interesse an der Realpräsenz hatte. Der Grund ist ein ähnlicher wie der für seine Hochschätzung der Lehre von der Gottheit Christi: Diese Lehre ist eine kräftige Stärkung der Gewißheit, weil nur Gott Sünden vergeben kann (71); die Realpräsenz bestätigt ihm in unüberbietbarer Wei-

---

(70) Cl. 1, 306, 31; WA 6, 361. Vgl. Cl. 1, 451, 25ff (jus testamenti 33); WA 6, 519; MA 2, 182.
(71) Vgl. etwa WA 40 I 569, 6 (Hs.): ideo Deus, quia solus Deus supra legem …
   569, 25 (Druck): Cum autem Christus in propria sua persona legem vicerit,

se die Aktualität, die Beanspruchbarkeit des „Rechtes zum Testament".
Keine Rede mehr vom seinshaftpersonalen, ewiges Leben enthaltenden,
durch den Sakramentsgenuß konstituierten Ineinander von Christus und
seiner Kirche: Ihr in mir und ich in euch; keine Rede mehr von dem Bezug des Sakraments zum Leib Christi, der Kirche; keine Rede von der
Proklamation des Todes des Herrn, bis er wiederkommt, als notwendi-
gem Teil des eucharistischen Kultes. Johannes und Paulus sind in der
Sakramentslehre des protestantischen Luther verstummt. Alles ist auf den
Einzelnen bezogen und auf den Bewußtseinsakt, mit dem er, ein Wort
bedenkend, auf sein eigenes Heil reflektiert in der Absicht, es sich durch
eben diesen Akt zu sichern.

So wurde die katholische Eucharistie zum protestantischen Abendmahl, zu einer Feier, die erst mit der Konzeption des reflexiven Glaubens
möglich geworden ist. Die Bewahrung des Realpräsenzglaubens kann
keine volle Kontinuität zur alten Eucharistiefeier erweisen, zumal da auch
diese Lehre ganz der Praxis der Gewißheitsübung dienstbar geworden
ist. Die Eucharistie ist verengt und entleert. (72) In dem lateinischen Trak-

---

necessario, sequitur eum esse natura Deum. WA 40 I 81, 4 (Hs.): Dare autem gratiam et remissionem peccatorum ... non sunt opera creaturae sed
unius solius majestatis. WA 40 I 96, 1 (Hs.): nullus angelus potest eripere,
sunt omnia opera divinae majestatis, quod Christus eripuit de regno diabo-
li ...

(72) Auch Paul Althaus hat erkannt,.daß „die Lehre vom Abendmahl und die
Feier des Mahles in der lutherischen Kirche gegenüber der urchristlichen Fülle ohne Frage verengt und verarmt worden" ist (a. a. O. Seite 278, vgl. auch
320). Er verweilt mit besonderer Anteilnahme bei dem schönen Eucharistiesermon von 1519 und sagt: „Wir müssen heute seine Gedanken wieder
aufnehmen" (278). Er sieht aber nicht, daß das Verschwinden dieser Gedanken bei Luther eine direkte Folge des Durchdringens des reflexiven Glaubensverständnisses war und nicht, wie er meint, eine Folge des Kampfes um
die Realpräsenz. Er beachtet nicht genügend, daß die Gedanken von 1519,
mögen sie auch in den folgenden Jahren noch ein paarmal auftauchen,
doch in Traktaten, die speziell vom Altarsakrament handeln, schon 1520
verschwunden sind und daß eine *vom neuen Glaubensbegriff her* entworfene Neudeutung der Sakramentsfeier *an ihre Stelle* getreten ist. Althaus be-

tat wie auch in dem deutschen Sermon kommen manche gemütvoll, fromm und kräftig klingenden Worte vor; aber ihr Klang wird hohl, sobald man sie mit Äußerungen wirklicher eucharistischer Frömmigkeit zusammenhält. Man bemerkt dann einen Psychologismus, der sich stellenweise schon einem Rationalismus nähert. Der stark willkürliche Biblizismus, mit dem Luther seine neue Sinndeutung des zentralen christlichen Kultes aus den Einsetzungsworten ableitet, bedarf keiner ausdrücklichen Widerlegung.

Es ist merkwürdig, daß in den Traktaten, wo Luther die Sakramentslehre von seinem – Glaubensbegriff her neu entwirft, das Essen und Trinken des Abendmahls gar keine Rolle spielt. Man wird das wohl am einfachsten so erklären, daß Luther damals unreflektiert noch den zu jener Zeit üblichen katholischen Brauch voraussetzte, bei der Messe anwesend zu sein, aber nicht zu kommunizieren. Als einige Jahre später das lutherische Abendmahl, das *nur* Kommunionfeier ist, zu einer festen Praxis geworden war, richtete Luther, der nun gegen die Schweizer und

---

richtet mit Ausführlichkeit und innerer Wärme über Luthers Kampf um die Realpräsenz (a. a. O. 323-338), aber er muß doch selber zugeben, daß in dieser Kampfepoche zwar eine „Verschiebung des Tones" eintritt, daß jedoch der Grundgedanke Aneignung der Vergebungsgewißheit im „Glauben" – erhalten bleibt (a. a. O. 321 und 337), d. h. daß die Abendmahlslehre von 1520 sich durchhält, daß schließlich Gedanken, die eine spezifische, vom Hören des „Verheißungswortes" verschiedene Wirkung des Abendmahls ausdrücken, bei Luther selten sind und von ihm nicht in die eigentliche Sakramentslehre aufgenommen worden sind: „Es ist aber bezeichnend, daß Luther den Gedanken von der leiblichen Wirkung des Sakraments außer in den Streitschriften kaum vertreten hat. Vor allem fehlt er in den Katechismen ganz" (a. a. O. 338). So bestätigt Althaus' Darstellung nur, daß die Realpräsenz bei Luther, wenn man auf die vorwiegenden Gedanken seiner Lehrschriften schaut, nur wenig von einer eigentlich und spezifisch sakramentalen Bedeutung hat. Die Gedanken, die in dieser Richtung liegen, sind in Oppositionsstellung gegen die Schwärmer gesprochen; vgl. zu Äußerungen in Trotzstellung Seite 24 Anm. 4, 196, 211 und 282f. Die grundsätzliche Ichbezogenheit und der Bewußtheitsdrang des neuen Glaubensbegriffes zerstören die eigentliche Dimension des Sakramentalen.

Schwärmer für die Realpräsenz kämpfte, seine Aufmerksamkeit auch auf das Essen und Trinken des Sakraments. Aber seine Schriften enthalten nur wenige Ansätze zu einer Einbeziehung der Idee des Sakramentsgenusses ins theologische und spirituelle Denken. Immerhin fehlen solche Ansätze nicht ganz – eine glückliche Folge des unsystematischen Charakters von Luthers Denken –, z. B. nimmt er gelegentlich den auf Ignatius von Antiochien zurückgehenden kostbaren Gedanken auf, „daß Leib und Blut Christi den Leib zur Unsterblichkeit ernähre". (73) Aber solche Gedanken, die das Sakrament wirklich Sakrament sein lassen – und zu denen auch die 1519 noch von Luther dargelegte, dann aber fallengelassene Lehre vom Aufbau des Leibes Christi durch das Sakrament gehört –, konnten in der vom neuen Glaubensbegriff her bestimmten Abendmahlslehre keinen Raum finden. Im Großen Katechismus nennt Luther 1529 das Altarsakrament eine „Speise der Seelen", versteht jedoch das Essen und Trinken – ebenso wie früher das Sehen oder die Anwesenheit des Sakraments – als „ein gewiß Pfand oder Zeichen" und läßt die „Weide und Fütterung" des Abendmahls darin bestehen, „daß sich der *Glaube* erhole und stärke", was aber nach den Ausführungen desselben Katechismus eigentlich doch durch das Bedenken des aus den Einsetzungsworten herausgehörten Wortes „für euch" geschieht. (74)

6. *Opus operatum und Disposition*

Luthers Sakramentslehre bestreitet ausdrücklich die in der Kirche seiner Zeit bereits allgemein anerkannte Ansicht, daß in den Sakramenten allen denen, die ihrer Wirkung kein Hindernis, keine *obex*, keinen Riegel entgegenstellen, Gnade verliehen wird „durch den Vollzug", *ex opere operato*. Dieser Protest ist vom Konzil zu Trient am 3. März 1547 ebenso ausdrücklich verworfen worden. (75) Nun wird in katholischer Theologie erläutert, daß derjenige, der den gemeinten Vollzug, das opus ope-

(73) Althaus 338.
(74) Cl. 4, 91, 30ff und 96, 31; WA 30 I 225ff und 230; MA 3, 279ff und 284.
(75) Denz. 851.

ratum, vollzieht, Christus ist: Er ist der eigentliche Vollzieher der Sakramente; er ist es, der in ihnen Gnade schenkt. Zu den Hindernissen, die die Wirkung eines Sakraments vereiteln, gehört auch der Unglaube; ohne Glauben und Vertrauen ist der Mensch unempfänglich für die Gnade. (76) Aber solcher Glaube verhält sich zu Christus und zur Gnade nicht apprehensiv und reflexaneignend, sondern anbetend und rezeptiv. Es ist erstaunlich, daß man evangelischerseits die Lehre vom „Hindernis", die dieselbe in Richtung des Positiven ergänzende Lehre von der geforderten „Disposition" des Sakramentsempfängers und die Lehre vom „Vollzug" des Sakraments auch heute noch oft mißversteht. Was in diesen Lehren zum Ausdruck kommt, ist nichts anderes als die souveräne Göttlichkeit des Wirkens Christi, der die Sakramente und die sie ausführenden Diener der Kirche zu seinen Werkzeugen macht. Der Mensch kann die Heils*botschaft*, aber nicht eigentlich das *Heil* ergreifen oder sich aneignen; das Heil oder die Gnade kann er nur *empfangen*.

Dafür hatte gerade Luther ein feines Empfinden – in seiner vorprotestantischen Zeit. So trug er Anfang 1516 seinen Studenten vor: „Zur ersten Gnade wie auch zur Glorie verhalten wir uns immer passiv, wie eine Frau zur Empfängnis … Daher, mögen wir auch vor der Gnade beten und bitten, so muß die Seele doch, wenn die Gnade kommt und die Seele vom Geist empfangen soll, weder beten noch etwas tun, sondern bloß erleiden." (77)

Aber der reflexive Glaube hat dann dazu geführt, daß Luther sein eigenes, vermeintlich festgehaltenes Anliegen, während er es verwirklichen wollte, in sein Gegenteil verkehrte. In der Rechtfertigungslehre wie in der Sakramentslehre überspannte er die Instrumentalität des Glaubens, weil er den Glauben nicht mehr rein als ein Sichausstrecken und als Empfänglichkeit verstand, sondern als eine robuste psychische Aktivität, welche (im Statuieren) das Heil ergreift und es (reflexiv) dem eigenen

---

(76) Vgl. hierzu etwa: J. A. Möhler, Symbolik, neue Ausg. hrsg. v. J. R. Geiselmann, Köln und Darmstadt 1958, Bd. I Seite 305f.

(77) Cl. 5, 264, 34; WA 56, 379. Unter „erste Gnade" versteht Luther hier den Empfang der Gnade; „zweite Gnade" ist dieselbe nachher, wenn sie mit dem Tun des Menschen mitwirkt.

Selbst zueignen will. Dies als eine „personale Begegnung Gottes mit dem Menschen" zu beschreiben, wie Paul Althaus tut (78), ist ein Mißverständnis. Schon im menschlichen Umgang wäre der Versuch eines solchen Ergreifens und Zueignens kein echt personaler Akt, sondern vielmehr eine *Störung* der Personalität des Ich-Du-Verhältnisses. Ganz unangemessen ist er in der Beziehung zu Gott, in welcher *Gnade* erwartet wird – eine Gabe, die nur Gott, in Christus uns zugewandt, schenken kann. Dies Schenken der göttlichen Liebe ist das personale Verhalten Christi, der in den Sakramenten mit uns in Gemeinschaft tritt (nicht bloß „begegnet"). Auf der menschlichen Seite ist das einzig angemessene, echt personale Verhalten in dem Wunder der Gemeinschaft von Gott und Mensch eben die „Disposition" – die Luther seinem neuen Glaubensbegriff zuliebe so leidenschaftlich bekämpfte. Zu solcher Disposition gehört in hervorragendem Maße auch psychische Aktivität – Glaube, Vertrauen, Liebe zu Gott, Reue, Bekenntnis; der Entschluß, die Sünde zu meiden und Gutes zu tun –, aber niemals kann der Mensch damit von sich aus den Bereich des Menschlichen überschreiten. Gegenüber dem Göttlichen – d. h. gegenüber der Gnade in dieser Zeit und gegenüber der Glorie, die der „Lohn" ist in der Ewigkeit – verhält sich die menschliche Aktivität, wie der zweiunddreißigjährige Luther sagte, rein passiv und empfangend. Ein apprehendierendes und reflex aneignendes Verhalten wäre hier eine Ungeheuerlichkeit, ganz gleich ob dabei das Heil durch reflexiven „Glauben", durch einen anderen psychischen Akt oder durch „Werke" gesichert werden soll.

Eben diese Ungeheuerlichkeit hat Luther als Vierunddreißigjähriger in seiner Reflexivitätsdoktrin begangen und von da an festgehalten. Noch in seiner letzten Vorlesung steht der starke Satz: „Der Glaube *reißt* das Verdienst Christi *an sich* und *statuiert*, daß wir durch Christi Tod befreit sind" (Fides arripit meritum Christi et statuit nos per Christi mortem liberatos esse). (79) Luther schwächte damit, was er sichern wollte: Die Personalität der Christusbeziehung und die Anerkennung der schenkenden Souveränität Christi.

---

(78) Althaus 300.
(79) WA 42, 48, 18.

Die Lehren also, die gemeint sind mit dem Begriff *Disposition* (Der Mensch kann sich zum Empfang der Gnade im Sakrament bloß disponieren, aber das muß er tun), mit dem negativen Begriff *obex*, „Riegel" oder Hindernis (Das Sakrament wirkt, wenn der Mensch keinen Riegel vorschiebt) und mit dem Begriff *opus operatum* oder Vollzug (Das Sakrament wirkt durch das Tun Christi, der es durch seine Werkzeuge vollzieht; der Glaube des Menschen dagegen wirkt nur als Empfänglichkeit, nicht als Ergreifen) – gerade diese Lehren wahren das, was sie nach der von Luther begründeten und noch heute oft vertretenen Meinung verdunkeln: Den absoluten Vorrang der Gnade Christi und das angemessene personale Verhalten des Menschen zu Gott.

Es muß ausgesprochen werden: Die Geltung der berühmten Dreiheit „Allein die Gnade, allein der Glaube, allein die Schrift" beruht auf einer Selbsttäuschung. Weil der Glaube sich zur Gnade apprehensiv und reflexiv-aneignend verhalten soll, ist es kein reiner Glaube. Darum wird gerade durch ihn das Prinzip „Allein die Gnade" in Frage gestellt; denn er unterwirft sie seiner psychischen Aktivität. Und die Schrift wird in ihrer Autorität herabgesetzt, weil als Maßstab ihrer Geltung das „Evangelium" in der Schrift angesehen und als Evangelium nur das verstanden wird, was entsprechend der Reflexivitätsdoktrin für die Heilsapprehension verfügbar gemacht werden kann.

Es mag sein, daß Luther sich in seiner Polemik gegen die kirchliche Sakraments- und Gnadenlehre auch durch seine berechtigte Erbitterung über die Mißstände der kirchlichen Praxis und durch seine verständliche Gereiztheit über inferiore Argumente seiner Gegner hinreißen ließ. Aber was seine eigene Lehre in ihrem Inhalt bestimmt hat, ist doch nicht eine den Mißständen entgegengesetzte echte Erneuerung aus dem Ursprung gewesen, sondern seine Doktrin des reflexiven Glaubens.

Sechstes Kapitel

Von der Kirche zur Gemeinde

1. Der vorprotestantische Luther als Kritiker des protestantischen Luther

Es gehört zu den unheimlichen Entdeckungen, die man beim Studium Luthers und insbesondere beim Vergleich seiner vorprotestantischen und protestantischen Schriften machen kann, daß sich in den Werken des Zweiunddreißig- bis Fünfunddreißigjährigen Worte über das typische Verhalten eines Häretikers finden, die so klingen, als wären sie von späteren Gegnern gegen den protestantischen Luther ausgesprochen worden. Niemand hat so klar gesagt, was Luther in den entscheidungsvollen Jahren 1518-1520 als Christ hätte tun und lassen müssen, wie er selber es gesagt hat. Niemand hat seine Trennung von der Kirche so scharf verurteilt wie er selber – ehe er sich trennte. Denn niemand hat Luther so genau gekannt wie er selber, der ständig auf sich selber reflektierte und nach letzter Bewußtheit strebte. In den Vorlesungen seiner vorprotestantischen Zeit hat er, getrieben von seinem Rigorismus, seine eigenen Gefahren rücksichtslos ans Licht gebracht, zur Warnung für sich selbst, seine damaligen Hörer – und uns.

Was dabei überliefertes und konventionelles Gedankengut ist, wollen wir hier nicht untersuchen. Zumindest die Auswahl und Akzentuierung sind Luthers Eigentum. Seine Betonung der „Erfahrung" weist den Weg zu einer sachgemäßen Deutung. Auch wer, einer heute verbreiteten methodischen Mode folgend, bei geistesgeschichtlichen Untersuchungen Begriffe wie Erfahrung und Erlebnis ausschließen will, kann an der Tatsache nicht vorübergehen, daß das Bild des Häretikers, das der Luther von 1515/16 seinen Studenten vor die Augen stellt, Züge an sich trägt, die in den Jahren von 1520 bis 1546 in seinem eigenen geistigen Bilde sichtbar werden. Ich denke, da ist es schon angemessen zu sagen: Hier beschreibt er seine eigene Gefahr. Nicht jedes Bild des Typus eines Häretikers braucht gerade diese Züge zu enthalten. Ich übersetze zunächst einige Stücke aus der Römerbriefvorlesung von 1515/16 und kommentiere sie durch Auszüge aus dem Großen Galaterkommentar von 1535, die ich ihnen gegenüberstelle.

Luther 1515/16:	*1535:*
„Die Häretiker wählen immer ein oder mehrere [Stücke] aus den Glaubensinhalten aus, gegen die sie in ihrem Hochmut ihre Ansicht statuieren (suum sensum statuunt in superbia sua),	„So wollen und können wir ihnen darin nicht nachgeben, daß der liebedurchformte Glaube rechtfertige. Hier wollen und wir aufsässig und hartnäckig sein" (Hic volumus et debemus esse rebelles et pertinaces). (1) „… gegen den Papst will und muß ich mit heiligem Hochmut mich überheben" (sancta superbia superbire). (2)
als verstünden sie es besser als alle anderen …"	„Die Gabe der Prophetie und unser Studium zusammen mit den inneren und äußeren Anfechtungen öffnen uns das Verständnis des Paulus und aller Schriften." (3)
„So widersetzt sich jeder Hochmütige in seiner Ansicht entweder dem Gebot oder dem Rat dessen, der ihn in rechter Weise zu seinem Heil ermahnt."	„So können auch wir uns rühmen, daß wir unsere Lehre nicht vom Papst angenommen haben." (4)

---

(1) WA 40 I 167, 19.
(2) WA 40 I 180, 19.
(3) WA 40 I 634, 29.
(4) WA 40 I 145,18.

„Daher muß unser Sinn immer demütig nachgeben,

„Ich gebe niemandem nach und freue mich von Herzen, hier aufsässig und hartnäckig genannt zu werden (rebellis et pertinax dici)." (5)

damit wir uns nicht stoßen an … der Wahrheit, die uns in niedriger Weise begegnet (humiliter nobis obviam) und die unserer Ansicht zuwiderläuft … Es ist immer sicherer, zu hören, was unserer Meinung widerspricht, als das, was unser [Denken] billigt und beifällig anerkennt, weil es mit uns übereinstimmt." (6)

„Darum soll der Christ in Glaubenssachen im höchsten Grade hochmütig und hartnäckig sein (superbissimus et pertinacissimus sit), überhaupt nichts dulden, keinem auch nur um Haaresbreite nachgeben …" (7)

Weil Luther seine Neigung kennt, verschärft er seine Regel noch weiter. Man kann nicht umhin, dabei an die Gefahr zu denken, der er drei Jahre später, als ihn Kardinal Cajetan verhörte, erlag. Ich kommentiere nachstehend einige Stücke, die ich aus der Römerbriefvorlesung übersetze, durch gegenüberstehende Hinweise auf das Augsburger Verhör vom Oktober 1518.

Luther 1515/16:

„Weil der Glaube an Christus, durch den wir gerechtfertigt wer-

Luther 1518 über das Verhör durch Cajetan:

„Jene meine zweite (schriftliche) Antwort (an den Kardinal) habe

---

(5) WA 40 I 181, 24.
(6) Dies und die vorhergehenden Stücke aus dem Jahre 1515/16: WA 56, 249, 24ff; BG 1, 214.
(7) WA 40 I 182, 13.

den, nicht nur Glaube an Christus oder die Person Christi ist, sondern auch Glaube an alles, was zu Christus gehört, schmeicheln und gefallen sich die Hochmütigen und Häretiker vergeblich damit, daß sie an Christus glauben und das, was zu ihm gehört, nicht glauben wollen ... Was ist das (was zu Christus gehört)? Die Kirche; jedes Wort nämlich, das aus dem Munde eines Vorstehers der Kirche oder auch eines guten und heiligen Mannes hervorgeht, ist ein Wort Christi, welcher spricht: „Wer euch hört, hört mich" (Luk. 10, 16). Diejenigen also, die sich den Vorstehern entziehen und ihr Wort nicht hören wollen – ich möchte wissen, wie sie an Christus glauben können." (8)

ich zwar mit großer Ehrerbietung abgegeben und gleichsam (velut!) der Entscheidung des Obersten Bischofs anheimgestellt; du darfst aber *nicht glauben, ich hätte das getan, weil ich* an der Sache selbst zweifelte oder *jemals meine Meinung ändern würde* ... Denn ich erwarte kein Urteil eines Menschen, wo ich das göttliche Urteil erkannt habe ..." (9)

1515/16:

„Da es so ist, müssen wir uns unermeßlich tief demütigen ..." (10)

25. November 1518, in einem Brief:
„Ich sehe, daß die Römer den festen Vorsatz gefaßt haben, mich zu verurteilen. Ich meinerseits habe den festen Entschluß gefaßt, nicht nachzugeben." (11)

---

(8) WA 56, 251, 12. 24; BG 1, 216/18.
(9) WA 2, 17, 37; MA 1, 74.
(10) WA 56,252, 17; BG 1, 218.
(11) WA Br 1, 256, 25.

1515/16:

„(Die Schrift) nennt bei den Propheten „die Stimme" deshalb
schlechthin des Herrn (Stimme),
damit wir jedes mündliche Wort,
von wem es auch gesagt wird,
so, als spräche es der Herr selber,   (und wäre es auch von einem
aufnehmen, glauben, (ihm) nach-   Scholastiker, Dominikaner und
geben und demütig unsern Sinn   römischen Kardinal!)
unterwerfen." (12) „Mit größtem   (Das ist genau das, was Luther
Eifer also müssen wir uns hüten, in   1518 in Augsburg *nicht* getan
unserer Ansicht hartnäckig (perti-   hat.)
nax) zu sein, damit wir nicht vielleicht Christus widerstehen, indem
wir ihm nicht glauben; wir wissen   (Vgl. die Rechtfertigung der Hart-
ja nicht, wann, wo, wie und durch   näckigkeit in den oben gegebe-
wen er zu uns spricht …   nen Zitaten aus dem Großen Ga-
Daher befiehlt der Heilige Geist: laterkommentar.)
„Höre, Tochter, schaue und neige
dein Ohr" (Ps. 45, 11) usw., d. h.
du mußt immer und überall bereit sein zu hören und mit geneig-
tem Ohr deinen Weg zu gehen.
Deine ganze Pflicht sei, demütig
zu hören und dich belehren zu
lassen." (13)

    Nachstehend noch einige Stellen aus der Römerbriefvorlesung, die
wiederum das Bild des Luther des Großen Galaterkommentars zeichnen; ich deute die Übereinstimmungen durch gegenüberstehende Zitate aus diesem Kommentar an:

---

(12) WA 56, 253, 16; BG 1, 220.
(13) WA 56, 256, 11; BG 1, 228.

1515/16:	1535:

1515/16:

„… daß sie glauben, die Gnade zu haben

und mit verborgenster Feinheit sich selbstgefällig und hochmütig über die andern überheben (occultissima subtilitate sibi placeant prae ceteris et superbiant),

bis sie von einer Sucht der Einzigartigkeit und des Fanatismus besessen sind (donec efficiantur singularitatis et superstitionis affectatores), wie man an den Häretikern und Starrsinnigen sehen kann, unter dem Schein der Wahrheit und Gerechtigkeit, in einem Eifer ohne Einsicht …

Dann werden sie aufsässig und unter dem Schein des Gehorsams und der Furcht vor Gott

ungehorsam

1535:

„Vor allem aber müssen wir mit Gewißheit statuieren, daß wir in der Gnade sind …" (14)

„… wir erklären jede Lehre für verflucht, die von der unsern abweicht." (15)

„Hier wollen und müssen wir aufsässig und starrsinnig sein; sonst würden wir die Wahrheit des Evangeliums verlieren …" (16)

„… wir sind durch göttlichen Auftrag gezwungen, dem Papst zu widerstehen." (17)

„Wir verachten die Autorität des Papstes nicht deswegen, um selber zu herrschen, … sondern wir suchen, daß die Ehre Gottes bleibe …" (18)

---

(14) WA 40 I 575, 37.
(15) WA 40 I 123, 15.
(16) WA 40 I 167, 20.
(17) WA 40 I 178, 10.
(18) EA Ad Gal. 1, 149 zu Gal. 2, 6. In WA 40 I 180 steht der übersetzte Text im

und unvernünftigmaßlos (inphryniti) gegen die Menschen Gottes, d. h. gegen die Stellvertreter und Boten Christi." (19)

„... wir sind maßlos stolz in Gott (superbimus in Deo ultra omnem modum) und weder den Engeln im Himmel noch Petrus oder Paulus noch hundert Kaisern noch tausend Päpsten noch der ganzen Welt wollen wir einen Fingerbreit nachgeben." (20)

Der protestantische Luther meinte, wie wir in Kapitel I, Seite 40 gesehen haben, „das Wort für sich selbst" müsse „dem Herzen genugtun", und darin erweise es sich als Wort Gottes. In seiner vorprotestantischen Zeit aber wußte er noch, daß ein aktuelles Wort Gottes, d.h. das Angebot einer besonderen Gnade (die in einem besonderen Auftrag bestehen kann), den Menschen ganz anders trifft, als er es meint und möchte:

„Wenn immer Gott eine neue Stufe der Gnade schenkt, dann so, daß sie gegen alle unsere Ansichten und Absichten (contra omnem sensum et consilium nostrum) kommt. Wer also dann nicht nachgibt und seine Ansicht ändert und aushält, (wer) zurückweist und ungeduldig wird, der erlangt jene Gnade nie. Daher ist die Umwandlung unseres Sinnes (transformatio sensus nostri) das nützlichste Wissen der Gläubigen Christi, und die Bewahrung des Eigensinnes ist schädlichster Widerstand gegen den Heiligen Geist. Wir wollen das mit Beispielen beweisen. Als Abraham den Befehl zum Auszug erhielt und den Ort, wohin er gehen sollte, nicht kannte, war es gegen seinen Sinn ... So kann man auch David (1. Sam. 17, 33) und die Jungfrau Maria (Luk. 1, 28ff) als Beispiele anführen. Aber jeder muß hier seine Erfahrung machen und besorgt auf

---

Apparat. Der Text von WA 40 I 180, 27 lautet: Non quod per hoc quaeramus dominari papae ... Sed hoc quaerimus, ut stet gloria Dei. Es wird jedoch auch *Haß* gegen den Papst verlangt, vgl. oben Seite 164.
(19) WA 56, 258, 3; BG 1, 232.
(20) WA 40 I 181, 14.

seine Heimsuchung achten. Jener Eigensinn ist nämlich überaus hinderlich, ja er kommt dann in Meinungsverschiedenheiten mit andern und veranlaßt den Menschen, den Vorstehern und denen, durch deren Wort oder Tun Gott seinen Willen beweisen will, zu widerstehen und seine eigene Meinung zu haben (proprie sapere) ... Denn in der Kirche tut Gott nichts anderes, als daß er diesen Sinn wandelt, und der Umwandlung desselben widerstehen die, die sich in ihrem Sinn gefallen und alles verwirren, Spaltungen und Häresien anrichten. Das sind die „Menschen von zerrüttetem Sinn", wie (Paulus) sie anderswo (2. Tim. 3, 8) nennt." (21)

Hier taucht schon die Gefahr der *Ungeduld* auf. Wir erinnern uns, daß Luther in dem Entscheidungsjahr 1519 sich eine Art Theologie der Geduld und Ungeduld aufbaute. Er hat diese Gefahr in doppelter Weise erlebt. Nicht nur im Innern, in der Versuchung, sich den Frieden der Seele zurückzuholen, sondern auch außen, in seinem Verhältnis zur Kirche und ihren Weisungen sowie im Ertragen seiner theologischen Widersacher. Das wird ganz deutlich an einigen Stücken der zweiten Psalmenvorlesung, die im Jahre 1519 geschrieben sind; da spricht Luther z. B. von der Möglichkeit, daß einem Menschen „alles wider den Strich geht (sibi omnia adversa cadunt); dann wird alles, was er sagt und tut, für Torheit und Unfrömmigkeit gehalten, und dadurch wird er zur Traurigkeit, *Ungeduld* und Verzweiflung bewogen." (22) 1519 – als es eigentlich schon zu spät war – wollte Luther dies doppelte Kreuz noch tragen, und 1516 hatte er sich selbst und seinen Studenten das Programm dazu vorgetragen:

„Wunderlich! Petrus wird geführt, wohin er nicht will, und doch, wenn er nicht wollte, würde er Gott nicht verherrlichen, sondern vielmehr sündigen. Er will also und will zugleich auch nicht. So hat Christus in seinem Todeskampf seinen Nichtwillen (noluntatem) – wenn ich so sagen darf – durch den glühendsten Willen vollendet. So handelt nämlich Gott in allen Heiligen, daß er sie veranlaßt, mit entschiedenem Willen zu tun, was sie entschieden nicht wollen. Und die Philosophen wundern sich über

---

(21) WA 56, 446, 11; BG 2, 270/72.
(22) WA 5, 183, 8.

den Widerstreit, und die Menschen verstehen es nicht. Daher habe ich gesagt: Wer dies nicht durch Erfahrung und Praxis erkannt hat, wird es nie erkennen … Daher müßte jeder Christ sich dann am meisten freuen, wenn es genau gegen seinen Sinn geht, und sich immer fürchten, wenn es nach seinem Sinn geht. Dies sage ich nicht nur im Blick auf die Begierden des Fleisches, sondern im Blick auf unsere größten Gerechtigkeiten" (23) – also auch im Blick auf die künftige Möglichkeit einer reflexiv-apprehensiven „Gerechtigkeit des Glaubens"?

Luther spricht hier von Erfahrung. Vielleicht hatte er in seinem Ordensleben entsprechende Erfahrungen gehabt. Man kann, abgesehen von kleineren Fällen der Resignation, speziell daran denken, daß er die Gerechtigkeit vor Gott nicht durch sein Tun und Mühen erwerben konnte und daß er nach Bewußtheit dürstete, aber auf das Bewußtsein des „Friedens" einstweilen verzichten mußte. Aber er weist in dem oben Seite 245 angeführten Stück auch sehr eindringlich auf die Gefahr des Eigensinns *in der Kirche* hin: Starrsinn, der auf Belehrungen nicht hören will, kann ein Zeichen davon sein, daß jemand seine Gnadenheimsuchung versäumt hat! ‚Die „Wandlung des Sinnes", die den Menschen erst fähig macht, auf den Heiligen Geist zu hören, geschieht, wie Luther ausdrücklich betont, *in der Kirche*. In ihr muß also der Christ die entsprechenden Erfahrungen sammeln. In ihr gibt es Vorsteher, auf deren verbindliche Weisungen er hören muß.

Fünf Jahre später aber hatte Luther innerlich seine Gewißheitsdoktrin gefestigt und äußerlich den Kampf gegen die Kirche mit letzter Rücksichtslosigkeit aufgenommen. Da schrieb er an den Papst und an die Bischöfe: „Derhalben lasse ich euch hiemit wissen, daß ich hinfort nicht mehr euch die Ehre tun will, daß ich unterlassen wolle, euch oder auch einen Engel vom Himmel über meine Lehre zu richten oder zu verhören (= zuzulassen, daß ihr … richtet oder verhört). Denn *der närrischen Demut ist genug geschehen* nun das dritte Mal zu Worms *und hat doch nichts geholfen*, sondern ich will mich hören lassen und, wie S. Petrus lehret, meiner Lehre Ursach und Grund vor aller Welt beweisen und sie

---

(23) Cl. 5, 281, 30; WA 56, 447.

von jedermann, auch von allen Engeln ungerichtet haben." (24) Schon einige Monate vorher, am 9. Februar 1521, hatte der einstige Prediger der Demut an seinen Ordensöberen Staupitz privat geschrieben: „So sehr du mich zur Demut mahnst, so sehr mahne ich dich zum Stolz (superbia). Du hast zu viel Demut, wie ich zu viel Stolz." (25) Und ein Jahr später, am 5. März 1522, erklärte er seinem Landesherrn brieflich: „Daß ich mich aber zum Verhör und Gericht erboten habe, ist geschehen, *nicht daß ich daran zweifelte*, sondern aus übriger (= über das Notwendige hinausgehender) Demut, *die andern zu locken*. Nun ich aber sehe, daß *meine zu viel Demut* gelangen will zur Niedrigung des Evangeliums und der Teufel den Platz ganz einnehmen will, wo ich ihm nur eine Handbreit räume (= Raum gewähre), muß ich aus Not meines Gewissens anders dazu tun." (26)

Luther stellt also die Sache so dar, als hätten die Verhöre, denen er sich in Augsburg 1518, in Altenburg 1519 und in Worms 1521 unterzogen hatte, den Zweck gehabt, die Verhörenden zu seiner, des Reformators Ansicht zu bekehren. Die Frage, ob es nicht vielleicht an ihm lag, daß es „nichts geholfen" hatte, scheint er sich nicht gestellt zu haben. Er tut jetzt genau das, was er in der oben angeführten Stelle der Römerbriefvorlesung aufs schärfste verurteilt hatte: Er *will* nun „seine eigene Meinung haben". Er gesteht seinen eigenen Stolz ein, aber nur, um seinem Ordensvorgesetzten zum Stolz zu raten. Der Demut, die bereit ist, hinzuhören und den eigenen Sinn in der Kirche wandeln zu lassen, hat er endgültig abgesagt. Er gefällt sich in dem Wahn, durch die Tugend der Demut könne er dem Teufel Raum geben und durch Stolz ihm widerstehen. Die Kreuztheologie ist vergessen.

Zwischen der Römerbriefvorlesung und den oben angeführten Äußerungen lag das entscheidungsvolle Jahr 1519, wo Luther mit der Ungeduld rang. Damals schrieb er in seinem Psalmenkommentar: „Wir müssen uns belehren lassen …, daß derjenige, der etwas erlangt und besitzt,

---

(24) MA 3, 17.
(25) Cl. 6, 27, 13; WA Br 2, 263.
(26) Cl. 6, 103, 26; WA Br 2, 455.

mag er einen noch so berechtigten Anspruch darauf haben, es mit Furcht besitzen soll und nicht mit Gewalt, sondern vielmehr mit Gebet und *Geduld* verteidigen soll, bereit, nachzugeben, wenn es Gott gefällt ... Gott beachtet die Hochmütigen (oder: Stolzen) und Streitsüchtigen nicht, mögen sie auch noch so recht haben. (27) So lesen wir, daß es Job ergangen ist: Gott selbst sprach in seiner Sache ein Urteil, und doch tadelte er ihn. Eine solche Furcht und Demut ist heute auch uns nötig, die wir um die Reinheit der Theologie und die Vollmacht (potestas) der Kirche streiten. Wir können auf beiden Seiten vor Gott tadelnswert sein auch in der gerechtesten Sache, wenn wir nicht um die Barmherzigkeit Gottes mehr beten, als wir den Sieg im Vertrauen auf unsere Sache suchen. Man muß beten, daß die Wahrheit triumphiere. Wenn es (Gott) nicht gefällt, daß es durch uns geschieht, möge es geschehen, durch wen immer es ihm gefällt. Niemand hoffe, daß er irgendwelchen Geboten Gottes zu seinem Glück diene oder sie verteidige (tutari), wenn er das allererste Gebot übertritt, welches die Verehrung (cultus) Gottes in Furcht und Demut ist." (28)

Man sieht an diesem und an den vorher angeführten Stücken, daß, wenn andere es nicht konnten, so doch Luther selber in den Jahren 1516-1519 den Luther von 1520/21 schon im voraus „mit Zeugnissen der heiligen Schrift überwunden und überwiesen" (29) hat, wie er auf dem Reichstag in Worms von seinen Gegnern verlangte. Es standen ihm reichlich Schriftstellen zur Verfügung – in den Texten stehen ihrer noch mehr, als in die oben übersetzten Auszüge aufgenommen sind –, um sein eigenes späteres Verhalten gegenüber der kirchlichen Autorität ganz prinzipiell und schonungslos im voraus zu verwerfen. Wir würden heute wohl noch andere Schriftstellen zum gleichen Zweck heranziehen können; aber die angeführten zeigen, daß Luther genau wußte, daß ein Verhalten, wie er es seit 1520 an den Tag legte, unbiblisch war. Es spricht nicht für ihn, daß er sich im Kampf hinreißen ließ und dann nach und

---

(27) Non respicit Deus superbos et contentiosos quanturnlibet justos.
(28) WA 5, 227, 12. 25.
(29) MA 3, 14.

nach die Bibelsprüche, die sein Verhalten bestimmen und rechtfertigen sollten, wechselte. Dieser Wechsel stimmt zu seiner Forderung eines grundsätzlichen Trotzes (vgl. Seite 218ff und 283).

Bedeutsam ist, daß er, wie die oben übersetzte Stelle aus dem Psalmenkommentar zeigt, im Jahre 1519 das erste Gebot ganz anders auslegen konnte, als er es einige Monate später in der Schrift „Von den guten Werken" auslegte. 1519 gebietet ihm dies Gebot „Furcht und Demut", und das dürfte wohl schriftgemäß sein; 1520 aber verficht er den seltsamen Gedanken, das erste Gebot gebiete den reflexiven Glauben – Luther nennt ihn hier u. a. „Zuversicht, Trauen und Glauben" –, welcher die Gottwohlgefälligkeit des eigenen Tuns statuiert. (30)

Bedenkt man, daß von 1519 bis 1520 Luthers Opposition sich versteift hatte, so wird sofort erkennbar, daß die Wandlung seiner Haltung zur kirchlichen Autorität – einst die Regel des Nachgebens, dann prinzipieller Trotz – dem Durchdringen der Doktrin des reflexiven Glaubens parallel läuft. Die Behauptung also, daß Luthers Wandel in der Haltung zur Kirche und sein Wandel des Kirchenverständnisses schlicht aus einer inzwischen vertieften Einsicht in die Lehre der Heiligen Schrift erwachsen sei, sieht an den Tatsachen vorbei. Was sich gewandelt hatte, ist zunächst und vor allem Luthers Glaubensbegriff. Der neue Glaubensbegriff benutzte die Schrift zu seinem Werkzeug, nicht zur Belehrung.

Ehe wir dem Einfluß des reflexiven Glaubensbegriffs auf das Werden des protestantischen Kirchenbegriffs nachgehen, noch ein Zeugnis des jüngeren Luther gegen den älteren. Im Kleinen Galaterkommentar, der im September 1519 im Druck erschien, schrieb Luther: „... die Abspaltung der Böhmen (= Hussiten) von der römischen Kirche kann durch keine Entschuldigung verteidigt werden, ja sie ist gottlos und allen Gesetzen Christi zuwider, weil sie gegen die Liebe steht, in der alle Gesetze zusammengefaßt sind. Denn das, was jene als einziges für sich anführen, daß sie sich [nämlich] aus Furcht vor Gott und dem Gewissen getrennt

---

(30) Vgl. besonders „Von den guten Werken", Zum neunten, zum vierten, zum elften; Cl. 1, 234, 31; 231, 3; 236, 17 = WA 6, 209. 206. 211 = MA 2, 10. 6. 12.

hätten, um nicht unter den schlechten Priestern und Bischöfen zu leben, eben das verdammt sie am meisten. Wenn nämlich die Bischöfe, Priester, oder wer es sonst sei, schlecht sind und du in wahrer Liebe glühtest, dann würdest du nicht fliehen, sondern, auch wenn du am äußersten Ende des Meeres wärest, herbeieilen, weinen, zu bewegen, zu überführen suchen, ja alles tun, und du würdest wissen, daß du, wenn du diese Lehre des Apostels (Gal. 6, 2: „Traget einander die Lasten, so werdet ihr das Gesetz Christi erfüllen") befolgst, nicht Vorteile, sondern Lasten zu tragen hast. Daher ist deutlich, daß die ganze Glorie dieser böhmischen Liebe bloßer Schein ist und ein Licht, in das sich der Engel des Satans verklärt. Und wir, die wir die Lasten und wahrlich unerträglichen Ungeheuerlichkeiten der römischen Kurie tragen, fliehen wir etwa deshalb und trennen wir uns? Das sei ferne, ferne! Wir tadeln zwar, wir verabscheuen, wir beten, wir ermahnen, aber wir spalten deswegen die Einheit des Geistes nicht, wir blähen uns nicht gegen sie auf; denn wir wissen, daß die Liebe alles überragt ..." (31)

Hier ist zwar schon viel von den früheren Regeln weggefallen: Furcht, Demut, Geduld, Unterdrückung des Eigensinns und der Streitsucht, Sichbelehrenlassen und Nachgeben sind nicht mehr erwähnt. Aber noch steht in Luthers Wertbewußtsein die *Liebe* so hoch, daß er vor der Spaltung, die er bei den Hussiten verwirklicht sieht, als vor etwas Unfrommem oder Gottlosem (impium), ja Teuflischem zurückschreckt. Sechzehn Jahre später schreibt dann der Bearbeiter seiner Galaterbriefvorlesung, gerade im Hinblick auf die kirchliche Einheit, die entsetzlichen Worte nieder: „Maledicta sit humilitas" (32) und „Maledicta sit caritas" (33), „Verflucht sei die Demut" und „Verflucht sei die Liebe" – als ob christliche Liebe und Demut die Reinheit des Glaubens gefährden könnten. Auch das Bild des Satans, der sich in einen Engel des Lichts verwandelt (transfiguriert, verklärt), taucht da wieder auf. Aber der „Satan" sagt nun genau das Gegenteil von dem, was er einst den Hussiten einflüsterte; er

---

(31) WA 2, 605, 12.
(32) WA 40 I 181, 21.
(33) WA 40 I 642, 31 und 40 II 47, 26.

sagt jetzt: „Die heilige katholische Kirche ... hat so viele Jahrhunderte lang so gedacht und gelehrt; so dachten und lehrten alle Lehrer der Ur-kirche, sehr heilige Männer, viel größer und gelehrter als du – wer bist du, daß du es wagst, von ihnen allen in deiner Meinung abzuweichen ...?" (34) Das heißt: der sehr begründete Vorwurf des *Gewissens* wird jetzt auf den *Teufel* zurückgeführt.

2. Wandlung des Kirchenverständnisses durch die Reflexivitätsidee

Indem Luther, äußerlich in immer heftigere Gegnerschaft zur Theolo-gie wie auch zur kirchlichen Autorität verwickelt und innerlich aus der Kirche herausfallend, sich immer fester in die Idee hineinbohrte, der Papst sei der Antichrist (35), bildete er sich einen neuen Kirchenbegriff, der ihm gestattete, nach wie vor sich der Kirche oder der wahren Kirche zugehörig zu fühlen; denn daß es christliche Existenz ohne Kirche oder Gemeinde geben könne, war ihm doch ein unvollziehbarer Gedanke. Diesem Vorgang nachzugehen wäre eine sehr umfangreiche Studie. Ich beschränke mich darauf, an einigen Belegen zu zeigen, wie die Idee des reflexiven Glaubens an der Entstehung und dem Inhalt des neuen Kir-chenbegriffs entscheidenden Anteil gehabt hat.

---

(34) WA 40 I 131, 11.
(35) Das Wachsen dieser Idee ist dargestellt bei E. Bizer: Luther und der Papst, München 1958 (Theol. Existenz heute N. F. 69), Seite 8ff Bizers Untersu-chung ist gründlich, aber seine Behauptung, „daß Luther nicht einfach dem Affekt folgt, wenn er den Papst als den Antichristen bezeichnet" (a. a. O. Seite 11), ist so handgreiflich falsch, daß sie keiner Widerlegung bedarf. Hat denn Luther jemals *ohne* Affekt über die Kirche gesprochen, als er mit der kirchlichen Autorität in Konflikt geraten war? Wie kann man die Äußerun-gen einer inneren und *äußeren Ungeduld*, die sich etwa in der zweiten Psal-menvorlesung in Stücken aus dem Jahre 1519 finden, anders deuten, als daß Luther damals mit Affekten von geradezu ungeheurer Stärke rang? Es war der Affekt, der Luther nach neuen Schriftnormen für eine neue Haltung zur Kirche suchen ließ und der seine Argumente gesteuert hat.

Dokumente aus den Jahren 1518/19 deuten darauf hin, daß das, was Luther in grundsätzliche und schließlich endgültige Opposition zu Rom brachte, die ihm von Cajetan vorgehaltene kirchliche Verwerfung des neuen Glaubensbegriffs war. Im November 1518 schrieb er an den Kurfürsten Friedrich von Sachsen: „Wenn ich diese Auffassung vom *Glauben* ändere, werde ich Christus verleugnen." (36) Diese Auffassung war aber eben die, daß das Bußsakrament Gnade wirke *dadurch, daß* der Empfänger glaube, er empfange Gnade. In der Tat, wenn diese reflexive Auffassung des Glaubens die allein richtige ist, der römische Bischof sie aber ablehnt, so muß ja in Rom eine widerchristliche Kraft wirksam sein. Ohne Glauben gibt es kein Christentum; ist also Luthers Verständnis des Glaubens das wahre, so kann da kein Christentum sein, wo es abgelehnt wird. Darum konnte Luther Ende 1518 in seiner Appellation an ein Konzil schreiben, man dränge ihn „aus bloßer Tyrannei und mit der Fülle der Macht zum Widerruf eines Satzes", den er „aus dem Gewissen als absolut wahr beurteile", und man wolle ihn „zur Verleugnung des *Glaubens an Christus* ... verführen". (37) Und im Mai 1519 sagt er in einem Briefe wiederum, Cajetan habe ihn zum Abfall vom christlichen Glauben bewegen wollen. (38) Mit derselben Vorstellung – daß sich nämlich die Widerrufforderung gegen seine Auffassung vom *Glauben* richte, also ihn zum Abfall vom *Glauben* drängen wolle – hängt es sicher zusammen, wenn er schon im Dezember 1518 in einem Briefe die „Ahnung" äußert, der Antichrist regiere in der römischen Kurie. (39)

---

(36) Si hanc fidei sententiam mutavero, Christum negavero. WA Br 1, 238, 81. Bizer (a. a. O. Seite 8) übersetzt ungenau: „Wenn ich in dieser Glaubenssache meine Meinung ändere." Es handelt sich aber nicht nur um eine „Meinung" in einer „Glaubenssache", sondern um ein *Verständnis* des Glaubens oder einen *Satz über* den Glauben.

(37) ... mera autem tyrannide et plenitudine potestatis urgere ad revocationem sententiae, quam ex conscientia verissimam judico, et ad abnegandam fidem Christi et veram apertissimae scripturae intelligentiam (quantum mea capit conscientia) seducere volentes ... WA 2, 39, 27.

(38) WA Br 1, 402, 37.

(39) WA Br 1, 270, 11. Vgl. auch etwa WA Br 1, 238, 71: doleo totis visceribus

Wie es aber im Falle des neuen Glaubensbegriffs war, so ging es auch bei der Idee, der Papst sei der Antichrist: In beiden Fällen hat der neue Gedanke nicht mit einem Schlage durchdringend von Luthers Geist Besitz ergriffen, sondern erst nach einer gewissen Inkubationszeit. Inzwischen beschäftigte er sich eingehend mit der Idee des Antichrist. Gelegenheit dazu bot ihm vor allem die Auslegung von Psalm 10 in seiner zweiten Psalmenvorlesung 1519; dieser Psalm war schon von früheren Auslegern auf den Antichrist gedeutet worden. Luther versucht, in dem Psalm Züge zu finden, die die Deutung auf den Papst nahelegen. Das ist recht deutlich z. B. an dem folgenden Stück seiner Auslegung: „Zunächst wird sich der Antichrist allein das Recht der Schriftauslegung anmaßen … und wird das Verständnis (sensum) aller zwingen, dem seinigen sich zu unterwerfen, ja er wird nicht wollen, daß man daran zweifle, seine Stimme sei die Stimme Christi." (40)

Luther, der damals schon mit seiner Exkommunikation rechnete, bemüht sich hier also, eine grundsätzliche Rechtfertigung des Ungehorsams gegen die kirchliche Autorität in der Bibel zu finden. Derselbe Luther, der drei Jahre vorher denselben Ungehorsam mit Berufung auf dieselbe Bibel ebenso grundsätzlich verworfen hatte, versucht jetzt, sich und anderen einzureden, daß es eine verbindliche und autoritative Auslegung des Wortes Gottes grundsätzlich gar nicht geben dürfe; wer sie beanspruche, sei eben deswegen schon der Antichrist. Er läßt dabei außer acht, daß derselben Bibel doch auch zu entnehmen ist, wie ein Apostel beansprucht, daß seine autoritativen Entscheidungen als Gebote Christi vernommen werden (vgl. etwa 1. Kor. 14, 37) und die Christen sich ihnen unterwerfen mit einem Gehorsam, der Gehorsam gegen Christus ist (vgl. etwa 2. Kor. 10, 5-6).

1521 aber wird Luther denselben Autoritätsanspruch, den er in der eben angeführten Stelle als Kennzeichen des Antichrist erklärt, für sich selber erheben: „Denn sintemal ich ihrer (d. h. meiner Lehre) gewiß bin,

---

hanc rem fidei nostrae in ecclesia non solum dubiam et ignotam, sed et falsam putari. Ferner WA Br 1, 217, 60-62.
(40) WA 5, 339, 14.

will ich durch sie euer (= der Bischöfe und des Papstes) und auch der Engel, wie S. Paulus spricht, Richter sein, *daß, wer meine Lehre nicht annimmt, der nicht selig werden könne. Denn sie ist Gottes und nicht mein ...*" (41) Und in einer anderen Schrift: „Nun mag ich und ein jeglicher, der Christi Wort redet, frei sich rühmen, daß sein Mund Christi Mund sei. Ich bin ja gewiß, daß mein Wort nicht mein, sondern Christi Wort sei ..." (42)

Diese Sätze sprechen unumwunden den Grund aus, warum Luther die Autorität, die er der Kirche bzw. ihrem obersten Bischof abgesprochen hatte, nun sich selber zuspricht, ohne damit in seiner eigenen Vorstellung zum Antichrist zu werden: Er ist seiner Lehre *gewiß.* Seine Gewißheitsdoktrin schließt ja den Gedanken ein, daß auch bezüglich des Glaubens*inhaltes*, nicht nur bezüglich des statuierenden *Aktes*, die Gewißheit das *Kriterium der Anwesenheit des Heils* sei, so daß der Mensch also das Heil verlieren würde, wenn er sich in seiner Gewißheit bezüglich des Glaubensinhaltes oder des Glaubensaktes erschüttern ließe, was etwa durch Belehrung geschähe. Darum kann und darf es eine für andere verbindliche Auslegung des Gotteswortes nicht geben. Vielmehr gilt, wie Luther 1520 doziert: *„In Sachen des Glaubens ist jeder Christ sich selber Papst und Kirche*, und nichts kann angeordnet werden bzw. keine Anordnung kann gehalten werden, wenn das in irgendeiner Weise auf eine Gefahr des Glaubens hinauslaufen könnte." (43) Gemeint ist natürlich – das darf bei Schriften Luthers etwa vom Jahre 1519 an nie außer acht gelassen werden – der Glaube, der das Heil des Einzelnen setzt, indem er es statuiert.

Aus dem angeführten Satz wird unter neuem Gesichtspunkt deutlich, was wir schon in anderen Zusammenhängen gefunden hatten, wie nämlich der reflexive Glaube die Kirche faktisch auf das Ich einengt. Ein sol-

---

(41) MA 3, 17.
(42) Cl. 2, 306, 18; WA 8, 683
(43) In his enim, quae sunt fidei, quilibet Christianus est sibi Papa et Ecclesia, nec potest statui aut statutum tenere (?) aliquid, quod in fidei periculum cedere quoquomodo possit. WA 5, 407, 35.

cher Glaube kann den Anspruch einer kirchlichen Autorität, die den Glauben einzelner Christen unter Umständen beurteilt und gegebenenfalls verurteilt, schlechterdings nicht ertragen, ja, die Bestreitung solcher Autorität wird religiöse Pflicht. In dem lateinischen Schreiben „Über die Einrichtung des kirchlichen Amtes" behauptet daher Luther 1523, die Heilige Schrift lehre „nichts anderes, als daß jeder von uns für sich mit Rücksicht auf sein Heil dessen gewiß sei, was er glauben und befolgen soll und, innerlich von Gott belehrt, ein ganz freier Richter sei über alle, welche lehren". (44) Die Gewißheitsdoktrin *fordert* also die Unabhängigkeit des Einzelnen von jeder kirchlichen Autorität der Lehre, der Leitung und der Disziplin.

Das Argument aus der Gewißheitsdoktrin hat Luther auch auf seine Gegner angewandt: Ihre Ansicht ist falsch, weil sie ihrer nicht gewiß sind! Er hat diesen Gedanken sogar in seine Psalmenübersetzung hineingelegt. In Psalm 5, 10 läßt er den Beter über seine Feinde sagen: „In ihrem Munde ist nichts Gewisses." Daß Luther dies von seiner Gewißheitsdoktrin her verstand, erklärt der Große Galaterkommentar: Die in dem Psalmvers gemeinten Feinde sollen die Papisten sein, welche bestreiten, daß man das eigene Heil, um es zu haben, „mit Gewißheit statuieren" müsse! (45) Weder der Urtext noch die lateinische Übersetzung der Vulgata führt zu dem von Luther in den Text hineingelegten Sinn.

3. „Evangelische Freiheit"

Die Unabhängigkeit des Urteils, mit der der Einzelne über kirchliche Anweisungen befinden soll, bezeichnet Luther in den Jahren 1520-1522 als „christliche Freiheit" oder „evangelische Freiheit". Schon damals sah er die christliche Freiheit in zunehmendem Maße im bloßen Bewußtsein. Aber während allmählich das Verständnis dafür schwand, daß christliche Freiheit in der Liebe und im Handeln sich erweist, trat an die Stelle der Liebe zunächst noch ein sehr aktiver Zug, der Luthers Frei-

---

(44) WA 12, 188, 13.
(45) WA 40 I 578, 14ff.

heitsbegriff einige Jahre lang beherrschte. Dieser neue Aktivismus der Freiheit war freilich kein Aufbau, sondern Abbruch, Auflösung, Zerstörung. Wichtig ist in diesem Zusammenhang das Stück „Über die christliche Freiheit" in Luthers lateinischer Abhandlung „Über die Mönchsgelübde" von 1521. Hier heißt es zwar noch, daß die Werke der Zehn Gebote „*frei* und umsonst getan werden müssen", ja, daß sie „nicht weniger notwendig sind als der Glaube". (46) Auch die Möglichkeit, daß Mönchsgelübde „in uns durch Christus im Geist der *Freiheit* geschehen", gibt Luther zu; aber diese Freiheit ist doch nur sozusagen eine theoretische: Sie ist nur bei „Auserwählten" gegeben. (47) Von der „christlichen oder evangelischen Freiheit" sagt er: „Sie herrscht nur in den Dingen, die zwischen Gott und dir selbst geschehen, nicht zwischen dir und dem Nächsten" (48); sie ist „Freiheit des Gewissens, wodurch das Gewissen von den Werken befreit wird, nicht daß keine getan werden, sondern daß man auf keine vertraut. Das Gewissen nämlich", fährt Luther fort, „ist keine Kraft des Handelns, sondern des Urteilens; es urteilt über die Werke." (49) Diese Freiheit des Gewissens ist „göttlichen Rechtes". (50) Sie ist jedoch „*nicht nur* diejenige, die im Geist und Gewissen herrscht …, *sondern auch die, durch welche alle Menschengebote aufgehoben sind*". (51)

Das ist der neue, negative, auflösende Aktivismus von Luthers Freiheitsbegriff. In Schriften wie den deutschen Traktaten „Eine treue Vermahnung …" und „Von beider Gestalt des Sakraments …", erschienen im Januar bzw. April 1522, hat Luther weitere praktische Anweisungen aus dieser Doktrin der revolutionären, auflösenden „evangelischen Freiheit" abgeleitet. Z. B.: „Treibe und hilf treiben das heilige Evangelium. Lehre, rede, schreibe und predige, wie Menschengesetze nichts sind. Wehre und rate, daß niemand Pfaff, Mönch, Nonne werde, und wer

---

(46) Cl. 2, 228, 39; 229, 5; WA 8, 608.
(47) Cl. 2, 230, 16, 37; WA 8, 609f.
(48) Cl. 2, 237, 13; WA 8, 615.
(49) Cl. 2, 226, 27; WA 8, 606.
(50) Cl. 2, 234, 10; WA 8, 613.
(51) Cl. 2, 234, 13; WA 8, 613.

drinnen ist, herausgehe. Gib nicht mehr Geld zu Bullen (= Bildern), Kerzen, Glocken, Tafeln, Kirchen, sondern sag, daß ein christliches Leben stehe im Glauben und [in der] Liebe." (52) Man fragt sich, was in diesem Zusammenhang – es ist doch nicht weniger als eine Aufforderung zur Zerstörung vieler religiöser Sitten! – das Wort „Liebe" noch bedeuten soll. Weiterhin belehrt Luther das Volk: „Das heißt aber geistliche Freiheit, wenn die Gewissen frei bleiben. Das gehet also zu, daß ich mir nicht ein Gewissen darum mache vor Gott, ob (= wenn) ich Menschenlehre übertrete, als hätte ich eine Sünde daran getan. Wiederum, daß ich mir nicht ein Gewissen darum mache, als hätte ich damit ein gutes Werk getan und vor Gott etwas verdient, wenn ich sie hielte." (53)

Da Luther der kirchlichen Autorität nicht mehr das Recht zubilligt, im Namen Christi verbindliche Weisungen zu geben und unter Umständen das Gewissen des Einzelnen zu lenken, ist es folgerichtig, daß alle Anordnungen, deren biblische Begründung ihm nicht einsichtig ist, von ihm als „Menschenlehre" und „Menschengebot" verworfen werden müssen. Auch diese Auffassung hat er in seine Psalmenübersetzung hineingetragen, wenn er Psalm 17, 4 wiedergibt: Ich bewahre mich in dem Wort deiner Lippen vor Menschenwerk auf dem Wege des Mörders." (54) Das Kriterium dafür, daß der Einzelne in seiner Entscheidung gegen die kirchliche Autorität recht handelt, ist allein seine Gewißheit: Es „ist nicht genug, daß du sagest, Luther, Petrus oder Paulus hat das gesagt, sondern du mußt bei dir selbst im Gewissen fühlen Christum selbst und unwenglich (= ohne Wanken) empfinden, daß es Gottes Wort sei, wenn auch alle Welt dawider stritte. Solange du das Fühlen nicht hast, so lange hast du gewißlich Gottes Wort noch nicht geschmeckt …" (55)

Es ist unvermeidlich, daß, wo solche Grundsätze angenommen werden, die Kirche bald in so viele Gruppen zerfallen wird, als es religiös selbständig denkende Menschen gibt. Schon ein Jahr, nachdem Luther in der

---

(52) Cl. 2, 306, 38; WA 8, 683f.
(53) Cl. 2, 315, 11; WA 10 II 15f.
(54) Vgl. oben Kap. II Seite 73 Anm. 24.
(55) Cl. 2, 320, 39; WA 10 II 23.

zweiten Psalmenvorlesung den Grundsatz „Jeder Christ ist sich selber Papst und Kirche" gelehrt hatte, begann die Sektenbildung. Karlstadt, Zwingli, Müntzer und Schwenckfeld meinten auch, sie seien „sich selber Papst und Kirche".

4. Das „allgemeine Priestertum" und die Autorität der Kirche

Zwei einander scheinbar widersprechende Sätze der Jahre 1520 und 1521 stehen nebeneinander:

1. „In Sachen des Glaubens ist *jeder Christ* sich selber Papst und Kirche";

2. „... daß, wer *meine Lehre* nicht annimmt, der nicht selig werden könne."

Der erste Satz müßte in der Praxis eigentlich zum Adogmatismus oder totalen dogmatischen Indifferentismus führen; seit dem 18. Jahrhundert ist diese Entwicklung dann ja auch eingetreten. Der zweite Satz läßt eigentlich nur *einem* Christen die Freiheit, sich selber Papst und Kirche zu sein, nämlich dem Professor Martin Luther, und er kann, wie er dasteht, nicht anders verstanden werden, als daß diesem Professor nun die Lehrautorität zukommt, die bisher dem Bischof von Rom zuerkannt wurde. Luther hat eine solche Autorität freilich in dieser Weise nicht beansprucht. Der flagrante Widerspruch der beiden Sätze zeigt, daß sein Kirchendenken in den Revolutionsjahren durch und durch vom Affekt gelenkt war. Es ist anzunehmen, daß er, wenn er „jeder Christ" sagte, an sich selber dachte, und wenn er „meine Lehre" sagte, es für selbstverständlich hielt, daß jeder, der nicht des Teufels sei, aus der Bibel seine, Luthers, Lehre als richtig erkennen müsse. Darum waren die beiden Sätze für Luther psychologisch kein Widerspruch, sondern der zweite war nur eine schärfere Entfaltung dessen, was der erste in seiner Konzeption schon einschloß. Daß ein Christ in Glaubenssachen anders denken könne als er, war für Luther ein unvollziehbarer Gedanke.

In anderen Schriften sagt Luther nicht nur „jeder Christ", sondern auch „eine christliche Gemeine". 1523 unternahm er es, in einer Streitschrift „Grund und Ursache aus der Schrift" dafür beizubringen, „daß eine christliche Versammlung oder Gemeine Recht und Macht habe, alle Lehre zu [be]urteilen und Lehrer zu berufen, ein- und abzusetzen"; ähnliches legt er auch in anderen lateinischen und deutschen Traktaten dar.

Nichts belastet Luthers Schriftprinzip so schwer wie diese Abhandlungen; nichts erregt so starke Zweifel daran, ob es ihm mit der Treue zur Heiligen Schrift im Meinungsstreit wirklich immer ernst gewesen sei. Denn jenes angebliche „Recht" oder jene „Macht" der „Gemeine" ist das genaue Gegenteil einer Ordnung der Kirche und einer Lehre, die das Neue Testament ganz klar erkennen läßt; man braucht nur zu erinnern an Stellen wie 1. Kor. 4, 3; 14, 36-37; 15, 1-2; 2. Kor. 10, 5-6; Hebr. 13, 17; 1. Tim. 5, 20; 2. Tim. 4, 2 und Tit. 1, 13. Es ist überflüssig, Luthers „Grund und Ursach aus der Schrift" im einzelnen kritisch zu überprüfen. Als Beispiel für seine Willkür genüge der Hinweis, daß er aus Sprüchen wie Joh. 10, 27 und 10, 5: „Meine Schafe hören meine Stimme" und „Einem Fremden folgen sie nicht" – die er ungenau zitiert: „Meine Schafe kennen meine Stimme" – beweisen will: „Darum sollen und müssen alle Lehrer dem Urteil der Zuhörer unterworfen sein mit aller ihrer Lehre!" (56)

Luther trägt hier (57) und anderswo die Lehre vom sog. allgemeinen Priestertum vor, nach 1. Petr. 2, 9. Sie ist in der Form, wie er sie darlegt, eine Folge der in den vorhergehenden Jahrhunderten eingetretenen unglücklichen Verwischung und Vermischung der Begriffe von *presbyter* und *sacerdos* – die u. a. dazu geführt hat, daß wir in der deutschen Sprache die beiden Begriffe kaum noch auseinanderhalten können: Das alte germanische Wort für sacerdos ist verlorengegangen, und auch sacerdos übersetzen wir mit „Priester", aber eigentlich ist Priester der presbyter. Das allgemeine Sacerdotium der Christen, von dem das Neue Testament spricht, bedeutet keinen allgemeinen Presbyterat, kein allgemeines Priestertum im eigentlichen Sinne dieses Wortes. Im Neuen Testament sind die Apostel und die von ihnen Beauftragten deswegen nicht speziell Sazerdoten genannt, weil die Urkirche nur das Sacerdotium Christi und, durch Anteilhabe am Leibe Christi, das Sacerdotium aller Gläubigen anerkennt. Das Sacerdotium der Christen, das das Sacerdotium

---

(56) Cl. 2, 398, 2; WA 11, 410; MA 3, 95.
(57) Cl. 2, 399, 12; WA 11, 411; MA 3, 96. Femer etwa 1520: Cl. 1, 366, 30ff.; WA 6, 407ff.; MA 2, 87ff. 1533: Cl. 4, 270, 1-271, 20; WA 38, 229f.

Christi in dieser Zeit aktualisiert, ist jedoch keine Gleichheit derart, daß, wie Luther lehrte, grundsätzlich jeder Christ jede Funktion in der Kirche zu vollziehen qualifiziert wäre und nur der Ordnung halber Einzelne zu dem beauftragt würden, was an sich alle dürften. Denn im Neuen Testament gibt es die unverwechselbare Autorität des Apostels sowie auch der vom Apostel Beauftragten. (58) „Es sind doch wohl nicht alle (Christen) Apostel!" sagt der hl. Paulus (1. Kor. 12, 29). So muß man für die nachapostolische Zeit sagen: Es sind doch wohl nicht alle Christen Bischöfe oder Presbyter!

Das „allgemeine Priestertum" wird nun von Luther sogleich auf der Gewißheit des reflexiven Glaubens begründet. So schreibt er 1520 „An den christlichen Adel": „Sie müssen bekennen, daß fromme Christen unter uns sind, die den rechten *Glauben*, Geist, Verstand, Wort und Meinung Christi haben. Ja, warum sollte man denn derselben Wort und Verstand verwerfen und dem Papst folgen, der nicht *Glauben* (59) noch Geist hat? Wäre doch das den ganzen *Glauben* und die christliche Kirche verleugnet ... Über das so sind wir ja alle Priester ... (die) alle einen *Glauben*, ein Evangelium, einerlei Sakrament haben; wie sollten wir denn nicht auch haben Macht, zu schmecken und zu urteilen, was da recht oder unrecht im *Glauben* wäre ... „Wir haben alle einen Geist des *Glaubens*" (2. Kor. 4, 13); wie sollten wir denn nicht fühlen so wohl als ein *ungläubiger* Papst, was dem *Glauben* eben oder uneben ist? ... Darum gebührt einem jeglichen Christen, daß er sich des *Glaubens* annehme, zu verstehen und zu verfechten und alle Irrtümer zu verdammen." (60) Alle, die den rechten – d. h. den reflexiven – *Glauben* haben, sind

---

(58) In seiner Übersetzung des Neuen Testaments hat Luther stellenweise Ausdrücke, die auf den autoritativen Aufbau der Kirche hinweisen, durch Wahl ungenauer deutscher Worte unkenntlich gemacht. Hebr. 13, 17 z. B. hatte er früher richtig übersetzt: „Gehorchet euren *Vorgängern* (= Vorstehern) und *tut euch unter sie*"; später setzte er dafür: „Gehorchet euren *Lehrern* und folget ihnen" – und diese Übersetzung hat sich gehalten bis in die Revision von 1956!
(59) Vgl. oben Seite 234.
(60) Cl. 1, 371, 27. 36. 41; 372, 12; WA 6, 412f; MA 2, 92f.

also berechtigt und verpflichtet, über den Papst und alle, die diesen Glauben nicht haben, zu urteilen. Durch den *Glauben* sind sie alle Priester. Luther kann natürlich nicht leugnen, daß nach Tit. 1, 5 und Apg. 14, 23 die Apostel und ihre Nachfolger Presbyter, d. h. Priester ordiniert haben, *ohne* eine Gemeinde zu fragen. Aber die Anwendbarkeit der Stellen auf die gegenwärtige Kirchenordnung bestreitet er mit einem Hinweis auf die persönliche mangelhafte Qualität der Amtsträger: „Wenn unsere Bischöfe und Äbte usw. an der Apostel Statt säßen, wie sie sich rühmen, wäre das wohl eine Meinung, daß man sie ließe tun, was Titus, Timotheus, Paulus und Barnabas taten mit Priestereinsetzen usw. Nun sie aber an des Teufels Statt sitzen und Wölfe sind, die das Evangelium nicht lehren noch leiden wollen, so gehet sie das Predigtamt und Seelsorgen unter den Christen zu beschicken ebenso viel an als den Türken und die Juden." (61) Luther streitet also gar nicht ab, daß gewisse Schriftstellen grundsätzlich die von den Gegnern behaupteten Auslegungen zulassen; er verneint jedoch, daß sie auf die konkreten Fälle, für die sich die Gegner auf sie berufen, anwendbar seien.

Luthers Behauptung erinnert an den Donatismus. (62) Nur persönlich Würdige dürfen Ämter verwalten: „Wenn sie (Bischof, Papst, Pfarrer) Christum nicht lieben und (nicht) fromm sind, so geht sie das Wort „weiden" nichts an." (63) Es scheint aber nur so, als erneuere Luther hier jene Häresie, gegen die der hl. Augustinus gekämpft hat. Er kann gar nicht wirklicher Donatist sein; denn er ist kein Moralist. Alle sind doch nach seiner Ansicht gleich unwürdig. Was nach seiner Meinung die Bischöfe zur Führung ihres Amtes ungeeignet macht, liegt außerhalb der Vorwürfe, die die Donatisten erhoben. Für ihn sind die Bischöfe unfähig, weil sie den rechten, d. h. reflexiven *Glauben* nicht haben und weil sie sein „Evangelium", d. h. die Reflexivitätsdoktrin, ablehnen. Ja, es kommt vor,

---

(61) Cl. 2, 401, 2; WA 11, 413; WA 3, 98.
(62) In dem Heft: J. Beckmann, K. G. Steck und F. Viering, Von Einheit und Wesen der Kirche, Göttingen 1960, hat Steck Seite 46f mit Recht aufmerksam gemacht auf gewisse Anklänge an den Donatismus in Luthers Schriften der frühen zwanziger Jahre.
(63) Cl. 1, 356, 19; WA 6, 318 (1520).

„daß ein christliches Gliedmaß den Glauben hat, den weder Papst noch Bischof hat; wie sollte er dann desselben Haupt sein". (64)

Die Bischöfe der Zeit Luthers waren großenteils wirklich schlechte Hirten. Luther übertreibt das ins Maßlose, um beim Leser möglichst heftige Feindschaftsaffekte zu erregen – in der nicht unbegründeten Erwartung, das lesende Volk werde darüber vergessen, daß die Anwendbarkeit der angezogenen Schriftstellen durch die Schlechtigkeit der Amtsträger nicht beeinträchtigt wird. Denn nach der Heiligen Schrift behält der Verwalter, der über den anderen Dienern des Herrn steht, sein Amt auch dann, wenn er es mißbraucht. Der Herr wird ihn richten; der Gemeinde aber steht nach dem Neuen Testament, in ausschließendem Gegensatz zu Luthers Behauptung, *kein* Urteil zu über die Treue der Amtsführung eines Verwalters der Geheimnisse Gottes, vgl. Matth. 24, 48-50; Luk. 12, 42-48 und 1. Kor. 4, 3-4. Eine religiöse Rebellion, sei sie demokratisch oder auch fürstlich organisiert, ist dem Geist des Neuen Testaments ebenso zuwider wie den ausdrücklich ausgesprochenen Grundsätzen der Kreuztheologie des vorprotestantischen Luther.

Der protestantische Luther aber hat beides gewollt. Die Fürsten ermunterte er 1520 zu „Reformation" in Worten wie: „Drum sag ich, dieweil weltliche Gewalt von Gott geordnet ist, die Bösen zu strafen und die Frommen zu schützen, so soll man ihr Amt lassen frei gehen unverhindert durch den ganzen Körper der Christenheit, niemands angesehen, sie treffe Papst, Bischof, Pfaffen, Mönche, Nonnen ... Wenn so das genug wäre, die weltliche Gewalt zu hindern, daß sie geringer ist unter den christlichen Ämtern denn der Prediger und Beichtiger Amt oder (der) geistliche Stand, so sollte man auch verhindern den Schneidern, Schustern, Steinmetzen, Zimmerleuten, Köchen, Kellnern, Bauern und allen zeitlichen Handwerken, daß sie dem Papst, (den) Bischöfen, Priestern, Mönchen keine Schuhe, Kleider, Häuser, Essen, Trinken machten noch Zins geben." (65) Zum Volksaufstand gegen die kirchliche Ordnung trieb er 1523: „Also schließen wir nun, daß, wo eine christliche Gemeine ist,

---

(64) Cl. 1, 336, 33; WA 6, 298 (1520).
(65) Cl. 1, 368, 34; WA 6, 409; MA 2, 89.

die das Evangelium hat, [sie] nicht allein Recht und Macht hat, sondern schuldig ist bei der Seelen Seligkeit ..., zu meiden, zu fliehen, abzusetzen, sich zu entziehen von der Obrigkeit, so die jetzigen Bischöfe, Äbte, Klöster, Stifte und ihresgleichen treiben, weil man öffentlich siehet, daß sie wider Gott und sein Wort lehren und regieren." (66)

Das Prinzip, daß der, der den „Glauben" hat, alle Ordnung in der Kirche beurteilen und gegebenenfalls verwerfen darf und soll, wendet Luther zunächst auf sich selber an: „Alles, was der Papst setzt, macht und tut", schreibt er 1520, „will ich also aufnehmen, daß ich's zuvor nach der Heiligen Schrift [be]urteile." (67) Infolge seiner prinzipiellen Wortgebundenheit urteilt ein solcher „Glaube" natürlich immer „nach der Schrift": „Er (der Papst) soll mir unter Christo bleiben und sich lassen richten durch die Heilige Schrift." Freilich ist dabei die Schrift ein Werkzeug des ihr vorgeordneten Prinzips der reflexiven Gewißheit. Für das Kirchendenken des Urprotestantismus gilt dasselbe für die Verwandlung der Sakramentslehre (vgl. oben Seite 199): Man kann weder von einem absoluten Subjektivismus sprechen noch von objektiver Geltung der Schrift, vielmehr benutzt die ichbezogene Reflexion gerade die objektive Gültigkeit der Schrift zum Aufbau der subjektiven Sicherheit. Darum ist die lutherische Kirche zwar keine Kirche im altchristlichen Sinne geblieben, aber auch keine Quäkergemeinde geworden. Objektive Bestandteile des Aufbaus der Kirche – die Heilige Schrift, die Sakramente, das Amt – werden gutgeheißen und beibehalten, solange und soweit und unter der Bedingung, daß sie der Erzeugung und Bestätigung des Bewußtseins des je eigenen Heils dienlich sind, verwerflich aber, sobald sie der Glaubensreflexivität hinderlich werden, was insbesondere durch Belehrung und Zurechtweisung geschehen kann.

Eine solche Ordnung kann natürlich nur bestehen, wenn die sie tragenden Personen selber den Glauben reflexiv verstehen. Darum werden die Bischöfe als ungeeignet verworfen, weil ihnen der reflexive Glaube fehlt. Aber diese Verwerfung ist nur dadurch möglich, daß derjenige, der

---

(66) Cl. 2, 398, 33; WA 11, 411; MA 3, 96.
(67) Cl. 1, 359, 24; WA 6, 322.

sie ausspricht, sein Urteil auf *seinen* „Glauben" stützt und sich für dessen Gewißheit auf die Schrift beruft.

Hiernach ergibt sich folgerichtig die protestantische, von Luther schon 1520 entworfene und zehn Jahre später von Melanchthon ins Augsburgische Bekenntnis übernommene Beschreibung des Wesens der Kirche. Nach Luthers Worten: „Die Zeichen, dabei man äußerlich merken kann, wo dieselbe Kirche in der Welt ist, sind die Taufe, (das) Sakrament und das Evangelium" (68); nach den Worten der Augustana: „Die Kirche ist die Versammlung der Heiligen, in welcher das Evangelium recht gelehrt wird und die Sakramente recht verwaltet werden." (69) Das „Evangelium" und die Sakramente sind ja, wie wir gesehen haben, die Mittel zur Gewißheitsbildung; auf diese aber kommt in der Religion des protestantischen Luther alles an. Darum muß die Lehr-, Leitungs- und Disziplinarvollmacht des kirchlichen Amtes, die nach dem Neuen Testament den Einzelnen unter Umständen belehren und eines Irrtums überführen, ja im äußersten Falle auch bestrafen muß – vgl. 1. Kor. 5, 5; 2. Kor. 10, 4-6; 1. Tim. 1, 20; 2. Tim. 2, 25; Tit. 1, 13; 3, 10 –, die also eine ichbezogene „Gewißheit" gegebenenfalls empfindlich stören kann, ebenso verworfen werden wie das Kirchenrecht, das die äußere Ordnung verbindlich festlegt.

Paul Althaus stellt fest, daß für Luther, ebenso wie die Autorität der Heiligen Schrift, so auch die Autorität der Kirche durch das *„Evangelium"* bestimmt und begrenzt sei: „Die Autorität der Schrift ist bei Luther eine streng evangeliozentrische" (70); „Die Autorität [der Kirche] und damit die Gehorsamspflicht hat ihren Grund und ihre Grenze in dem Evangelium." (71) Da aber Luthers „Evangelium" die Predigt von der Zuwendung der Sündenvergebung je an mich oder von der Rechtfertigung durch den Glauben, dessen rechtfertigende Kraft in seiner Reflexivität

---

(68) Cl. 1, 339, 16; WA 6, 301.
(69) Est autem ecclesia congregatio sanctorum, in qua evangelium recte docetur et recte administrantur sacramenta. Confessio Augustana Art. 7.
(70) Althaus 290.
(71) Althaus 292.

bestehen soll, ist, enthält ein solcher Begriff von „Evangelium" schon das *Ich* in sich. Das „Evangelium" ist zwar durchaus als objektiv gültige Schrift verstanden, aber es ist nur ein Teil des Inhalts der ganzen Schrift, ausgewählt und interpretiert durch das Interesse der subjektiven Heilssicherung. Damit ist die Gültigkeit der Schrift relativiert und das kirchliche Sein einer auf einem so verstandenen „Evangelium" aufgebauten Kirche verengt und verzerrt.

Luthers Lehre, daß das Evangelium der Maßstab zur Beurteilung der Schrift und der kirchlichen Ordnung und Autorität sei und daß die Schrift sich selber auslege (72), wie auch seine Ansichten von der verborgenen oder unsichtbaren Kirche und von der Fehlbarkeit der Kirche: Das alles ist mehr oder weniger direkte Konsequenz der Doktrin des reflexiven Glaubens. Die beiden erstgenannten, positiven Lehren sichern der Aussage des reflexiven Glaubens ihr Recht; die beiden negativen Ansichten bestreiten der kirchlichen Autorität das Recht, über jene Aussage verbindlich zu urteilen.

Luther hat mehrmals in apodiktischer Form behauptet, daß seine Lehre die wahre sei (73); andererseits hat er auch behauptet, daß die ganze Kirche und speziell die Konzilien irren könnten. (74) Warum hat er dann aber nicht mit der Möglichkeit gerechnet, daß auch seine Lehre vom Glauben irrig sein könne? Nun, systematisch beantwortet sich die Frage leicht aus der Gewißheitsdoktrin: Diese impliziert die apodiktische Behauptung, daß die Form der Lehre, die mir so einleuchtet, daß sie in der Reflexion das Heilsbewußtsein erzeugt, die wahre sei. Psychologisch gesehen, ist aber zu antworten: Luthers Gewissen hat ihm in der Tat vorgeworfen, daß er irre. (75) Das seltsam unausgeglichene Nebeneinanderstehen der beiden Behauptungen zeigt an, daß hier in Luthers Seele die Wunde des Schuldbewußtseins offen geblieben war – die er, wie in solchen Fällen zu geschehen pflegt, durch trotzig forsche Behauptungen verbarg.

---

(72) Vgl. Althaus 250ff, 291ff, 75ff.
(73) Vgl. oben Seite 66, 222 und 232, ferner Althaus 290.
(74) Althaus 293ff.
(75) Vgl. Seite 230, 303 und Althaus 289.

Stellen wie 2. Kor. 5, 20, wo Paulus sich einen Boten für Christus nennt, werden seit 1520 im Protestantismus verabsolutiert: Die Amtsträger der Kirche sollen *nur* „Boten eines Herrn" (76) sein, d. h. vor allem: Sie sollen predigen. Daß derselbe Paulus in seinen Gemeinden außerdem auch ein autoritatives Lehr-, Leitungs- und Richteramt beanspruchte und es auch seinen Nachfolgern übergab, wird nicht beachtet. Das Regieren in der Kirche wird von Luther einfach auf das Predigen reduziert: „Diese Botschaft (d. h. die Ausrichtung dieser Botschaft) heißt nun weiden, regieren, Bischof sein und dergleichen." (77) Wer aber das Predigtamt ausübt, muß „fest im *Glauben* sein" (78) – im reflexiven, versteht sich. Und die Predigt hat bei den Hörern reflexiven Glauben zu wecken. 1520 belehrt Luther seine Studenten: „Es ist keine christliche Predigt, wenn du Christus historisch predigst; das ist nicht Gottes Ehre predigen; sondern (rechte Predigt ist) wenn du lehrst, daß die Geschichte Christi dahin zielt, daß sie uns, den Glaubenden, zur Gerechtigkeit und zum Heil nützt, damit … wir wissen, daß alles, was in Christus ist, unser ist." (79) Und dieser „Klang des Evangeliums ist die Regel, nach der die Kirche erbaut wird". (80)

Die Art, wie Luther das Wort „regieren" im kirchlichen Bereich umdeutet, wird man vor dem Vorwurf der Demagogie kaum schützen können. Er schreibt 1520 in der Schrift „Von dem Papsttum zu Rom …": „Über das wundert mich fast solch hohe Vermessenheit, daß sie aus der Schlüsselgewalt (Matth. 18, 18) wollen eine regierende Gewalt machen, was sich doch fügt zusammen wie Winter und Sommer. Denn regierende Gewalt ist weit mehr denn Schlüsselgewalt. Schlüsselgewalt reicht nur aufs Sakrament der Buße, die Sünden zu binden und zu lösen (81), wie

---

(76) Cl. 1, 338, 14; WA 6, 299.
(77) Cl. 1, 338, 27; WA 6, 300.
(78) WA 5, 542, 1.
(79) WA 5, 543, 16.
(80) WA 5, 547, 36.
(81) Vgl. WA 12, 184, 32 (1523): Ligare et solvere prorsus nihil aliud est quam evangelium praedicare et applicare.

der klare Text steht Matth. 18 und Johan. ultimo. Aber regierende Gewalt steht auch über die, die fromm sind und nicht haben, das man binde oder auflöse, und hat unter sich: Predigen, vermahnen, trösten, Messe halten, Sakrament geben und dergleichen." (82) Hat man aber jemals die letztgenannten Dinge unter „regieren" verstanden? Indem Luther sich so stellt, als nähme er den Begriff des Regierens ganz ernst und gäbe ihm erst seine Weite und Fülle, deutet er das wirkliche Regieren überhaupt aus der Kirche heraus – unter der Hand, so daß der Leser es gar nicht merken soll! Er stellt sich „verwundert", daß man das „Binden und Lösen" von Matth. 18, 18 und 16, 19 als „regieren" verstehen wolle; er stellt sich so, als verstehe er das Regieren viel tiefer und wahrer und weiter – dabei läßt er aber den Begriff des wirklichen Regierens ganz beiseite, leugnet also durch sein Verschweigen, daß es in der Kirche überhaupt ein Recht zum Regieren gebe. Nebenbei ist zu bemerken, daß nach heutigem wissenschaftlichem Verständnis Luthers Gegner recht hatten, wenn sie das „Binden und Lösen" als wirkliches Regieren verstanden. (83)

Unter den Funktionen, die Luther als „regierende Gewalt" in der Kirche aufzählt, fehlt also das *eigentliche* Regieren, nämlich die Entscheidungsvollmacht in Lehr-, Leitungs- und Disziplinarfragen. Was übrigbleibt, dient alles der Pflege des reflexiven Glaubens: „predigen, vermahnen, trösten, Messe halten, Sakrament geben". Die „Schlüsselgewalt" hat, wie wir wissen und Luther hier noch besonders anführt, den Zweck, „daß die armen sündigen Gewissen einen Trost haben sollen … so sie anders *glauben*". (84)

Nachdem Luther gesehen hatte, was seine Grundsätze anrichteten, hat er sie nicht mehr so radikal vertreten. Schon 1525 in der Schrift „Vom geknechteten Willen" unterscheidet er die „innere Klarheit" und das „äußere Urteil". (85) Die innere Klarheit über den Sinn der Schrift hat der

---

(82) Cl. 1, 349, 36; WA 6, 312.
(83) Vgl. Theologisches Wörterbuch zum Neuen Testament, begründet von Gerhard Kittel, Bd. 2 Seite 60.
(84) Cl. 1, 350, 33. 36; WA 6, 312.
(85) Cl. 3, 141, 32ff und 103, 9; WA 18, 563 und 609.

Einzelne; das äußere Urteil kommt den Amtsträgern der Kirche zu, die „auch für andere und um des Heiles anderer willen" urteilen, die Schwachen im Glauben stärken und Gegner widerlegen. Zwar laufen beide im Grunde auf dasselbe hinaus: Auf die Gewißheit des Einzelnen; aber das „äußere Urteil" ermöglicht, weil es für mehrere gelten soll, doch eine gewisse Leitung und die Aufrechterhaltung einer gewissen Einheit. Der Große Galaterkommentar spricht sogar von einer äußeren oder „mittelbaren" Legitimation des Predigers (vocatio mediata) (86), und der ziemlich unklare Begriff des „ordentlichen Berufes", den Melanchthon im Augsburgischen Bekenntnis gebraucht, taucht auch im Latein dieses Kommentars auf. (87) In seiner Vorlesung über den Titusbrief 1527, wo Luther sowohl gegen die katholische Kirche als auch gegen die „Schwärmer" kämpft, scheint es sogar, als wolle er nur die biblische Unterscheidung zwischen Sazerdot und Presbyter wiederherstellen, indem er sagt: „Die Christen sind alle Sazerdoten, 1. Petr. 2 ... Amtspflicht (officium) der Sazerdoten ist es, zu lehren, zu beten, zu opfern ... Aber nicht alle sind Presbyter, d. h. Diener (ministri)." Aber er fügt sogleich hinzu: „Die Christen haben (zwar) alle das Sacerdotium, aber nicht alle (haben) die Funktion; obwohl alle lehren, ermahnen können, so ist doch nur einer und der andere zu hören, damit nicht (alle) zugleich reden." (88) Dieser Zusatz zeigt, daß Luther im Wesentlichen seine Ansicht auch im Kampf gegen die Schwärmer nicht geändert hat. Die Anstellung als Gemeindeleiter – von Luther ohne Unterscheidung mit vocare und ordinare bezeichnet – ist nur deswegen nötig, damit nicht alle durcheinanderreden, also der äußeren Ordnung wegen. Der Dienst des Gemeindeleiters ist für Luther nur Funktion, nur Ausübung dessen, wozu an sich alle qualifiziert sind.

Die Gewißheit des Einzelnen bleibt das Entscheidende. Von dem einzelnen Gläubigen wird jetzt zwar nicht mehr gefordert, daß er in der Kir-

---

(86) WA 40 I 59, 16.
(87) WA 40 I 59ff; 62, 33 ... rite vocati gloriamur. Confessio Augustana Art. 14: De ordine ecclesiastico docent, quod nemo debeat in ecclesia publice docere aut sacramenta administrare, nisi *rite vocatus*.
(88) WA 25, 16, 17. 20. 23.

che „alle, welche lehren", seinem Urteil unterwerfen solle; das hätte der inzwischen entstandenen lutherischen Kirche gefährlich werden können. Aber der Gläubige soll doch für sich nach Gewißheit streben, und dem Prediger schärft Luther ein, daß er vor allem seiner Berufung gewiß sein solle: „Da wir in einer göttlichen Berufung und im Werke Gottes sind und da das Volk der Gewißheit über unsere Berufung aufs höchste bedarf, damit es wisse, daß unser Wort Gottes Wort sei, darum rühmen wir uns ihrer (der Berufung) mit Stolz (superbe eam jactamus)." (89) Der einzelne Gläubige soll also seine Glaubensgewißheit an der Berufungsgewißheit des Predigers orientieren. So wird eine Art Kirche möglich.

In Luthers Auffassung vom kirchlichen Amt und dessen Verhältnis zum Befinden des Einzelnen ist zwischen 1520/1522 und 1530/1535 kein grundsätzlicher, sondern sozusagen nur ein taktischer Wandel eingetreten. Der Aufbau der neuen Kirche verlangte, einen Teil der Gewißheit des Einzelnen sozusagen auf die Gewißheit des Predigers zu delegieren bzw. von dieser abhängig zu machen. Das Reflexivitätsprinzip jedoch, das das Fundament des Protestantismus bildet, ist bestehen geblieben. Dieses Prinzip wird die Folgerung: „Jeder Christ ist sich selber Papst und Kirche" immer von neuem aus sich heraus setzen, auch wenn dieser Satz Luthers nicht ausdrücklich in Erinnerung bleibt. Die Geschichte hat das erwiesen. Es war ein innerer Widerspruch, daß Luther aus kirchenpolitischen Gründen von den auflösenden Tendenzen jenes Prinzips etwas abgerückt ist, ohne dasselbe preiszugeben. Wenn er zu der Zeit, als sich die lutherischen Kirchen zu formieren begannen, die Notwendigkeit der Berufung oder Erwählung zum Pfarr- oder Predigtamt betont hat, so ist damit lediglich ein zweckmäßiges Ordnungsprinzip aufgestellt, für das ein äußeres Bedürfnis bestand.

1533, in seiner Kampfschrift „Von der Winkelmesse und Pfaffenweihe", kritisiert Luther Mißstände der katholischen Kirchenordnung: Die Einschränkung der sazerdotalen Würde auf Bischöfe und Presbyter

---

(89) WA 40 I 63, 30. Vgl. auch die Titusbriefvorlesung 1527: WA 25, 27, 9. 24 und besonders Zeile 31: Ne quis praesumat docere quid in ecclesia Dei nisi certus.

(Priester), die gemeindelose Privatmesse und insbesondere den Miß-
stand, daß viele Presbyter und Bischöfe gar keine geistliche Tätigkeit
ausübten außer der gemeindelosen Privatmesse. Aber diese berechtigte
Kritik verbindet er dann, außerordentlich geschickt und wirkungsvoll, mit
der Verwerfung der Priesterweihe als solcher, die er als „toten, garstigen
Cresem" verspottet. Von der richtigen Feststellung, daß im Neuen Testament sacerdos „allein der Getauften oder Christen Name, als ein an-
geborener erblicher Name aus der Taufe" sei, schreitet er fort zu der Behauptung: „Eitel Priester und Pfaffen werden wir alle geboren, danach
nimmt man aus solchen gebornen Pfaffen und beruft oder erwählt sie zu
solchen Ämtern, die von unser aller wegen solches Amt ausrichten sollen." (90) Er ignoriert, daß nach dem Neuen Testament dem sakramen-
tal (durch Handauflegung) ordinierten Apostelnachfolger und Gemeindeleiter durch diese Ordination (also nicht schon durch die Taufe) eine
besondere geistliche Qualität, Charisma genannt, zukommt, und daß
diese (zum allgemeinen Sacerdotium hinzukommende) übernatürliche
Befähigung sich in Autorität auswirkt – vgl. zur geistlichen Qualität 2.
Tim. 1, 6: „… *das Charisma Gottes*, das in dir ist *durch die Auflegung
meiner Hände*"; zur Autorität etwa 2. Tim. 4, 2: „Verkünde das Wort, tritt
auf, sei es gelegen oder ungelegen, stelle zur Rede, tadle, ermahne in aller Langmut und Belehrung." Noch 1544 hat Luther (laut Crucigers Bericht) gepredigt, das Besondere des Predigtamtes – des einzigen, das er
anerkannte – bestehe darin, „daß einer muß sein, der da redet und das
Wort führet aus Befehl und Verwilligung der andern". (91) Solche Gedanken schließen in ihrer Konsequenz die Möglichkeit aus, daß es in der
Kirche eine Instanz geben dürfe oder müsse, die – entsprechend Apg.
20, 28-30 – auf Grund göttlicher Bevollmächtigung und Qualifikation
das Befinden des Einzelnen, wenn nötig, verbindlich korrigieren, das anvertraute Gut bewahren und die innere Einheit der Kirche hüten könne.
　Daß Luther wieder zwischen Presbyter und Sazerdot unterschied und
das vergessene allgemeine Sacerdotium aller Gläubigen wieder bekannt

---

(90) Cl. 4, 270, 37. 40; WA 38, 230.
(91) MA 6, 407; WA 49, 600.

machte, hätte zu einer wirklichen Erneuerung (die bis heute noch aussteht) führen können. Aber das reflexive Glaubensverständnis verfälschte die kostbare Entdeckung sogleich derart, daß das neue Übel ärger wurde als das alte, nämlich unheilbar. Zunächst wurde der Besitz des allgemeinen Sacerdotiums mit dem Besitz des reflexiven Glaubens gleichgesetzt. Der reflexiv Glaubende, der „sich selber Papst und Kirche" war, konnte nun einen Bischof oder Presbyter, der kraft des „Charismas Gottes, das in ihm ist durch die Handauflegung", den Christen, obwohl sie alle ebenso wie ihre Vorsteher Sazerdoten sind, verbindliche Weisungen geben kann, schlechterdings nicht ertragen. So kam denn zu der einen Verfälschung sogleich eine zweite hinzu. Die alte, durch eine Fehlentwicklung entstandene Gleichsetzung von Presbyter und Sazerdot wurde erneuert, nur in umgekehrtem Sinne. Aus dem allgemeinen Sacerdotium wurde ein allgemeiner Presbyterat bzw. die Behauptung, alle Christen seien schon durch die Taufe zum Presbyter qualifiziert. Nur der Ordnung halber wählen sich die reflexiv Glaubenden einen aus ihrer Mitte aus, damit er durch Reden und Handlungen ihnen allen den reflexiven Glauben erwecke, stärke und erhalte.

Luther hat das deutsche Wort „Kirche" nicht geliebt. Er hat versucht, es in der Achtung des Volkes herabzusetzen. In seiner Bibelübersetzung hat er es im Alten Testament auch zur Bezeichnung heidnischer Kultstätten gebraucht, an vielen Stellen, wo es im Text der heutigen Lutherbibel nicht mehr steht. (92) In der Übersetzung des Neuen Testament hat er es überall durch „Gemeinde" (Gemeine) ersetzt, in der Credoauslegung des Kleinen Katechismus durch den mehr politischen Begriff „Christenheit". Im Großen Katechismus nimmt er scheinbar Anstoß daran, daß das Wort „von Art nicht deutsch" sei, und leitet es vom lateinischen *curia* ab (93), um es an die römische Kurie zu binden. Hinter all dem steht das entschlossene Bestreben, sich und seine Anhänger von der katholischen Kirche und von dem, was man vor ihm unter „Kirche" ver-

---

(92) Vgl. E. Osterloh und H. Engelland, Biblisch-theologisches Handwörterbuch zur Lutherbibel ..., Göttingen ²1959, Seite 317 (Artikel „Kirche").
(93) Cl. 4, 58, 2; WA 30 I 189; MA 3, 246.

standen hatte, gründlich zu distanzieren. Dies Bestreben hat in der nachfolgenden Geschichte einen totalen Erfolg errungen.

In dem Umfang, in dem Luther eine Kirche noch anerkannte, bejahte er sie ganz. Es finden sich über sie viele warme Worte und schöne Gedanken in seinen Schriften. (94) Es gehört nicht zur Absicht des vorliegenden Buches, diese darzustellen. Es sind Nachklänge der Liebe, mit der der katholische Christ seine Kirche liebt. In der kurzen Zeit der Freiheitstheologie um 1519 vor allem gibt es in Luthers Schriften herrliche Zeugnisse eines tiefen Verständnisses der Kirche als einer übernatürlichen Gemeinschaft. (95) Auch später tauchen solche Gedanken gelegentlich noch auf. (96) Biblische Bezeichnungen der Kirche wie „Braut Christi" und „Leib Christi" hat er nie aufgegeben.

Alles das mußte aber sinnlos werden, je mehr das dem reflexiven Glauben strikt entsprechende Prinzip „Jeder Christ ist sich selber Papst und Kirche" seine Wirkung tat. Diese Wirkung wurde noch zu Luthers Lebzeiten und dann in der Zeit der sog. Lutherischen Orthodoxie, dieser Nachblüte eines bereits vom Baum abgerissenen Zweiges, durch andere Kräfte aufgehalten. Seit dem 18. Jahrhundert aber hat sie sich immer ungehemmter und in immer neuer Weise entfaltet. Luthers wunderschönes Heimwehlied „von der Heiligen Christlichen Kirchen": „Sie ist mir lieb, die werte Magd, und kann ihr nicht vergessen", erschienen 1535 (97), steht demgemäß auch nicht im heutigen Evangelischen Kirchengesangbuch.

---

(94) Vgl. Althaus 248ff.

(95) Beispiele finden sich etwa in der „Auslegung deutsch des Vater Unser", im Kleinen Galaterkommentar, im „Sermon von dem hochwürdigen Sakrament des heiligen wahren Leichnams Christi …", im „Sermon von der Bereitung zum Sterben" (alle 1519) und in der „Tessaradecas" (1519 verfaßt, 1520 erschienen).

(96) Cl. 7, 250, 7ff; WA 28, 182ff (Wochenpredigten über Joh. 16-20, zu Joh. 17, 21; 17. Oktober 1528).

(97) MA 3, 355.

Siebentes Kapitel

VERWIRRUNG DER SPIRITUALITÄT

1. Antithetik

Das Revolutionäre bei Luther gründet nicht allein in seiner Doktrin des reflexiven Glaubens, sondern noch in einer zweiten Grundtendenz seines religiösen Verhaltens und Denkens. Diese Tendenz ist der antithetische Korrelationismus, eine Denkweise, welche Antithesen in Korrelationen aneinander gebunden sieht. Die korrelative Antithetik bindet zunächst nur je zwei gegensätzliche Positionen aneinander, und erst sekundär kommt dazu etwas wie eine Synthesis, deren Synthesischarakter jedoch nur scheinbar ist.

In einer Form erscheint die korrelative Antithetik schon in den Vorlesungen aus Luthers vorprotestantischer Zeit. Ich kann hier nicht das weitschichtige Problem im ganzen ausbreiten; ich beschränke mich in der Hauptsache auf die Antithese Sünde-Gerechtigkeit, und auch diese kann hier nur unter *einem* Aspekt betrachtet werden.

An einer Stelle der Römerbriefvorlesung (1) geht Luther aus von der paulinischen Paradoxie: „Wenn einer unter euch weise sein will, so werde er töricht, damit er weise sei" (1. Kor. 3, 18). Er weitet dann die Paradoxie aus und sagt: „Was aber (der Apostel) von der Torheit sagt, das muß man auch von allen andern Unvollkommenheiten verstehen, so daß, wer gerecht ... sein will, ein Sünder werde." „Sünder werden" aber bedeutet, wie Luther dann erklärt: „daß dasjenige Verständnis (sensus) zerstört werde, in welchem wir hartnäckig meinen, gut, heilig, gerecht zu

---

(1) Cl. 5, 236, 3; WA 56, 229, 32; BG 1, 170.

leben, zu reden, zu handeln, und ein anderes Verständnis gewinnen (alium sensum induere), das aus Gott ist und in welchem wir von Herzen glauben, daß wir Sünder sind, schlecht handeln, reden und leben, daß wir irren, und daß wir so uns anklagen, richten, verdammen und verabscheuen." (2) Kurz, es bedeutet: „daß wir uns selbst als Sünder bekennen". (3) Dadurch geben wir Gott recht. „Gott wird von uns gerechtfertigt", sagt Luther in Anlehnung an den Vulgatatext von Psalm 51, 6: ut justificeris in sermonibus tuis, „auf daß du recht behaltest in deinen Worten". „Daß Gott gerechtfertigt wird in seinen Worten" bedeutet nach Luther, „daß er gerecht und wahr wird in seinen Worten (in denen Gott sagt, daß wir Sünder sind) oder daß seine Worte gerecht und wahr werden. Das geschieht aber dadurch, daß dieselben geglaubt und angenommen und für wahr und gerecht gehalten werden." (4) Das ist die „passive Gerechtigkeit Gottes". Sie ist identisch mit der „aktiven Gerechtigkeit", mit der er uns gerecht macht. (5) „Denn daß wir seine Worte rechtfertigen", sagt Luther, „ist sein Geschenk, und wegen eben dieses Geschenkes hält er uns für gerecht (justos habet), d. h. er rechtfertigt uns. Und seine Worte rechtfertigen wir nur dann, wenn wir glauben, daß sie gerecht sind." (6)

Diese Darstellung des Rechtfertigungsvorganges – ganz in Kategorien des Personalen, mit Weglassung alles Substantialen – interessiert uns hier nicht als solche. Für den Zweck unserer Untersuchung müssen wir nur herausheben, daß Luther das Sich-als-Sünder-*Anerkennen* mit dem Ausdruck „Sünder *werden*" bezeichnet. Daran zeigt sich schon die – mit der Unterdrückung der Substanzkategorie zusammenhängende – Neigung, Bewußtseinsvorgänge als Seinsvorgänge aufzufassen. (7) In seiner

---

(2) WA 56, 233, 14; BG 1, 178.
(3) WA 56, 229, 31; Cl. 5, 236, 2; BG 1, 170.
(4) WA 56, 225, 10; 226, 4; BG 1, 164.
(5) Cl. 5, 234 f; WA 56, 226-228; BG 1, 166.
(6) Cl. 5, 235, 9; WA 56, 227, 19.
(7) Diese Neigung liegt wahrscheinlich auch dem Aktualismus Luthers zugrunde, der ihm Glaube, Hoffnung und Liebe nur als „Bewegung des Herzens" (motus cordis) aufzufassen gestattete, „durch die die Seele vom Wort Got-

protestantischen Sakramentslehre, die er ab 1518 aufbaut, bindet er dann das Dasein eines Seins an das Auftreten eines Bewußtseinsereignisses, und damit ist der Durchbruch zum Häretischen vollzogen; vgl. oben das fünfte Kapitel. Stellenweise führt die Neigung schon in der Römerbrief-vorlesung zu Formulierungen, die Sein an Bewußtsein zu binden schei-nen, z. B. wenn Luther sagt, „daß Gott in seinen Worten nicht weise, ge-recht, wahrhaftig, stark, gut usw. *werden* kann, wenn wir nicht, ihm glau-bend und nachgebend (credendo et cedendo), *bekennen*, daß wir töricht, ungerecht, lügnerisch, schwach, schlecht sind". (8) Oder es kommt schon zu scheinbar ontologischen Antithesen, z. B. wenn Luther von dem Satz: „Wie gern sind wir leer, damit du voll seiest in uns" fortschreitet zu den Äußerungen: „Gern (bin ich) Sünder, damit du in mir gerechtfertigt wer-dest ...; gern ungerecht, damit du meine Gerechtigkeit seiest." (9)

In der Römerbriefvorlesung ist aber das Wagnis solcher Formulierun-gen noch erträglich, weil Luther sich dort, wie wir sahen, eifrig bemüht, einem subjektivistisch-konszientialistischen Mißverständnis vorzubeugen. Aber wenn die Wendungen mißverständlich sind, weshalb gebrauchte er

---

tes bewegt, geformt, gereinigt, befruchtet wird" (quo movetur, formatur, pur-gatur, impraegnatur anima verbo Dei), wie er 1519 sagte (WA 5, 176, 11; Scheel Dok. Nr. 789). Der Aktualismus wiederum bestimmte seine Polemik gegen die scholastische Lehre vom eingegossenen habitus: nam phantas-mata illa puto humana esse, quod aliud sit habitus et alius actus ejus (eben-dort). Die habitus-Lehre wahrt aber, in den Ausdrucksmöglichkeiten der Scholastik, den souveränen Primat Christi im Prozeß der Begnadung und die Bewußtseinsunabhängigkeit der Gnade. Recht verstanden, widerstreitet sie der Personalität nicht, läßt sie vielmehr erst recht zur Geltung kommen. Das, was mit habitus gemeint ist, ist die Voraussetzung der personalen Re-lation (das gleiche könnte natürlich auch mit anderen Mitteln als denen, die der mediävalen Philosophie zur Verfügung standen, ausgedrückt werden). Da die „Bewegungen", welche der Aktualismus allein zuläßt, immer auch Bewußtseinsphänomene sind, birgt die radikale Verwerfung der habitus-Lehre bzw. des mit ihr Gemeinten immer die Gefahr in sich, ja es ist faktisch unmöglich, der Gefahr zu entgehen, daß die göttliche Präsenz vom mensch-lichen Bewußtsein abhängig gemacht wird.

(8) WA 56, 218, 7; BG 1, 150.
(9) WA 56, 219, 7; Cl. 5, 231, 20; BG 1, 152.

sie denn? Nun, sie entsprachen nicht nur seiner Leidenschaft für das Bewußte; sie waren auch ein Ausdruck seines spirituellen Erlebens, nämlich der friedlosen Dunkelheit der Schwebe von Sünde und Heil. Diesem Unfrieden entspricht die Aufstellung anscheinend ontologischer antithetischer Korrelationen: „Gern bin ich ein Sünder, damit du in mir gerechtfertigt werdest", d.h. ich muß ein Sünder *sein*, damit ich Gott recht geben und er mir seine Gerechtigkeit schenken kann. Diese Schwebe von Sünder-Sein und Gerecht-Werden war zunächst Luthers geistliche *Erfahrung*. Aber er macht sie sofort zu einer allgemeinen Norm. Die Normisierung erhält dadurch komprimierten, verstärkten Ausdruck, daß nicht das *Daß* des Sich-als-Sünder-Wissens, sondern nur das *Was*, nur der *Inhalt* dieses Bewußtseins ausgesprochen wird, so daß in der sprachlichen Formulierung der Seinsvorgang „Sünder *werden*" an die Stelle des Bewußtseinsvorgangs „sich als Sünder *anerkennen*" tritt, also beide Vorgänge ineinsgesetzt erscheinen. Nur so kann die antithetisch-finale Relation „Sünder werden, um gerecht zu werden" zustande kommen, und auf diese Weise hängt Luthers antithetischer Korrelationismus aufs engste mit seiner Leidenschaft für das Bewußte zusammen.

In der Römerbriefvorlesung sind diese Zusammenhänge noch durchsichtig. Luther wehrt sich offenbar noch dagegen, die Antithesen als ontologische Relationen gelten zu lassen, obwohl er sie konzipiert und obwohl er seine Neigung zu antithetischem Denken selber eingesteht. (10) Er hält die aus seiner Erfahrung hervorgegangene Neigung noch in Schranken, gestattet ihr zwar, sich in gewagten Formulierungen auszusprechen, interpretiert diese dann aber in Gedanken, die nicht egozentrisch, sondern entschieden personal und theozentrisch sind. Darum ist die Antithetik hier vielleicht noch nicht das, was sie beim protestantischen Luther ist, obwohl es schon manche Stellen gibt, die den späteren Korrelationismus zu enthalten scheinen, auf die ich jedoch nicht weiter eingehen will. Der Drang zum Bewußten stellt eine Verbindung her zwischen den beiden Grundzügen des Protestantischen: Dem antithetischen Korrelationismus und der Reflexivitätsdoktrin; für die letzte-

---

(10) Vgl. etwa.- Opposita juxta se posita magis elucescunt quam seorsum posita. Cl. 5, 232, 3. 25; WA 56, 220, 5; 221, 11.

re haben wir den Zusammenhang mit der Überschätzung des Bewußten am deutlichsten gesehen, als wir Luthers Sakramentslehre der Jahre 1518 bis 1520 und seine Gedanken über Glauben und Liebe betrachteten (Kapitel IV und V).

Bedeutend entschiedener wird der antithetische Korrelationismus zu der Zeit, wo die Reflexivitätsdoktrin in Luthers Denken mehr und mehr durchdringt. In dem 1519 verfaßten Teil der zweiten Psalmenvorlesung kommen Gedanken vor wie die folgenden: „Wie es sehr gefährlich ist, wenn der Mensch immer in glückliche Verhältnissen bleibt – denn dann lernt er nie oder höchst selten, Gott zu lieben –, so ist es noch gefährlicher, wenn er in vielen Verdiensten und Gnaden Gottes bis zum Tod bleibt; denn dann wird er kaum je lernen auf Gott zu hoffen. Daher geschieht es durch Gottes Erbarmen, daß sie nicht nur in Verwirrung des Gewissens fallen, sondern auch, wenn sie von gröberer Härte sind, zuweilen in offenkundige Sünde (opus manifestarium peccati), nämlich Hurerei oder ähnliche Verbrechen, und Gott ist gezwungen, sie mit solcher Sorge zu bewahren, daß er sie gegen seine Barmherzigkeit zur Barmherzigkeit führt und durch die Sünde von der Sünde befreit." (11)

Der Bereich, in dem die Sünde Voraussetzung der Gnade ist, ist gewiß auch hier zunächst personal gemeint: Damit der Mensch *auf Gott zu hören lerne* und weil Gott will, daß der Mensch *auf ihn zu hoffen lerne*, läßt Gott ihn in die Entfremdung, die die Sünde ist, fallen. Aber wenn Luther sagt, daß es gefährlich sei, bis zum Tode in der Gnade Gottes zu bleiben, daß es also normalerweise notwendig sei, aus der Gnade zu fallen, um sie zu gewinnen, so ist damit doch eine Art struktureller Korrelation von Sünde und Gnade gesetzt. Nicht nur die Gewissensnot, nicht nur das Sich-als-Sünder-Anerkennen, sondern die Sünde selbst wird Voraussetzung der Gnade.

Noch krasser wird diese Korrelation in einem anderen Stück derselben Vorlesung ausgesprochen: „Wer gerecht werden will, muß ein Sünder werden; wer gesund, gut, recht, kurz gottförmig (deiformis) und katholischer Christ werden will, der werde unsinnig (insanus), böse, verkehrt, kurz teuflisch, ein Häretiker, ungläubig, ein Türke – wie Paulus

---

(11) WA 5, 161, 16.

sagt: „Wer unter euch weise sein will, der werde töricht, damit er weise sei" (1. Kor. 3, 18). Es steht, sage ich, dieser Satz fest; denn so ist es der Wille im Himmel, daß er beschlossen hat (proposuit), durch Torheit Weise, durch Bosheit Gute, durch Verkehrtheit Rechtschaffene (rectos), durch Wahnsinn Gesunde, durch Häresie Katholiken, durch Unglauben Christen, durch teuflische Gestalt (forma) Gottförmige zu machen. Fragst du: Wie? Es soll dir schnell und kurz gesagt werden. Du kannst in Gott nicht so werden wie du [sein] willst, wenn du nicht vorher bei dir selber und den Menschen so wirst, wie er will. Er will aber, daß du in dir selber und den Menschen das wirst, was du in Wahrheit bist, nämlich ein Sünder, böse, unsinnig (insanus), verkehrt, teuflisch usw. Das sind deine Namen, das ist das, was du bist (res tua), das ist die Wahrheit selber, das ist Demut (Niedrigkeit, humilltas). Wenn dies geschieht, so bist du vor Gott schon so, wie du sein wolltest, nämlich heilig, gut, wahrhaftig, rechtschaffen (rectus), fromm usw. Auf diese Weise wirst du in dir selber und den Menschen ein anderer sein, ein anderer vor Gott allein. Was wunderst du dich also? Warum bist du verwirrt (turbaris), wenn du entweder dir oder Gott mißfällst? Wenn du ihnen nicht mißfällst, kannst du Gott nicht gefallen. „Wenn ich noch den Menschen gefiele", sagt Paulus Gal. 1, 10, „wäre ich kein Knecht Christi." (12)

Die Stelle ist eng angelehnt an die Gedanken der Römerbriefvorlesung, die wir oben betrachtet haben. Aber hier sind die Schranken gefallen. „Sünder werden" wird nun nicht mehr als „sich als Sünder anerkennen" interpretiert. Neben den Gedanken „bei sich selber zum Sünder werden" tritt der weitere „bei den Menschen zum Sünder werden". Neben der „Sünde" ist u. a. die „Häresie" genannt. Sie ist natürlich deswegen einbezogen, weil Luther inzwischen nicht nur von theologischen Gegnern, sondern auch von der römischen Kirche als Häretiker verdächtigt worden war, so daß der Gedanke an die Häresie für ihn eine große Aktualität besaß.

Die Einbeziehung der Häresie ist für die Interpretation der ganzen Stelle von Bedeutung. In der Römerbriefvorlesung bedeutete „Sünder werden" soviel wie „sich als Sünder anerkennen". In der oben übersetzten

---

(12) WA 5, 195, 41.

Stelle ist „Häretiker werden" nach Luthers Erklärung u. a. „*bei den Menschen* Häretiker werden". Das ist sicherlich kein eigentlicher Seinsvorgang, sondern ein Gelten. Aber „Häretiker werden" soll doch auch bedeuten: „bei sich selber Häretiker werden". Wer aber *bei sich selber* in dem Sinne zum Häretiker „wird", daß er sich als solcher gilt, daß er sich als solchen *anerkennt*, der *hört* eben durch diese Anerkennung *auf*, Häretiker zu *sein*. Erkennt er jedoch, daß er Häretiker sei, und entscheidet sich, es trotz dieser Erkenntnis *zu bleiben*, so *ist* er wirklich Häretiker und *gilt nicht nur* als solcher.

Nun der Fall der anderen Sünden, außer der Häresie. Was kann hier heißen: „*bei den Menschen* Sünder werden"? Bedeutet es, daß jemandem fälschlich, verleumderisch eine Sünde nachgesagt wird? Nun, das wäre ein Leiden, das nach der Schrift unter Umständen ein Tragen des Kreuzes Christi sein kann (Matth. 5, 11-12; 1. Petr. 4, 12-14. 16). Mit dem Sich-selber-als-Sünder-Anerkennen hat es nichts zu tun. Besteht aber der Vorwurf der Menschen zu Recht (1. Petr. 4, 15), so ist der, den der Vorwurf trifft, wirklich ein Sünder, und er hat Grund, sich von dem Vorwurf zum eigenen Bekenntnis seiner Sünde führen zu lassen. Aber wäre es möglich, daß Luther das „Sünderwerden bei den Menschen" als verleumderische Nachrede, das „Bei-sich-selber-Sünder-Werden" dagegen als Bekenntnis wirklicher Sünde auffaßt? Kann man das aus der Stelle herauslesen, die doch das „bei sich selber" und das „bei den Menschen" ein paarmal in einer Reihe nennt?

Die Gedankenführung der Stelle ist also ziemlich verworren. Die Verwirrung ist, hier wie anderswo bei Luther, ein Anzeichen eines unbewältigten Neuen und starken Affektes; sie ist ein Anzeichen eben jenes Zusammenbruchs, von dem im dritten Kapitel die Rede war. Soviel aber läßt sich der Stelle entnehmen, daß das Gegenüber der Sünde (einschließlich der Häresie) zur Gnade hier, anders als in der Römerbriefvorlesung, zu einer Art ontologischer Struktur verfestigt ist. Der Mensch soll nun „*durch* die Sünde gut", „*durch* die Häresie katholisch" werden. Er soll „*werden, was er wirklich ist*, nämlich ein Sünder"; das ist die *Voraussetzung* dafür, daß er vor Gott gerecht werde. Das Gerechtwerden hebt das Sünderwerden nicht auf; es kann sich vielmehr nur dann verwirklichen, wenn das Sündersein recht real wird.

Der Stil der Stelle, insbesondere die Wiederholung der Aufzählungen, verrät höchste Erregung und Verkrampfung. In Verbindung mit der Verworrenheit des Inhalts deutet er auf den Trotz der Verzweiflung. War es die Verfestigung der Antithetik zur Aufstellung von antithetisch-ontologischen Strukturen, was Luther den Trotz ermöglichte, Häretiker zu werden, obwohl er wußte, daß er es wurde? In dem Gedanken: Nun ja, ich muß doch ein Sünder werden, um gerecht zu werden; also muß ich wohl auch ein Häretiker werden, um rechtgläubiger Christ zu werden?

Die Antithetik ist schon in der Form, wie sie in der Römerbriefvorlesung auftritt, ein Anzeichen nichtausgereifter Spiritualität. Das Heil ist nun einmal kein Heil, solange es in korrelativ-antithetischer Schwebe zur Sünde bleibt. Das Bewußtsein dieser Schwebe ist der Ausdruck einer Spiritualität des Dunkels. Anfang 1519, nachdem Luther schon die Erfahrung des „Friedens" kennengelernt hatte, war er erschüttert von dem Kampf gegen die doppelte Ungeduld, die sich im Innern den Frieden durch Heilsstatuieren zurückholen und im Äußeren sich mit Trotz durchsetzen wollte. Mehr und mehr entschied er sich für den Trotz. Diesen Zustand seines geistlichen Lebens systematisierte er in dem antithetischen Korrelativismus der zweiten Psalmenvorlesung. Die Systematisierung und die Ontologisierung der antithetischen Strukturen ist ein Ausdruck dafür, daß er an einer Aufhebung der Antithese verzweifelte.

Eine offenbare Beziehung zum System des reflexiven Glaubens ist in der Antithetik der zweiten Psalmenvorlesung zunächst nicht zu erkennen. Anscheinend liegt in einer Hinsicht sogar eine gegenläufige Bewegung vor: Während die Denkform des reflexiven Glaubens das Bewußte immer mehr überbewertet, wird in der Antithetik das, was ursprünglich als Bewußtseinsverhältnisse interpretiert worden war, immer mehr zu einer Art ontologischer Struktur. Aber in beiden Denkformen ist die Personalität, die im Denken des vorprotestantischen Luther rein und stark, ja vielleicht etwas zu ausschließlich und zu radikal zum Ausdruck gekommen war, verzerrt. Da die Reflexivitätsdoktrin jetzt für Luther schon feststand und weil innerhalb ihrer ein Bewußtseinsakt kategorisch als seinsetzend behauptet war, konnte jetzt die Antithese Sünde-Gnade bedenkenlos ohne bewußtseinsbezogene Interpretation unmittelbar als eine Seinsstruktur dargestellt werden.

Aber das weitere Durchdringen der Reflexivitätsdoktrin brachte dann noch eine Wandlung des antithetischen Korrelationismus hervor. Die Schwebe von Sünde und Gnade hatte der vorprotestantische Luther als Demutsübung ertragen. Im oben Seite 280 vorgelegten Stück ist noch einmal von Niedrigkeit oder Demut (humilitas) die Rede. Aber was hier Demut genannt wird – Sünder werden vor sich selber und den Menschen, damit man gerecht sei; Häretiker werden, um katholisch zu sein –, das ist der Sache nach doch schon eher Trotz als Demut. Es ist klar, daß ein solcher Demutsbegriff auf die Dauer nicht zu halten ist. Luther gibt ihn denn auch bald auf. Der statuierende Glaube will ja die Schwebe von Sünde und Gnade nicht demütig *aushalten*, sondern er unternimmt den – jedesmal zum Scheitern verurteilten, aber trotzdem immer wieder erneuten – Versuch, der Schwebe *auszuweichen*. Dieser Glaube ist also, wenigstens der Absicht nach, so etwas wie eine Synthesis aller korrelativen Antithesenpaare. Das gilt für die voll entwickelte protestantische Doktrin Luthers.

Der Synthesis-Charakter des statuierenden Glaubens macht diesen faktisch zu einer selbst Gott übergeordneten Potenz – dieselbe Stellung hat das „existentielle Selbstverständnis" moderner Fortsetzer von Luthers Theologie. Nur im „Glauben", d. h. eigentlich: Im reflexiven Heilsstatuieren, wird es in einem solchen System möglich, daß Gnade und Sünde in ihrer Gegenüber-Struktur sich nicht gegenseitig in ein sinnloses Nichts aufheben. Das war beim protestantischen Luther im Prinzip schon genau so, wie es heute bei Bultmann und Gogarten ist. Was aber die Reflexion auf das Subjekt eigentlich ist, wird auch an ihren geistesgeschichtlichen Auswirkungen erkennbar, Heidegger, an dessen Existenzphilosophie sich Bultmann und Gogarten orientieren, hat diese Auswirkungen in seinen „Holzwegen" in grimmiger Analyse gezeigt. Er weiß auch um den theologischen Ursprung der „Subjektität" des Menschen, nur daß er die protestantische Subjektreflexion mit dem Christentum überhaupt gleichzusetzen scheint, etwa in den Worten: „Ein flüchtiger Wolkenschatten über einem verborgenen Land, das ist die Verdüsterung, die jene von der Heilsgewißheit des Christentums vorbereitete Wahrheit als die Gewißheit der Subjektivität über ein Ereignis legt, das zu erfahren ihr verweigert bleibt." (13)

---

(13) Martin Heidegger, Holzwege, Frankfurt [4]1963, Seite 103. Vgl. ebendort Seite 193-247, insbesondere 225f, 236, 237

Die echte Paradoxalität der christlichen Existenz kennt weder Thesis noch Antithesis noch Synthesis, keine Dialektik oder korrelative Antithetik. Hier ist es weder so, daß die Selbstentäußerung (kenosis) und Knechtsgestalt in einer antithetischen Schwebe bliebe zu der Herrlichkeit, zur Doxa des eingebornen Sohnes des Vaters, noch ist es so, daß ein subjektreflexives Statuieren oder existentielles Selbstverständnis den Widerstreit zwischen Kenosis und Doxa „je für mich" aufheben würde, so daß mein Heilsbewußtsein „je und je" das Sein meines Heils setzen würde, also die Erlösung, in Jemeinigkeit und Jeweiligkeit eingesperrt, letztlich nicht von Gott, sondern je und je von einem Akt je meines Statuierens abhinge. Wenn es so wäre, dann wäre allerdings das Dasein „der nichtige Grund seiner Nichtigkeit", wie der frühe Heidegger will (14), in gewisser Hinsicht der Vollender der von Luther begründeten Weltanschauung. Und dann hätte Bultmann recht, wenn er ein Charakteristikum der „eigentlichen Entschlossenheit" des „Sein-und-Zeit"-Verfassers auf das überträgt, was er „Glaube" nennt: Er beschreibt nämlich seinen „Glauben" als „Angstbereitschaft" (15), ähnlich dem frühen Heidegger, in dessen Charakterisierung der „Entschlossenheit" das Wort „angstbereit" vorkommt. (16)

Aber der Christ lebt aus dem Endgültigen: Der Tod ist verschlungen in den Sieg; Gott hat uns, sein Volk, in das Reich seines geliebten Sohnes versetzt; aus Gott geboren, indem wir in den einen Leib der Kirche hineingetauft wurden, haben wir die Herrlichkeit des eingebornen Sohnes, die er vom Vater mitgebracht, geschaut (1. Kor. 15, 55; Kol. 1, 13; Joh. 1, 13f; 1. Kor. 12, 13). Darum kann das „Sein des Daseins", sein „Seinscharakter" und seine „Grundbefindlichkeit" nicht von einer Phänomenalität der Gottlosigkeit her bestimmt werden – als die „Sorge", die, nach dem frühen Heidegger, „in ihrem Wesen durch und durch von Nichtigkeit durchsetzt" ist, bzw. als „Geworfenheit", bzw. als „Angst" (17) –, sondern

---

(14) Heidegger, Sein und Zeit, Tübingen [10]1963, Seite 306.
(15) In: Kerygma und Mythos, hrsg. von H. W. Bartsch, Bd. 2, Hamburg-Volksdorf 1952, Seite 203.
(16) Heidegger, Sein und Zeit, Seite 296f.
(17) Heidegger, Sein und Zeit, Seite 285, 135, 184ff.

christliche „Existenz" ist nichts anderes als jenes geistliche „Leben", jene neutestamentliche zoé, in der allererst der Mensch zu seiner Eigentlichkeit kommt: Sie hat ihr (ewiges) Sein im *Geliebtsein* des menschlichen Selbst (das mehr ist als ein „Dasein") durch das dreifaltige Selbst Gottes (vgl. etwa Joh. 3, 16; Röm. 5, 5), in dem Geliebtsein, das ein Ineinander ist: wir in ihm und er in uns (Joh. 15, 1-6), und in dem der Mensch seine wahre Identität findet; ihr „Seinscharakter" ist daher nicht eine „Geworfenheit", sondern das *Getragensein* in jener Liebe (vgl. 1. Joh. 4, 7. 16), und ihre „Grundbefindlichkeit" ist keine „Angst", sondern die „unaussprechliche und verklärte *Freude*" (1. Petr. 1, 8): wir „haben geschmeckt die himmlische Gabe und sind teilhaft geworden des Heiligen Geistes und haben geschmeckt das gute Wort Gottes und die Kräfte der künftigen Weltzeit" (Hebr. 6, 4-5).

Nur weil Bultmann, in „konsequenter Durchführung" der vermeintlichen „paulinisch-lutherischen Lehre von der Rechtfertigung ohne des Gesetzes Werk allein durch den Glauben" (18) (die jedoch zu analysieren ist als die Reflexivitätsdoktrin, verwoben mit dem antithetischen Korrelationismus) das *Gegenüber* von Sünde und Gnade, von Schein und Sein in die Sicht des Glaubens hineinnehmen zu müssen wähnte, konnte das Nichtige, in das die Hoffnungs- und Lieblosigkeit starrt, in seinem Denken solches Gewicht gewinnen, daß Schein und Sein für ihn unversehens ihren Charakter vertauschten, so daß er den Glauben als „Angstbereitschaft" definierte. Ein solcher „Glaube" aber wäre nicht mehr „der Sieg, der die Welt überwunden hat" (1. Joh. 5, 4), sondern eine Kapitulation, die sich die Unüberwindlichkeit des Nichtigen eingesteht. Bultmanns Beteuerung, daß Gott oder die Rechtfertigung oder Gottes Herrschaft „*nur gegen den Schein* geglaubt werden kann", schließt dann doch unausweichlich ein, daß der Schein als die größere Wirklichkeit anerkannt wird – womit dann konsequent „die Welt profan" wird, also wieder einmal die Linie von Luthers zentralen Ideen zum Säkularismus sichtbar wird.

Luther hat die Erfahrung des Karfreitags gekannt. Ihr entspricht in der Systematisierung das festgefahrene Gegenüber von Sünde und Gnade,

---

(18) Hierzu und zum folgenden: Kerygma und Mythos Bd. 2 Seite 207f.

der antithetische Korrelationismus, der sich in der zweiten Psalmenvorlesung ausspricht und dessen Dunkelheit ihre Schatten geworfen hat bis in die Existenzphilosophie und Existenztheologie unserer Zeit. Aus einem Scheitern der Spiritualität ist jene Auffassung des Christentums geboren, die in einer ihrer modernsten Fortsetzungen Ostern „existential" als eine bloße Chiffre der – jemeinigen, jeweiligen, statuierten – „Bedeutsamkeit" des „Kreuzgeschehens" interpretiert. Als Luthers Ostern eben beginnen sollte, als er eben anfing, die Doxa in der Kenosis zu schauen, wurde er ungeduldig, floh vor der inneren und äußeren Bewährung der Demut und baute sich den Mechanismus des Heilsstatuierens, des Trotztrostes. Das führte zu der Gestalt der Antithetik, in der er der Thesis und Antithesis den „flüchtigen Wolkenschatten" einer Scheinsynthesis überbaute.

Alle Sünde sieht Luther im Gegenüber zur Gnade und durch den Akt des Statuierens schon aufgehoben, und die Verfestigung dieser Struktur kommt theologisch darin zum Ausdruck, daß er die Sünden geradezu auf Christus überträgt. Im Großen Galaterkommentar heißt es: „Alle Sünde, die ich, du und wir alle getan haben und in Zukunft tun werden, sind Christo so eigen, als habe er sie selbst getan." (19)

Der Christ der apostolischen Zeit bangte vor der Möglichkeit, nach der Taufe in schwere Sünde zu fallen, vgl. 1. Kor. 6, 9; Gal. 5, 21; Eph. 5, 5; Hebr. 6, 4-6. Demjenigen aber, der sein Heil statuieren will, scheint diese Gefahr belanglos. Denn in Wirklichkeit bleibt für seine Denkart immer, auch in der Zukunft, das Heil in antithetischer Schwebe an die Sünde gebunden, aber es wird als Heil wirksam, sobald und solange es statuiert wird. „Der Christ oder der Getaufte ... kann, selbst wenn er will, das Heil nicht verlieren, auch nicht durch noch so viele Sünden, es sei denn, er wolle nicht glauben" (20), schreibt Luther 1520, und der Glaube, den er dabei meint, ist der Glaube an das „Verheißungswort", d.h. das Heilsstatuieren.

---

(19) WA 40 I 435, 16. In der Nachschrift der Vorlesung fehlt die Bezugnahme auf Vergangenheit und Zukunft. Dort (435, 3) nur: Quaecumque ego male gessi, sic propria Christi, ut ipse gessisset.

(20) Cl. 1, 462, 29; WA 6, 529; MA 2, 195.

In einer seiner Gewissensbefreiungsübungen redet Luther den Satan in folgenden Worten an: „Warum denn, ... heiliger Teufel, willst du mich heilig machen und von mir gerechte Taten fordern, da ich doch nichts als Sünden habe, und zwar wirkliche und sehr schwere, nicht ersonnene (ficta) oder nichtige (inania)? ... Weil also meine Sünden so ernst, so wirklich, so groß, so unendlich, so schrecklich und unüberwindlich sind und mir meine Gerechtigkeit vor Gott nichts nützt, vielmehr schadet, eben darum ist Christus, der Sohn Gottes, für sie in den Tod gegeben worden ... Du erreichst also nichts damit, Satan, daß du mir die Größe der Sünde vorhaltend mich zu schrecken suchst ... Gerade dadurch, daß du mich einen Sünder nennst, lieferst du mir Waffen gegen dich ... Denn Christus ist ja für Sünder gestorben ... Wenn du mir also vorwirfst, daß ich ein Sünder bin, so schreckst du mich nicht, sondern tröstest mich außerordentlich." (21) Hier kommt die Idee einer ontologischen Gegen-über-Struktur drastisch zum Ausdruck. Die Sünde, antithetisch an das Heil gebunden, ist die Voraussetzung des Heils, immer wieder, und das Heil wird wirksam, wenn es statuiert wird, was in einem Herzensgespräch mit dem Teufel geschehen kann. Darum kann der Gewissensvorwurf, den Luther als Versuchung des Satans interpretiert, zur Tröstung werden, wenn das Statuieren ihm Trotz bietet. Weil das Heil in antithetischer Ent-sprechung an die Wirklichkeit der Sünde gebunden ist, kann sich der Trotztrost, der mit dem Heil ineinsgesetzt wird, gerade durch die ernste Wirklichkeit und schreckliche Unüberwindlichkeit der Sünde nähren und stärken. (22)

Nicht nur Sünde und Gnade stehen in antithetischer Korrelation zu-einander, sondern auch Verzweiflung und Trost. Der Trost ist an die Verzweiflung gebunden wie die Gnade an die Sünde. Der Trost wird als Trost und die Gnade als Gnade wirksam, wenn beide, ineinsge-setzt, im Trotz gegen den Satan statuiert werden.

Die eben zitierte Stelle enthält dem Sinne nach die gleiche Ansicht von der Sünde, die Luther in dem berüchtigten Zuruf aussprach: „Sün-

---

(21) WA 40 I 88, 13. 27; 89, 23. 25. 27 (CDE); 90, 12.
(22) Zur Begriffsverbindung von Trotz und Trost vgl. unten Seite 281f.

dige kräftig, aber vertraue noch kräftiger!" Pecca fortiter, sed fide fortius! Dies Pecca fortiter ist kein vereinzelter Gedanke bei Luther. Sogar in Predigten hat er sich manchmal ähnlich ausgesprochen. Z. B. predigte er 1521 auf dem Wege zum Wormser Reichstag in Erfurt: „Was ist das, daß wir eine frische Sünde tun, so wir nicht so bald verzweifeln, sondern gedenken: „Ach Gott, du lebest noch! Christus, mein Herr, ist ein Zerstörer der Sünde" – sobald (= sofort) ist die Sünde davon." (23) Solche Äußerungen sind ein klarer Ausdruck von Luthers antithetischem Korrelationismus in Verbindung mit der Doktrin des reflexiven Glaubens.

In einem Brief vom 1. August 1521 an Melanchthon steht das Pecca fortiter: „Wenn du ein Prediger der Gnade bist, so predige nicht eine ersonnene, sondern eine echte Gnade (gratiam non fictam, sed veram); wenn es echte Gnade ist, dann trage echte, nicht ersonnene Sünde. Gott macht nicht Menschen selig, die auf ersonnene Weise Sünder sind (Deus non facit salvos ficte peccatores). Sei ein Sünder und sündige kräftig, aber vertraue noch kräftiger und freue dich in Christus, der der Sieger ist über Sünde, Tod und Welt. Wir müssen sündigen, solange wir hier sind; dieses Leben ist keine Wohnung der Gerechtigkeit, sondern wir warten (noch), sagt Petrus, auf den neuen Himmel und die neue Erde, in denen die Gerechtigkeit wohnt. Es genügt, daß wir durch den Reichtum der Herrlichkeit Gottes das Lamm, das der Welt Sünde trägt, anerkannt haben; von ihm wird uns die Sünde nicht fortreißen, auch wenn wir tausend- und abertausendmal an einem Tage huren oder töten." (24)

Ähnliche Gedanken kehren wieder in einem Brief, den Luther 1530 an seinen von geistlicher Betrübnis betroffenen Freund Hieronymus Weller schrieb: „Mein liebster Hieronymus, du mußt statuieren, daß diese deine Versuchung vom Teufel kommt und daß du deshalb so geplagt wirst, weil du an Christus glaubst ... Bester Hieronymus, du mußt dich freuen über diese Versuchung des Teufels; denn sie ist ein sicheres Zeichen dafür, daß du einen günstiggesinnten und barmherzigen (propitium et misericordem) Gott hast ... Sooft dich diese Versuchung befällt,

---

(23) MA 6, 256; WA 7, 810.
(24) Cl. 6, 55, 32; WA Br 2, 372.

hüte dich, einen Wortstreit mit dem Teufel anzufangen oder diesen tod-
bringenden Gedanken nachzuhängen … Bemühe dich vielmehr, diese
vom Teufel eingegebenen Gedanken aufs stärkste zu verachten. Die Verachtung ist in dieser Art von Versuchung und Kampf die beste und leichteste Weise, den Teufel zu besiegen. Und mach, daß du den Widersacher
verlachst und jemanden suchst, mit dem du plaudern kannst … Durch
Spiel und Verachtung wird dieser Teufel besiegt, nicht durch Widerstand
und Wortstreit … Diese Versuchung ist dir notwendiger als Essen und
Trinken … Sooft dich der Teufel mit jenen Gedanken plagt, suche auf der
Stelle Plauderei mit Menschen, oder trinke etwas mehr, oder scherze,
mache Witze (nugare) oder tue etwas anderes ganz Lustiges. Man muß
manchmal etwas mehr trinken, spielen, Witze machen und *sogar irgendeine Sünde tun*, um dem Teufel Haß und Verachtung zu zeigen, damit wir ihm keine Gelegenheit lassen, uns ein Gewissen aus ganz leich-
ten Dingen zu machen. Sonst werden wir besiegt, wenn wir allzu ängstlich besorgt sind, nicht zu sündigen … Was meinst du, weshalb ich sonst
so ganz reinen Wein (meracius) tränke, so frei plauderte, so oft an Gela-
gen teilnähme, wenn nicht, um den Teufel zum besten zu haben und zu
plagen, der mich plagen und zum besten haben wollte? Ja, könnte ich
doch etwas ganz Ungeheures von Sünde anstellen (25), bloß um den
Teufel zum besten zu haben, damit er einsehe, daß ich keine Sünde anerkenne und mir keiner Sünde bewußt bin! Überhaupt müssen wir uns
die ganzen Zehn Gebote aus den Augen und aus dem Sinn halten, wir
nämlich, die der Teufel so anfällt und plagt. Wenn uns der Teufel unsere Sünden vorhält und uns als des Todes und der Hölle schuldig anklagt, dann müssen wir so sprechen: Ich gestehe freilich, daß ich des
Todes und der Hölle schuldig bin, aber was macht das schon! Wirst du
mich deswegen in Ewigkeit verdammen? Nein, niemals; denn ich kenne einen, der für mich gelitten und genuggetan hat und der Jesus Christus, der Sohn Gottes heißt. Wo er bleiben wird, da werde ich auch bleiben." (26)

---

(25) aliquid insigne peccati designare.
(26) Cl. 6, 350, 14. 20, 27. 29. 34; 351, 3. 24. 33; WA Br 5, 518ff.

Diese Briefe sind ebenso wie manche Stellen in Luthers Vorlesungen aufschlußreich für die Deformation, die die Praxis des statuierenden Glaubens in seiner Spiritualität angerichtet hat. Wir betrachten sie zunächst als Dokumente des antithetischen Korrelationismus.

Es ist natürlich allzu einfach, den Imperativ „Sündige kräftig" strikt als Imperativ zu verstehen. Aber diese wörtliche Auslegung darf doch auch nicht ohne weiteres beiseite getan werden. Denn in dem Brief an Hieronymus Weller steht auch ein Imperativ, als allgemeine Regel ausgesprochen, und dieser kann nur als Aufforderung verstanden werden: Wenn man in geistlicher Schwermut ist, „muß man manchmal sogar irgendeine Sünde tun …" Auch das ist kein allgemeiner Freibrief für moralische Zügellosigkeit; denn es gilt, wie Luther ausdrücklich bemerkt, nur für Menschen, „die der Teufel derart anfällt und plagt". Aber für diese will Luther immerhin die Regel aufstellen, daß sie sich „die ganzen Zehn Gebote aus den Augen und aus dem Sinn halten" sollen.

Die Aufforderung ist deswegen möglich, weil Luther der Meinung ist, die Gnade sei nur dann „eine echte, nicht eine ersonnene Gnade", wenn ihre Empfänger wirklich Sünder sind. Auf eine schärfere Formel kann der antithetische Korrelationismus kaum gebracht werden. Indem Luther sagt: „Wir *müssen* sündigen, solange wir hier sind", bejaht er emphatisch die Frage, die der hl. Paulus Röm. 6, 1 ebenso nachdrücklich verneint: „Sollen wir bei der Sünde bleiben, damit die Gnade umso größer werde?" Dieses „müssen", der Imperativ des „Sündige kräftig", das „müssen" des Satzes „Man muß sogar irgendeine Sünde tun" und der Trotztrost des Gewissensvorwurfs im Gespräch mit dem Satan: Alles das sind Ausdrücke für eine *Seinsnotwendigkeit* der Sünde als des antithetischen Seinsgrundes der Gnade. Nur wenn Sünde ist, kann Gnade sein. Die strukturelle Antithetik ist Voraussetzung dafür, daß der „flüchtige Wolkenschatten" der Scheinsynthesis des Heilsstatuierens in Funktion treten kann. Daß das Statuieren keine Beziehung zu Gott ist, wird im Brief an Weller wiederum daran drastisch deutlich, daß es in einer Auseinandersetzung mit dem Teufel geschieht. Im inanspruchnehmenden Hinweis auf Christus und seine Heilstat, nicht in personaler Beziehung zu ihm, wird das Heil gesetzt. Die Sünde wird für den, der sich aufs Statuieren versteht, nicht nur belanglos für sein Heil – sie wird im Akt des Statuierens sogar positivwertig: „Könnte ich doch etwas ganz Ungeheures an Sünde anstellen, bloß um den Teufel zum besten zu haben, damit er einsehe, daß ich keine Sünde anerkenne und mir keiner Sünde bewußt bin!" Das Vorhandensein der Sünde wird zum Anlaß für eine Übung pervertierter Spiritualität. Je schwerer die Sünde ist, umso bessere Gelegenheit hat das heilsetzende Statuieren, im Ringen mit dem immer stärkeren Gegner sich zu kräftigen.

Die Wertspaltung in der Sünde läßt ein weiteres Charakteristikum des antithetischen Denkens des protestantischen Luther erkennen. Solange jemand nicht sein Heil zu statuieren vermag, ist die Sünde unheilvoll; versteht er aber zu statuieren, so bekommt sie positiven Wert. Dann gilt: Je größer die Sünde, desto größer das Heil. So kann alles für Luther doppelwertig werden; in allem kann er eine im Wert oder im Wesen liegende Antithese entdecken.

An anderen Stellen dieses Buches haben wir gesehen, wie Christus der Richter und Christus das Vorbild von Christus dem Tröster getrennt wird, wie die Liebe für Luther wertvoll und minderen Wertes sein kann, wie gute Werke nützlich und wertlos sind, wie die Heilige Schrift sowohl Königin als auch Dienerin ist, wie das Gesetz ein Gott und ein Teufel ist, wie selbst der Satan manchmal nützlich sein kann. Aber diese wert- und wesenspaltende Antithetik wird immer vom statuierenden Glauben überhöht. Dieser ist immer der Bezugspunkt, von dem aus gesehen die Widersprüche sinnvoll und die Gegensätze zwar nicht aufgehoben, aber neutralisiert werden.

Daß Luthers Antithetik von Sünde und Gnade eine Verzerrung der paulinischen Paradoxien ist, braucht kaum dargelegt zu werden. Wenn der Apostel 1. Kor. 6, 9-10 und Gal. 5, 19-21 ausdrücklich sagt, daß die schweren Sünden vom Reiche Gottes ausschließen, und wenn er Röm. 6, 12 mahnt: „So darf also die Sünde in eurem sterblichen Leibe nicht mehr so herrschen, daß ihr den Begierden Gehorsam leistet", so ist für eine antithetische Struktur – Sünde muß sein, damit Gnade sei – kein Raum. Die Paradoxien von Röm. 11, 32: „In Ungehorsam hat Gott alle zusammengeschlossen, um sich aller zu erbarmen", und von Röm. 5, 20: „Wo aber die Sünde zunahm, da wurde die Gnade umso stärker" bedeuten daher nicht, wie es nach Luther sein müßte, daß Sünde und Gnade gleichzeitig und nebeneinander oder notwendig abwechselnd existieren, sondern sie deuten auf die Unendlichkeit und Endgültigkeit von Gottes Gnadenwillen. Die Endgültigkeit ist aber im Leben jedes Einzelnen, der der Gnade Raum gegeben hat, schon wirksam: „Wir *sind* mit ihm durch die Taufe *begraben* in den Tod, *damit* ... wir in einem *neuen Leben* wandeln" (Röm. 6, 3-4). Solange das „Sünderwerden" noch, wie in Luthers Römerbriefvorlesung, ausdrücklich im Sinne von „sich als Sünder anerkennen" verstanden ist, mag die Analogie zu den paulinischen Paradoxien erträglich sein, obwohl sie eigentlich auch da schon nicht am Platze ist. Wenn aber Luther von der paulinischen Paradoxie „Wer weise sein will, der sei töricht, damit er weise sei" fortschreitet zu dem Satze „Wer gerecht werden will, muß ein Sünder werden", so hat er die Antithetik zu einem formalen Prinzip erhoben, um etwas zu rechtfertigen und zu bejahen, was Paulus Röm. 6, 1 entrüstet ablehnt.

Der Schluß des oben im Auszug übersetzten Briefes an Melanchthon: „Von ihm wird uns die Sünde nicht fortreißen, wenn wir auch tausend- und abertausendmal an einem Tage huren und töten", klingt unverkennbar an Röm. 8, 35-39 an, wo Paulus zweimal von Kräften spricht, die uns nicht von Christus trennen können. Welche aber sind diese Kräfte? „Not, Bedrängnis, Verfolgung, Hunger, Dürftigkeit, Gefahr, Schwert, Tod, Leben, Engel, Gewalten, Gegenwärtiges, Zukünftiges, Mächte, Hohes, Tiefes, irgendein Geschaffenes." Die Sünde ist in dieser Reihe nicht genannt! Ist das Zufall? Kann man sagen, die Sünde sei hier selbstverständlich mitgemeint? Ganz gewiß ist sie nicht mitgemeint. Man kann die Sünde doch nicht etwa in den Begriff „irgendein Geschaffenes" einschließen. Und Stellen wie Röm. 6, 12, 1. Kor. 6, 9-10, Gal. 5, 19-21, Eph. 5, 5 und Kol. 3, 5-6, die derselbe Paulus geschrieben hat, sagen mit aller Entschiedenheit, daß schwere Sünden allerdings von Christus trennen, d. h. die Taufgnade unwirksam machen.

Ganz kurz will ich noch auf zwei Antithesenpaare hinweisen, die mit der Antithese Sünde-Gnade im Zusammenhang stehen und die für Luthers dogmatisches und spirituelles System eine große Bedeutung haben: Die Antithesen von *Gesetz und Evangelium* und von *Zorn und Liebe Gottes*. (27)

---

(27) Vgl. Althaus 218ff und 151ff .

Die Antithese *Gesetz – Evangelium* geht in ihren Anfängen auf die Römerbriefvorlesung zurück. Aber ihr Inhalt ist dort nicht derselbe wie später. Dort sagt Luther: „Das Gesetz schreibt die Liebe vor und daß man Jesus Christus haben müsse; das Evangelium aber bietet beides an und reicht es dar ... Und Evangelium ist im eigentlichen Sinne da, wo es Christum predigt; wo es aber rügt und verwirft oder Vorschriften macht, da tut es nichts anderes, als diejenigen, die auf ihre eigene Gerechtigkeit stolz sind (praesumentes), zu vernichten, um der Gnade Raum zu bereiten, damit sie wissen, daß das Gesetz nicht aus ihren Kräften erfüllt werde, sondern durch Christus allein, der den Geist in unseren Herzen ausgießt." (28) Es gibt hier noch eine Verbindung zwischen Gesetz und Evangelium in der Weise, daß das Evangelium den Geist oder die Liebe darbietet, in deren Kraft das Gesetz *erfüllt* werden kann. Luther kannte damals ja auch noch „Werke des Glaubens ..., die aus dem Geist der Freiheit allein aus Liebe zu Gott getan werden" (vgl. oben Kapitel IV, Seite 140).

Schroffer wird der Gegensatz schon in der Galaterbriefvorlesung im Herbst 1516. Da sagt Luther: „Das Gesetz predigt, was zu tun und zu lassen ist, oder vielmehr was begangen und unterlassen ist, und gibt dadurch bloß Erkenntnis der Sünde. Das Evangelium aber predigt Vergebung der Sünde und daß die Erfüllung des Gesetzes geschehen ist, nämlich durch Christus ... Die Predigt von der Vergebung der Sünden: Das ist die Funktion des Evangeliums." (29)

Zu dieser Lehre kommt dann bald die Doktrin des reflexiven Glaubens hinzu, die als Evangelium nur das je-mich-meinende „Verheißungswort" gelten läßt. Damit ist in der Heiligen Schrift eine schroffe Wert- und Seinsspaltung vollzogen. Der reflexive Glaube verdrängt das Gesetz und richtet sich auf das, was er für Evangelium hält. Im Neuen Testament selber – das sei kurz angemerkt – gibt es die Antithese Gesetz – Evangelium nicht, wohl aber die Unterscheidung von Gesetz und Gnade und von Buchstabe und Geist. Von diesen Unterschieden ausgehend, hatte der hl. Augustinus die kirchliche Gnadenlehre entfaltet, die durch Luthers Reflexivitätsdoktrin umgestaltet worden ist.

---

(28) Cl. 5, 255, 6. 9; WA 56, 338.
(29) Cl. 5, 329, 9. 17; WA 57, 59f.

In der Gegenüberstellung und Zusammenordnung von *Zorn und Liebe Gottes* trägt Luther sein antithetisches Schema sogar in das Wesen Gottes hinein. Hier sind Thesis und Antithesis – Zorn und Liebe – beide in Gott, während die Scheinsynthesis des statuierenden Glaubens im Menschen liegt: „Wie er denn von Gott hält, so findet er ihn auch"; „Wie du denkst, so geschieht es. Wenn du glaubst, Gott sei zornig, so ist er es." (30) Hier wird besonders deutlich, daß das Statuieren über Gott verfügen will. Die scheinbare Überwindung der Antithese von Zorn und Liebe Gottes ist ein Versuch, den Glaubensartikel vom Gericht, der Luther zeitlebens Not gemacht hat, aus dem Bewußtsein zu verdrängen.

Althaus versucht, die Aussagen Luthers über Gottes Zorn und Liebe systematisierend zu domestizieren. Es ist interessant, daß dieser Versuch in einem entschiedenen subjektivistischen Relativismus endet. Althaus sagt: „Keiner dieser Sätze [von Zorn und Liebe Gottes] gilt „absolut" an sich, sondern jeder nur relativ, das heißt: Bezogen jeweils auf den Menschen in seiner konkreten inneren Lage, als Anrede an ihn … Die Botschaft von Gottes Liebe, ohne Zorn, ist nicht Aufklärung, sondern Verkündigung. Und der Glaube an Gottes Liebe ist nicht bessere Einsicht, sondern ein Wagen auf die Botschaft … So hat das Glauben den Charakter eines Kampfes: Der Mensch ringt darum, daß er das Bild des Zornes Gottes in sich wegtreibe und das seiner Barmherzigkeit ergreife." (31) Wenn aber die „Verkündigung" *nicht* mehr – was sie für Luther gewiß *auch* war – Vermittlung einer „Einsicht" ist, sondern *nur* „jeweils" je mich treffende „Anrede", so ist sie, wie man gegenwärtig manchmal sagt, nur noch „Sprachgeschehen", in sich selbst schwebende Sprache, also etwas Sinnloses.

2. Stolz und Trotz

Geistliche Betrübnis ist nicht ganze Demut. Betrübte Demut ist unreif. Nur solange in ihr noch geheimer Stolz lebt, ist sie betrübt. Der oben, Kapitel III, Seite 131ff, übersetzte Predigtbericht könnte darauf hinweisen,

---

(30) WA 17 II 66, 21; 40 II 342, 16. Zitiert bei Althaus 152[11].
(31) Althaus 153f.

daß Luther dieses Gesetz des spirituellen Lebens wohl kannte. Aber es scheint, daß es ihm nicht deswegen bewußt wurde, weil er auf dem Wege zu einem vollkommeneren Grad der Demut gewesen wäre oder weil er eine Vervollkommnung *angestrebt* hätte, sondern deswegen, weil er sich in eine innere Bewegung hineinbegeben hatte, die ihrem Wesen nach der Demut *widerstreitet.* Da gaben ihm denn die Gedanken über den geheimen Hochmut der Demutsprediger einen Vorwand, sich von seinem Leitbild zu distanzieren. Weil das Heilsstatuieren ein Beanspruchen des „Rechtes zum Testament" ist, ist es seiner Natur nach keck, verwegen, trotzig, stolz. Je mehr Luther sich in die Bewegung dieses Statuierens einlebte, umsomehr verschwand die Idee der Demut aus seiner Rede; denn er redete ja immer „existentiell", immer so, wie er spirituell lebte und erlebte. Wir haben dies Verschwinden schon im dritten Kapitel festgestellt.

Es ist nun überaus interessant, was Luther nach seiner endgültigen Entscheidung für den reflexiven Glauben über die Demut sagt. Es gab jetzt für ihn verschiedene Möglichkeiten der Stellungnahme. Zunächst konnte er die Demut als einen natürlichen, menschlichen Wert durchaus hochschätzen, ohne ihr jedoch irgendeine spirituelle Bedeutung zuzumessen. Das läßt sich gut an seiner Magnificat-Auslegung (1521) beobachten. Wenn man diese Schrift liest, ohne auf den Hintergrund und Untergrund des damals schon voll entwickelten reflexiven Glaubens zu achten – und es ist durchaus berechtigt, sie auch so zu lesen –, dann wird man viel Großes und Tiefes in ihr finden; das gleiche gilt von anderen deutschen Schriften, die der protestantische Luther verfaßt hat. Das Unsystematische seines Denkens wirkt sich da günstig aus. Anders als in manchen systematischen Darlegungen ist da keineswegs alles ausdrücklich von der Reflexivitätsdoktrin her konstruiert. Aber diese Doktrin ist als tragende Grundlage doch auch dort wirksam, wo sie sich nicht direkt ausspricht. Das wird sofort deutlich, wenn man Vergleiche mit vorprotestantischen Schriften Luthers anstellt.

So ist in den Gedanken der Magnificat-Auslegung über Niedrigkeit und Demut (humilitas) an sich viel Wertvolles enthalten. Luther sagt: „Darum liegt die Waage nicht in dem Wörtlein humilitatem, sondern in dem Wörtlein respexit." (32) Die Niedrigkeit der Gottesmutter ist deswegen „zu loben", weil Gott sie „angesehen" hat, nicht an sich. Das klingt großartig theozentrisch. Aber wenn man von der humilitas-Theologie des frühen Luther herkommt, wundert man sich. Man vermißt etwas. Luther spricht in der Magnificat-Auslegung wundervoll von der humilitas der Mutter Gottes. Er übersetzt das Wort zunächst mit Niedrigkeit – er versteht es als natürliche Unansehnlichkeit. Auch von der Demut sagt er in prächtigen Worten Echtes und Wahres – er versteht sie als natürliche Schlichtheit. „Die Demut ist so zart und köstlich, daß sie nicht leiden kann ihr eigenes Ansehen … Rechte Demut weiß nimmer, daß sie demütig ist." (33) Aber wenn man daran denkt, daß für Luther bis 1518 – nach ältester, auf Worte des Herrn selber und des hl. Paulus zurückgehender Tradition – die humilitas Mitte des *geistlichen* Lebens war, als von Gottes gnädigem Willen auferlegter und vom Menschen tätig bejahter Nachvollzug des Kreuzes Christi, dann ist man erstaunt, von *dieser* humilitas in der Magnificat-Auslegung keine Spur mehr zu finden. Vielleicht kann man sogar eine versteckte Absage an das frühere Ideal darin sehen, daß Luther jetzt bemerkt: „Derhalben ist's nichts nutz, daß man Demut lehre auf die Maße (= Weise), daß man (sich) in die Augen bildet geringe, verachtete Dinge." (34)

Gelegentlich gibt es bei ihm auch eine kategorische Absage an das Demutsideal. So in einer seiner wildesten Kampfschriften, wo er 1521 erklärt: „Der närrischen Demut ist genug geschehen." (35) Natürlich stützt er den neuen Entschluß mit Bibelsprüchen.

Manchmal kann Luther jedoch auch in seiner protestantischen Zeit noch die Sprache seiner früheren Spiritualität reden, d. h. die Demut als einen spirituellen Wert gelten lassen. Das geschieht z. B. in der Schrift „Das schöne Confitemini" (1530). Da spricht er von den Opfern des Neuen Testaments und sagt: „Derselbigen Opfer sind zwei. Eines ist unser Demütigen, davon David sagt Psalm 51, 19: „Die Opfer Gottes sind ein betrübter Geist. Gott, ein betrübet und bekümmert Herz verschmähest du nicht." Das ist ein groß, weit, lang, täglich und ewigs Opfer, wenn

---

(32) Cl. 2, 149, 16; WA 7, 561; MA 6, 203.
(33) Cl. 2, 151, 29; 150, 18; WA 7, 563. 562; MA 6, 205. 204.
(34) Cl. 2, 151, 1; WA 7, 563; MA 6, 204.
(35) MA 3, 17.

uns Gott durch sein Wort straft in allen unsern Werken und läßt unsere Heiligkeit, Weisheit, Kraft nichts sein …, daß wir mürb und gar werden nach dem alten sündigen Adam." (36) Aber die Demut ist hier doch eingebaut in das vom reflexiven Glauben beherrschte antithetische Schema von spiritueller Schreckung und Tröstung, entsprechend dem dogmatischen Schema von Gesetz und Evangelium: „Du machst uns gerecht, wenn du uns zu Sündern machst", spricht Luther hier zu Gott. (37)

Dieser Antithetik entspricht es vollkommen, daß sich in derselben Erbauungsschrift auch das ausspricht, was Luther anderswo, wie wir gleich sehen werden, „heiligen Stolz" nennt: „daß, wer sich einen Christen will rühmen, daß derselbige auch soll sich für einen Heiligen und Gerechten rühmen". (38) Um dieses „Rühmens" willen kann Luther dann gelegentlich auch die Demut ausdrücklich verwerfen: „Darum ist solche närrichte, falsche und schädliche Demut nicht zu loben, daß du um deiner Sünde willen wolltest verleugnen, daß du heilig seiest, denn das wäre Christum und die Taufe verleugnet." (1538.) (39) Natürlich kennt Luther auch einen verwerflichen Stolz oder Hochmut, Hoffart. (40) Aber der Stolz ist bei ihm, wie alles außer dem reflexiven Glauben, doppelwertig. Neben dem verwerflichen gibt es für ihn einen „heiligen Stolz" oder „heiligen Hochmut", sancta superbia: „So bleibt denn der Christ in reiner Demut (im Blick auf sich selber), indem er wirklich die Sünde empfindet und sich deswegen des Zornes Gottes … würdig weiß … Zugleich aber bleibt er auch in reinem und heiligem Stolz, mit dem er sich an Christus wendet, und durch ihn richtet er sich auf gegen dies Gefühl des göttlichen Zornes." (41)

Der „heilige Stolz" steht, wie das Zitat zeigt, in Antithesis zur Demut, die, in dieser Korrelation, auch vom protestantischen Luther noch gelehrt wird. Es ist kein weltlicher Stolz; er ist eminent religiös, er ist auf

---

(36) MA 6, 173; WA 31 I 169f. (zu Psalm 118, 21).
(37) MA 6, 174; WA 31 I 171.
(38) MA 6, 171; WA 31 I 166.
(39) WA 45, 616, 8. Vgl. Kap. I Seite 46.
(40) Vgl. WA 40 II 123ff.
(41) WA 40 I 372, 19.

Christus bezogen, in der Weise, wie es der apprehensive Glaube ist: Er ist ein Gefühl, das durch das Beanspruchen der Gnade ausgelöst wird.

Dem Stolz nahe verwandt ist der *Trotz*. Noch 1519, im Kleinen Galaterkommentar, hatte Luther das Vertrauen mit *Demut* assoziiert gesehen und den Ausdruck niedergeschrieben: „mit Zittern und Vertrauen in Demut die Rechte Christi allein anflehen". (42) 1520 aber, in der Schrift „Von der babylonischen Gefangenschaft der Kirche", lehrte er, daß der Mensch, „verzweifelnd" an „Beichte, Gebet und Vorbereitung", auf das „Recht zum Testament" gestützt, „in stolzem (oder: hochmütigem) Vertrauen auf den verheißenden Christus" zum Sakrament gehen solle. (43) Wenig später werden dann die Wörter *Trotz* und *trotzig* – Vergröberungen des schon früher aufgetretenen Wortes *keck* – zur ständigen Beschreibung des Verhaltens, das der Glaubende oder Vertrauende haben soll. Beispiele dafür finden sich in den deutschen Schriften des protestantischen Luther allenthalben; ich führe nur zwei aus dem Jahre 1522 an. In einer Predigt sagte Luther: „Darauf soll der Mensch frei *trotzen* und sich des *vermessen*, daß alle Dinge Christi ohne seine Werke sein seien, aus lauter Gnade." (44) In der Vorrede zum Römerbrief schrieb er: „Solche Zuversicht und Erkenntnis göttlicher Gnade macht fröhlich, *trotzig* und lustig gegen Gott und alle Kreaturen." (45)

Sind das nur hyperbolische Ausdrücke für ein starkes Vertrauen? Es klingt entwaffnend forsch und heldisch, wenn Luther 1538 das „Trotzbieten" erklärt als „keck und unerschrocken sein, Welt und Teufel verachten, wie es die Märtyrer taten" (46), und wenn er Christus sagen läßt:

---

(42) WA 2, 526, 22.

(43) Cl. 1, 451, 32 = WA 6, 519 = MA 2, 182. Scio me indignum …, sed jure testamenti et alienae bonitatis peto quod peto … Cl. 1, 451, 37: Eadem cogitatione armari oportet et cujusque conscientiam, adversus omnes scrupulos et morsus suos, ad hanc Christi promissionem indubitata fide obtinendam, summopere cavendo, ne fiducia confessionis, orationis, praeparationis quisquam accedat, sed his omnibus desperatis, in *superba fiducia* promittentis Christi.

(44) MA 6, 269; WA 10 III 350.

(45) MA 6, 90; WA DtB 7, 10.

(46) WA 46, 109, 10.

„Darum will ich euch an mich hängen und wiederum mich an euch, also daß ihr sollt euern Trost und Trotz setzen auf mich, der ich habe die Welt schon überwunden." (47) Heute wird allerdings diese Forschheit Luthers, an der sich Humanisten, Liberalisten und Nationalisten gern erbaut haben, lieber unerwähnt gelassen. Ist es wirklich ein genuin christliches, d.h. ein heiliges Verhalten?

Vier Bezüge in den zitierten Stellen scheinen mir für die Analyse und Beurteilung wichtig zu sein:

1. Das „stolze Vertrauen" – das ja wohl dasselbe ist wie die trotzig machende Zuversicht oder der trotzende Glaube – steht in antithetischer Korrelation zu einer Verzweiflung, nämlich an den Werken der eigenen Frömmigkeit, und der Mensch soll es haben „gegen alle seine Gewissensbisse", adversus omnes scrupulos et morsus suos. (48)

2. Es ist das Inanspruchnehmen eines „Rechtes zum Testament".

3. Der Trotz des Glaubens ist, meint Luther, die gleiche Geisteshaltung wie die der Märtyrer.

4. Der Trotz ist eng verbunden mit einem Trost – die gleiche Zusammenstellung der beiden Begriffe wie in dem oben angeführten Stück findet sich in den deutschen Schriften Luthers sehr oft.

Untersuchen wir vor allem, ob Luthers „Trotzbieten" seinem Wesen nach wirklich, wie er behauptet, das ist, was „die Märtyrer taten". Schauen wir in die ältesten Martyriumsberichte: Den Bericht über den Zeugentod des hl. Stephanus in der Bibel, dann etwa die Akten über den hl. Polykarp, über den hl. Justin, über die hl. Blutzeugen von Seili oder den Brief der Gemeinden von Lyon und Vienne über ihre Märtyrer aus dem Jahre 177. (49) Lesen wir die Briefe, die der hl. Ignatius von Antiochien im Angesicht des Martyriums schrieb, und fragen wir, worin die Christen des zweiten und dritten Jahrhunderts das Wesen des Zeugentodes sahen.

Da gibt es die Festigkeit des Bekenntnisses, das auf allen Zwang zur Verleugnung nur das eine antwortet: „Ich bin ein Christ." Das kann man,

---

(47) WA 46, 106, 15.

(48) Siehe oben Anm. 43.

(49) Deutsch in: Die Märtyrerakten des zweiten Jahrhunderts, übertragen und eingeleitet von Hugo Rahner, Freiburg i. Br. ²1954.

wenn man will, mit dem deutschen Wort „Trotz" beschreiben. Es gibt Mut und Unerschrockenheit und jene „Geduld", die die Bereitschaft zum Leiden ist. Man kann auch von Todesverachtung bei den Märtyrern sprechen. Aber Widerstand, Trotz und Verachtung sind nicht das Wesentliche; sie sind in der harten Situation die äußere Schale einer Haltung, die etwas ganz anderes ist. Bei Luther ist schon die Grundhaltung des Christen, schon der Glaube ein Trotz; beim Märtyrer kann davon keine Rede sein. Urchristliche Martyriumsfrömmigkeit ist vollkommene Kreuztheologie. Durch das ganze Neue Testament hindurch zieht sich die Lehre, die in der Spiritualität des Martyriums gelebt worden ist: Der Christ, im Mysterium der Taufe seinsmäßig in den Tod seines Herrn hineingetaucht, ahmt in seinem Leben seinen Herrn nach, trägt sein Kreuz, stirbt mit ihm, um mit ihm aufzuerstehen. Das Martyrium ist die vollkommene Darstellung dieses Mysteriums der Nachahmung, des Gleichgestaltetwerdens mit Christus. Die Selbstpreisgabe des Märtyrers ist die Selbsthingabe der vollkommenen Liebe. In seiner vorprotestantischen Zeit hatte gerade Luther, mit berechtigter Kritik an einem scholastischen Philosophismus, der die christliche Liebe aus der Eigenliebe ableiten wollte, betont, daß die Liebe, die auf den Nächsten achtet, das eigene Selbst „verleugnen", ja, um mit dem Ausdruck von Joh. 12, 25 zu reden, „hassen" müsse. (50) Die Liebe zu Gott bzw. zu Christus ist der Grund der „Selbstverleugnung", die der Herr im Evangelium lehrt und die darin besteht, daß der, der ihm nachfolgt, sein Kreuz auf sich nimmt: „Wenn jemand mir nachfolgen will, so verleugne er sich selbst und nehme sein Kreuz auf sich und folge mir nach … Wer aber sein Leben *um meinetwillen* (d. h.: aus Liebe zu mir) verliert, der wird es finden" (Matth. 16, 24f; vgl. 10, 37-39; Luk. 14, 26f; Joh. 12, 24-26).

Das ist in der Spiritualität des Martyriums gewußt und gelebt worden. Der Märtyrer „hat ein vollkommenes Werk der Liebe vollbracht", sagt Clemens von Alexandrien. (51) Die Märtyrer haben eine „große Liebe

---

(50) Cl. 5, 341, 24; WA 57, 100.
(51) Stromata (ed. O. Stählin u. L. Früchtel, Berlin [3]1960) 4, 4, 14, 3: téleion èrgon agápês enedeíxato.

zu Gott", sagt Origenes. (52) Sie waren amatores Dei, predigt noch Augustinus. (53) Und der Märtyrerbrief der Gemeinden von Lyon und Vienne schreibt: „An ihr (der Märtyrerin Blandina) wollte Christus zeigen, wie das, was vor den Menschen dürftig, gering und verächtlich erscheint, vor Gott in hohen Ehren prangt. Das kommt von der Liebe zu Gott ..." Und über den Diakon Sanctus, den Märtyrer von Vienne, sagt derselbe Brief: „Christus litt in ihm, Wundervolles wirkte er in ihm, besiegte den Widersacher Satan und erwies an ihm wie an einem lebenden Vorbild für alle übrigen, wie wahr es ist: „Furcht ist nicht, wo die Liebe zum Vater, Leid ist nicht, wo die Herrlichkeit Christi ist." (54) Aus dieser Liebe konnte Stephanus für seine Mörder beten, konnte Polykarp auf dem Scheiterhaufen einen Hymnus der Anbetung sprechen, konnten die Märtyrer von Scili auf die Ankündigung der Todesstrafe antworten: „Dank sagen wir Gott", und Justin in der gleichen Situation sprechen: „Das gerade ist unsere Sehnsucht, für unsern Herrn Jesus Christus den Tod zu erleiden und so gerettet zu werden", konnte Ignatius an die Gemeinde von Rom, wo er den Zeugentod erleiden sollte, schreiben: „Gestattet mir, Nachahmer zu sein des Leidens meines Gottes." (55)

Aus alledem wird der fundamentale Unterschied zu Luthers Glaubenstrotz oder Trotzglauben deutlich. Luthers „stolzes Vertrauen" und „frei-Trotzen" ist aus einer gescheiterten Kreuztheologie gewachsen; die Spiritualität des Martyriums ist vollendete Kreuztheologie. Aus diesen Verhältnissen erklären sich zugleich die äußere Ähnlichkeit und der innere Gegensatz zwischen beiden Haltungen.

Jede Kreuztheologie, die der frühen Kirche wie die des vorprotestantischen Luther, enthält den Gedanken, daß das Kreuz dadurch erlöst,

---

(52) Exhortatio ad martyrium 3 (MPG II, 565B): hólê dè psychê nomízô agapâsthai tòn Theón. Exh. ad mart. 15 (MPG II, 584A): megálê tê pròs tòn Theòn agápê chrêsámenoi.
(53) Sermo 331, 6, 5. MPL 38, 1461.
(54) Im Anm. 49 zitierten Werk Seite 60 und 62.
(55) Stephanus: Apg. 7, 60. Polykarp: in der Anm. 49 zitierten Samm-lung Seite 32. Scilitanische Martyrer: ebendort Seite 79. Justinus: ebendort Seite 53. Ignatius, Römerbrief 6, 3 (griechisch und deutsch in: Die apostolischen Väter, ed. J. A. Fischer, Darmstadt 1959, Seite 188).

daß der Christ es auf sich nimmt – seinsmäßig in der Taufe, vollziehend im Handeln und Leiden bis hin zum Sonderfall des Zeugentodes. Das bedeutet, daß Christus in einzigartig umfassender und tiefer Weise *Vorbild* des Christen ist. Nun stellte Luther, wie wir gesehen haben, Christus das Vorbild der „Gabe", die Christus ist, gegenüber. Nur in der Gabe Christus, die er in reflexivem Glauben sich aneignen wollte, sah er den Erlöser, nicht in dem Vorbild, das ihn erschreckte. Für die Kreuztheologie dagegen ist die Gabe eben das Vorbild und das Vorbild die Gabe. Das ist aber nur möglich durch *Liebe zu Christus*. In der Spiritualität und Theologie des protestantischen Luther jedoch ist die Liebe zu Christus, wenn sie auch hin und wieder erwähnt wird, auffällig unterentwickelt – wenn er von Liebe spricht, ist es fast immer Nächstenliebe, und diese ist, wie wir sahen, als „Gesetzeswerk" dem „Glauben" streng untergeordnet. Dagegen ist die Liebe zum Vater in der Vereinigung mit Christus („Christus litt in ihm"; „Lobpreis sei dir, Herr Jesus Christus, Sohn Gottes, daß du mich armen Sünder gewürdigt hast, so innig dir gleich zu werden" (56)) die Mitte und das Wesen und die Seele der vollendeten Kreuztheologie des Martyriums.

Nun könnte man meinen, daß ja auch Luther eine innige Vereinigung mit Christus lehrt, nämlich durch den Glauben, durch den Christus im Menschen ist „wie der Edelstein im Ring" und der Christus sprechen hören kann: „Darum will ich euch an mich hängen und wiederum mich an euch." Man könnte meinen, es sei doch wohl nicht entscheidend wichtig, ob Luther hier vom Glauben rede und andere von der Liebe; die gemeinte Sache sei doch wohl die gleiche.

Mir scheint aber, das wäre ein Trugschluß. Das Gemeinte ist nicht das gleiche. Zunächst deswegen nicht, weil Luthers Glaube wesenhaft durch die Reflexivität qualifiziert ist und sich dadurch vom Glauben der Urchristenheit und überhaupt der ersten fünfzehn Jahrhunderte der Christenheit unterscheidet. Urchristlicher Glaube ist allerdings so innig mit der Liebe zu Gott verflochten, daß da ein Austausch der beiden Begriffe in gewissem Maße möglich ist, wie man vor allem an den johannei-

---

(56) In der Anm. 49 zitierten Sammlung Seite 62 und 47 (Martyrium der hl. Karpos, Papylos und Agathonike).

schen Schriften beobachten kann. Das ist aber bei Luthers Glauben nicht der Fall. Die Glaubensvereinigung soll, wie er ausdrücklich lehrte, die Liebe ausschließen.

Der entscheidende Grund aber, weshalb Luthers Idee einer Glaubensvereinigung mit der Christusgemeinschaft der Spiritualität des Martyriums nicht vergleichbar ist, liegt darin, daß der reflexive Glaube die Gegenbewegung zu einer Furcht oder Angst ist. Wir haben oben gesehen, daß das „stolze Vertrauen", die superba fiducia, sich „gegen die Gewissensbisse" durchsetzen soll. Es ist eine Bewegung gegen die Vorwürfe des eigenen Gewissens, in denen die Angst vor der Majestät Gottes wirkt. „Und in der Aktion gegen Sünde und Tod", lehrte Luther, „laß Gott fahren; denn er ist hier unerträglich." (57) Ein Versuch, diese Angst zu unterdrücken, ist die Forschheit des Trotzes Der psychologische Zusammenhang zwischen Forschheit und Angst ist unmittelbar einsichtig; er ist nicht nur bei Luther vorgekommen.

Auf die Verwirrung der Spiritualität in Flucht und Angst werde ich in den beiden folgenden Abschnitten noch kurz zurückkommen. Hier muß schon hervorgehoben werden, daß der Trotz eine Fluchtbewegung ist. Die Spiritualität des Martyriums schaut in der Parrhesie des Erlösten der Majestät Gottes entgegen (vgl. Apg. 7, 55ff und den Hymnus im Bericht über das Martyrium des hl. Polykarp). Der reflexiv Glaubende dagegen, an den immer unzulänglichen eigenen Werken verzweifelnd und von Gewissensanklagen wegen der begangenen Sünden gequält, weicht der ihm „unerträglichen" Glorie Gottes aus, indem er sich an „Christus als Gabe" klammert, an das „Testament", das Christus ihm vermacht hat und auf das er nun „pocht". Er will das „Recht zum Testament" in Anspruch nehmen, wendet damit seine Aufmerksamkeit auf das eigene Selbst – und kann deswegen nicht lieben.

Die gescheiterte Kreuztheologie des Trotzglaubens ist also wesenhaft verschieden von der urchristlichen Spiritualität. Weil der statuierende, apprehensive Glaube sich auf das eigene Ich zurückwendet, kann er Gott nicht lieben. Es bleibt in ihm die Angst vor Gott, und darum muß er trot-

---

(57) Siehe unten Seite 285f. mit Anm. 66.

zen. „Seinen Trotz setzen" auf Christus, das bedeutet: Den Herrn als Rückhalt benutzen wollen, um sich durchzusetzen – zunächst im Innern gegen die Anklage des Gewissens und gegen das bedrängende Bild der Herrlichkeit Gottes; dann auch nach außen. Aber „Furcht ist nicht, wo die Liebe zum Vater, Leid ist nicht, wo die Herrlichkeit Christi ist".

Ungemein aufschlußreich für den Charakter der verwirrten Spiritualität Luthers ist auch die häufige Zusammenstellung von Trotz und Trost. Weil Luther, nachdem er sich ein für allemal für die Ungeduld entschieden hatte, die gnadenhafte Tröstung nicht mehr abwarten, sondern sie in einer verzweifelten Flucht vor Gott, vor dem er zittert, durch einen gewaltsamen Denkakt erzwingen will, darum ist dieser Trost ertrotzt und soll ein Trotz trösten.

Man sollte daher Luthers Rede vom Trotz nicht ästhetisch verniedlichen oder begrifflich verharmlosen. Die Worte „trotzen" und „Trotz" haben bei ihm keinen anderen Sinn als den, den sie zu mittelhochdeutscher Zeit hatten und noch heute haben: Sich durchsetzen wollen, und zwar, wie Luther ausdrücklich betont, gegen Gott und alle Geschöpfe. In der Zusammenstellung mit „sich vermessen", in der wir das Wort „trotzen" antrafen, kann es nur eine Anmaßung bezeichnen. Ähnliches gilt von der superba fiducia und der sancta superbia. Luther selber hat seinen Trotz und Stolz keineswegs bagatellisiert. Er wußte sehr wohl, daß die sancta superbia Hochmut und der Trotz Anmaßung ist. Sein immer empfindliches Gewissen machte ihm deswegen Vorwürfe: „Das Gewissen hält es für eine große Anmaßung und Hochmut (magnam praesumptionem ac superbiam), diesen Ruhm [nämlich bei Gott in Gnade zu sein] zu beanspruchen (sibi arrogare)." (58) Diese Formulierung ist zwar nicht Luthers eigene, sondern die des Herausgebers des Großen Galaterkommentars; aber wir dürfen – hier und anderswo – annehmen, daß er die Denkweise Luthers getreu wiedergibt. Zumindest ist es ein Zeugnis für die Stimmung des frühen Luthertums.

---

(58) WA 40 I 578, 22. Hs. (578, 2): „Si hoc, quod in Christo certissimus, so wird's ein Stolz sein. Sed quod dicam me habere spiritum sanctum, ist zu hoch geredt, ist infirmitas." Die Druckausgabe verdeutlicht den Sinn dieser nicht eindeutigen Notizen.

Natürlich ist wie der Stolz so auch der Trotz eine religiöse Haltung bzw. Fehlhaltung. Nicht jeden Trotz und Stolz will Luther rechtfertigen, sondern nur solchen, wo sich der reflexive Glaube in seinen Entscheidungen bzw. religiösen Ansprüchen behaupten und durchsetzen will: superba fiducia, sancta superbia.

Im Großen Galaterkommentar werden die verschiedenen Sinnmomente, die im deutschen Wort „Trotz" global vereint sind, lateinisch auseinandergelegt: obstinatus, rebellis, inflexibilis, pertinax; jactantia, pia et sancta pertinacia (starrsinnig, aufsässig, unbeugsam, hartnäckig; Prahlen, fromme und heilige Hartnäckigkeit). Alle diese Haltungen werden von Luther religiös positiv gewertet, natürlich nie an sich, sondern nur wenn und sofern sie aus dem reflexiven Glauben fließen.

Nach der Lehre des vorprotestantischen Luther sollte sich die Demut nach innen und außen, gegen Gott und Menschen bewähren. In den Jahren 1518/19 versagte Luther sowohl in seinem Innern wie auch im äußeren Handeln. Dementsprechend betätigen sich nun der Trotz und die Verwegenheit nach innen und nach außen: Im Innern, indem von Christus das „Recht zum Testament" beansprucht wird (vgl. auch Kapitel V, Seite 207ff); im Äußeren gegen alle Menschen, die nicht Luthers Lehre folgen.

Insbesondere werden die Unbeugsamkeit, Hartnäckigkeit, Starrsinnigkeit und Aufsässigkeit (inflexibilitas, pertinacia, obstinatio, rebellio) gegen die römische Kirche zur religiösen Pflicht, wie der Große Galaterkommentar immer wieder einschärft (vgl. oben Kap. VI, Seite 218ff). Ein charakteristisches Beispiel solchen grundsätzlichen Starrsinns steht in einer lateinischen Schrift von 1523: „Wenn sich der Fall begäbe, daß ein Konzil dies (nämlich die Kommunion unter beiden Gestalten) festsetzte und zuließe, so wollten wir am allerwenigsten beide Gestalten gebrauchen, vielmehr wollten wir dann zur Verachtung sowohl des Konzils als auch seines Statuts entweder nur eine oder gar keine, auf keinen Fall aber beide besitzen, sondern alle verfluchen, die auf Grund der Autorität eines solchen Konzils oder Statuts beide Gestalten gebrauchen würden." (59) Hier wird gar nicht mehr nach der Sache gefragt. Der aufsäs-

---

(59) Cl. 2, 438, 2; WA 12, 217; MA 3, 123.

sige Starrsinn wird als solcher sinnvoll. Ein paar Zeilen vorher hatte Luther seinen Widerstand noch mit den Worten gerechtfertigt: „Wir haben ja das Recht Christi", nämlich das durch das Evangelium verbürgte Recht auf die Kommunion unter beiden Gestalten. Dann aber zeigt sich sofort, daß das „Recht", das er meint, doch nur das Trotzrecht des aus seiner eigenen Gewißheit souverän entscheidenden reflexiven Glaubens ist. Da dieser sich grundsätzlich gegen die Autorität der Kirche entscheidet, will er ihr selbst dann widerstehen, wenn er anerkennen müßte, daß sie das „Recht Christi" für sich hätte!

Ganz ähnlich wie gegen die römische und die katholische Kirche trotzte Luther aber auch gegen die „Schwärmer" – die doch nichts anderes getan hatten, als daß sie seine Prinzipien selbständig angewandt hatten. Da konnte er denn etwa schreiben (1525): „Wie, wenn wir noch heutigen Tags zuführen und hießen das Sakrament nicht Messe, sondern auf helles Deutsch ein Opfer, *dem Rottengeist nur zum Trotze?* ... Denn wir haben's im Sinn, daß alles, was wir zu Wittenberg getan haben und noch tun werden, solle von Gottes Gnaden so gestaltet sein, daß der Teufel mit allen höllischen Pforten und Rottengeistern möge anfechten, solle aber nichts gewinnen, wie bisher geschehen ist. Wohlan, ich heiße jetzt aufs neue das Sakrament ein Opfer: nicht darum, daß ich's für ein Opfer halte, sondern daß mir's der Gott dieses Rottengeistes, der Teufel, wehren will, ich soll's nicht so heißen; *so will ich tun, was er nicht will, und lassen, was er will,* und will meine Ursach und Grund auch sagen dazu." (60) Der reinen Trotzentscheidung muß also auch die Begründung sich unterordnen.

Was Luther unter Trotz gegen den Satan verstand, ist im Großen Galaterkommentar und anderswo oft und wuchtig geschildert. Die oben Seite 288 übersetzte Anrede an den Satan und die Auszüge aus dem Brief an Hieronymus Weller mögen zur Veranschaulichung genügen.

3. Flucht

Angemessenes Verhalten zu der göttlichen Person Jesu Christi ist Anbetung. Diese ist bei Luther in seiner protestantischen Zeit merklich ver-

---

(60) MA 4, 107; WA 18, 107.

kümmert. Der Sachverhalt ist sehr komplex; man könnte sehr ausführlich darüber handeln. Ich begnüge mich mit ein paar Hinweisen auf die Wirkung des reflexiven Glaubens.

Luther hatte ein außerordentlich lebhaftes Empfinden für die Majestät Gottes, so stark, daß es kaum noch Gottesfurcht genannt werden kann, sondern als Angst oder Schrecken vor Gott bezeichnet werden muß. (61) In der lateinischen Fassung der Sprüche Salomos (25, 27) gibt es den Spruch: „Wer die Majestät erforschen will, der wird von der Herrlichkeit erdrückt werden" (Qui scrutator est majestatis, opprimetur a gloria). Mit diesem Spruch hat Luther in seiner protestantischen Zeit seine Studenten vor „Spekulationen über die göttliche Majestät" gewarnt, und er hat hinzugefügt: „Ich weiß, was ich sage, teilweise aus Erfahrung." (62)

Er konnte nicht sprechen wie Irenäus: „Entsprechend seiner Größe zwar und seiner staunenswerten Herrlichkeit „kann niemand Gott schauen und dabei leben bleiben" (2. Mos. 3, 20), denn der Vater ist unfaßbar; aber entsprechend seiner Liebe und Menschlichkeit und weil er alles kann, gewährt er auch dies, nämlich Gott zu erkennen, denen, *die ihn lieben*." (63) Denn das, was Irenäus hier als Voraussetzung der Erkenntnis Gottes nennt, hat im System des reflexiven Glaubens keine Stelle: die Liebe zu Gott. Darum ist dem Prediger dieser Art von Glauben jener Geist, der „alles erforscht, auch die Tiefen der Gottheit" (1. Kor. 2, 10), fremd; denn dies ist der Geist, welcher Liebe ist. Zu Gott dem Vater beten, lehrt Luther 1531, der Papst, die Türken (d. h. die Mohammedaner), die „Schwärmer" und die Juden. Christliche Theologie dagegen sei die, „welche lehrt, eben diesen Gott, den die Rottengeister (d. h. die von Luther abweichenden Protestanten), der Türke und der Papst aufstellen, auszuschließen – wir schließen ihn aus (nos excludimus eum) …" (64) Diesen Ausspruch hat nur Rörers Nachschrift der Galaterbriefvorlesung aufbewahrt. In die Druckbearbeitung von 1535 ist er nicht aufgenommen worden.

---

(61) Von pavor Dei spricht Luther in der Römerbriefvorlesung, siehe oben Seite 98 Anm. 32.
(62) WA 40 I 76, 11; 92, 15.
(63) Contra Haereses 4, 20, 5. MPG 7, 1035.
(64) WA 40 I 76, 7.

Der Grund ist offensichtlich: Die Worte, mit denen der Reformator hier seiner Flucht vor Gott Ausdruck gab, waren doch zu stark und bedeuteten faktisch eine Aufhebung der Trinitätslehre.

Warum aber flieht Luther vor Gott, und warum kann er ihn nicht lieben? Der Gedanke an die Majestät Gottes war für ihn untrennbar verbunden mit der Angst vor dem Gericht und – merkwürdigerweise – mit der Erwartung, Gott durch Werke versöhnen zu können. Darum spricht er an der erwähnten Stelle seiner Vorlesung davon, daß die Mönche, die Mohammedaner und die Juden erwarten, Gott werde sie ansehen (respicere) bzw. retten (servare), wenn sie diese oder jene Werke tun. Ja sogar das Fortleben seiner eigenen Kreuztheologie bei den von ihm abgewichenen Protestanten gehört für ihn jetzt anscheinend zu solchen Versuchen, Gottes Majestät zu versöhnen; denn Rörer notiert in seiner Nachschrift: „So (auch) die Rottengeister: Wer so glaubt und das Kreuz trägt usw." (d. h.: Jene Protestanten hoffen, durch Glauben und Tragen des Kreuzes gottwohlgefällig zu werden) – in der Druckbearbeitung ist der Gedanke etwas geglättet: „Diese … denken sich ein neues Kreuz und neue Werke aus und meinen, damit Gott zu gefallen." (65)

Luther kann nicht an Gottes Majestät denken, ohne zugleich an sich selber, an seine Sündhaftigkeit sich zu erinnern, die Unmöglichkeit einer Versöhnung durch eigene Werke zu erwägen und aus Angst vor dem verdienten Urteil zu verzweifeln. Der Blick, der nicht durch Liebe zum Hinausgehen aus dem eigenen, falschen Selbst befreit ist, muß zum eigenen Ich zurückkehren. Darum belehrte der Reformator seine Studenten 1531, nach Rörers Nachschrift: „Wo es darum geht, wie man sich gegen Gott verhalten soll (quomodo agendum cum Deo et erga Deum), lasse fahren die Spekulation über die Majestät. Und in der Aktion gegen Sünde und Tod laß Gott fahren; denn der ist hier unerträglich." (66) Auch hier hat die Druckbearbeitung den harten Gedanken gemildert; aber die Worte „laß Gott fahren" sind in der Nachschrift der Vorlesung deutsch notiert, also von Luther doch wohl so gesprochen worden.

---

(65) WA 40 I 76, 6 (Hs.); 76, 21 (Druck).
(66) WA 40 I 77, 3.

Mit der Mahnung, die „Spekulation über die Majestät" zu unterlassen, verbindet Luther dann aber den positiven Rat: „Eile zur Krippe (rapias te in praesepe) und zum Schoß der Mutter und schaue, wie er an der Mutterbrust liegt, wächst und stirbt; dann kannst du allen Ängsten und Irrtümern entlaufen …" (67) „Umfasse diese Menschheit, sonst nichts." (68) „Wenn du sicher sein willst und ohne Gefahr vor dem Teufel, deinem Gewissen, sollst du von überhaupt keinem Gott etwas wissen wollen außer diesem Menschen, und hänge dich an seine Menschheit." (69) Von der Gottheit Gottes flieht Luther also zu der Menschheit und Menschlichkeit Jesu. Das tut er freilich nur, um sich im nächsten Augenblick zu vergegenwärtigen: Dieser Mensch ist Gott. Denn Jesus Christus ist es, der dem erschrockenen Gewissen die Sünde vergibt; „Gnade aber zu geben und Vergebung der Sünde … das sind nicht Werke eines Geschöpfes, sondern einzig und allein der Majestät." (70) Dies ist für Luther das Wichtige an der Gottheit Christi: daß er ihm die Sünden vergibt, und nur auf dieser „Jakobsleiter" (71) steigt er empor zum Gedanken an Gott, an einen Gott, der ihn trösten kann, der ihm ein Gott „für mich" ist. Schon Ende 1517 hatte Luther gelehrt, die Betrachtung des Leidens Christi für sich sei „fruchtlos und heidnisch"; vielmehr soll der Mensch Christi Leiden „mit der Absicht bedenken …, daß er, je öfter er es betrachtet, desto vollkommener glaubt, daß das Blut Christi für *seine* Sünden vergossen sei." (72)

Aus den scharfen Worten von Rörers Vorlesungsnachschrift ergibt sich mit besonderer Deutlichkeit (was allerdings auch aus dem Druck des Großen Galaterkommentars und anderen Werken des protestantischen Luther klar hervorgeht), daß in der Fluchtspiritualität die Lehren von der Dreifaltigkeit Gottes und von der Einheit der gottmenschlichen Person Christi nicht mehr zur Geltung kommen. Sie haben hier keine

---

(67) WA 40 I 79, 12. Vgl. auch etwa WA 31 II 516, 15; ferner Cl. 7, 189, 4ff = WA 29, 671ff (Predigt).
(68) WA 40 I 77, 9.
(69) WA 40 I 77, 1.
(70) WA 40 I 81, 4.
(71) WA 40 I 79, 9.
(72) Cl. 5, 364, 21; WA 57, 509

Lebensbedeutung mehr. Denn den Gedanken an Gott den Vater soll der Christ ja gerade im Vollzug des heilswirkenden Glaubens verdrängen. Als Lehren sollen die Dogmen freilich festgehalten und verteidigt werden; da rät Luther: „Disputier so böse du kannst, denn dann bist du in einem andern Feld. Wenn es sich aber um die Gerechtigkeit gegen die Sünde handelt ... und um unser Heil, dann muß man sich aller Gedanken und Spekulationen über die Majestät einfach enthalten und sich einfach an den Menschen Christus halten ..." (73) Das „Emporsteigen auf der Jakobsleiter" von der Menschheit Jesu zum sündenvergebenden Gott Christus bedeutet, daß in dieser Spiritualität die Idee der Inkarnation eigenartig verzerrt ist. Bei der Untersuchung der geistlichen Praxis, die der protestantische Luther lehrte, ergibt sich dasselbe, was Yves Congar bei der dogmatischen Analyse von Luthers Christologie fand: „Der Reformator hat ... zugleich etwas von einem Nestorianer und von einem Monophysiten an sich." (74) Denn die Person Christi soll ja nach seiner Anweisung zunächst unter Absehung von der Gottheit allein in ihrer Menschheit betrachtet werden: Das ist nestorianisch. Im nächsten Augenblick aber wird diese Menschheit als Hülle der göttlichen Majestät – allerdings nur der sündenvergebenden Gottheit – angesehen: Das ist monophysitisch.

Die Frömmigkeit, die vor der Majestät Gottes flieht, kennt echte Anbetung noch vor der Krippe: „Den aller Welt Kreis nie beschloß, der liegt in Marien Schoß", singt Luther in seinem Weihnachtslied. Aber die trinitarische Anbetung, die Anbetung des Vaters durch den Sohn im Heiligen Geiste kann von der Fluchtspiritualität zwar noch als Formel wiederholt, jedoch kaum noch existentiell vollzogen werden. In Luthers „Deutscher Messe" von 1526 fehlen zwei Anbetungsstücke: Das Große Gloria („Ehre sei Gott in der Höhe ... Wir loben dich, wir benedeien dich ...") und die Präfation. Man hat gerätselt, warum der Reformator das Große Gloria ausgelassen habe. (75) Der Grund dürfte einfach sein. Dieser Hymnus enthält die Worte: „Wir sagen dir Dank um deiner großen Herrlichkeit willen." Kann nun jemand, der, wie Luther in seiner Galaterbriefvorle-

---

(73) WA 40 I 78, 7.
(74) Y. M.-J. Congar, Le Christ, Marie et l'Eglise, Paris 1955, Seite 37.
(75) Vgl. MA 3, 414 und: Hans Bernhard Meyer, Luther und die Messe, Paderborn 1965, Seite 50ff und 175ff.

sung 1531 und anderswo ergreifend von sich bekennt, die Majestät Gottes *fürchtet* und vor ihr *flieht*, mit ruhigem Gewissen eine Gemeinde anleiten, Gott zu *danken* für seine große Herrlichkeit? Aus ähnlichen Motiven konnte er auch kein großes Interesse an der Präfation haben. Für seine Frömmigkeit kam alles darauf an, daß der Ruhepunkt des Ich gefunden werde: Christus in seiner Menschheit, der zugleich der sündenvergebende Gott „für mich" ist.

So wird denn auch in den Schriften Luthers zur Neuordnung des Gottesdienstes der Zweck der Gemeindeversammlung und des Betens allein darin gesehen, daß die Reflexion auf das eigene Heil erzeugt und gefördert werde. „Die noch mutig und kindisch sind im Verständnis solchen *Glaubens* und geistlichen Lebens", schreibt Luther, „die muß man wie die jungen Kinder locken und reizen mit dem äußerlichen ... Schmuck, mit Lesen, Beten, Fasten, Singen, Kirchenzieren ..., solange bis sie auch den *Glauben* lernen erkennen." (76) Zu solchem „äußerlichen Beten und Singen" konnte der Reformator dann auch Anbetungshymnen der katholischen Kirche wie das Te Deum gebrauchen und ins Deutsche übersetzen, Psalmen und andere Bibelstücke, z. B. die Zehn Gebote, in deutsche Verse bringen sowie eigene Lieder dichten. Im Gottesdienst derer dagegen, die „mit Ernst Christen wollen sein", meinte er, „bedürfte es nicht viel und groß Gesänges". (77) Dennoch ist Luther, seiner natürlichen Neigung folgend, der größte Förderer des Volksgesangs im Gottesdienst geworden, bis in unsere Zeit und auch in die katholische Kirche hinein segensreich wirkend. Er hat die Freude am Singen in schönen Worten biblisch gerechtfertigt und auch als Waffe gegen Teufel und Traurigkeit geschätzt. Die Ichbezogenheit aber, vorgebildet etwa in Luthers „Nu freut euch, lieben Christen gmein", hat das protestantische Kirchenlied mehr und mehr vom Hymnus zur Lyrik werden lassen.

Wichtiger als alles andere ist ihm die Predigt: „Alles Gottesdienstes das größte und vornehmste Stück ist Gottes Wort predigen und lehren." (78)

---

(76) Cl. 1, 238, 36; WA 6, 214; MA 2, 15.

(77) Cl. 3, 296, 39; 297, 7; WA 19, 75; MA 3, 130. Zum folgenden: MA 3, 321ff. und 466ff.

(78) Cl. 3, 300, 2; WA 19, 78; MA 2, 133. Vgl. auch WA 40 I 130, 15.

Denn durch die Predigt, durch das Lehren konnte die neue Art von Frömmigkeit auf die direkteste Weise gefördert werden. Die Belehrung lag dem Reformator überhaupt sehr am Herzen. Darum hat er auch das, was er vom kirchlichen Stundengebet beibehalten wollte, zu einer belehrenden Veranstaltung umgestaltet; über die katholische Praxis des Stundengebets hat er seinen Spott ausgelassen. (79) Zwischen Mißständen und gutem Brauch hat er dabei nicht unterschieden; für den Anbetungsdienst der Kirche als solchen hat er offenbar seit der protestantischen Wende das Verständnis verloren.

Die neue Sinngebung, die der Gottesdienst durch den Reformator erfuhr, ist natürlich zunächst eine direkte Konsequenz der Reflexivitätsdoktrin. Aber auch eine Folge der Praxis des reflexiven Glaubens kann man vielleicht darin finden: die Fluchtspiritualität – die Luther, wie er es mit seinen Erlebnissen immer wieder tat, zur allgemeinen Norm erhob.

Die Fluchthaltung hat jedoch, ebenso wie das antithetische Denken und die Angst, in Luthers geistlichem Leben eine Geschichte gehabt, die in die Zeit vor der Aufstellung der Reflexivitätsdoktrin zurückreicht. Was für die Angst gilt – vgl. unten Seite 321 –, läßt sich auch bei der inneren Fluchtbewegung beobachten: Die Erlebnisse des vorprotestantischen und des protestantischen Luther sind psychologisch sehr ähnlich oder faktisch dieselben; spirituell dagegen hat der reflexive Glaube eine fundamentale Wandlung erzeugt. Ein Zeugnis der vorprotestantischen Vorstufe der späteren Fluchtspiritualität ist Luthers Predigt zum Feste von Mariä Himmelfahrt 1517, inhaltlich eine Betrachtung über Maria und Martha. (80) Eine

---

(79) Beispiele für Spott: WA 5, 47, 18; Cl. 2, 244ff = WA 8, 621ff; Cl. 4, 62, 13 und 64, 19 = WA 30 I 193 und 195 = MA 3, 250 und 252. Didaktische Umgestaltung: Cl. 3, 301, 1 = WA 19, 80 = MA 3, 134f; Cl. 2, 439, 38 = WA 12, 219 = MA 3, 125.

(80) Cl. 5, 428ff; WA 4, 645ff. Wegen der Kürze der Predigt verzichte ich im folgenden auf Einzelnachweise der übersetzten oder inhaltlich wiedergegebenen Stellen. Die Datierung der Predigt auf das Jahr 1520, für die sich E. Vogelsang entscheidet (Cl. 5, 428 Fußnote), ist aus inneren Gründen unmöglich. Eine Analyse, in der das Unprotestantische der Predigt gut herausgearbeitet ist, bei E. Bizer: Fides ex auditu, [2]1961, Seite 69ff – Vgl. auch WABr 1, 328, 38ff (1519).

ganze Reihe von Gedanken sind dieser Predigt mit der oben betrachteten Stelle aus der Galaterbriefvorlesung von 1531 gemeinsam: Die Warnung vor der Spekulation über die göttliche Majestät; das Zitat aus den Salomon-Sprüchen: „Wer die Majestät erforschen will, wird von der Herrlichkeit erdrückt"; die Menschheit Jesu als die „Jakobsleiter"; der Rat: „Laßt uns also keinen andern Gott suchen als diesen" (d. h. Christus in seiner Menschheit); schließlich die Mahnung: „Wende also deine Augen ab von der Majestät Gottes und wende sie zu seiner Menschheit, die im Schoße der Mutter liegt." Und doch bestehen Unterschiede, unscheinbar vielleicht für den oberflächlichen Blick, aber ebenso bedeutsam wie die Unterschiede zwischen jenen beiden Stellen, wo Luther an Bernhards Predigt über das Zeugnis des Heiligen Geistes anknüpft: Der Stelle der Römerbriefvorlesung etwa Anfang 1516 und der Stelle der Hebräerbriefvorlesung Mitte Oktober 1517 (vgl. oben Kapitel III, Seite 95ff). Auch in Vergleichen mit einigen Stellen aus Kirchenvätern hatten wir ja gefunden, daß manchmal die gleichen Ausdrücke beim protestantischen Luther einen völlig anderen Sinn haben als in einem katholischen Kontext. Der Vergleich zwischen dem Großen Galaterkommentar und der Mariä-Himmelfahrt-Predigt von 1517 läßt jenen Kommentar noch deutlicher als ein Dokument verwirrten geistlichen Lebens erkennen, im Kontrast zu dieser Predigt, die, ähnlich wie Luthers „Vater Unser deutsch" (vgl. Seite 112ff), zu den reinsten und reifsten Zeugnissen seiner vorprotestantischen Frömmigkeit zu rechnen ist.

Die Warnung vor der „Erforschung der Majestät" ist hier nicht verbunden mit der Idee des Zornes Gottes und auch nicht mit dem Gedanken, daß derjenige, der sich an Gott den Vater wendet, ihn durch eigene Werke versöhnen wolle. Das Motiv der Warnung ist vielmehr die Demut. Gottes Gottheit direkt erforschen zu wollen ist Vermessenheit, die entweder zu Hochmut führt (wie der Apostel in 1. Kor. 8, 1 sagt: „Das Wissen bläht auf") oder zu Undankbarkeit, wie bei den Philosophen, die nach Röm. 1, 21 Gott erkannt und ihn doch nicht als Gott verherrlicht haben, oder zur Angst: Mose und ganz Israel zitterten vor Gott am Sinai (2. Mos. 20, 19).

Die Wendung zur Menschheit Christi hat hier nicht den Zweck, daß der Punkt gefunden werde, im Blick auf den das eigene Heil statuiert werden könne; der Sinn ist vielmehr: Gott hat aus Erbarmen zu uns seine Gottheit verborgen und sich unserer Schwachheit angepaßt in Christi Menschwerdung, damit wir, ihn in seinen Werken und Mühen und Leiden betrachtend, zur *Liebe* zu ihm bewegt und angefeuert werden, Ähnliches zu tun und zu ertragen, so daß wir das Gesetz nicht der Vorschrift wegen, sondern aus Liebe erfüllen: Das Leben Christi ist „das lebendige Gesetz". Auf dieser „Jakobsleiter" der Nachahmung des leidenden Jesus, Milch begehrend (1. Petr. 2, 2), bis wir erwachsen sind, steigen wir dann empor, bis wir zur Anschauung von Gottes Herrlichkeit fähig werden. „Nach seiner Macht und Weisheit erfaßt niemand Gott, wohl aber nach seiner Barmherzigkeit und Milde, die in Christus dargestellt ist." Das klingt schon ähnlich wie die Seite 284 übersetzte Stelle aus Irenäus. Die spätere Auseinanderreißung von Christus der Gabe und Christus dem Vorbild fehlt hier noch ganz. Christus das Vorbild ist hier zugleich der Trost: „Und so geschieht das große Wunder, daß die Seele Ruhe in der Unruhe hat, Frieden in der Mühsal, Süßigkeit im Leiden." Zwar besteht auch hier schon eine gewisse Gefahr der Trennung der göttlichen und der menschlichen Natur Christi, aber der Gedanke ist doch ganz anders als später: „Wie aus der Menschheit Christi das Kreuz fließt, so aus der Gottheit der Friede; aus jener Traurigkeit, aus dieser Freude; aus jener Furcht, aus dieser Sicherheit; aus jener Tod, aus dieser Leben." Man muß sich bei diesen Worten daran erinnern, daß Luther damals den „Frieden" als Erfahrung dieses Lebens noch nicht kannte. Die Nachahmung des leidenden Jesus war für ihn wirklich eine Last, eine Dunkelheit, oft eine Trostlosigkeit.

Aus dem Dargestellten ergibt sich, daß die Flucht zur Menschheit Jesu hier eigentlich noch keine Flucht ist. Sie ist ein Weg der spirituellen Praxis, durchaus im Rahmen der Möglichkeiten biblischer und kirchlicher Frömmigkeit. Es ist christozentrische Frömmigkeit als Nachahmung der Niedrigkeit Jesu. Die Liebe zu Jesus spielt eine beherrschende Rolle.

4. Angst

Im Vorhergehenden war schon mehrfach von den Zuständen die Rede, denen der protestantische Luther durch statuierendes Beanspruchen, Stolz, Trotz und Flucht entgehen wollte. Er hat sie oft beschrieben. Es sind seine „Gewissensängste" und „Gewissenskämpfe" (terrores, pavores, certamina, agones, luctae conscientiae).

Es gibt beim protestantischen Luther zwei Arten von Gewissensvorwürfen: Solche, die das empfindliche Gewissen einfach überfallen, und solche, die absichtlich herbeigeführt werden, in pastoraler oder aszetischer Absicht.

Das letztere geschieht durch die Predigt des Gesetzes: „Zuerst muß der Mensch durch das Gesetz anerkennen, daß er ein Sünder ist." (81) Das Gesetz soll schrecken, verdemütigen. Für die Praxis der Schreckung und Tröstung ist die Antithese von Gesetz und Evangelium von großer Bedeutung. Die Spiritualität der Kreuztheologie lebte von dem Gedanken der Einheit von Gericht und Gnade, und das schließt die Einheit von Gesetz und Evangelium ein. Später hat Luther beide schroff getrennt. Aber gerade die Trennung ermöglichte es ihm, einen Rest der Kreuztheologie mit der Doktrin des reflexiven Glaubens zu verbinden. Dieser Rest hat seine Stelle auf der Seite des Gesetzes, in der Schreckung und Demütigung. Hat aber das Gesetz diese seine Aufgabe erfüllt, so tritt das „Evangelium" in Funktion (82); sein Trost ist mit apprehensivem Glauben aufzunehmen. Tritt dann noch einmal eine Forderung des Gesetzes mit der Erinnerung an Gottes Gericht an den Menschen heran, so hat er sie abzuweisen. Er soll mit Hinweis auf Bibelstellen „mit Gewißheit statuieren", daß er das Heil hat. Und das darf und soll, gegen Gewissen, Gesetz und Teufel und unter Bezugnahme auf Christus, mit „heiligem Stolz" geschehen.

Etwas anderes ist die unwillkürliche Gewissensangst. Solche hatte schon der jüngere Luther gekannt (conturbatio oder conscientiae confusio nennt er sie). Sie war damals eine Versuchung, eine Versuchung zur Verzweiflung. (83) Verzweiflung an Gottes Barmherzigkeit ist eine Sünde; darum kann hier wirklich von Versuchung gesprochen werden. Auch

---

(81) WA 40 I 223, 29.

(82) Vgl. auch Luthers Jesaja-Vorlesung zu Jes. 1, 2: At hic est scripturae modus: primum terrere, revelare peccata, cognitionem sui inducere, humiliare corda, quibus ad desperationem adactis tum sequitur alterum illius officium, nempe erectio et consolatio conscientiarum, pro-missiones. WA 31 II 3, 5 (Schmalzings Nachschrift).

(83) Vgl. etwa die Resolutiones: Cl. 1, 34, 36. 38; 35, 19. 30; tentatio: 35, 17 (WA 1, 540f). Aus den Operationes in Psalmos: tentaris despe-ratione seu turbinibus conscientiae WA 5, 167, 11 = Scheel Dok. 317, 34.

später noch kann Luther manchmal von „Versuchungen zur Verzweiflung" reden. (84)

Die „Gewissenskämpfe" des Großen Galaterkommentars dagegen sind ihrer Beschreibung nach durch Vorwürfe des Gewissens wegen begangener Sünden veranlaßt, und wenn Luther dort von „Versuchung" spricht, so meint er in den allermeisten Fällen direkt die Gewissensvorwürfe, nur selten Versuchungen zur Sünde.

Nach Röm. 2, 15 wird das anklagende Gewissen bestätigt werden im jüngsten Gericht. Darum hat die christliche Frömmigkeit in der Stimme des Gewissens den Anruf des Heiligen Geistes gehört. Luther aber führt diese Stimme auf die widergöttliche Macht, auf den Satan zurück! Dieser ist es, der nach Luthers Darstellung dem Menschen vorhält: „Du bist ein Sünder, darum zürnt dir Gott" und: „Du hast nicht nur nichts Gutes getan, sondern auch das Gesetz übertreten." (85) Der Satan ist es, der das Gewissen an die Gebote Christi erinnert. (86) Er ist es auch, wie wir sahen, der dem Gewissen vorwirft, es sei Anmaßung und Hochmut, sich das Heil mit Gewißheit zuzuschreiben, und der wegen der Spaltung der kirchlichen Einheit und der neuen Lehren Vorwürfe erhebt.

Daß nun die Gewissensvorwürfe nicht mehr auf Gott, sondern auf den Teufel zurückgeführt werden, ist eine Verschiebung, die nicht dadurch erklärt werden kann, daß die Gewissensängste in ihrer schlimmsten Form eine Versuchung zur Verzweiflung sind. Hier sind die Gewissensvorwürfe doch noch in einem anderen Sinne zur „Versuchung" geworden. Sie bedingen ja einen Verlust der Gewißheit. Diesen aber führt die Doktrin des reflexiven Glaubens auf die Macht des Unheils selbst, auf den Teufel zurück, vgl. oben Kapitel III, Seite 125. Daher ist es konsequent, daß die Gewissensvorwürfe nun als „Versuchungen", tentationes, erlebt werden. Luthers Rede von den „Versuchungen" ist also nicht einfach ein individueller Sprachgebrauch, erklärbar aus seiner Veranlagung und der Geschichte seines spirituellen Lebens, aber im übrigen in eine

---

(84) WA 40 III 673, 16: tentationes desperationis.
(85) WA 40 I 580, 13ff; 40 II 12, 22.
(86) Vgl. etwa WA 40 I 92, 8 (Hs.).

andere christliche Terminologie übersetzbar. Vielmehr deutet die Bedeutungsveränderung des Wortes „Versuchung" (87) auf etwas Neues hin, auf etwas, das es vor Luther im geistlichen Leben nicht gegeben hatte. Das Neue besteht in einer totalen Mutation, die der reflexive Glaube in der Spiritualität erzeugt hatte. Wenn das Neue Testament von „Versuchung" (peirasmós, tentatio) spricht, so sind Versuchungen zur Sünde gemeint oder Situationen, die den Menschen auf die Probe stellen und die eine Versuchung zum Abfall werden können. Niemals aber werden Gewissensvorwürfe „Versuchungen" genannt.

Die Veränderung, die die christliche Spiritualität bei Luther erlitten hat, wird zudem daran erkennbar, daß in seinen „Versuchungen" das Gebet nur eine geringe Rolle spielt. Zwar mahnt er eindringlich zur Anrufung Christi zwecks Befestigung des Glaubens *vor* den Gewissenskämpfen, zwar spricht er hinreißend von dem Seufzen „Abba, Vater" *in* den Ängsten; aber das eigentlich personale Herzensgespräch während der „Versuchungen" findet mit den Unheilsmächten statt: Mit dem „Gesetz" oder dem „Teufel": Luther weist die Anklagen des Gesetzes oder des Teufels ab mit dem Hinweis auf Christi Erlösung und vor allem mit Schriftworten: „Wir haben dann nur das Wort; wenn wir es ergreifen, atmen wir in jenem Kampf ein wenig auf." (88) Auf Christus will er schauen – aber von Gebet wie auch von Reue oder Liebe ist nicht die Rede, nur von Angst und Kampf. Nicht vor Gott, sondern vor dem Teufel bekennt er sich schuldig, und das ist kein Bekenntnis der Reue, sondern des Trotzes: Ich *muß* doch ein Sünder sein, sonst könnte mir Christus gar nicht helfen; er ist ja für Sünder gestorben und nicht für Gerechte. Als Beleg mögen die oben Seite 264ff übersetzten Stellen aus dem Großen Galaterkommentar und aus dem Brief an Hieronymus Weller genügen.

Psychologisch mögen die Verstörungen, die Luther in seiner vorprotestantischen Zeit erlitten hatte, weitgehend gleich sein den Ängsten, die

---

(87) Im protestantischen Sprachgebrauch wird die Sinnverschiebung nicht deutlich, da man, wie schon Luther in deutschen Schriften getan hatte, von „Anfechtungen" spricht.
(88) WA 40 I 581f; 582, 24.

ihn später bedrängten. Spirituell aber sind sie etwas völlig Verschiedenes. Früher wurden die Nöte mit Willen als Heimsuchung Gottes bejaht; später bestehen sie in Gewissensvorwürfen, die auf den Teufel zurückgeführt werden und die Luther in mühsamem Ringen von sich abzuschütteln sucht. Früher führten sie zum Gebet; an ihrer späteren Gestalt ist gerade der Mangel an Gebet auffällig. Weil der apprehensive Glaube sich auf sein Subjekt zurückbeugt und weil die Nöte gerade aus diesem Reflektieren wachsen, *kann* er gar nicht primär auf den Gedanken kommen, zu beten. Denn das echte Gebet schaut weg vom Ich. Weil er aber das Ich bedroht fühlt und es sichern will, wendet er sich naturgemäß direkt gegen die bedrohenden Mächte, das Gewissen oder das Gesetz oder den Teufel.

Ähnlich wie ein Kranker, der sein Leiden durch Reizung oder Betäubung meint bekämpfen zu können, mußte auch Luther immer stärkere Mittel anwenden. Wenn er so oft sagt, es sei sehr schwer, in den Gewissenskämpfen dem Satan zu widerstehen, so ist das nur allzu verständlich. Denn mit seiner auf die Antithese von Gesetz und Evangelium gestützten Verdrängungspraxis, mit seiner Identifizierung des Gewissens mit dem Teufel (89) und seinen frontalen Angriffen gegen das eigene Gewissen konnte er das Übel nur verschlimmern, nicht überwinden. Die Verkehrung des Begriffes „Versuchung", die Zurückführung der Gewissensvorwürfe auf den Satan statt auf Gott, das Herzensgespräch mit dem Teufel statt eines Bußgebetes zu Christus, das Trotzbekenntnis vor dem Satan statt eines Reuebekenntnisses vor Gott, die Korrelationierung von Sünde und Erlösung: Alles das sind offenbar verzweifelte Versuche, in der durch die Verfestigung der Reflexivität immer schwieriger werdenden Selbstbefreiung des überreizten Gewissens durch ungewöhnliche, radikalere Mittel doch noch zum Erfolg zu kommen. Man darf nie vergessen, daß Luther immer sehr ernst von der Sünde und von der Realität des Bösen gedacht hat. Aber gerade deswegen benutzte er den Gedanken an Sünde und Teufel als stärkstes Gegengift gegen die Angst der Ungewißheit.

---

(89) WA 40 I 73, 11; 77, 1 (Hs.).

Anhang 1

Nachschrift zum dritten Kapitel

Ernst Bizer hat in seiner Abhandlung „Fides ex auditu" (2. Aufl., Neukirchen 1961) der Sache nach teilweise das gleiche behandelt, was ich im dritten Kapitel erörtere. Einen wichtigen Teil meiner Resultate fand ich bei ihm wieder – unbeschadet seiner der meinigen diametral entgegengesetzten Beurteilung des Gegenstandes. Jedoch habe ich, auch abgesehen von dieser Beurteilung, einige Einwände gegen sein Buch. Diese möchte ich zuerst darlegen, was zwar leider einige Ausführlichkeit erfordert, aber zugleich Gelegenheit geben wird, das kräftige Fortleben einer Grundidee Luthers bei einigen protestantischen Theologen der neueren Zeit zu beobachten – außer bei Bizer bei Holl, Otto Scheel, Schrenk, Büchsel und Preisker.

1. Nachwirkungen der Unterdrückung des Artikels vom Gericht in Luthers Glaubensvollzug

In der Vorrede, die Luther 1545 zu seinen lateinischen Schriften verfaßte, spricht er von dem Begriff „Gerechtigkeit Gottes", der in dem Bibelvers Röm. 1, 17 vorkommt, wo Paulus sagt, daß „die Gerechtigkeit Gottes im Evangelium enthüllt wird". Luther schreibt, daß er diesen Begriff „gemäß dem Brauch und der Gewohnheit aller Doktoren belehrt worden war, philosophisch zu verstehen von der sog. formalen oder aktiven Gerechtigkeit Gottes, durch die Gott gerecht ist und die Sünder und Ungerechten bestraft" (Cl. 4, 427, 18; WA 54, 185; MA 1, 26).

Hierzu hat bekanntlich der Dominikanerpater Heinrich Denifle vor etwa sechzig Jahren den Nachweis erbracht, daß Luthers Behauptung insofern nicht stimmt, als seit dem Altertum alle lateinischen Ausleger der Stelle Röm. 1, 17 die Gerechtigkeit Gottes in dem Sinne verstanden haben, den Luther behauptete erst entdecken zu müssen, nämlich als die Gerechtigkeit, durch die Gott uns gerecht macht, als die schenkende bzw. geschenkte Gerechtigkeit Gottes.

Dagegen erklärt nun Bizer (S. 97): „Wenn Denifle den Nachweis führen wolle, daß Luthers neue Auffassung bereits Gemeingut der mittelalterlichen Exegese gewesen sei, so bedarf es nach Holls Darlegungen dazu nicht mehr vieler Worte." Um den verwickelten Sachverhalt zu klären, müssen wir uns also zunächst Holl zuwenden, und zwar seinem Aufsatz „Die iustitia dei in der vorlutherischen Bibelauslegung des Abendlandes" (in: Festgabe für Adolf v. Harnack; wieder abgedruckt in: Karl Holl, Gesammelte Aufsätze zur Kirchengeschichte, Bd 3, Tübingen 1928, S. 171ff).

Holls Auffassung von Luthers Lehre über Gottes Gerechtigkeit ist etwas verworren, weil er den Unterschied zwischen dem vorprotestantischen und dem protestantischen Luther nicht gesehen hat. Holl schreibt: „Gott schenkt nicht Gnade an seiner Gerechtigkeit vorbei so hatte es Augustin, und auch die Scholastik verstanden sondern durch seine Gerechtigkeit hindurch. Er will, indem er den Menschen straft und vernichtet, ihm Gerechtigkeit mitteilen" (a. a. O. 188). Dieser Gedanke Holls ist offenbar von der Kreuztheologie des *katholischen* Luther beeinflußt (vgl. auch Holl, Gesammelte Aufsätze …, Band 1, 6. Aufl., Tübingen 1932, Seite 41ff). Aber der vorprotestantische Luther hatte doch das Gericht Gottes nicht nur als Durchgang zur Gnade verstanden. Holl dagegen sieht es nur so. Darin zeigt sich der Einfluß des *protestantischen* Luther, und zwar so, wie er in der geschichtlich gewordenen Geistigkeit des Protestantismus allenthalben wirksam ist.

Schon dadurch, daß sein volkstümliches Religionslehrbuch, der Kleine Katechismus, den Gerichtsartikel unerklärt ließ, hatte ja der protestantische Luther dahin gewirkt, daß es in der lutherischen Religion, auch bei nicht theologisch Gebildeten, meistens unreflektiert für angemessen gilt, vom Gericht zu schweigen. Besteht doch nach Ansicht des protestantischen Luther der rechtfertigende Glaube ganz wesentlich darin, daß der Mensch fest annehmen soll, von Gottes Gericht *nicht betroffen* zu werden. Das wirkt sich dann bei intensivem Heilsgewißheitsstreben positiv im Statuieren des eigenen Heils aus, bei weniger intensivem Vollzug der lutherischen Religiosität zumindest in einer Verdrängung des Gerichtsgedankens.

Vom Blickpunkt dieser Religion aus schreibt Holl, um das Neue bei Luther ins Licht zu stellen, etwa folgende Bemerkungen. Zum Ambrosiaster: „Neben einer sich erbarmenden Gerechtigkeit behauptete die vergeltende ihre Stelle" (174). Zu Augustinus: „… ganz war doch auch bei ihm die vergeltende Gerechtigkeit von der Gnadenordnung nicht ausgeschlossen. Augustin hat nicht die Kraft besessen, den Begriff des Verdienstes völlig auszustoßen … Er hält daran fest, daß das ewige Leben, obwohl Geschenk der Gnade, doch den Gläubigen zugleich als Lohn zuteil wird" (175). Zu Anselm: „… wie tief eingewurzelt die Vorstellung von der vergeltenden Gerechtigkeit im katholisch-kirchlichen Denken war" (180). Zu Thomas Aq.: „… unter der Hand führte er plötzlich bei (Röm.) 1, 18 den Begriff der iustitia als vergeltender Gerechtigkeit ein" (184). Und: „… die Gerechtigkeit im eigentlichen Sinn bleibt dabei doch wie das Erste, so auch das Letzte. Im jüngsten Gericht hat sie wieder allein das Wort" (185).

Besonders aufschlußreich ist, daß Holl ein Argument gegen Denifle darin findet, daß die katholischen Kommentatoren zu Röm. 1, 18 von der strafenden Gerechtigkeit Gottes sprechen. Man wundert sich nur, daß er bloß die Kommentatoren kritisiert und nicht gleich Paulus selbst, der in jenem Vers doch unmißverständlich von der strafenden Gerechtigkeit spricht: „Es wird nämlich Gottes Zorn vom Himmel her offenbart über alle Gottlosigkeit …" Holl „vermißt es …, daß Denifle die Auslegung von Röm. 1, 18 fast nirgends berücksichtigt" (185[2]).

In all diesen Gedanken, besonders in dem letztberichteten, spricht sich die Ansicht aus, der Fehler der Ausleger vor Luther bestehe darin, daß sie sich zum Glaubensartikel von der vergeltenden Gerechtigkeit Gottes bekannten; die Entdeckung Luthers dagegen habe ans Licht gebracht, daß man vom Gericht Gottes nicht reden dürfe, es sei denn so, daß es als Durchgang zur Gnade verstanden werde. Solche Ansichten sind ja keineswegs auf Holl beschränkt. Ich will ihretwegen einen Exkurs einfügen.

Der Lutherforscher Otto Scheel hat die Sache etwas vereinfacht. In seinem Buche „Martin Luther" (Band 2, 3.-4. Aufl., Tübingen 1930, 145 und 263) hat er das Apostolische Glaubensbekenntnis einfach kritisiert, weil es den Artikel vom Gericht enthalte. Er schreibt: „... so klar und bestimmt liegt die *letzte Ursache der Seelenpein* des Erfurter Klosterbruders vor uns: Die den Gottesgedanken beherrschende *religiöse Rechtsordnung* des Katholizismus. Wirksam wurde sie ihm zunächst und vornehmlich in der mittelalterlichen *Gerichtsidee*. Schon im Frühkatholizismus war sie lebendig gewesen. Damals schon war der Erlöser in die Verbindung mit dem Richteramt gebracht worden, die die Marter Luthers wurde. Dies Richteramt bezeugte gradezu die Gottheit Christi, wie die älteste uns erhaltene katholische Predigt, der zweite Klemensbrief (1, 1), zu erkennen gibt. Der die Lebendigen und die Toten richten, also Gottes Amt ausüben wird, ist der, über den man denken muß wie über Gott (vgl. O. Scheel Artikel „Christologie" in RGG[1] Band 1, Spalte 1743f). Aufgenommen ins apostolische Symbol und so in allen Schichten der Kirche sich verbreitend, bestimmte dieser Glaube die Frömmigkeit vor allem des Abendlandes. Seit seiner Kindheit begleitete die Vorstellung von Christus als dem Weltrichter Luther. Daß dem Tode das Gericht folge, umgab den plötzlichen Tod mit schwereren Schrecken denn sonst den Tod und ließ nach eigenen Nothelfern Umschau halten" (263). Und: „Hatte der Sünder in der Taufe das Christentum als Gnadenreligion kennengelernt, so erlebte es der Getaufte hinfort als *Gesetzesreligion*. Entscheidend ist ..., daß die Werke unter den Gesichtspunkt der Vergeltungsordnung treten ... Ein anderes Evangelium, dem Paulus aufs äußerste widerstanden hatte, wurde mit seinen eigenen Worten gepredigt ... Die sittlich-religiöse Ordnung wurde eine Rechtsordnung. Durch den frühkirchlichen *Gerichtsgedanken*, der in das apostolische Symbol aufgenommen wurde, erhielt sie einen Stachel der Unruhe und einen Ansporn zum Eifer" (145).

Es ist erregend zu beobachten, wie die Religion des Kleinen Katechismus bei dem Lutherforscher gewirkt hat. Er ist überzeugt, die Aufnahme des Gerichtsartikels ins Apostolische Bekenntnis widerspreche dem Evangelium, wie es Paulus verkündet habe. Daß zu eben diesem *Evangelium* nach Röm. 2, 16 auch die Ankündigung des Gerichts gehört und daß derselbe Paulus deswegen einen Satz niederschreiben konnte wie: „Wir müssen alle offenbar werden vor dem Richterstuhl Christi, damit jeder [den Lohn] empfange für das, was er durch den Leib getan hat, es sei gut oder böse" (2. Kor. 5, 10) – das scheint Scheel ganz zu vergessen. „Seelenpein" ist nach seiner vereinfachten Darstellung die Folge einer Anerkennung des ganzen apostolischen Glaubensinhalts.

Daß Seelenpein in Geduld und Demut, in Liebe, Hoffnung und Vertrauen überwunden werden kann, *ohne* daß der „Gerichtsgedanke" aufgegeben oder verdrängt wird, weiß er anscheinend nicht.

In einer Glaubenslehre, die den ganzen Inhalt des Neuen Testaments wiedergibt, müssen Erlösung und Gericht doch wohl beide genannt sein. Ein Weg, oder vielmehr der Anfang eines Weges, um dem Geheimnis des Zusammens der Barmherzigkeit Gottes und des Gerichts zu entsprechen, war die Kreuztheologie des vorprotestantischen Luther. An ihre Stelle sind beim protestantischen Luther und im Protestantismus Versuche getreten, den Gerichtsartikel im Bewußtsein zu neutralisieren.

Am erstaunlichsten ist diese Neutralisierung, wo sie direkt in der Schriftauslegung auftritt; denn das Neue Testament spricht ja nun doch auch vom Gericht Gottes bzw. Christi. Ich nehme als Beispiel die Artikel über *dikaiosýne*, *kríno* und *misthós*, verfaßt von Schrenk, Büchsel bzw. Preisker, im „Theologischen Wörterbuch zum Neuen Testament". Die Verfasser dieser Artikel haben es sich nicht leicht gemacht. Eine schlichte Ablehnung des Gerichtsartikels, wie wir sie bei Scheel gefunden haben, kommt für sie nicht in Frage. Aber unter dem Einfluß der Religion, die der Kleine Katechismus verbreitet hat, kommen sie doch in Verlegenheit. Ihre Lösungen laufen alle darauf hinaus, daß das Gericht keine eigentliche Realität sei. Für Büchsel ist der „Gerichtsgedanke" bei Paulus zwar nicht „nur dialektisch gemeint …; er hat vielmehr axiomatische Bedeutung" (ThWb III 938). Das heißt aber doch nicht, daß das Gericht als eine Wirklichkeit erwartet wird, sondern, daß es eine Denknotwendigkeit sei. „Die Lehre vom Gericht nach den Werken ist die beständig gültig bleibende Voraussetzung der Lehre von der Rechtfertigung durch Glauben; ohne die erstere verlöre die letztere ihren Ernst und ihre Tiefe. Selbstverständlich hebt der Gedanke der Rechtfertigung ohne Werke den Gedanken des Gerichts nach den Werken auf, aber so, daß er ihn als bleibend gültig einschließt, nicht so, daß er ihn als Lüge oder Irrtum ausschließt" (ebendort 939[68]). Es geht hier also um „Lehren" und „Gedanken", nicht um Wirklichkeit; für den einen „Gedanken" ist der andere als „Voraussetzung" „gültig". – Ähnlich denkt Schrenk. Er schreibt: „Wir haben … im paulinischen Endgerichtsgedanken die Hervorhebung der allem übergeordneten göttlichen Grundnorm und damit den radikalen Aufruf zur Gottesfurcht … Nicht wird dadurch die Heilsgewißheit in Frage gestellt oder erschüttert, vielmehr bewährt sich der Gerichtsgedanke als ein überaus kräftiges Motiv zum Gehorsam" (ThWb II 211). Die „Grundnorm", von der hier gesprochen wird, ist offenbar etwas Ähnliches wie Büchsels „axiomatische Bedeutung". Deutlicher aber als bei diesem wird bei Schrenk, daß der Gerichts-"Gedanke" für den Lutherjünger seine Bedeutung vorwiegend für die *Predigt* hat: Er ist gut als „Aufruf", um ein „kräftiges Motiv zum Gehorsam" zu vermitteln. Aber bis zur Anerkennung einer Wirklichkeit darf das nun auch nicht gehen; die Heilsgewißheit soll nicht erschüttert werden. – Preisker gibt zu: „Jesus redet also vom Lohn, aber", fügt er hinzu, „es ist jeglicher Verdienstgedanke bedingungslos ausgeschlossen" (ThWb IV 725). Man fragt sich: Was bezeichnet man denn als Lohn, wenn nicht etwas, das verdient ist? Am Apostel Paulus kritisiert Preisker, „daß er … alte, ihm aus der jüdischen Vergangenheit geläufige Vorstellungen übernimmt, die auch den reinen Klang seiner Verkündigung trüben können" (ebendort 729). Aber „mit der Rechtfertigungslehre ist der Lohngedanke überwunden" (726). Das ist sicherlich richtig für *Luthers* „Rechtfertigungslehre". Aber daß es für das Neue Testament nicht richtig sein kann, ergibt sich wider Willen Preiskers doch schon aus der außerordentlichen Gewundenheit seiner langen Ausführungen, über die ich nicht weiter berichten will.

Bei Preisker ist die Verlegenheit am deutlichsten. Schrenk und Büchsel machen aus dem Gerichtsartikel – um mit einem ganz modernen Schlagwort zu reden: – Ein bloßes „Sprachgeschehen". Da ist es denn nicht verwunderlich, daß Kirchengeschichtler, zu deren Berufspflicht ja nicht die Auslegung der Heiligen Schrift gehört, sich die Sache etwas einfacher machen, wie wir bei Holl und in noch höherem Grade bei Scheel beobachtet haben.

Kehren wir nun nach diesem Exkurs zu Bizer zurück, so finden wir, daß auch er vereinfacht, und zwar in größerem Maße als Holl, ja ähnlich wie Scheel. Er zitiert mittelalterliche Äußerungen über den Ablaß und zieht daraus den (durchaus richtigen) Schluß, „daß die Ablaßtheologie die Vorstellung von der Iustitia Dei, qua punit peccatores, voraussetzt … Die Ablaßlehre steht und fällt mit der Vorstellung von der strafenden Gerechtigkeit Gottes" (97). Bizer findet sodann in Luthers „Sermon von dem Ablaß und Gnade" eine „Infragestellung der göttlichen Strafgerechtigkeit. Luther bestreitet sie, weil er sie in der Schrift nicht findet" (99).

Ob diese Ansicht in dem genannten Sermon wirklich geäußert ist, steht hier nicht zur Debatte. Am Rande sei aber vermerkt, daß sie dort nicht nur fehlt, sondern daß Luther im Gegenteil sogar sagt: „Das findet man wohl, daß Gott etliche nach seiner Gerechtigkeit strafet oder durch Pein dränget zu der Reue" (Cl. 1, 12, 20; WA 1, 244; MA 1, 110).

Was im Zuge unserer Untersuchung hervorgehoben werden muß, ist dies: daß Bizer ebenso wie Holl von dem Problem, das Luther in der Vorrede zu seinen lateinischen Schriften zur Sprache bringt, *ablenkt*. Die Frage, von der Luther in der Anfangszeit seines Kirchenkampfes bedrängt wurde, war nach der Darstellung jener Vorrede nicht, ob es eine strafende Gerechtigkeit überhaupt gebe (wie Bizer meint), auch nicht, in welchem Verhältnis diese zu der schenkenden Gerechtigkeit stehe (wie Holl anscheinend meint) – die Frage war vielmehr, *ob die im Evangelium sich enthüllende Gerechtigkeit die strafende oder die schenkende sei.* Dabei ist vorausgesetzt, daß es beide Arten von Gerechtigkeit Gottes wirklich gibt. (Vgl. die Übersetzung unten Seite 306 und 307.)

Wenn aber die Frage so war, dann kann in diesem Zusammenhang die Ablaßtheologie gar keine Bedeutung haben! Daran, *daß* diese Theologie von der strafenden Gerechtigkeit Gottes redet, kann jemand, der diesen Glaubensartikel anerkennt, keinen Anstoß nehmen. Luthers Kampf gegen den Ablaß hat andere Zusammenhänge; er geht weder aus einem Suchen nach dem Sinn des Ausdrucks „Gerechtigkeit Gottes" hervor, noch löst er ein solches Suchen aus. Bizer selber muß zugeben: „Es bleibt jedenfalls auffallend, daß die Iustitia als Glaubensgerechtigkeit hier [in der Schrift: „Ein Freiheit des Sermons vom Ablaß" 1518] überhaupt nicht erwähnt wird" (101).

Wie konnte denn aber Bizer auf den Gedanken kommen, es sei der Ablaßstreit gewesen, der Luther „auf die Frage nach der iustitia Dei gestoßen" habe? (97). Nun, wir haben bereits gesehen, daß auch Bizers Argumentation von den Voraussetzungen ausgeht, deren Symbol die Credoauslegung des Kleinen Katechismus ist. Nur daher konnte er es so bemerkenswert finden, daß die mittelalterlichen Theologen die „Vorstellung von der strafenden Gerechtigkeit Gottes" gehabt haben, und nur so konnte er zu der Ansicht kommen, daß Luther die wahre Gerechtigkeit Gottes eben doch noch zu entdecken und als notwendiges Gegenstück dazu die strafende zu leugnen gehabt habe.

Holl war im wesentlichen derselben Meinung. Darum konnte er schreiben: „Es ist richtig, daß sich durchs ganze Mittelalter hindurch die augustinischen Formeln: iustitia dei, non qua ipse deus iustus est, sed qua iustificat impium oder quam impertiendo largitur in den Kommentaren zum Römerbrief erhalten hatten. Aber selbst wenn Luther … diese Formeln in den ihm zugänglichen Kommentaren gefunden hätte, aus seinen Ängsten wäre er dadurch nicht gerissen worden. Das Unglück für einen Mann in seiner Lage war, daß in den Kommentaren *auch noch vieles andere mit drin stand* … auf dem Grund des Gottesgedankens erblickte auch die Ausleger des Paulus zuletzt nichts anderes als Gottes *vergeltende Gerechtigkeit*" (187),

Es ist also hervorzuheben, daß Holl und Bizer die Fragestellung, von der Luther 1545 berichtet, verschoben haben; daß sie das Problem gar nicht so sehen, wie Luther es dort darstellt. Nach Luthers Darstellung von 1545 war die ihn in der Zeit, von der er berichtet, bedrängende Frage keine andere als die, *wie das Wort „Gerechtigkeit Gottes" in dem Bibelvers Röm. 1, 17 zu verstehen sei.*

Diese Darstellung ist aber objektiv unrichtig. Luther hat schon 1513 zumindest aus Augustinus die Auslegung von Röm. 1, 17 gekannt, nach welcher die dort gemeinte Gerechtigkeit die schenkende bzw. die geschenkte ist (vgl. etwa Cl. 5, 157, 16; 161, 1; 174, 29; 177, 29; 1g1, 21; 213, 1ff). Darum behält das Ergebnis von Denifles Untersuchung sein volles Gewicht: Es ist nicht wahr, daß Luther erst habe entdecken müssen, was die im Evangelium sich enthüllende Gerechtigkeit, von der Röm. 1, 17 die Rede ist, bedeute; vielmehr haben, in direktem Gegensatz zu Luthers Behauptung, „*alle* doctores", soweit ihre Ansichten literarisch überliefert sind, genau das gelehrt, was Luther behauptet, erst entdeckt zu haben. Die Argumente, mit denen Holl und Bizer Denifles Beweisführung zu entkräften versuchen, gehen am Ziel vorbei, weil sie von einer verschobenen Fragestellung ausgehen; durch diese Verschiebung sind sie aber ein interessantes Dokument für die Kraft der geschichtlichen Wirkung von Luthers Behandlung des biblisch-katholischen Gerichtsartikels. Luther hat diesen Artikel nie dogmatisch geleugnet. Aber sein Bemühen, ihn aus dem religiösen Bewußtsein zu verdrängen, mußte in der Theologie, die ihm folgte, unvermeidlich auch zu dogmatischen Konsequenzen führen. Wie ist denn aber Luthers unrichtige Angabe zu erklären? Die Frage ist müßig; ich will aber knapp skizzieren, wie Luther meiner Ansicht nach zu seiner Aussage kommen konnte. Denifles Auffassung, daß Luther hier bewußt gefälscht oder gelogen habe, halte ich jedenfalls für ausgeschlossen.

2. Bemerkungen über „Gerechtigkeit Gottes" im Denken Luthers

Von Anfang an kannte und anerkannte Luther die auf Augustins „De spiritu et littera" (IX 15; XI 18; XVIII 31) zurückgehende Deutung, daß der Ausdruck „Gerechtigkeit Gottes" in Röm. 1, 17 die schenkende bzw. geschenkte Gerechtigkeit meine. Im Anschluß an diese Deutung versuchte er von 1512 bis 1517 eigene, weiterführende Gedanken, entsprechend seinen eigenen spirituellen Erfahrungen und seinem Drang zur Originalität. Dokumente dafür sind seine frühen Predigten und die Vorlesungen über die Psalmen, den Römerbrief und den Galaterbrief (Hinweise bei Bizer a. a. O. Seite 15ff, 27ff, 53ff, 59ff, 150ff). Ich brauche auf diese interessanten und wichtigen Versuche nicht einzugehen; ich erwähne nur, daß Luther sich in ihnen bemüht, die verschiedenen Aspekte der Gerechtigkeit – die schenkende Gerechtigkeit, die strafende Gerechtigkeit Gottes und die zivile Gerechtigkeit, die jedem das Seine gibt – in ein Wesensverhältnis zueinander zu bringen.

Es gibt also sehr viel Nachdenken über Gerechtigkeit beim vorprotestantischen Luther. Aus der Tatsache, daß in Luthers erster Psalmenvorlesung zu Psalm 71-72 eingehend über Gerechtigkeit geredet wird, hat Erich Vogelsang geschlossen, es seien diese Überlegungen, an die sich Luther in seiner Rückschau 1545 erinnert habe. Bizer (21) weist dagegen, m. E. mit Recht, darauf hin, „daß Luther hier genau das tut, was ihn nach seiner späteren Erzählung in so große Schwierigkeiten geführt hat. Er versteht die Gerechtigkeit Gottes als anklagende und strafende …" In der Tat, nirgends beim jungen Luther hat das Nachdenken über die Gerechtigkeit Gottes die Gestalt, die es nach Luthers Rückschau von 1545 haben sollte.

Bizer will nun diese Gestalt in den Jahren 1517 bis 1519 finden. Die wenigen Stellen aber, die er aus Luthers Schriften jener Jahre für diese Auffassung anführen kann, und die wenigen Worte, die Luther da über Röm. 1, 17 sagt, beweisen m. E. nicht, daß dieser Bibelvers damals im Mittelpunkt seines Interesses gestanden hätte. Was Luther geistig und geistlich beschäftigte, darüber hat er immer mehrmals und ausführlich gesprochen. Es scheint mir sicher, daß in den Jahren 1517 bis 1519 nicht die Frage, was Gerechtigkeit Gottes sei, das zentrale Thema von Luthers theologischem Nachdenken gewesen ist, sondern die Frage nach dem „Frieden" und nach der Art des heilsaneignenden Glaubens. Denn von diesen Dingen sprechen die Schriften jener Jahre immer wieder. Auch in den beiden Reden „De triplici justitia" und „De duplici justitia" aus dem Jahre 1518 geht es nicht so sehr darum, was Gerechtigkeit Gottes sei, als um deren Aneignung durch den Glauben, wie sich aus Bizers eigener Darstellung ergibt (a.

a. O. 126 und 129). In den „Operationes in Psalmos" legt Luther 1519 zu Psalm 5, 9 nur etwas breiter dar, was er seit Jahren wußte: Daß es eine schenkende Gerechtigkeit Gottes gibt. Die strafende leugnet er nicht, und was er über die schenkende bzw. geschenkte Gerechtigkeit sagt, bezeichnet er ausdrücklich als Augustins Gedanken, nicht als seine Entdeckung. Hätte es in seinem Leben eine solche Entdeckung gegeben, so hätte er hier, wo er ausführlich von dem Thema „Gerechtigkeit Gottes" sprach, auch erwähnt, daß er erst habe entdecken müssen, was diese Gerechtigkeit eigentlich sei.

Wenn man annehmen darf, daß Luthers Aussprüche über seine „Entdeckung der Gerechtigkeit Gottes" in Otto Scheels „Dokumente zu Luthers Entwicklung" vollständig gesammelt sind, so ergibt sich folgendes.

1522 (Dok. Nr. 54) behauptet Luther zum ersten Male, daß im Verständnis der Gerechtigkeit Gottes „die Papisten, auch viel heiliger Väter, geirret haben", indem sie dieselbe als die „selbwesende innerliche Gerechtigkeit Gottes" aufgefaßt haben, nicht aber als „die ausgegossene Gnade und Barmherzigkeit durch Christum in uns". 1531 (Dok. 808) sagte er in einer Predigt, nach einer Nachschrift: „Quando olim legi: Deus est justus, justitia hieß: Wenn man einem sein Recht tut. Libentius audissem eum misericordem quam justum"; nach einer anderen Nachschrift: „Ego olim intelligebam hoc vocabulum [sc. justus] Deum esse justum judicem et tyrannum. Ego maluissem misericordem." Im nächsten Jahre beginnen dann Dokumente, in denen er darüber hinaus behauptet, daß ihm der Gedanke an die Gerechtigkeit Gottes in den Schriftstellen Psalm 31, 2 und Röm. 1, 17 früher große Not und Schrecken bereitet habe, bis er die richtige Deutung – die schenkende Gerechtigkeit – entdeckt habe. Aus dem Sommer 1532 gibt es gleich vier solcher Äußerungen (Dok. 235, 237, 238, 245). Eine von diesen ist die berühmte Schilderung des „Turmerlebnisses" (Dok. 235 = Tischreden Nr. 3232). Die Dokumente (weitere sind Dok. 404, 449, 452, 474, 476, 490, 491) reichen bis zum Jahre 1543; sie finden sich nicht nur in Tischreden, sondern auch in Vorlesungen. In der Beantwortung der Frage, wie weit sich die Papisten geirrt hätten, wie auch in der Bezeichnung des Grades der Originalität von Luthers Entdeckung stimmen sie nicht überein.

Ich denke, diese Tatsachen drängen doch zu der Annahme, daß Luthers Behauptung von seiner Entdeckung der Gerechtigkeit Gottes eine allmählich gewachsene, erst im Sommer 1532 zur vollen Konkretheit gediehene, nachträgliche Objektivierung ist – bis hin zu jener umstrittenen „cloaca auf dem Turm" bzw. der „turris, in qua secretus locus erat monachorum", wo die Entdeckung stattgefunden haben soll (Dok. 235). Die psychologische Erklärung für die Objektivierung liegt auf der Hand. Ich erinnere nur daran, daß Luthers zeitlebens empfindliches Gewissen ihm immer wieder schwere Vorwürfe gemacht hat wegen seiner neuen Lehre und der von ihm herbeigeführten Spaltung der Kirche (vgl. Dok. 51, 199, 249 und oben Kapitel VI, Seite 244). Ist es da wahrscheinlich, daß seine Erinnerung, von der er im übrigen erst 14 Jahre nach dem Ereignis zu reden anfängt, den Tatsachen entsprochen hätte? War ein Bewußtsein wie das, daß er den richtigen Begriff der Gerechtigkeit Gottes zu entdecken gehabt hätte, für ihn, der sich endgültig für seine eigene Lehre und die Spaltung entschieden hatte, nicht eine geradezu unentbehrliche Stütze für sein seelisches Gleichgewicht? Man sollte Luthers Denken nicht mit der geruhsamen Schreibtischarbeit eines Gelehrten verwechseln.

Daß Luther die Auslegung von Röm. 1, 17, nach der hier die schenkende Gerechtigkeit gemeint ist, von Augustinus gelernt hat, also nicht zu entdecken brauchte, ergibt sich u. a. aus seiner Erklärung von Psalm 5, 9 in den Operationes (Dok. 784), ferner etwa aus seiner Glosse zu Röm, 3, 21f (Nunc autem sine lege …), BG 1, 224-226, wo er Augustinus wörtlich zitiert. Als er dann 1545 seine Rückschau schrieb, hat er offenbar in den Schriften seiner frühen Jahre geblättert, besonders in den „Operationes in Psalmos". Da fand er die Ausführungen über die Gerechtigkeit Gottes, die als schenkende zu verstehen sei. Nach diesen Ausführungen hat er seinen Bericht über seine Entdeckung formuliert. Denn zwischen dem Stück der Operationes und der Rückschau besteht eine Übereinstimmung, die „sich nicht nur auf einzelne Ausdrücke erstreckt, sondern auch auf den Aufbau der Darstellung", wie Bizer (a. a. O. 169) vermerkt, ohne jedoch den sich aufdrängenden Schluß auszusprechen, daß die Übereinstimmung nur so erklärt werden kann, daß Luther, seine Rückschau schreibend, in den Operationes geblättert hat. Da sich aber bei Luther seit 1532 die Ansicht gebildet hatte, daß er die wahre Bedeutung der Gottesgerechtigkeit erst entdeckt habe, schrieb er in der Rückschau 1545 nicht einfach, wie er in den Operationes vor 26 Jahren gesagt hatte, daß Augustinus das richtige Verständnis lehre, sondern, daß er, nachdem er dies Verständnis *entdeckt*, bei Augustinus *nachgelesen* und, es dort *bestätigt* gefunden habe!

Es scheint mir also, die Tatsachen zwingen zu dem Schluß, daß es ein „Turmerlebnis" als „Entdeckung der Gerechtigkeit Gottes" bei Luther nie gegeben hat. Freilich hat es ein entscheidendes Erlebnis 1518 gegeben. Aber es war kein Erlebnis der „Gerechtigkeit Gottes", und es fand aller Wahrscheinlichkeit nach im Beichtstuhl statt. Denn das neue Erlebnis war der „Friede", und nach Luthers Darstellung muß man annehmen, daß er ihn nicht beim Grübeln über eine Bibelstelle erlebt hat, sondern beim Empfang des Bußsakraments. Daß sich die Erinnerung hieran später verschob, ist nur allzu verständlich.

3. Bizers Fehlinterpretationen als Folge seiner Voraussetzungen

In der Einleitung seiner Abhandlung (Seite 14) sagt Bizer: „Die Voraussetzung dieses Versuches ist nicht ein Leitbild dessen, was Luther werden wollte oder sollte, sondern einfach eine sorgfältige Exegese der Stellen, an denen Luther selbst von der Justitia Dei redet, besonders da, wo es im Zusammenhang mit Röm. 1, 17 geschieht." Nun scheint mir, daß Bizer diese seine Methode im allergrößten Teil seiner Studie wirklich befolgt hat und dadurch zu bleibenden Ergebnissen gelangt ist. Aber er hatte doch noch andere Voraussetzungen als die von ihm genannte, und auch ein Leitbild. Das hat zu Fehlinterpretationen geführt.

Zunächst setzt er voraus, daß Luthers Bericht von 1545 faktisch richtig sein müsse. Darum tut er den Texten Gewalt an und findet beispielsweise (Seite 118) in den Acta Augustana eine Erwähnung des Bibelverses Rom. 1, 17 „an entscheidender Stelle" – obwohl er selber in der Erörterung dieser „entscheidenden Stelle" mehr vom *Glauben* als von der Gerechtigkeit Gottes sprechen muß!

Zweitens setzt er voraus, „daß die Entdeckung darin besteht, daß Luther das Wort als das Gnadenmittel entdeckt hat" (Seite 7). Das „Wort als Gnadenmittel" versteht Bizer im Sinne einer gewissen Richtung der heutigen protestantischen Theologie. Das ist nun doch seine „bestimmte Vorstellung vom Wesen des Reformatorischen", mit der er an den Text herangeht. Sie ist historisch insofern berechtigt, als diese theologische Richtung letztlich von Luther ausgeht. Aber ihre Aussagen müssen doch in einigen Punkten interpretiert bzw. zurechtgerückt werden, wenn man näher an die Sache herankommen will.

Daß es sich hier um eine Vorentscheidung handelt, zeigt sich am klarsten an einigen einfachen Fehlern, die Bizer macht.

Erstens passiert ihm ein spaßiger Übersetzungsfehler. Luther schreibt WA 45, 30 (Bizer 126[15]): Nullus salvatur nomine suo proprio, sed appellativo (id est non ut Petrus, Paulus, Johannes, sed ut Christianus). Das heißt: „Niemand wird unter seinem Eigennamen selig, sondern unter seinem Gattungsnamen (d. h. nicht als Petrus, Paulus, Johannes, sondern als Christ – oder: Nicht weil er Petrus, Paulus oder Johannes heißt, sondern weil er ein Christ heißt)." Nomen appellativum ist ein grammatischer Terminus = „Gattungsname", im Gegensatz zu nomen proprium = „Eigenname". Bizer aber findet in Luthers „appellativo" das in seiner theologischen Richtung beliebte Schlagwort „Anrede" und notiert: „Durch die Anrede Gottes werden wir gerecht", und dann noch einmal (Seite 127): „die Gerechtigkeit, die Christus besitzt oder ist und die uns durch die Anrede Gottes zukommt, wenn wir ihr glauben". Der Übersetzungsfehler ist aufschlußreich, weil die Richtung, in die er fällt, unvermeidlich auf die Vorentscheidung oder das Leitbild hinweist.

Der zweite Fehler liegt in Bizers Exegese von Luthers Rückschau 1545. Ich übersetze den Teil der Stelle, den Bizer für besonders wichtig hält. Luther schreibt: „Schließlich erbarmte sich Gott meiner, so daß ich, Tag und Nacht nachsinnend, auf den Zusammenhang der Worte (bei Paulus, Röm. 1, 17) achtete, nämlich: „Die Gerechtigkeit Gottes wird in ihm (d. h. im Evangelium) offenbart, wie geschrieben steht: Der Gerechte lebt aus dem Glauben." Ich fing an, die Gerechtigkeit Gottes dort als diejenige zu verstehen, vermöge der der Gerechte durch Gottes Geschenk lebt, nämlich aus dem Glauben, und (ich begann zu begreifen), daß der Sinn ist: „durch das Evangelium wird die Gerechtigkeit Gottes offenbart", nämlich die passive (Gerechtigkeit), vermöge der der barmherzige Gott uns durch den Glauben rechtfertigt, wie geschrieben steht: Der Gerechte lebt aus dem Glauben" (Cl. 4, 427, 35; WA 54, 186; MA 1, 27).

Bizer meint nun (Seite 166), hier seien die Worte „in ihm" (d. h. im Evangelium) bzw. „durch das Evangelium" *betont*. Was Luther in seiner Rückschau als seine Entdeckung habe bezeichnen wollen, sei „zunächst einmal dies, daß das Evangelium der Träger der sich offenbarenden Gerechtigkeit ist oder daß der Vorgang der Offenbarung an das Evangelium gebunden ist. Das Evangelium ist die Offenbarung und damit auch die Mitteilung dieser Gerechtigkeit." Hierin sieht Bizer dann die wesentliche Übereinstimmung zwischen Luthers Selbstzeugnis von 1545 und dem, was aus der Untersuchung seiner Schriften um 1518 erhebbar sei.

Diese Interpretation scheint mir aus mehreren Gründen unhalt-bar. Bizer hat den Zusammenhang der Stelle nicht beachtet.

Erstens: In der Folge der oben übersetzten Lutherstelle, wo Luther den Gedanken weiterspinnt, ist überhaupt nicht vom Wirken Gottes durch das Wort die Rede, „was wir", wie Bizer verwundert meint (Seite 167), „eigentlich erwarten würden" – was wir aber doch nur erwarten können, wenn wir mit den Voraussetzungen Bizers an den Text herangehen. Wenn die Worte „in ihm", d. h. „durch das Evangelium", für Luther wirklich das Wichtigste in diesem Zusammenhang gewesen wären, so hätte er sie in der Folge weiter explizieren müssen, zumal da sie dort, wo sie auftreten, im Zitat einer Bibelstelle stehen, also gar nicht Luthers eigenes Wort sind. Luther aber expliziert sie nicht, sondern er sagt, fortfahrend, daß er sogleich andere Schriftstellen durchgegangen sei und dort *in andern Ausdrücken Ähnliches* (analogiam) gefunden habe. Was fand er aber? Nicht, daß die Gerechtigkeit Gottes „durch das Evangelium" offenbart werde, sondern er fand Ausdrücke wie z. B. „„Werk Gottes", d. h. daß Gott in uns wirkt; „Kraft Gottes", d. h. daß Gott uns stark macht; „Weisheit Gottes", d. h. daß Gott uns weise macht …" Da nun Luther sagt, er habe „in andern Ausdrücken eine Analogie" gefunden, muß man doch wohl fragen, worin diese bestehe, was also diese Ausdrücke mit dem Ausdruck „Gerechtigkeit Gottes", *gemeinsam* haben. Die Antwort liegt auf der Hand: wie die Gerechtigkeit Gottes das ist, vermöge dessen Gott *uns gerecht macht*, so ist auch mit den anderen Bezeichnungen immer etwas gemeint, das Gott *uns mitteilt*. Vom „Wirken Gottes durch das Wort und den *Glauben*" ist also hier gar nicht die Rede.

Wovon aber die Rede ist, das wird weiter klar durch das, was in Luthers Rückschau dem oben übersetzten Stück *vorhergeht*. Ich übersetze: „Inzwischen war ich in diesem Jahr (1518) soeben zum Psalter zurückgekehrt, um ihn von neuem auszulegen, darauf vertrauend, daß ich geübter sei, nachdem ich St. Pauli Briefe an die Römer, an die Galater und den, der an die Hebräer gerichtet ist, in Vorlesungen behandelt hatte. Ich war von einem gewiß wunderbaren Eifer ergriffen gewesen, Paulus im Römerbrief zu verstehen (cognoscendi), aber es hatte mir bisher im Wege gestanden nicht Interesselosigkeit (frigidus circum praecordia sanguis), sondern ein einziges Wort, das im 1. Kapitel steht: „Die Gerechtigkeit Gottes wird in ihm (im Evangelium) offenbart." Ich haßte nämlich dieses Wort „Gerechtigkeit Gottes", das ich durch den Brauch und die Gewohnheit aller Doktoren belehrt worden war, philosophisch zu verstehen, von der sogenannten formalen oder aktiven Gerechtigkeit, durch die Gott gerecht ist und die Sünden und Ungerechten bestraft. Ich aber liebte den gerechten und die Sünder bestrafenden Gott nicht, haßte ihn vielmehr; denn, wie untadelig ich auch als Mönch lebte, ich fühlte, daß ich vor Gott ein Sünder sei, mit einem sehr unruhigen Gewissen, und ich konnte nicht darauf vertrauen, daß (Gott) durch meine Genugtuung versöhnt sei. Und ich war unwillig (indignabar) gegen Gott, wenn nicht mit heimlicher Lästerung, so doch mit einem mächtigen Murren, und ich sagte: Als ob es nicht genug wäre, daß die elenden Sünder und durch die Erbsünde auf ewig Verdammten durch das Gesetz der Zehn Gebote von aller Art Unheil (calamitas) bedrückt sind, wenn nicht Gott durch das Evangelium dem Leid noch Leid hinzufügen würde und auch durch das Evangelium uns seine Gerechtigkeit und seinen Zorn androhen würde! So wütete ich mit einem wilden und verstörten Gewissen, doch klopfte ich ungestüm an dieser Stelle bei Paulus an, voll brennenden Durstes zu erfahren, was St. Paulus wolle" (Cl. 4, 427, 11; WA 54, 185; MA 1, 26). Unmittelbar hierauf folgt dann das oben Seite 305 übersetzte Stück: „Schließlich erbarmte sich Gott meiner …"

Nun mein zweiter Einwand gegen Bizers Interpretation. Nach dem verschobenen Erinnerungsbild seiner Rückschau hatte Luther sich früher an dem Verständnis der Gerechtigkeit Gottes als strafender gestoßen. Es hatte ihn ganz besonders geärgert, daß die Strafgerechtigkeit nicht nur in den Zehn Geboten, sondern *obendrein auch noch „im Evangelium"* sich enthüllen sollte. Die Frage, um deren Antwort er bei Paulus angeklopft hatte, war die nach dem rechten Verständnis der *sich im Evangelium enthüllenden* Gottesgerechtigkeit gewesen. Daß diese Gerechtigkeit, so oder so verstanden, im Evangelium sich offenbare, stand also fest; der Begriff „im Evangelium" ist schon in der Fragestellung enthalten. Nach Bizers Interpretation müßte dann aber die Antwort lauten: Die sich im Evangelium enthüllende Gerechtigkeit enthüllt sich im Evangelium! Das ist offenbar nicht sinnvoll. Aber nehmen wir einmal einen Augenblick an, Bizer hätte recht und Luther hätte tatsächlich diese Tautologie gemeint. Soll diese einen Sinn haben, so muß das Wort „Evangelium" bei seinem zweiten Vorkommen etwas anderes meinen als bei seinem ersten Vorkommen. Der Sinn könnte nur der sein, daß das Evangelium, verengt, als „Verheißungswort" und das Verheißungswort in der neuen, ichbezogenen Weise verstanden wäre: Die im (überlieferten) Evangelium sich enthüllende Gerechtigkeit enthüllt sich im (je mir zugesprochenen) „Verheißungswort". Damit besteht aber das Wesen der neuentdeckten Gerechtigkeit Gottes im Zuspruch und in der Annahme des „Verheißungswortes". Selbst bei Annahme der (an sich unmöglichen) Interpretation Bizers ergibt sich also, daß auch er, ohne es sich recht klar zu machen, das wirklich Neue bei Luther in der *Reflexivität des Glaubens* findet! Das wäre sachlich richtig; nur daß Luther in seiner Rückschau nicht davon spricht.

Es ist verwunderlich, daß Bizer, dessen Methode sonst so sorgfältig „den Zeilen entlanggeht", hier den einfachen und eindeutigen Sinn des Textes verändert, durch eine gezwungene Interpretation, die sich auf ein zitiertes Pauluswort, dagegen nicht auf Luthers eigene Worte stützt und die nur dadurch möglich wird, daß das Vorhergehende und Folgende nicht beachtet wird. Das ist offenbar die Folge einer Vorentscheidung.

4. Bizers Ergebnisse

Was Bizer in Luthers Rückschau von 1545 hineininterpretiert, hat zwar seiner Studie den Titel gegeben: „Fides ex auditu. Eine Untersuchung über die Entdeckung der Gerechtigkeit Gottes durch Martin Luther" – aber es ist doch nicht das eigentliche Ergebnis seiner Untersuchung. Man kann – und sollte! – die Rückschau von 1545 (ebenso wie andere Rückblicke Luthers auf seine Entwicklung) ganz beiseite lassen, wenn man danach fragt, was sich in seinem Denken um 1518 bzw. von 1513 bis 1520 ereignet habe. Geht man aber Bizers Studie durch, ohne die wenigen Seiten zu beachten, wo er Luthers Rückschau bespricht, so drängt sich – ein ganz anderes Ergebnis auf – eben dasselbe, das wir soeben schon als in Bizers Interpretation unbemerkt eingeschlossen gefunden haben.

Das wichtigste Ergebnis scheint mir, daß Bizer, im Gegensatz zu anderen Forschern, den Unterschied zwischen dem vorprotestantischen und dem protestantischen Luther (obwohl er diese Ausdrücke nicht gebraucht) der Sache nach klar gesehen und überzeugend dargestellt hat. Freilich beschreibt er den Unterschied in seiner Terminologie, die für den, der seine Voraussetzungen nicht teilt, einiger Interpretation bzw. Explikation bedarf.

Seine sorgfältige Durchforschung von Luthers Römerbriefvorlesung kommt zu Ergebnissen, die er u. a. in folgenden Sätzen formuliert: „Man wird … *nicht* sagen können, daß *der nackte Glaube* die Gerechtigkeit sei; er gehört immer zusammen mit seinen Werken" (32). Es wird von Luther zwar „die rettende Wirkung des Wortes oder des Glaubens begründet", aber „es ist *nicht freisprechendes, sondern* „*hinführendes*" Wort" (32). „*Gesetz und Evangelium sind hier nicht geschieden*" (33). Der Glaube bedeutet „weithin nichts anderes als Glaube an das anklagende und dadurch demütigende Wort der Schrift" (33f). Zu Luthers Auslegung von Röm. 10, 6 bemerkt Bizer, „daß es sich beim Glauben einfach um die Unterwerfung unter die Autorität handelt" (37). „*Nirgends* … ist *das gnädige Wort Gottes* Gegenstand des Glaubens" (37) – unter dem „gnädigen Wort Gottes" versteht Bizer natürlich das ‚Verheißungswort' im Sinne der Doktrin des reflexiven Glaubens. In seiner Polemik gegen die Werkgerechtigkeit redet Luther zwar von Gnade und von Hoffnung auf die Barmherzigkeit, aber Bizer fragt: „Warum redet er hier nicht vom Glauben?! Hätte er so reden können, wenn das Wort und der Glaube damals sein Trost gewesen wäre?!" (43). Vom Standpunkt der Reflexivitätsdoktrin aus ist dieser fragende Ausruf völlig sinnvoll. Zu Luthers Gedanken über den geistlichen Menschen bemerkt Bizer: „Nirgends taucht auch nur die Vokabel „Glaube" auf!" (46). Zu Luthers Imputationslehre: „daß wir es hier gerade *nicht* mit *reformatorischer Theologie* zu tun haben: *die promissio hat nicht den Inhalt der*

Sündenvergebung" (49). Mit Recht vermißt Bizer in der Römerbriefvorlesung die spätere Theorie vom „Verheißungswort". Zur Auslegung von Röm. 3, 4 bemerkt er: „Der Glaube wird nicht an ein verheißendes Wort gebunden, sondern soll zunächst die Wahrhaftigkeit Gottes in der Erfüllung seiner Verheißung anerkennen" (52[23]) und: „Wenn Luther hier in der Tat zunächst vom *Glauben an die Verheißung* ausgeht, so ist das ... *nicht das, was er später unter der Verheißung versteht*" (58), (Hervorhebungen hier und im folgenden von mir.)

In alledem ist klar und scharf gesagt, *welche Ideen des protestantischen Luther in der Römerbriefvorlesung fehlen*, wie auch, welche Gedanken dieser Vorlesung nicht zum System des späteren Luther passen.

Das protestantisch Neue in der Hebräerbriefvorlesung sieht Bizer ebenso deutlich. Knapp und treffend formuliert er die wichtigste neue Lehre dieser Vorlesung in dem Satz: „*Man erlangt die Gnade, weil man glaubt, daß man sie ... erlangt*" (81). „Als Objekt des Glaubens erscheint nicht mehr das Schicksal des Gottessohnes, sondern *die dem Sakrament beigebundene Verheißung*" (86, ähnlich 92). „*Unverkennbar ist der neue Glaubensbegriff*: der Glaube bezieht sich ... auf das ... Wort der Predigt der Sündenvergebung" (90). „*Der Begriff des Glaubens hat einen neuen Inhalt bekommen*" (93).

Zu den Acta Augustana bemerkt Bizer, daß dort Glauben mit Gerechtigkeit gleichgesetzt werde und: „Glaube bedeute ... eben den Glauben an die Verheißung oder an das Wort" (118) und: „Das Ganze bedeutet offenbar *eine einschneidende Revision der Theologie des Kreuzes* ... nicht mehr das Kreuz ist die Gnade, auch nicht das im Glauben angeschaute oder gedeutete Kreuz und nicht das geduldig getragene Kreuz, sondern das Wort und der Glaube an das Wort" (122). Auch die Unvereinbarkeit der Kreuztheologie mit dem neuen Glaubensbegriff ist also von Bizer klar erkannt. Die Begriffe „Wort", „Verheißung" und „Glaube" sind natürlich überall von der Doktrin des reflexiven Glaubens aus zu verstehen (die in der theologischen Richtung, zu der Bizer gehört, in modernisierter und radikalisierter Form weiterlebt).

Es sind drei Begriffe, mit denen Bizer das Neue, das seit 1518 bei Luther zu bemerken ist, beschreibt: *Glaube, Wort, Gerechtigkeit*. Der Rückschau Luthers zuliebe legt er das größere Gewicht auf den Begriff *Gerechtigkeit*. Aber die gemeinte Gerechtigkeit ist nach den Acta Augustana mit dem *Glauben* identisch, und das Nachdenken dort, wie in den Jahren um 1518 überhaupt, kreist gerade *nicht* mehr, wie es 1513 bis 1517 gewesen war, um den Begriff der Gerechtigkeit – dieser Begriff wird jetzt nur sekundär hinzugenommen –, sondern um den *Glauben* und seine Funktion bei der Heilserlangung, speziell im Sakrament. Was zweitens das Wort anbetrifft, so betont Bizer selbst mehrfach, daß auch in der Römerbriefvorlesung der Glaube ans Wort gebunden sei. Nur daß das gemeinte *Wort* dabei eben nicht das „Verheißungswort" sei, oder wenn ein Verheißungswort gemeint sei, so doch nicht das von der (je-mich-meinenden) Sündenvergebung.

Damit hat aber Bizer m. E. – wider Willen, aber deswegen umso eindrucksvoller – erkennbar gemacht, daß das Neue nicht eigentlich das Verständnis der Gerechtigkeit Gottes ist (denn in deren Verständnis hatte sich grundsätzlich nichts geändert, und an eine strafende Gerechtigkeit Gottes glaubte Luther auch 1519 noch, ja sein Leben lang, wenn er auch den Gedanken daran verdrängen wollte), auch nicht die Wortbezogenheit des Glaubens als solche (denn diese war schon immer für Luthers Theologie bezeichnend gewesen), wohl aber die *Auswahl, die der* sich mit der Gerechtigkeit identifizierende *Glaube jetzt aus dem Gotteswort trifft* (er geht nur auf das als individueller Trost verwendbare „Verheißungswort") und – *die Reflexivität als Instrument der Rechtfertigung.* Bizer gebraucht natürlich das Wort „reflexiv" nicht, aber das Gemeinte ist unüberbietbar treffend ausgedrückt in seinem Satz: „Man erlangt die Gnade, weil man glaubt, daß man sie … erlangt." Auch die Deformierung des Glaubens, d. h. daß der protestantische Luther den Glauben nicht mehr als fides formata, sondern als *„nackten"* Glauben versteht, hat Bizer als Unterschied zwischen dem vorprotestantischen und dem protestantischen Luther scharf herausgearbeitet, ferner die „einschneidende Revision der Theologie des Kreuzes".

In all diesem finde ich, daß Bizer die Ergebnisse, zu denen ich gelangt war, bestätigt. Die Übereinstimmung scheint mir umso wichtiger, als Bizers Urteil über Luther dem meinen entgegengesetzt ist.

Bizer sieht nur *ein* wesentliches Ereignis als die reformatorische Wende an; er nennt es, Luthers Rückschau von 1545 zuliebe, die „Entdeckung der Gerechtigkeit Gottes". Ich sehe dagegen mindestens *drei* wesentliche Schritte auf dem Wege Luthers vom Katholiken zum Protestanten: 1. die Aufstellung der Doktrin des reflexiven Glaubens, 2. das Befreiungserlebnis, 3. die Verfestigung der Reflexivitätsdoktrin zum Instrument verfügbarer Selbsttröstung.

Daß Bizer die eigentliche „Entdeckung" erst im Sommer 1518, kurz vor den Acta Augustana, ansetzen möchte, hängt damit zusammen, daß in den Acta einmal von Röm. 1, 17 die Rede ist (was aber m. E. deswegen keine wesentliche Bedeutung hat, weil der Scopus der Acta-Stelle nicht die Gerechtigkeit, sondern der Glaubensbegriff ist). Den ersten der von mir dargestellten Schritte hat er der Sache nach, obwohl er die Sache natürlich nicht mit meinen Ausdrücken beschreibt, genau so gesehen wie ich: 1517/ 1518. Den zweiten Schritt, das Befreiungserlebnis, beachtet er als Erlebnis gar nicht; er scheint die Rolle, die Erlebnis und Affekt in Luthers Geistigkeit doch evidentermaßen gehabt haben, zu unterschätzen. Aber das Ergebnis des Erlebnisses in den Resolutionen hat er deutlich erkannt und beschrieben: „Nun stellt er (Luther) neben die verborgene Gnade den offenbaren Frieden" (113). Den dritten Schritt schließlich kann Bizer von seinem Blickpunkt aus nicht wahrnehmen. Auch wird er mit mir darin nicht übereinstimmen, daß ich die Reflexivitätsdoktrin nicht für die Vollendung, sondern für eine Deformation der Worttheologie Luthers halte, weil das Wort bzw. seine Wirkung in dieser Doktrin psychologisiert ist.

Anhang 2

Die Doktrin des reflexiven Glaubens in Melanchthons Apologie

Ist die Doktrin des reflexiven Glaubens in der offiziellen Lehre der lutherischen Kirche eingeschlossen? Sie ist es schon deswegen, weil Luthers Katechismen zu den Bekenntnisschriften der lutherischen Kirche gehören. Aber noch ausdrücklicher und ausführlicher ist sie in einer anderen Bekenntnisschrift dargelegt, nämlich in Melanchthons Apologie des Augsburgischen Bekenntnisses. Hier läßt sich beobachten, wie das, was ursprünglich die Normisierung der fehlgegangenen Spiritualität eines einzelnen, Millionen überragenden Mannes gewesen war, zur Glaubensnorm einer Religionsgemeinschaft wird.

Die Darstellung des Rechtfertigungsvorganges, wie sie in der Apologie gegeben ist, stimmt völlig mit dem Großen Galater-kommentar überein, bis hin zu den sprachlichen Wendungen (andere interessante sprachliche Übereinstimmungen bestehen, nebenbei bemerkt, zwischen dem Augsburgischen Bekenntnis nebst der Apologie und dem Rechtfertigungsdekret des Konzils von Trient, das den Reformatoren antwortete). Nur einige Schärfen in den Zusatzlehren von der Liebe und vom Verdienst sind gemildert, und die Problematik des Gerichtsartikels tritt nicht in Erscheinung. Auf diese Lehren will ich jedoch nicht eingehen; ich beschränke mich auf die engere Rechtfertigungslehre und lasse auch Melanchthons Polemik sowie seine Schrift- und Väterbeweise beiseite. Ich benutze die Apologie nach der Ausgabe in: „Die symbolischen Bücher der evangelisch-lutherischen Kirche, deutsch und lateinisch", besorgt von J. T. Müller, eingeleitet von Th. Kolde, Gütersloh [10]1907. Ich zitiere nach den Artikeln und den Randzahlen des lateinischen Textes, und zwar die Artikel wie folgt: „IV (II)" als II, „(III)" als III, „XII (V)" als V. Die Grundgedanken der Rechtfertigungslehre werden in der Apologie unaufhörlich wiederholt; meine Stellenangaben geben jeweils nur Beispiele, nicht alle Vorkommen der betreffenden Ausdrücke und Gedanken.

„Sündenvergebung erlangen ist gerechtfertigt werden", sagt Melanchthon (II 76). Zuerst wird das Gewissen durch das Gesetz bzw. durch die Predigt der Buße geschreckt (II 62; III 149. 171).

Die Buße (poenitentia) oder die Reue (contritio) ist identisch mit den Gewissensschrecken (terrores conscientiae III 21; V 29). Darin „fühlt das Gewissen, daß Gott der Sünde zürnt, und es beklagt es, gesündigt zu haben" (V 29), und es „flieht einstwei-len vor dem Zorn Gottes" (V 32). „Die Sünde schreckt die Gewissen; das geschieht durch das Gesetz, das den Zorn Gottes gegen die Sünde zeigt" (II 79), das „das Gewissen anklagt" (III 149; V 34). In diesem Zustand kann der Mensch Gott nicht lieben (III 7; V 34).

In diesen Schrecken wird der Glaube empfangen (concipitur III 21), wenn „wir aufgerichtet werden durch das Vertrauen auf die verheißene Barmherzigkeit um Christi willen" (erigimur fiducia promissae misericordiae propter Christum II 81), wenn „wir das Evangelium hören und durch Vergebung der Sünden durch den Glauben aufgerichtet werden". „Wenn auf solche Weise das Herz aufgerichtet und durch den Glauben belebt wird (vivificatur), empfängt es (concipit) den Heiligen Geist" (III 172). „Indem der Glaube diese Barmherzigkeit anschaut (intuens), richtet er uns auf und tröstet uns (consolatur)" (III 203).

„Der Glaube, welcher rechtfertigt, ist nicht nur Zurkenntnis-nehmen einer Geschichte, sondern Zustimmung zur Verheißung Gottes, in welcher Vergebung der Sünden und Rechtfertigung umsonst um Christi willen angeboten wird" (illa fides, quae justificat, non est tantum notitia historiae, sed est assentiri promissioni Dei, in qua gratis propter Christum offertur remissio peccatorum et justificatio II 48). Die Rechtfertigung geschieht durch das Wort, und das Wort wird nur durch den Glauben ergriffen (apprehenditur)" (II 67). Der Glaube ist „auf den Einzelfall bezogen" (fides specialis), ein Glaube, „durch den jeder einzelne glaubt, daß *ihm* die Sünden um Christi willen vergeben werden" (II 45). Der Glaube „schaut (intuetur) auf die Verheißung" (III 27). Er *„empfängt"* (accipit): „die Verheißung" (II 50. 53. 112), „die angebotene Verheißung (III 107) der Barmherzigkeit" (II 55), „die Vergebung der Sünden (II 85. 114) und die Rechtfertigung" (II 62), „die Vergebung der Sünden und die Versöhnung" (III 170f), „die Wohltaten (beneficia) Christi" (II 118), „die Absolution", welche „die Verheißung der Vergebung der Sünden" ist (V 61); er ist „das, was den Heiligen Geist empfängt" (res accipiens Sp. Sanctum II 98). „Empfangenwollen" (velle accipere) ist dasselbe wie *„Ergreifen"* (apprehendere): „Der Glaube ist ein Empfangenwollen oder Ergreifen dessen, was in der Verheißung, die von Christus spricht, angeboten wird" (III 106). Der Glaube „ergreift" (apprehendit): „das Wort" (II 67), „die Verheißung" (III 174), „die Verheißung der Barmherzigkeit" (III 260), „die Verheißung der Gnade und der Gerechtigkeit" (III 262. 265), „die Barmherzigkeit" (II 86; III 8. 203), „die Barmherzigkeit oder die Verheißung" (III 217), „die Gnade und den Frieden des Gewissens" (III 96), „den Namen Christi" (II 98), „den Mittler Christus" (III 149; V 64), „den Versöhner Christus" (III 101. 187), „Christus" (II 80; III 106).

Wie bei Luther muß auch bei Melanchthon der Glaube das Heil „mit Gewißheit *statuieren*" (certo statuere oder statuere II 110; III 27. 42. 59. 96. 164. 178. 199. 229. 265). Aber die Gewißheit ist – ebenfalls wie bei Luther – alles andere als gewiß, und wie bei Luther muß auch bei Melanchthon der Glaube fortge-setzt „kämpfen". Daß er „wahrhaft und von Herzen der Verheißung der Gnade zustimmt", das „geschieht nicht ohne großen Kampf (agon) in den Herzen der Menschen" (III 182). „Dieser Glaube … muß unter guten Werken, unter Versuchungen und Gefahren sich stärken (confirmari) und wachsen, damit wir immer gewisser bei uns statuieren können, daß Gott um Christi willen uns ansieht (respiciat nos), uns verzeiht, uns erhört. Das lernt man nicht ohne viele und große Kämpfe (certamina)" (III 229). „Dieser Glaube … ringt (luctatur) das ganze Leben hindurch mit der Sünde" (V 37).

Bei Luther hatten wir gesehen, daß die Beziehung zu Christus öfters mit Ausdrücken beschrieben wird, die eigentlich ein Ver-hältnis zu einer Sache bezeichnen. Einen dieser Ausdrücke fan-den wir soeben auch bei Melanchthon: „Christus ergreifen". Noch stärker wird die Entpersonalisierung in zwei anderen Ausdrücken, die für Melanchthon charakteristisch sind: „benutzen" (uti) und „entgegensetzen" (opponere). „Wir lehren", sagt der Lutherschüler, „ihn als Mittler und Versöhner zu benutzen" (eo uti mediatore et propitiatore III 178). „Wie sollte Christus *Mittler* sein, wenn wir ihn in der Rechtfertigung nicht als Mittler *benutzen*, wenn wir nicht fühlen, daß wir um seinetwillen für gerecht gehalten werden?" (II 69). Das „Benutzen" besteht in der ichbezogenen Reflexion, die zu einem Gefühl führt. Denn diese Reflexion ermittelt den *Nutzen* des Leidens Christi: „Wenn die erschrockenen Gewissen (pavidae conscientiae) durch den Glauben aufgerichtet werden und *fühlen*, daß unsere Sünden durch den Tod Christi zerstört sind und Gott mit uns versöhnt ist um des Leidens Christi willen, dann erst nützt uns das Leiden Christi" (III 261). Das „Benutzen" besteht in dieser Reflexion darin, daß der Glaube „den Mittler und Versöhner Christus dem Zorn Gottes *entgegensetzt*" (II 46; III 179). Dies ist, meint Melanchthon, die Lehre des Evangeliums (III 170). Die durch die Glaubensreflexivität, durch das Apprehendieren und Statuieren bewirkte Entpersonalisierung, ja Mechanisierung der Beziehung zu Christus, die wir bei Luther beobachtet hatten, wird also von seinem Jünger mit eigenen Begriffen weitergeführt.

Und wie bei Luther entspricht der Entpersonalisierung ein Psychologismus. Psychologische und theologische Begriffe greifen bei Melanchthon fortgesetzt derart ineinander über, daß sie oft geradezu identifiziert werden, daß psychische Vorgänge direkt als Heilsereignisse erscheinen. Vergebung der Sünden ist Überwindung der Schrecken: „In der Vergebung der Sünden müssen in den Herzen die Schrecken der Sünde und des ewigen Todes besiegt werden" (II 79). „In der Rechtfertigung soll der Zorn Gottes besänftigt (placanda), das Gewissen gegen Gott beruhigt (pacificanda) werden" (III 103). „Rechtfertigung und Friede des Gewissens", „Gnade und Friede des Gewissens" (III 60, 96) hängen für Melanchthon wie für den Luther von 1518/19 unmittelbar zusammen, da er das eine und das andere immer wieder zusammen nennt. Der Glaube, wie er ihn will, „tröstet die erschreck-ten Herzen" (perterrefacta corda III 128), die „erschreckten Gewissen" (perterrefactae conscientiae III 182). Die Tröstung ist in Melanchthons Denken offenbar dasselbe oder fast dasselbe wie die Wiedergeburt, die Verleihung des Heiligen Geistes, die Wohltaten Christi, das neue und geistliche Leben. Das ergibt sich etwa aus den folgenden Sätzen: „... die fides specialis, durch die ein jeder glaubt, daß ihm die Sünden um Christi willen vergeben werden und Gott besänftigt und versöhnt wird (placatum et propitium) ... Weil [dieser Glaube] in der Buße, d. h. in den Schrecken, die Herzen *tröstet* (consolatur) und aufrichtet, läßt er uns *wiedergeboren werden* und *bringt den Heiligen Geist*" (regenerat nos et affert Sp. sanctum II 45). „Indem der Glaube in jenen Ängsten aufrichtet und tröstet, empfängt er Vergebung der Sünden, rechtfertigt und belebt. Denn jene Tröstung ist (!) das neue und geistliche Leben" (Haec fides in illis pavoribus erigens et consolans accipit remissionem peccatorum, justificat et vivificat. Nam illa consolatio est nova et spiritualis vita II 62). „Durch diesen [Glauben] allein empfangen wir Christi Wohltaten (beneficia), dieser allein bringt den frommen Gemütern gewisse und feste Tröstung" (affert certam et firmam consolationem piis mentibus II 118). „Dieser Glaube folgt den Schrecken so, daß er sie besiegt und dem Gewissen Frieden gibt (reddat pacatam conscientiam). Diesem Glauben schreiben wir zu, daß er rechtfertigt und wiedergeboren macht, während er aus den Schrecken befreit und Frieden, Freude und neues Leben im Herzen gebiert" (V 60).

Melanchthon meint: „Das ist klar und einsichtig" (haec plana et perspicua sunt II 63). Allerdings – dieser Psychologismus ist so glatt und begreiflich, daß er schon geradezu platt und banal wirkt. Der Rechtfertigungsvorgang bzw. die Zuwendung der Erlösung an den Einzelnen besteht dabei einfach darin, daß zunächst ein bestimmtes Schreckbewußtsein erzeugt und dieses dann durch ein Trostbewußtsein abgelöst werden muß. Wenn diese Tröstung dann identisch ist mit der Vergebung, der Wiedergeburt, der Verleihung des Heiligen Geistes, dem neuen Leben, oder wenn sie dieses Neue untrüglich anzeigt, dann ist ja wirklich alles erklärt, alles auf die Ebene des psychologisch Begreiflichen gebracht. Die Katholiken hatten es da schwerer, und darum kann Melanchthon triumphieren: „Die Gegner können nirgends sagen, wie der Heilige Geist gegeben wird. Sie bilden sich ein, daß die Sakramente den Heiligen Geist ex opere operato verleihen …" (II 63). In der Tat, der Begriff des opus operatum verträgt sich nicht mit dem reformatorischen Psychologismus. Er weiß von einem souveränen Tun Christi, das ganz unabhängig ist von bibelspruchverwendenden Schreckungs- und Tröstungsmethoden. Die „Tröstung" (consolatio), ursprünglich der Mystik zugehörig, jedoch von den großen christlichen Mystikern mit Zurückhaltung behandelt, wird bei Melanchthon, nachdem schon sein Meister sie methodisch und systematisch hatte erzwingen wollen, zum banalen Grundbestand einer platten Psychologisierung, die die Stelle des göttlichen Begnadungsgeschehens einnimmt. Der christliche Mystiker weiß, daß man die consolatio nicht wollen darf, und auch der vorprotestantische Luther wußte das; der größte Schüler des protestantischen Luther machte aus ihr das alltäglich-normale, psychologisch-theologische Zentrum der Religion. Hier wird wiederum ganz deutlich, daß der Ursprung des Protestantismus in einer irregegangenen *Spiritualität* liegt – nicht unmittelbar in einem erneuten Ernstnehmen der Heiligen Schrift, nicht in einer „Entdeckung des Evangeliums" (es sei denn, man sehe das „Evangelium" in der Vergewaltigung des Trostbegriffes), und nicht in einer Überwindung der Mißstände der Kirche.

Melanchthon, der Humanist und Mensch der beginnenden Neuzeit, hatte sich die „Rechtfertigungslehre" seines Meisters vollkommen assimiliert. Daß diese Lehre den Einzelnen anleitete, religiös auf sich selber zu reflektieren, und daß das Heil hier untrennbar mit dem Heils*bewußtsein* verbunden war, das kam dem Subjektivismus, Individualismus und Intellektualismus des Humanisten entgegen. Das drohend Irrationale, das in Luthers antithetischem Korrelationismus liegt, ist in Melanchthons glatter Schematisierung aufgegeben. Hier ist alles „planum et perspicuum".

Inhaltsverzeichnis

Erstes Kapitel

DER NEUE GLAUBENSBEGRIFF

Zweites Kapitel

ALLEIN DIE SCHRIFT?

Drittes Kapitel

VON DER KREUZTHEOLOGIE ZUM ZUSAMMENBRUCH

Viertes Kapitel

LIEBE ALS GESETZESWERK

Fünftes Kapitel

SAKRAMENT ALS GEWISSHEITSÜBUNG

Sechstes Kapitel

VON DER KIRCHE ZUR „GEMEINDE"